Paul Natorp

Deutscher Weltberuf

Geschichtsphilosophische Richtlinien

Verlag
der
Wissenschaften

Paul Natorp

Deutscher Weltberuf

Geschichtsphilosophische Richtlinien

ISBN/EAN: 9783957005649

Auflage: 1

Erscheinungsjahr: 2015

Erscheinungsort: Norderstedt, Deutschland

Hergestellt in Europa, USA, Kanada, Australien, Japan
Verlag der Wissenschaften in Hansebooks GmbH, Norderstedt

Paul Natorp
Deutscher Weltberuf
Geschichtsphilosophische Richtlinien

Erstes Buch

Verlegt bei Eugen Diederichs in Jena 1918

Paul Natorp
Die Weltalter des Geistes

Verlegt bei Eugen Diederichs in Jena 1918

Z. XI

Inhalt

Vorwort

Dem jungen Geschlecht, als dem Träger der Zukunft unsres Vaterlands, ist dies Buch gewidmet; wie schon ein älteres, das als sein Vorläufer angesehen werden mag[1]. Vor einer überwiegend jugendlichen Hörerschaft sind Teile des gegenwärtigen Werkes bereits vorgetragen worden; zunächst in Rücksicht auf sie ist es in zwei Bücher zerlegt. Das erste entspricht im wesentlichen den Vorträgen, die im Herbst 1916 auf der „Weltanschauungswoche" zu Lauterberg gehalten wurden; nur der Schluß war zu ändern, nachdem an die Stelle des damals letzten (6.) Vortrags das ganze zweite Buch, sieben Kapitel statt eines, getreten ist. Von diesen geben die Kapitel 2—5 nur wenig verändert wieder, was im Herbst 1917 auf der „Freideutschen Woche" am Solling und bald danach in öffentlichen Vorträgen zu Marburg gesprochen wurde. Wem es bloß um Auffrischung der Erinnerung an das von ihm Gehörte zu tun ist, mag an dem einen oder anderen Buche genug haben; jedes findet auch in sich seinen Abschluß. Wem aber ernstlich an der Sache liegt, wird das Ganze dem Bruchstück vorziehen.

Sachlich ist die Teilung so begründet: Das erste Buch fragt allgemein nach den Charakteren der „Weltalter", die die menschliche Geistesentwicklung durchläuft, um daraus die ungeheure Krise womöglich zu verstehen, welche nicht bloß für ein einzelnes Volk, sondern für die Menschheit der gegenwärtige Krieg bedeutet. Durch diesen ist aber besonders unserem Volke die Schicksalsfrage gestellt. Auf sie wagt das zweite Buch Antwort zu geben, indem es die unterscheidenden Züge der „deutschen Seele" aus ihren geschichtlichen Bekundungen feststellt und so Klarheit zu gewinnen sucht über den „Weltberuf" des Deutschen.

Weshalb spricht das erste Buch von „Geist", das zweite von „Seele"? — Ich verstehe „Geist" allgemein. Der Geist der Menschheit ist e i n e r, nicht von Volk zu Volk ein andrer; Seele ist individuell. In ihr lebt und webt der Geist, doch eingesenkt in ein Gesamtleben, das nicht in allem unmittelbar und gar bewußt nur oder schon einheitlich geistiges ist, sondern nach- und miteinander alle Stufenlagen des Bewußtseins von den niedersten bis zu den höchsten einschließt. „Seele", im weltgeschichtlichen Sinn, ist also notwendig die des einzelnen Volks; „Geist" bezeichnet das letzte Einheitliche, das aus dem unterschiedlich seelischen Leben der Völker-

---

[1] Der Tag des Deutschen. Hagen, Otto Rippel, 1915.

individuen, und zwar aller, sich erst herausringen will. Also sind die
„Weltalter" die des einen Geistes der Menschheit; seine Seele hat jedes
Volk für sich allein.

Gerade so führt aber die Untersuchung notwendig vom einzelnen Volk
zurück zur Menschheit. Nicht nach einem abgesonderten bloßen Heimleben
des Deutschen, sondern nach seinem Weltberuf ist die Frage; nach dem
Posten, auf den er nicht durch eignen Willen, sondern durch das Gebot
des „Geistes" gestellt; nach der Aufgabe, für deren Lösung er nicht sich
allein, sondern der Menschheit verantwortlich ist. So ist es die Frage des
„Deutschen Weltberufs", die das ganze Werk zur Einheit zusammenschließt; es ist die Frage, die im ersten Kapitel gestellt, im letzten beantwortet wird.

Die Art der Untersuchung aber ist philosophisch, nicht geschichtlich.
Philosophisch allerdings auf Geschichtsgrund; anders gibt es überhaupt
keine Philosophie; insofern ist „Geschichtsphilosophie" Pleonasmus. Auch
wird das Wort immer wieder mißverstanden im Sinne einer „Konstruktion", aus der ein notwendiger Verlauf der Menschheitsentwicklung,
ein „Gesetz" der Geschichte sich ergebe, durch das ihr Gang, wie der der
Gestirne durch die astronomischen Gleichungen, bestimmt sei. Daß ein
solcher Anspruch nicht erhoben werden darf, begründet das erste Kapitel;
aber schon der Titel möchte den Mißverstand gleich von der Schwelle
abwehren, indem er nicht eine „Geschichtsphilosophie", sondern nur
„Geschichtsphilosophische Richtlinien" ankündigt. Ich finde in einem
neueren Buche die schlicht deutliche Unterscheidung: daß nicht Voraus-
sagen, sondern nur „Alternativen" aus der Geschichte zu entnehmen sind.
Nicht: diesen Weg wird die Menschheit nehmen, sondern: ihn muß
sie nehmen, oder scheitern. Ob sie den noch so klar gewiesenen Weg zu
wählen und standhaft bis zu Ende zu gehen den Willen und die Kraft
aufbringt, ist nie gewiß. Aus der Gefahr wird sie nie entlassen; ob sie
sie bestehen wird, ist Frage der Tat, nicht bloßer Erkenntnis. Aber Richtlinien zu geben, ist Philosophie befugt. Sie richten den suchenden Blick
des Erdensohnes nach den ewigen Sternen, die in seine Nacht hinein-
leuchten, nicht daß er zu ihnen hinauf, sondern hier unten durch alle
Wirren seiner Finsternis den Weg finde.

Auch so bleibt die Aufgabe eine so gewaltige, daß kein noch so vorbe-
dachter Anlauf zu ihrer Lösung sich für etwas mehr als einen Anlauf
geben dürfte. Dies Buch wäre nicht gewagt worden, wenn nicht das

Gefühl, daß heute alles auf dem Spiel steht, zu dem Wagnis gedrängt hätte. Es nicht zu wagen, wäre gewagter. Ich habe die Dinge als Philosoph angesehen. Nach dieser Seite durfte ich mich durch die Arbeit eines Lebens zu meiner Aufgabe so weit gerüstet halten, wie es billig zu verlangen ist. Allzeit hat doch Philosophie den „Geist" der Geschichte in sich zusammenzufassen ernstlich versucht. Und wenn nun, was sie gefunden hat, bestätigt wird durch die Bezeugungen des religiösen, des dichterischen Geistes, durch die Gestaltung auch des staatlichen Lebens der Weltvölker, so darf auf solch vielfältig gleichgerichtetes Zeugnis wohl eine Aufstellung gewagt werden, die, wie jede wissenschaftliche Aufstellung, nur als ein Ansatz verstanden sein will, der stets weiterer Prüfung offenbleibt. Schließlich: mag noch soviel Einzelnes sich berichtigen — nicht um Einzelnes ist es hier zu tun, sondern um den unüberhörbaren Ruf des Weltgeschicks, den nur der Stumpfe nicht vernimmt, den aber, wer ihn vernahm, nicht mißverstehen kann. Diesen Ruf zu erlauschen und zu deuten, ist die Aufgabe. Das ist Sache nicht des Hirns allein, sondern ebensosehr des Blutes. Blutlos aber, denk ich, wird man dies Buch nicht finden.

Und darum möchte es besonders zu denen sprechen, denen noch das Blut jung und stark pulst; ein Blut, willig für Volks- und Menschenheil sich zu verströmen; ein Blut, in dem noch Liebe wallt, Liebe des Volks in der Menschheit, der Menschheit im Volk.

Marburg, im Frühjahr 1918   Der Verfasser

1. Vom Sinn und Ursprung der Geschichte

Nicht bloß aus der Zeit für die Zeit will dies Buch geschrieben sein. Es will für einen Augenblick zurücktreten von allem Erschütternden, das jetzt täglich, stündlich auf uns einstürmt. Doch nicht, um nach dem falschen Ideal·reiner Wissenschaft bloß betrachtend, von oben herab urteilend sich ihm gegenüberzustellen. Sondern es möchte in einem innersten Punkte sich sammeln, um so recht aus ganzer Seele teilzunehmen an dem, was da vorgeht, und eine klare innere Stellung dazu zu gewinnen.

Worum geht es im gegenwärtigen Krieg? Was ist der Sinn von all dem grausen Geschehen? Hat es einen Sinn? Geht es nur um Handelsvorteile, um des Deutschen oder des Briten Vormacht in der Welt? Oder zerbricht Europa? War diese ganze stolze „Zivilisation des Westens", die so herrschbegierig sich dem ganzen Erdkreis aufgezwungen hat, nichts als ein einziger, ungeheurer Irrtum? Ist Menschheit ein leerer Wahn? Ist öde Gewinnsucht und Gewaltübung der ganze Sinn der Geschichte, soll alles Edlere, was die armen Erdbewohner je gedacht und geträumt haben, darin ersticken, soll die Menschenwelt, nach so viel Geburtsqual und heldenhaftem Ringen, in ein Höllendasein, wie es sich jetzt schon grauenhaft ankündigt, zurückgeworfen werden, ohne Hoffnung, je wieder daraus emporzutauchen? Wem hat nicht schon, wie in jähem Erwachen aus wildem Traum, das gräßliche Bild vor Augen gestanden: die Erdvölker alle wie ein einziger Knäuel reißender Wüstentiere ineinander verbissen, aneinander verblutend, gierige Schakale im Hintergrund lauernd auf den Leichenfraß? Will es nicht fast scheinen, als sollte alles Geistige nur noch Geltung haben als eine Waffe mehr zur sicheren Selbsterdrosselung, Selbstzerfleischung des Menschengeschlechts? Alles ist unerträglich, es sei denn, daß die furchtbaren Opfer gebracht werden, um ein edleres, ewiges Gut zu retten, das um geringeren Preis nicht zu retten, vielmehr erst ans Licht zu gebären war. Welches Gut?

Worum geht der Kampf? — Nicht mehr kann uns die Antwort genügen: Um unser Land, um unsre redliche Arbeit, unsre festgefügte öffentliche Ordnung, unser friedsames Hausleben, gute deutsche Sitte, Rechtlichkeit, Treue, unermüdete innere Pflege des Geistes und Gemüts, mit einem Wort: Deutschland, unser Deutschland. Vielleicht möchte das alles, das Beste davon uns bleiben, ja noch besser gesichert sein, wenn wir auf das

Trugbild der Weltmacht ganz verzichteten, See- und Überseegeltung, die ganze öde Leere einer gleichmachenden, alle völkliche Eigenart dem Boden gleichmachenden Allerweltsbildung und Allerweltspolitik den Anderen überließen, die, wie es scheint, besser mit Herz und Gemüt, oder was bei ihnen deren Stelle vertreten mag, darauf eingestellt sind; die, so scheint es, nicht eine Heimat zu verlieren haben, so wie wir dies Wort verstehen. Vielleicht waren wir, ich sage nicht glücklicher — was ist vieldeutiger, was zerbrechlicher als Glück? — aber innerlich freier, reicher, uns selbst eigener, als wir nach jenem allen noch nicht trachteten, als wir von den Fremden uns viel, fast alles gefallen ließen, um nur ganz wir selber zu bleiben.

Allein wir fühlen wohl, daß so zu denken und zu empfinden uns nicht mehr freisteht. Wir sind einmal da herausgerissen, wir können nicht dahin zurück. Wäre es das Paradies, seine Pforten sind uns verschlossen. Wir müssen durch und vorwärts. Gewiß wollen wir unser Eigenes wahren. Aber weshalb mußte die ganze Welt uns das mißgönnen? Warum durften wir nicht unser Schifflein still im Hafen bergen, warum hieß es: Navigare necesse est, das Schiff gehört auf die hohe See? Nun, wir sind nicht mehr, wie ehedem, bloß ein Volk, wir sind über Nacht eine Nation geworden, das heißt ein Weltvolk. Ein Beruf ist uns geworden im Ganzen der Menschheit und für sie. Das fühlen die Anderen, mehr als wir selbst. Das ist ja unser todwürdiges Verbrechen, daß wir wagten in der Welt etwas zu bedeuten, und gar mehr zu bedeuten als sie; daß wir uns herausnahmen gegen ihre gleichmachende, erdballumspannende „Zivilisation" aufzutreten mit dem Anspruch einer eigengearteten, unterschiedlichen „Kultur", die uns zugleich als Weltkultur vor Augen steht, die wir wohl gar mit Gewalt den Anderen aufzwingen wollen.

An dem Vorwurf ist etwas. Töricht zwar gleich die erste Voraussetzung: daß wir es so gewollt, daß uns freigestanden hätte anders zu wollen. Kein Volk hat zu verfügen, weder über sich noch über Andere; über uns alle ist verfügt, über uns allen waltet ein Höheres; heiße es Gott, heiße es Geist, die Vernunft der Weltentwicklung, oder wie immer. Das hat uns auf unseren Posten gestellt, den müssen wir kämpfend behaupten, oder fallen. Für solche Treue des Ausharrens winkt uns nichts weniger als sicherer Gewinn und ruhiger Genuß, sondern, je höher hinauf wir kommen, um so härter der Kampf, um so ernster die Mühe und Gefahr. Ob wir wollen, wir sinds nicht gefragt. Wollten wir auch nicht, wir müssen, sonst sind wir verloren.

Doch ist es nicht ein finsteres Verhängnis, das über uns verfügt. Es muß doch ein Verstehen solcher Notwendigkeit geben, und aus dem Verstehen ein freudiges Bejahen, ein selbsteigenes Wollen. Welchen Weg gibt es zu solchem Verstehen? Sagen wir, Gott hat uns auf unseren Posten gestellt, oder die Vernunft der Weltentwicklung, wie wollen wir uns anmaßen, von Gottes Wegen, von einem vernünftigen Plane der Weltentwicklung etwas zu begreifen? Sei immerhin das Buch der Geschichte die Offenbarung der Weltvernunft: uns liegen nicht mehr als ein paar Zeilen dieses Buches vor. Ja, dürfen wir behaupten auch nur eine Silbe davon restlos zu verstehen? Die Gefahr, daß wir da etwas unternehmen, das über das Maß unserer Einsicht weit hinausliegt, die Gefahr der Verendlichung eines vielfach Unendlichen, der Rationalisierung eines für uns durchaus Irrationalen ist die denkbar größte. Jede vorgreifende Konstruktion eines einzig möglichen Anfangs, eines unausweichlichen Zieles, oder gar eines ewig gleichen Kreislaufes des Geschehens ist eine offenbare Verengung, ist nichts als kurzsichtiger Wahn, zu ergründen, was für Menschenverstand unergründlich und nur in seiner Unergründlichkeit wahrhaft göttlich groß ist.

Wie kann es überhaupt ein Verstehen von Geschichte geben? Was einmal war, kehrt nimmer wieder. Das Bild, das wir uns davon machen, wie es gewesen sei damals, als es war, ist nie das, was war, sondern ist unser jetziges Erleben, und soll es sein; es soll nicht „vergangen" sein, es soll in unser lebendigstes Leben eingehen und es vorwärts treiben, nicht zurückwenden, als müßte es in den Mutterschoß wieder eingehen. Das echte Geschichtserleben ist gerade das Erleben der vollen Gegenwart, ist reines Akterleben. Es gibt nur Gegenwart; denn nur Schöpfung lebt, es gibt gar keinen Vergang. Auch nicht auf „Zukunft", im gemeinen Sinn: auf das, was kommen wird, geht die echte Orientierung der Geschichte; als wüßte man voraus, was kommt, was kommen muß, und gälte es nur unser Gegenwartsdenken und -handeln auf dies Kommende einzustellen. Weiß es doch schon der alte Heraklit: „Wir steigen nicht zweimal in denselben Fluß"; ja auch nicht einmal; denn ehe der Fuß, der die Wasserfläche berührt, den Boden betritt, sind schon die Wasser dahingegangen und neue herbeigeströmt. Zwar: „Und doch in denselben", lautet es weiter: die Wasser sind immer neu, aber der Strom bleibt. Nichts, das war, bleibt, aber was ewig ist. Dies Ewige gilt es zu erfassen, sich wegwendend von dem, was war oder sein wird, oder was „ist", nur im Sinne der ewig zurückfliehenden Grenze der beiden Nicht, des Nichtmehr und Nochnicht. Auch die so verstandene Gegenwart gibt es gar nicht, sie wartet ja nicht; sondern ehe wir fertig werden, den Blick auf sie zu heften, ist sie schon dahin. Das alles ist nicht Sein, nicht Wesen, sondern Vergang, Verwesen; es ist die Welle, die zergeht, nicht der Strom, der allein ist und bleibt.

Wir sind also nicht taub gegen die Warnung nüchterner Geschichtsforschung vor dem Abenteuer einer voreilenden „Konstruktion" der Geschichte. Nicht leichthin werden wir voraussetzen, daß die Weltentwicklung einem bestimmt angebbaren Ziele notwendig zustrebe, um auf solche Voraussetzung wohl gar eine Vorverkündigung der Zukunft zu gründen. Wir haben volles Verständnis dafür, wenn z. B. Jakob Burckhardt in den „Weltgeschichtlichen Betrachtungen" solche „astrologische Ungeduld" auf ein Wissen der Zukunft „wahrhaft töricht" nennt. „Die Zukunft kommt nur, indem das Wollen und Streben blind, das heißt, um seiner selbst willen, den eigenen inneren Kräften folgend, lebt und handelt." Wir verstehen es, wenn man, hinaus über jede vorgefaßte Meinung, wie der Weltlauf notwendig sich abspielen müsse, reine, absichtsfreie Betrachtung fordert, Erkenntnis rein um der Erkenntnis willen. „Was einst Jubel und Jammer war, muß nun Erkenntnis werden." Aber doch wohl Erkenntnis des Gesetzes, denn das allein schafft überhaupt etwas von Erkenntnis. Welches Gesetzes also? Gemeint ist: Ursach-, nicht Zweckgesetz. Indessen damit käme die Geschichte zu sehr in eine Linie zu stehen mit der Naturwissenschaft. Burckhardt fühlt selbst, daß da doch ein Unterschied ist. Aber er wird sich über diesen Unterschied nicht klar. Man meint, ihn darin zu fassen, daß es sich in der Naturwissenschaft um gleichartig wiederkehrendes, in der Geschichte um einmaliges, nie sich wiederholendes Geschehen handle. In welchem Sinne das zutrifft, folgt schon aus dem eben Gesagten. Doch bedarf es genauerer Bestimmung, wenn es nicht irreführen soll. Auch in der äußeren Natur geschieht nichts zum zweiten Male, bedingte Übereinstimmung aber zeigt auch das Geschehen, das man auszeichnend Geschichte nennt. Nicht gleiche oder gar identische Wiederkehr ist Bedingung der Gesetzlichkeit. Was nur einmal geschieht, geschieht nicht darum gesetzlos, sonst gäbe es überhaupt kein Gesetz, denn nichts geschieht zum zweiten Male. Dagegen besteht dieser zweifache Unterschied: Naturwissenschaft, auch wo sie, wie in der Biologie, in der Astronomie oder wo immer sonst, mit Einzigem, nur einmal Vorkommendem zu tun hat, erfaßt ihren Gegenstand stets unter einer Abstraktion irgendwelcher Stufe, sie bleibt stehen, muß stehenbleiben bei irgendeinem genau begrenzten Umkreis allgemeiner, gesetzmäßiger Vorbedingungen der letzten, schlechthin individualen Besonderheit. Ihr ganzes Verfahren beruht auf Abgrenzung, auf Zerlegung; nur dadurch erreicht sie die mit Grund ihr nachgerühmte Sicherheit und Genauigkeit. Dagegen kommt es in allem Geschichtlichen vielmehr an auf die letzte Zuspitzung der Erkenntnis zum schlechthin Individualen, ideal genommen: bis zum Augenblickserlebnis des einzelnen Erlebenden. Daher ist hier das Verfahren, stets unter Voraussetzung der soweit als immer möglich durchgeführten Analyse, vielmehr das der Synthese. So aber bedeutet auch das „Gesetz" auf beiden Seiten nicht mehr dasselbe. Zwar erstreckt sich die Kausalität des Geschehens ohne allen Zweifel auch auf das Geschehen der Geschichte; dieses bildet insofern (mit Spinoza zu sprechen) nicht einen Staat im Staate. Aber die unterscheidende Frage der Geschichte ist nicht die Kausalordnung des zeitlichen Auftretens der Ereignisse, sondern etwas ganz anderes; wir nennen es den „Sinn" des Geschehenen. Schon die „Erfahrung" der Geschichte ist ganz etwas anderes als die der Naturwissenschaft. Es ist nicht die Erfahrung, daß da und dann das und das geschah, oder daß das Geschehen so und so in die Ursachfolge des Geschehenen sich einreiht. Sondern es ist zunächst die Einordnung des Geschehenen in den aufgesammelten Schatz der Erinnerungen aller voraufgegangenen Zeiten, zu denen das Gedächtnis der Menschheit zurückreicht, um diesen beständig sich mehrenden Schatz bereitzustellen zur Verausgabung in die Zukunft hinein. Denn er soll nicht liegen und rosten, sondern Zins tragen, er soll ganz miteinfließen in das neue Erleben, Grund legen zu immer neuem geistigen Fortschritt. „Erfahrung" besagt hier, wenn irgendwo, nicht bloßes Festhalten, Hinnehmen und Aufbewahren, sondern Verewigen, Einverleiben und damit Neuverlebendigen dessen, was nur äußerlich, ungeistig angesehen vorüberfließend, aus dem Zeitstrom nur gerade jetzt auftauchend, um gleich wieder unterzutauchen, und nur so selbst ungeistig, unlebendig erscheint.

Damit aber ist auch schon die Idee eines stetigen Aufstiegs gegeben. Jede erreichte Stufe enthält die niederen in sich und drängt wieder über sich selbst hinaus, je höher sie schon ist, um so mehr. Denn die höhere Stufe ist eben die, auf der wieder um einen Grad klarer die Richtung des Aufstiegs erkannt wird. Also stellt sich die Aufgabe immer neu und größer, ohne je in einem starren Endziel sich abzuschließen. Große Aufgaben müssen gelöst sein, ehe die größeren sichtbar werden; tief muß schon gegraben

sein, daß die immer größeren Tiefen sich auftun; und solches Fort- und
Tiefgangs ist kein Ende. Das ist die Unausschöpfbarkeit des „Geistes",
dessen Grenzen, nach dem Wort des alten Heraklit, du nicht fändest, und
wenn du jeglichen Pfad abschrittest, so tief ist sein „Logos", sein Gesetz.
Denn, nach einem anderen Worte desselben Weisen, das Hegel der
„Phänomenologie des Geistes" als Motto vorgesetzt hat: „Des Geistes
Gesetz ist sich selber zu steigern". Sich selber steigern kann der Geist nur,
indem er stets wieder über sich selbst hinaussteigt. Doch bleibt er immer
er selbst, auch das Überwundene bleibt, seinem unüberwindlichen Rein-
gehalt nach, in ihm gewahrt, es übermacht sich als Erbe den nachkommen-
den Geschlechtern. Das ist kein „Konvergieren" zur Einheit, kein Zu-
sammenlaufen der Linien ins Enge und Engere, kein Hinstreben zu
einem nicht wieder zu überschreitenden Endpunkt. Das wäre ein toter
Punkt, an dem die Geschichte aus, die Uhr abgelaufen wäre. Doch ist es
wachsende, nämlich innere Vereinheitlichung, Konzentration, die stets
zusammengeht mit der äußeren Vermannigfaltigung, Entwicklung ins
Unterschiedliche ohne Ende. Nur die immer strengere Konzentration ermöglicht die weitere, immer weitere Ausbreitung der Herrschaft des
Geistes; intensive Einheit bedingt extensive Mannigfaltigkeit. Diese
doppelte, innere und äußere Unendlichkeit ist es, die dem Geiste den
unerschöpflich quellenden Gehalt gibt. Durch sie trotzt er dem Tode, und
ist nicht bloß jedes Individuum, sondern jeder individuelle Erlebens-
moment ewig und doch immer neu und einzig.

Nach einem zeitlichen Anfangen und Enden ist also gar nicht zu fragen,
geschweige daß von einem öden Kreisgang die Rede wäre. Sondern
einzig fragt es sich nach der Richtung, von wo und wohinaus der Weg
geht, welche beiden nur miteinander gegebenen, wie Plus und Minus
einander gegenüberliegenden und entsprechenden Richtungen nur allenfalls durch ideale, „unendlich ferne" Punkte X, Y zu bezeichnen wären.
So läßt sich niemals das Morgen vorausberechnen. Aber doch auch nicht
so ganz „blind", wie Burckhardt meint, nur von dunklen inneren Gewalten getrieben, keiner weiß oder darf fragen, woher und wohin, lebt
und handelt der geschichtlich wollende und strebende Mensch, das geschichtlich wollende und strebende Volk, schließlich die Menschheit. Sondern ein jedes lebt zwar sein nur ihm, zuletzt nur dem Moment eigenes
Leben, es hat erst seine Zukunft, und in ihr sich selbst, immer neu zu schaffen,
und nie ist voraus gewiß, wie sie sich gestalten, welche voraus gar nicht

zu ahnenden Aufgaben sich ihm noch stellen mögen. Aber doch bleibt der geschichtliche Blick unbedingt und beherrschend auf die Zukunft, und nur um der Zukunft willen auch auf die Vergangenheit gerichtet, sonst wäre es nicht Wille, nicht Streben, also nicht Leben. Nicht, sich in den Geist der Zeiten, sondern den Geist der Zeiten in sich versetzen, durch Aufnahme des Vergangenen, soweit irgend es noch Aufnahme verstattet, sich erfüllen und steigern, ihre Kräfte in sich neu lebendig und stark werden lassen, und so weiter und weiter sich auswirken: das heißt in Wahrheit geschichtlich leben.

So aber kann gar nicht mehr die Rede davon sein, daß die Zukunft durch Vergangenheit und Gegenwart unausweichlich voraus bestimmt wäre. Denn sie ist zwar ein Produkt, aber nicht aus endlichen, sondern unendlichen Faktoren, von denen jeweils nur eine Handvoll zutage liegt. In diesem schlichten Sinne ist Geschichte Sache der „Freiheit", nicht der „Notwendigkeit"; des Wollens, nicht blinden Müssens; Tatsache: Sache der Tat, nicht des Getanwerdens; des Lebens, nicht des Gelebtwerdens. Damit fällt aller falsche „Rationalismus" einer Geschichtsansicht, die, gleichviel ob mit Berufung auf „Natur" oder „Vernunft" oder den ewigen Rechner droben, das Wollen in Müssen aufhebt; die gar selbst aus einer Summe berechenbarer Faktoren das, was jedenfalls eintreffen wird, wie eine Sonnenfinsternis herausrechnen zu können vermeint. Wohl rechnet der Verstand auch in der Geschichte; aber die Rechnung verläuft ins Unendliche, auszurechnen sind allenfalls die ersten paar Dezimalstellen; es selbst, das Geistige, das in der Geschichte sich entfaltet, ist irrational im strengen Sinne des ins Unendliche, also für Endliche nie abschließend, zu Rationalisierenden. Denn die Methode dieser Rationalisierung beruht auf dem Verhältnis durchaus nur rationaler Erkenntnismittel zu einem durchaus überrationalen Gegenstande. Nur gleichsam der Quotient zweier, vielmehr die Resultante einer unbestimmbar großen Zahl von Irrationalen ergibt ein für uns Rationales — rational Scheinendes, das, ein wie schwaches Abbild des Wahren es auch sein mag, doch uns das Wahre vertreten muß, soll überhaupt nur etwas von „Sinn der Geschichte" sich uns erschließen.

Dies Gesetz der stets neuen Aufnahme des Vergangenen in die schöpferische Tat, in das ewig fortwirkende Werk des Geistes — ich nenne es das Gesetz der „Mneme", des „Gedächtnisses" im vollen, aktiven Sinne des Gedenkens, Wandelns in Gedanken. Ich nenne es so, in selbst, so hoff ich, lebendig schöpferischer Wiederaufnahme des stärksten, in verborgensten Tiefen durch die Jahrtausende fortarbeitenden, platonischen Denkens. In Platons „Gastmahl" ist es, wo zum erstenmal eigentlich der Begriff hervortritt, an dem der Begriff der Geschichte ganz und gar hängt: der Begriff des „Geistes". Im edlen Wettkampf immer höher hinauf sich steigernder Reden wird in dem Werke des Philosophen, der hier mehr als irgendwo sonst zum Dichter, zum Propheten wird, der „Eros" gepriesen, der Liebestrieb, der dem Griechen noch ganz lebendig, als Gott, in strahlender Jugend eigentlich der stärkste, sieghafteste Gott, bewußt ist. Sokrates, als dem vordersten im Wettlauf, fällt gebührendermaßen das letzte Wort zu, das die Frage zur Entscheidung führen soll. Er beginnt, wie er gern tut, an einem scheinbaren Nebenpunkt: mit einer stark ernüchternden Kritik an dem kaum zu überbietenden Hochgesang, mit dem soeben, als vorletzter, Agathon, der kürzlich preisgekrönte Dichter, zu dessen Ehren man gerade beim Festtrunk vereint ist, den herrlichen Gott gepriesen hat. Da wurde er geschildert als der schönste, beste, weiseste. Aber wie kann das zutreffen, wenn er doch einen mächtigen Trieb, ein Verlangen, ein Bedürfen bedeutet, also doch eben dessen ermangeln muß, nach dem er verlangt? Wie denn, ist er also häßlich, böse, unweise? Nein, denn das Häßliche strebt nicht, sofern häßlich, zum Schönen, das Böse nicht, sofern böse, zum Guten, das Unweise nicht zur Weisheit. Sondern er ist ein Mittleres und, als Mittleres, ein Mittler zwischen dem Häßlichen und Schönen, Bösen und Guten, Unweisem und Weisheit; allgemein zwischen Sterblichem und Unsterblichem. Also nicht Gott noch Sterblicher, sondern etwas zwischen beiden: Dämon; das ist lateinisch: Genius, deutsch: Geist; als solcher betraut mit der Aufgabe, den Dolmetsch zu spielen zwischen Mensch und Gott, Gebete und Opfer von den Sterblichen zu den Unsterblichen, Gebote und Gnaden von den Unsterblichen zu den Sterblichen zu tragen, jedem von beiden seine Ergänzung zu schaffen, so daß das Ganze sich in eins schlingt. Denn nicht ohne solche Vermittlung verkehrt der Gott mit dem Sterblichen, nur durch den Mittler Eros vollzieht sich die Dialektos, die in Frage und Antwort ständig sich steigernde und entwickelnde Wechselrede; man darf in letzter Tiefe es deuten als den logischen Wechselbezug zwischen Mensch und Gott, Sterblichem und Unsterblichem, Zeitlichem und Ewigem. Mythologisch begründet Sokrates — vielmehr die mantineische Priesterin Diotima, aus deren seherischem Munde er es vernommen haben will — diesen hohen Beruf des Eros durch seine Herkunft: er ist der Sproß der Penia (der Armut, der Bedürftigkeit) von Poros (dem Verschaffer) dem Sohne der Metis (der ersinnenden Klugheit); gezeugt aus der Aporie („Weglosigkeit", dem ratlosen Nicht-aus-noch-ein-Wissen), der der Poros, der Mittel und Wege findende, aus der Not half. Also ist der Eros nicht unsterblich noch sterblich, sondern wiederum zwischen beiden das Mittlere: ewig sterbend und wiederauflebend — wem fällt dabei nicht Goethes „Stirb und werde!" ein! — So ist er nicht weise (sophos), aber weisheitliebend, weisheitstrebend (philosophos). Und so verstehen wir nun, daß nicht Eros, das Liebesbegehren, sondern sein Gegenstand, das Liebliche, Liebwerte (Eraston) das Schöne, Vollkommene, Selige ist. Warum aber lieben wir das Schöne und, was damit eins, das Gute? Sicher um der Seligkeit willen. Also wäre wohl dies das Endziel (Telos)? Nein, nicht das ist es, worauf der Eros, als solcher, abzielt. Er will nicht den ruhenden Besitz des Schönen, sondern das Schaffen in ihm, die Schöpfung, Poiesis, die sich somit darstellt als Erzeugung. Nicht Harmonie, Einklang ist das letzte, sie ist nur die Bedingung der Erzeugung, auf diese kommt es an. Weshalb? Weil das der Sinn des Lebens ist. Leben will zuletzt nichts als — sich selbst: ewiges Streben zur Unsterblichkeit, nicht bloßes, ewig gleiches, nie endendes Dasein. Das allein ist für das Sterbliche Ewigkeit und Unsterblichkeit: ewige Neuerzeugung, Selbstwiedererzeugung. So also ist der Eros: Drang nach Verewigung. Verunsterblichung. Durch beständige Selbstverjüngung strebt die sterbliche Natur, so wie es ihr möglich ist, ewig zu sein und unsterblich. So selbst im Leiblichen, so erst recht in allem Seelischen, niederem wie höherem und höchstem; so in der Erkenntnis: auch sie lebt im Bewußtsein nicht als wandellos ruhender Besitz, sondern als Mneme, das heißt also nicht bloßes Verharren, Aufbehalten des einmal Erworbenen, sondern ewig sich verjüngendes Wiedererschaffen, wobei auch das Erschaffene nicht starr mit sich identisch bleiben kann, sondern immer neu ist, um immer neues Schaffen zu ermöglichen. Die Schöpfung selbst ist es, die ewig sich neu schafft, die Erzeugung selbst ist das Erzeugte. Nur so gibt es ein Leben, das dem Tode gewachsen ist, das keinen Tod kennt. Und so ist es kein Wunder, daß alles Lebendige dem Eros untertan ist. Es liebt in aller Liebe zuletzt sich selbst, das Leben; das heißt nicht Atmen oder passives Empfinden oder bloß entgegennehmendes Erkennen, sondern ewiges Schaffen, Sichselbstneuschaffen und damit Verewigen.

Daraus erklärt nun Diotima dem Sokrates weiter alle Ehrliebe, als das Verlangen in unsterblichem Gedächtnis fortzuleben; daraus, wie die leibliche Fortzeugung, so erst recht die geistige: Dichtung nicht nur, die im engeren Sinne Poiesis, Schöpfung, heißt, sondern auch technische Erfindung und allen tätigen Beruf; so Sitte und Recht, wirtschaftliche, staatliche Bildungen; so vor allem die höchste „Bildung", die des Geistes und Gemüts, Jugenderziehung, die in der lebendigen Gemeinschaft des Gebens und Nehmens, der geistigen Befruchtung das schönste und reinste Beispiel des schöpferischen Eros darstellt. Um deswillen preist man Homer und Hesiod, die für den Griechen ja nicht bloß Dichter, nicht bloß die Träger des gemeinsamen nationalen Götterglaubens, sondern, auf einer Linie mit den großen Gesetzgebern, Lykurgos und Solon, die Erzieher der Nation sind. Vollends versteht sich so der Sinn aller Wissenschaft, zuhöchst aber der Philosophie, die in stufenmäßigem Aufstieg von der leiblichen zur seelischen Erzeugung, in Gesetz und Sitte, also den sozialen Schöpfungen, durch die Sonderwissenschaften zur Einheit der Wissenschaft und in ihr zum Erschauen des „Schönen selbst" vordringt, somit, eben wie es hier vorgeführt wurde, alle Fäden zusammennimmt, alle Seiten des schaffenden, ewig sich selbst neuschaffenden Lebens des Geistes umspannt und zu dem gemeinsamen Einheitsgrunde zurückleitet. Da gibt es nur noch die Seligkeit des Schauens, des Eins seins, das aber doch immer wieder zur Erzeugung echtester Arete, Tugend, vielmehr Güte des Lebens sich zurückwendet. Auf diesem höchsten Gipfel, heißt es nochmals abschließend, ist dann der Mensch unsterblich, so wie er es nur sein kann.

Es ist wohl nicht zu viel gesagt, daß hier eben der Begriff, den wir Deutschen seit unserem klassischen Zeitalter mit dem Wort „Kultur" ausdrücken, zum erstenmal rein und umfassend aufgestellt ist. Einmütig haben alle unsere Großen seit hundert und mehr Jahren diesen Begriff der inneren, intensiven „Kultur" der Menschheit dem westeuropäischen einer bloß äußeren „Zivilisation" bewußt entgegengestellt. Das Wort ist darin besonders bezeichnend, daß es die Hinaufpflege aus inneren, eigenen Keimen, das „organische" Entwickeln vom Kerne aus betont, im Gegensatz zu einem von außen nach innen gehenden, nur peripherischen Sich-an- und-ausgleichen an sich außereinander liegender und nur dann in Wechselverkehr tretender begrenzter Kräfte in bloß mitbürgerlichen, gewiß im Sinne des achtzehnten Jahrhunderts auch weltbürgerlichen, aber eben „bürgerlichen" Beziehungen der Freiheit, Gleichheit, Brüderlichkeit. Platons Eros ist ebenso umfassend, er betont ebenso, vielleicht lebendiger

noch als unser Wort „Kultur" die ewige, ganz nach Heraklits Ausspruch
höher und höher hinauf sich steigernde Fortzeugung aus dem innersten
Lebenskern, aus dem Liebestrieb, durch den das Leben ewig sich selbst
erneut. Gemeinsam ist beiden Fassungen auch die unbefangene Ankettung
des Seelischen und Geistigen an das Leibliche, des Kultürlichen an das
Natürliche zunächst in der Form des Biologischen. Vielmehr bleibt dies
gar nicht ein Draußenstehendes, sondern wird ganz ins Geistige mit-
hineingenommen. Wirklich gibt es gar keine andere „Natur" als die der
Naturwissenschaft, die selbst nur sich immer neu gebiert, historisch bedingt,
also „Kultur" ist.

Und doch muß gesagt werden, daß mit dem allen der Begriff „Geschichte"
noch nicht erreicht war. Wohl waltet der Gedanke des Werdens und der
Fortschreitung im Werden durchaus vor. Auf historische Gestalten: Homer,
Hesiod, Lykurg, Solon wird hingedeutet. Auch eine gesetzmäßige Stufen-
ordnung des geistigen Fortschritts schwebt erkennbar vor; aber wohl eher
als zeitlos geltende, für jeden Einzelnen immer wieder zu durchlaufende.
Daß auch die „Menschheit im großen und ganzen" (um an die berühmte
Formulierung Herders zu erinnern) etwa diese oder eine ihr vergleichbare
Stufenfolge mit Notwendigkeit zu durchlaufen hätte, liegt zwar nahe
genug, bleibt aber unausgesprochen. Nur von der „sterblichen Natur"
überhaupt, von der ganzen Gattung des Sterblichen ist die Rede. Natürlich gilt alles Gesagte dem Menschen, dann aber wohl sogleich dem einzelnen. Dieser wird zwar, wie es dem antiken Denken fast selbstverständlich
ist, stets zugleich auf die Gemeinschaft bezogen. Unsterbliches Gedächtnis
bei der Nachwelt, zunächst natürlich der hellenischen, ist höchster Ehrgeiz.
Dichtung, Erfindung, häusliche, staatliche Organisation, Erziehung, alles
zielt auf den Staat, vielleicht die Nation; Homer und Hesiodos, Lykurgos
und Solon werden angezogen als die Erzieher des Hellenenvolks. Auch
bleibt die Erwägung nicht ganz auf dieses beschränkt: noch viele andere
Volkserzieher, unter Hellenen und Barbaren, stehen diesen zur Seite.
Hier fehlt wenig, und doch fehlt ein wesentliches Stück, daß der Begriff
„Geschichte" ganz erreicht wäre: der Ausblick in eine ewige Zukunft. Die
Voraussetzungen dazu liegen vor, die Folgerung wird nicht gezogen; daß
sie wirklich Platons Gedanken fern lag, bestätigen seine Staatsentwürfe,
im „Staat", im „Timäus" und den „Gesetzen". Zwar finden sich auch da
hin und wieder Ansätze zu geschichtlicher, selbst weltgeschichtlicher Betrachtung, doch ist weit auffälliger das Zurückbleiben dahinter. Platon kennt

keine ständige Aufwärtsentwicklung, sondern nur starre Erhaltung, oder
Rückbildung aus einem hochvollendeten Gottesstaat zur jetzigen Verderb-
nis, allenfalls mit dem Ausblick auf einen dereinstigen neuen göttlichen
Anstoß, nicht ein freies Hinaussehen in eine nie abgeschlossene, doch heller
und heller aufleuchtende Vollendung. Wie Platons Kosmologie zuletzt
nicht hinauskommt über die bloß ruhende Ansicht des einmal fertigen
Weltbaus, eines unwandelbar gleichen Kreislaufs der Gestirnwelt, wenn
auch in großen Perioden, so kommt seine Geschichtsansicht nicht hinaus über
die dem nahe entsprechende Vorstellung eines Kreisprozesses, der denn auch,
so scheint es, mit den Perioden des kosmischen Geschehens zusammengehen
soll. Das ist Nachwirkung des Orients; es steht in enger Verbindung mit
der besonders durch die Pythagoreer nach Griechenland verpflanzten
Anschauung von der Wiederkehr und den wechselnden Wiedereinkörpe-
rungen der Seelen. Darum kommt es wirklich nicht zu einem vollen Begriff von Geschichte, auf den doch alle Voraussetzungen hindrängen. Dieser
dürfte weder einen absoluten Anfangs- noch Endpunkt, noch eine gleiche
Wiederkehr kennen, sondern allein den ewigen Anstieg aus unergründlichen Tiefen des Lebens zu immer höher sich aufreckenden, wenngleich
zuletzt für uns in Wolken sich verhüllenden Gipfeln.

Dieser größere Begriff von Geschichte als ewiger Zukunft wurde vielmehr geboren aus der hebräischen Prophetie. Zwar liegt er auch da nicht
abgeklärt vor, aber doch in langsamem Fortschritt ist er von da aus durch
Paulus, Augustin, die Aufklärung, Leibniz, Lessing, Herder, Kant und
deren Nachfolger allmählich erwachsen. Das Geschichtsbewußtsein, seinem
vollen Sinn nach, ist erst eine sehr späte, vielleicht aber die zukunftsreichste
Errungenschaft — der Geschichte selbst.

Sein langsames Aufwachen suchen wir daraus zu verstehen, daß das
Gesetz der Mneme, das heißt der Bewußtseinskontinuität, in allem menschlichen Bewußtsein zwar dem Keime nach liegt, aber damit nicht auch schon
selber bewußt wird. Geschichte ist Bewußtsein gleichsam in der Potenz:
Bewußtsein des Bewußtseins. So ist, um es an der urtümlichsten, für
alle andern grundlegenden Schöpfung des Menschengeistes zu verdeut-
lichen, Sprache zwar in allem, von den untersten Stufen an, Aufbewahren und Fortleben von bewußt Erlebtem in ständiger Neuerzeugung, daher
in ihrer eigenen Übermittlung von Geschlecht zu Geschlecht nicht nur Erhaltung, sondern fortwährende Verjüngung, zugleich Selbsterweiterung
des geistigen Besitzes der Menschheit von Urzeiten an. Aber sie ist darum

nicht dem, der die Sprache gebraucht und versteht, sondern höchstens dem Sprachforscher, dem Sprachphilosophen als solche Verjüngung und Selbsterweiterung bewußt. Nicht anders verhält es sich mit allem Kult und Mythus, allem religiösen Ausdruck und Brauch, aller sich forterbenden Lebensgewohnheit, Sitte, rechtlichen oder rechtsartigen Gemeinschaftsordnung, allem naiven Schaffen in Technik und Kunst, mit dem ganzen gemeinmenschlichen, völkischen Empfindungs- und Vorstellungsschatz, der Gefühls- und Willensrichtung zusammenlebender Menschengruppen irgendwelches Umfangs überhaupt.

Wie aber entkeimt nun daraus das geschichtliche Bewußtsein? — Schon auf frühen Stufen setzen gewisse Symbole des vorausgesetzten und gewollten dauernden Bestandes solcher Menschengemeinschaften sich fest, die durch gemeinsamen geistigen Besitz, vor allem durch das Band der von Geschlecht zu Geschlecht sich überliefernden gemeinsamen Sprache sich verbunden halten; bestimmte Kulthandlungen, die etwa an Haus- oder Stammesgötter sich richten. In Opfern, Beschwörungen, Gebeten wird das Gedächtnis der Verstorbenen, vor allem der Familien- und Stammeshäupter, in Anlehnung an feste Erinnerungshalte, Grabmäler, Denkmäler, Mäler jeder Art lebendig erhalten. Besonders in einmal durch Feldbau seßhaft gewordenen, auch großen Völkern gewinnt dies Beharrungsstreben öfters eine erstaunliche, fast allbeherrschende Gewalt, ohne daß doch von Geschichtsbewußtsein eigentlich schon die Rede sein könnte. Denn auf lange hin wiegt die Ruheseite der Mneme, die nach Möglichkeit unversehrte Aufbewahrung des Vergangenen unbedingt vor. An eine Fortschreitung zu neuen, höheren Gestaltungen wird nicht bloß nicht gedacht, sondern sie wird bewußt ausgeschlossen.

So kennt das früh schon hochgebildete Volk der Chinesen durch Jahrtausende nur eine streng festgehaltene Religion, aufgehend in einem umständlichen System unverrückbar feststehender Kulthandlungen, die teils an Naturgottheiten, wie sie bei allen Völkern wiederkehren, teils aber, und in der Oberschicht des Volkes vorwiegend, an die allein in Tempeln verehrten Ahnen gerichtet werden. Daneben steht eine ganz diesseitig gerichtete bürgerliche Moral der Familien- und Staatstreue, Menschlichkeit, Liebenswürdigkeit, Rücksicht gegen alles was Menschenantlitz trägt. Fast zu selbstverständlich mutet der Inhalt dieser die Religion ersetzenden Moral uns an; das Merkwürdige und Unterscheidende daran ist nur das starre, wandellose Festhalten durch Jahrtausende. Auffallend zwar widerspricht dem durchaus aktiven und irdischen Grundzug dieser Gemeinreligion des Konfuzianismus die dem Buddhismus verwandte, sicher nicht ohne dessen Einfluß entstandene Philosophie des Tao, wie sie im sechsten vorchristlichen Jahrhundert durch Lao-tse aufgestellt wurde. Aber das Tao, das unnennbare, alles Jrdische hinter sich lassende, über alles gewaltige Ewige, Absolute, von dem es eigentlich keine d. h. nur negative Erkenntnis gibt, und woraus eine ebenso nur negative Moral des absoluten Nichttuns oder Tuns, als täte man nicht, fließt, steht nur noch ferner jedem Gedanken einer ewig sich verjüngenden und steigernden Aufgabe der Menschheit und der Nation in ihr und für sie. Es ist nicht Willkür Hegelscher Konstruktion, sondern entspricht durchaus dem eigenen Bewußtsein des Chinesen, wenn wir dies Stadium als das der Kindheit des Menschengeschlechts uns verständlich machen. So betont das vielbeachtete, feine Buch des Ku Hung-Ming, „Der Geist des chinesischen Volkes und der Ausgang aus dem Krieg“, nichts so sehr wie diese Kindlichkeit des Chinesentums, die hauptsächlich dem Europäer sein Verständnis erschwere, ja im allgemeinen unmöglich mache.

Äußerlich wechselvoller, daher etwas minder einfach und durchsichtig stellt die ebenfalls früh schon hochentwickelte Kultur des Nillandes sich dar. Aber auch sie bleibt, im strengeren Sinne des Worts, so gut wie ganz geschichtslos. Und als letzter Grund dieser Geschichtslosigkeit entdeckt sich auch hier sofort das fast unglaublich zähe Festhalten, absichtlich wie für Ewigkeiten Feststellen des einmal Errungenen, der leidenschaftlich ergriffene Gedanke der Unsterblichkeit, des Fortlebens der Person nach dem Tode in Gestalt des dem sinnlichen Auge unsichtbaren, immateriellen, doch dem sichtbaren Körper gleichsam als innere Form zugrunde liegenden „inwendigen Menschen“, des Ka. Dieser Glaube bildet den Mittelpunkt nicht bloß der Religion, sondern der ganzen Lebensanschauung der alten Ägypter, so auch ihrer durchaus religiös gemeinten, eigenartigen und bedeutenden Baukunst, Bildnerei und Dichtung. Ursprünglich der durch Einbalsamierung künstlich vor Zerfall bewahrte Leichnam, dann das im Grabtempel aufgestellte geschnitzte oder gemeißelte Bildnis des Verstorbenen dient nicht nur zur Stütze des Gedächtnisses an ihn für die Nachlebenden, sondern es ist die entscheidende Bedingung seines Fortlebens, buchstäblich seine Verunsterblichung. Das Ka lebt nur fort, wenn der Leib selbst, als Mumie, oder als Ersatz dafür ein neuer, dem des Lebenden soviel möglich gleichgestalteter Körper erhalten bleibt, der ihm fortan als Wohnung dient. Ein solches Bildnis gestalten heißt geradezu zum Leben bringen, wiederbeleben, was also nicht in irgendeinem übertragenen Sinne, sondern buchstäblich verstanden sein will. Zur Sicherung wiederum seiner Erhaltung werden die gewaltigen Grabtempel, die ganzen Gräberstädte, für die mächtigsten, göttlich verehrten Könige die Riesenpyramiden errichtet, in denen die Gemächer ihres Ka nur noch besser geborgen liegen. Die ungeheuren Maße dieser Bauwerke, die, ebenso wie die Bildwerke, auch in ihrer Form, in der unbedingten Vorherrschaft einfachster geometrischer Grundgestalten strengste Ruhe und Beharrung ausdrücken — das alles zusammen spricht ergreifend das aus, was mit dem allen einzig angestrebt wird: die Ewigkeit der Erhaltung.

Daher tritt das bewußte Altersvolk dem in ebenso typischer Jugendlichkeit aufstrebenden Volke der Griechen entgegen, in der Tat ganz in der Haltung des Greises gegen das Kind. So läßt Platon den Priester von Sais zu Solon bei dessen Besuch in Ägypten sagen: „Ihr Griechen seid doch immer Kinder, einen Alten gibts bei euch gar nicht!" — „Wieso doch?" — „Ihr seid alle jung an Seele, ihr tragt in eurer Seele keine auf Überlieferung gegründete, alte Überzeugung, keine durch die Zeit ergraute Kunde von nichts. Bei uns ist seit Urzeiten alles in unseren Heiligtümern aufgeschrieben und so erhalten geblieben, bei euch scheint alles gerade erst aufgebracht." Das erklärt er ihm durch die eben auch uralte Überlieferung von großen periodischen Überflutungen der bewohnten Erde, von denen allein das Nilland, dank der seit lange getroffenen Vorsorge der Eindämmung des gewaltigen Stromes, verschont geblieben sei. Platon, der selbst Ägypten besucht hat, muß von diesem so einzig ausgeprägten Altercharakter der ägyptischen Kultur einen überwältigenden Eindruck mitgenommen haben; das erklärt zum Teil sein eigenes Stehenbleiben bei einer zuletzt doch ungeschichtlichen Ansicht der Menschengeschicke. Er bewundert aufs höchste, daß die Kunst der Ägypter schon vor zehntausend Jahren — diese Zahl will hier ausdrücklich buchstäblich verstanden sein, nicht wie sonst im Griechischen „zehntausend" für „unabsehbar viele" steht — nicht größer noch geringer, sondern eine und dieselbe gewesen sei wie zur Zeit. Diesem persönlich erlebten Eindruck gibt er, ganz in der unbefangenen Gläubigkeit erster Jugend, nach, wenn er für seinen Idealstaat eine ebenso starre Erhaltung der wirtschaftlichen, der rechtlichen und staatlichen Verfassung, der Bildungseinrichtungen, der religiösen Vorstellungen und Bräuche, daher auch der Dichtung und Kunstübung aller

Art vorschreibt, jede Neuerung in irgendeinem dieser Stücke, ganz wie es in Ägypten gehalten wurde, durch strenge gesetzgeberische Maßregeln ausschließt, den so gedachten Staat aber nicht in eine bessere Zukunft, sondern vor die noch nicht gar lange angebrochene jüngste jener ewig gleichmäßig wiederkehrenden Weltperioden verlegt, bei deren Eintritt er durch die große Flut, von der auch die einheimische Überlieferung zu erzählen wußte, zerstört worden sei.

Aber die heißbewegten Machtkämpfe der westasiatischen Völker ließen es zu solcher Erstarrung dauernd nicht kommen. Zwischen zwei großen Kulturzentren, Ägypten und Mesopotamien, eingeklemmt, behauptete das an Zahl geringe, in den großen Weltbegebenheiten nur wenig bedeutende Volk der Hebräer geraume Zeit, obschon mühsam, seine Unabhängigkeit, um endlich doch zwischen den beiden gewaltigen Mühlsteinen als Staat völlig zerrieben zu werden. Aber in ihm schlummerte eine geistige und sittliche, ursprünglich aber und allbeherrschend religiöse Kraft, die, gerade durch solches Schicksal nicht zerrieben, sondern nur erst recht aufgerufen, sich zu dem größten Schritt erhob, den bis dahin der Menschheit zu vollbringen vergönnt war. Gerade unter den vernichtenden Schlägen der Weltgeschichte löst sich, im Zeitalter der Propheten, der jüdische Volks- und Stammesgott Jahwe von Volk und Stamm, erhebt sich zum alleinigen Herrn und Lenker des Weltgeschicks, in dessen Hand die Weltvölker alle nur Werkzeuge sind, deren Herzen er lenkt wie Wasserbäche, wohin er, nicht wohin sie wollen; vor dem die vielen Götter der vielen Völker zu untergeordneten, wider Willen ihm dienstbaren Geistern herabsinken. Nicht aus grübelnder Versenkung, aus philosophischem Tiefblick wird so der eine Gott geboren, nicht die Allnatur wird in ihm zur Einheit und zwar geistigen Einheit zusammengeschaut, wie mehr oder weniger anderswo. Sondern als praktische Schicksalsdeutung richtet er sich auf. „Gott" ist, hier zum ersten Male, nicht der Herr der Natur allein — dies zwar auch, aber nicht mehr sie selbst, sondern ihr vollkommen unabhängiger Schöpfer und unumschränkter Gebieter — auch nicht bloß der gute Geist des Hauses, oder des bürgerlichen Vereins, der Gemeinde, des Stammes, des Volkes, sondern der Gott der Völker, der Gott des Menschen, in einem damit zugleich erstmals auftretenden, hochgeistigen Sinne. Zwar wird man es auch einem solchen Kenner wie Ernst Tröltsch nicht zugeben, daß nichts von Abstraktion, von Philosophie, von Einheitsstreben der „Vernunft" darin sei. Man denkt nicht mit solcher Energie die Einheit Gottes, seine Allgewalt über Natur und Geschichte, ohne eben damit die gewaltigste Abstraktion tatsächlich zu vollziehen. Übrigens auch ausdrücklich auf Erkenntnis, nicht auf die praktische Offenbarung der Geschichte allein und, als deren Niederschlag, die Eingebungen der Prophetie stützt sich der Gottesglaube dieses Volkes. Tröltsch muß es selbst anerkennen: es stecke darin doch ein Stück Reflexion, eine Art Theodizee; aber dazu entwickle es sich erst seit dem Eintritt des Unheils, als dessen nachträgliche Rechtfertigung, nämlich durch einen Erziehungsplan Jahwes. Eben damit aber ergab sich eine bis dahin nicht erhörte Verinnerlichung des Gottvertrauens, der Gottesliebe auch im Opfern und Leiden, wie sie aus den Propheten und Psalmen ergreifender als alles zu uns spricht: Gott haben ist alles, alle Opfer und Leiden sind nur die Bewährung der innigsten Gemeinschaft mit Gott, die, so persönlich sie sich ausspricht, doch immer wieder zu der Grundvoraussetzung des unzerreißbaren Bundes zwischen Jahwe und der Volksgemeinde zurückkehrt. Aus der Leidenschaft, Kraft und Innigkeit des Volksbewußtseins ist diese neue religiöse Welt hervorgewachsen, das hat Tröltsch überzeugend gezeigt. Aber sie wächst weit darüber hinaus. Tröltsch nennt es selbst: eine gläubige Geschichtsphilosophie, die doch nicht Philosophie sei; eine praktische Theodizee, die das Elend der Gegenwart durch die erhoffte Herrlichkeit der Zukunft und die erziehende Kraft des Leidens überwinden läßt. Zugegeben, es ist keine vom Erleben und zwar der Geschichte getrennte Philosophie. Aber es schließt die ganze, ungeheure Abstraktionskraft, in der Philosophie gründet, es schließt in der Idee Gottes die Idee der Menschheit, es schließt die Idee der Zukunft, die nicht bloß das Morgen und Übermorgen besagt, die Idee der ewigen Zukunft ein. Das aber ist Philosophie, das heißt letztes, uneingeschränktes Einheitsstreben; auch nicht ganz ohne die Form der Reflexion, bisweilen geradezu in der logischen Fassung des Begriffs, Urteils und Schlusses. Es ist gewiß nicht „Kantische Religionsphilosophie vor Kant"; als hätte mit diesem einzigen Schritt der Stammesgott, als geistiger und sittlicher, sich völlig von allem Nationalen gelöst, um, erhaben über die Weltwirren, den Thron der „sittlichen Weltordnung" einzunehmen. „Die Sittlichkeit der Propheten", sagt Tröltsch, „ist nicht die Sittlichkeit der Menschheit, sondern die Israels, in der ganzen Ungeschiedenheit von Sitte, Recht und Moral, die allen antiken Völkern eigen ist. Die Völker oder Heiden gewinnen an ihr nur Anteil, wenn sie zu Jahwe sich bekehren und seine Gebote annehmen." Wohl, aber eben damit werden

sie zu Geboten an die Menschheit, wird das „Höre Israel!" zum „Höre
du Menschheit!" Eben damit erhebt sich die nationale Sittlichkeit zur
humanen, wenngleich ihre vollinhaltliche Durchführung, wie alle inhalt-
erfüllte Moral, so lange notwendig national gebunden bleibt, als nicht
die geforderte, geglaubte Einheit des Menschengeschlechts auch in irgendeiner greifbaren Form verwirklicht, oder ihre Verwirklichung wenigstens
absehbar ist. Mit Humanität und Freiheit, mit Demokratie und Sozialismus habe die Ethik des Deuteronomiums keinen Faden gemein, sagt
Tröltsch weiter. Doch den Faden der inneren Logik, die, allerdings nur
zugleich mit dem ebenso innerlich logischen Fortgang der Entwicklung zur
Einheit des Menschengeschlechts, aus diesem einmal gegebenen Anfang
die allein ihm entsprechende Weiterbildung Schritt um Schritt hervor-
treiben mußte. Nicht anders als so gibt es überhaupt eine Deutung der
Völkergeschicke. Als erste solche „Schicksalsdeutung" aber, also doch in der
Tat als eine „Art" Geschichtsphilosophie muß auch Tröltsch die hebräische
Prophetie schließlich gelten lassen. Er erkennt nicht minder an, daß die
Moral der Propheten, die im Kern keine andere als die Jesu ist, gleich
dieser, ihrer und aller „Zeit" gegenüber, Utopie bleibt. Nun ist Utopie
zwar nicht Philosophie, aber doch schlummert in ihr die Idee dessen,
was sich „nie und nirgends hat begeben", auch nie und nirgends sich
begeben, das ist in der Erfahrung darstellen wird, und dennoch das Wahre
ist. Das Urbild aller Utopieen ist zweifellos die ewig ergreifende Schilderung beim zweiten Jesaja: Die Schwerter umgeschmiedet in Pflugscharen,
der Wolf neben dem Lamm weidend, Wunderquellen in der Wüste
erschlossen, ein Hirt und eine Herde, und so fort. Es fehle die Idee des
Staats, sagt Tröltsch. Sie fehlt höchstens in dem Sinne, daß es im letzten
Ideal keiner Zwangsgewalt mehr bedürfen sollte, weil das Sittengesetz
in aller Herzen lebendig ist; daß der Staat nur eine Noteinrichtung der
ringenden Menschheit, und seine schönste Aufgabe ist, sich selbst mehr und
mehr entbehrlich zu machen. Aber es bleibt doch Idealisierung des irdischen
Staates, wie denn der Augustinische Gottesstaat, allerdings im Geiste
eines Lateiners, dem der Staatsgedanke von Haus aus im Blute lag,
dennoch aus der Prophetie erwachsen ist. Der eine Hirt der einen Herde,
Gott, ist zugleich Richter und König; gerade darum wird festgehalten
an seinem Bunde mit Juda, an dem Eide, den er gleichsam auf die Verfassung seines Reichs geschworen hat; und an dessen sichtbarem Ausdruck,
dem Tempel zu Jerusalem. Tröltsch findet in der jüdischen Prophetie

eine „Kulturindifferenz“, die aus der Höhenlage und dem Quellpunkt dieser reinen Willensreligion innerlich notwendig folge. Wir meinen eben hier den letzten Grund des Mißverstehens zu erkennen: in dem so viele verwirrenden Irrtum, als ob Wille Entthronung des Intellekts und gar der Vernunft je bedeutet hätte oder bedeuten müßte, oder auch nur könnte. Mit allem Recht wird dagegen geltend gemacht, daß im Hebräischen Erkenntnis und Liebe durchaus eins sind; daß in dem gewaltigen „Ich bin, der ich bin, und dies ist mein Name für immer, dies mein Gedächtnis von Geschlecht zu Geschlecht,“ eine hohe, steile Abstraktion sich ausspricht, durch die die Verbindung der Religion als Theologie mit der Logik auf immer vollzogen sei. Ebensowenig kann man der Prophetie die Abstraktionen des „Menschen“ und des „Guten“ absprechen. „Er (Jahwe) hat dir verkündet, o Mensch, was gut ist“, sagt der Prophet Micha. Die Kündigung des Guten ist die entscheidende Offenbarung Gottes nicht an den Juden, sondern an den Menschen. Man ist demnach voll berechtigt, zu behaupten, auf die Frage „Was ist das Gute?“ sei im Geiste der Propheten zu antworten: Das Gute ist für den Menschen die Menschheit, ja für Gott, den Gott des Menschen, wiederum sie, ihre Gewährung und Gewährleistung für den Menschen. Spricht Jesus, spricht Paulus in so strenger Abstraktion wie nur irgend Platon oder die Stoiker von „dem“ Menschen, mußte Gott Mensch werden, um die Menschheit zu erlösen usf., so wäre das, so wie der christliche Gedanke aus der jüdischen Prophetie hervorgewachsen ist, geschichtlich undenkbar, wenn nicht in der Prophetie bereits diese Abstraktion vollzogen war. Sie war es schon mit dem Schöpfungsmythus, der gipfelt in der Schöpfung „des“ Menschen, des Adam; worauf die Erlösungslehre des Paulus ganz bewußt und in ganz logischer Fortführung baut.

Das hier Entscheidende bleibt die Entdeckung der Zukunft, der ewigen Zukunft der Menschheit. Die Abstraktion „Menschheit“ hat zuletzt diesen einzigen Sinn der geglaubten ewigen Zukunft des Menschengeschlechts. Es ist gar nicht ein „Begriff“ eines gegebenen Gegenstands, der damit aufgestellt wird, sondern eine „Idee“, nicht bloß im Platonischen, sondern im vollen Kantischen Sinne der „ewigen Aufgabe“. Mit dieser erst, nicht vor ihr und nicht ohne sie, wird die Idee der Geschichte geboren. So aber war sie selbst bei Platon nicht erreicht, so sehr auch seine Idee des schöpferischen Eros als der Verunsterblichung des Sterblichen sie nahelegt und als Konsequenz fordert. Vollzogen aber wird sie, auf der Grundlage der jüdischen Prophetie, keimweise durch Paulus, ausdrücklicher durch Augustinus. Bereits bei Origenes trifft man eine fast so freie und weite Anerkennung der Unendlichkeit der Weltentwicklung, nicht als Naturprozeß sondern als ewig neues göttliches Schaffen, wie dann erst wieder in der Renaissance und in der Aufklärung. Die letztere hat dann besonders, im immer erneuten Ringen um das Augustinische Problem der Theodizee, den Vollsinn der Geschichtsidee Schritt um Schritt erobert. Hegel bedeutet nur einen vorläufigen Abschluß. Selbst seine Idee der Geschichte hängt noch erkennbar zusammen mit ihrem theologischen Vorstadium. Erscheint bei ihm der Lebenstag der Menschheit in den bekannten vier Stufen eigentlich abgeschlossen, so widerspricht er damit, mißleitet durch einen falschen Systemtrieb, der die „unendliche Aufgabe" zu überbieten meint, in Wahrheit den eigenen Voraussetzungen. Die Linien der Menschheitsentwicklung konvergieren nicht. So, nur so, bleibt Raum für Freiheit, für Tat, und damit für — Gottheit; ohne irgendwelchen Abbruch am „Logos", am Vernunftzusammenhang der Weltgeschichte. Denn der Logos, der ewig „sich selbst steigert", ist Tat, ist nicht Stillstand, sondern ewige Bewegung.

Der Tat aber bedarf es. Was kommen soll, kommt nicht darum von selbst. Nie wird die Menschheit aus der Gefahr entlassen. Ihr bleibt es gesagt: Du mußt glauben, du mußt wagen, denn die Götter leihn kein Pfand. Doch ist es nicht blindes Wagen, das ihr zugemutet wird. Sehend die Gefahr, sehend aber auch das Ziel, das auf jede Gefahr zu erstreiten ist, so hat sie das Wagnis auf sich zu nehmen. Je höher das Ziel, um so härter wird der Kampf sein: „Ich bin nicht gekommen den Frieden zu bringen, sondern das Schwert", spricht der Friedenskünder, der von allen es mit dem Frieden am ernstesten gemeint hat. Auch der Prophet hat nicht sagen wollen, daß heute schon das Schwert sich zur Pflugschar wandeln könnte. Und neben den zarten Psalmen des Duldens und Vertrauens stehen wilde Kriegs- ja Haßgesänge. Darum galt allen starken Völkern, unter Voraussetzung der Einsicht und einsichtigen Wollens, als nächste, edelste Tugend die Tugend der Tapferkeit, des unbedingten Einsatzes jeder Kraft für das unbedingt Gute, der auch nicht davor zurückscheuen darf, dem Tode zu weihen, sich und andere. Selbst der ergreifende Hochgesang des „Das bist Du!", die Bhagavad-Gītā, wagt den Satz:

„Wer kein selbstsüchtiges Wesen hat, wer unbefleckten Geistes ist,
Ob alle Welt er tötet auch, tötet doch nicht, wird nicht verstrickt."
Und:

„Vor dem die Welt nicht zittern muß, der zittert auch nicht vor der Welt.“ Je reiner das Ziel, auf um so härteren Widerspruch gilt es gerüstet zu sein, um so entschlossener ist darum zu kämpfen. Darum kann nicht „ewiger Friede“ heute die Losung sein, er ist nur das Fernziel, die unendliche Aufgabe.

Jeder neue Schritt der Geschichte verneint den vorhergehenden, verläßt wieder den mühsam errungenen Stand, aber muß doch von ihm den Ausgang nehmen, auf ihm fußen, er schließt eben das, wovon er sich abwendet, doch als Voraussetzung in sich. Daher steht auch innerhalb einer Phase der Entwicklung, auf gemeinsamem Boden, stets der weiter vorgeschrittene Wille gegen den zurückbleibenden; Volk gegen Volk, Klasse gegen Klasse, zuletzt in jedem Einzelnen das in ihm sich erst durchringende neue Bestreben gegen die Wucht des fortwirkenden Alten, der keiner sich ganz zu entziehen vermag. So ergibt sich die verwirrendste Mannigfaltigkeit, ein steter Krieg aller gegen alle und jedes Einzelnen wider sich selbst in der eigenen Brust. In diesem ewigen, weit mehr inneren als äußeren Kriege vollzieht sich das Weltgericht der Geschichte. Was aber bedeutet darin das einzelne Volk, und welches ist die Rolle der Weltvölker, das heißt derer, durch die vorzugsweise, in den entscheidenden Wendungen, dies Weltgericht sich vollzieht? Ich wage darüber voraus eine allgemeine Hypothese aufzustellen, die dann durch die ganze folgende Untersuchung sich erproben soll.

Ich vermute, daß die bisher sozusagen allgemein geltende Annahme, wonach Völker wie Menschen altern und sterben, nicht zutrifft. Sonst müßte die Menschheit, müßte geschichtliches Leben auf Erden dem ewigen Tode zustreben. Es strebt aber zum Leben und nicht zum Tode. Deshalb halte ich fest an der — ich gestehe gern: keineswegs „wissenschaftlichen“ — Hypothese der Unsterblichkeit des geschichtlichen Lebens auf Erden; wenn man den Zusatz für nötig hält: solange überhaupt die Bedingungen menschlichen Lebens auf diesem Weltkörper gegeben sind; was außerhalb geschichtlicher Erwägung fällt. Richtig bleibt dennoch, daß sich Völker verhalten wie Individuen, Individuen wie Völker, und wiederum innerhalb eines Volkes die verschiedenen sozialen Schichten oder Gruppen. Nämlich so: Die vergleichsweise befriedigten, gesättigten, weil den gegebenen Lebensbedingungen am besten angepaßten Völker, Schichten, Einzelnen verharren in verhältnismäßiger Ruhelage; doch nicht, als ob sie aus dem geschichtlichen Leben je völlig herausträten, überhaupt auf-

hörten fortzuschreiten; aber ihre Schritte verlangsamen sich bis zum kaum
Merklichen, und so scheinen sie stillstehend, alternd, vielleicht schon geschichtlich tot. Sie glauben aber stets, und im Rückblick auf die hinter
ihnen liegende glückliche Entwicklung durchaus nicht ohne Grund, die
wahren Träger der Menschheitsidee zu sein, die Bestimmung des Menschengeschlechts zu erfüllen, ja erfüllt zu haben. Das ist jedoch, wo und mit
wie scheinbarer Berechtigung es auch auftritt, stets Abendstimmung,
Alterszeichen. Junge, vorwärts drängende, weil ihren Lebensbedingungen unzureichend angepaßte Völker dagegen leben, wie geschichtslos, ganz
in der Aktualität des Moments. Doch sind in Wahrheit sie es, in denen
das stärkste Leben der Geschichte pulst. Denn eben weil sie sich ihre Lebens-
möglichkeiten erst zu erkämpfen haben, so bleiben sie stets in Bewegung,
sind genötigt, jede ihrer Kräfte anzuspannen, je schwerer ihre Lage ist,
um so mehr. Die Gründe können mannigfach sein; zum Teil äußere: es
mangelt ihren Wohnplätzen an dem Schutz natürlicher, schwer anzu-
greifender, leicht zu verteidigender Grenzen; sie finden sich eingeteilt
zwischen Völker, die es leichter hatten als sie, gefestigte soziale Zustände
und einen hohen Grad gleichmäßiger Bildung zu erreichen, daher auch
durch einen großen Reichtum geistiger Erzeugnisse über den wirklichen
inneren Stillstand sich und andere zu täuschen; während die scheinbar
an geistigem Besitz ärmeren Völker in Wahrheit reicher sind an Keimen,
die zu neuen, fruchtbaren Entwicklungen erst reifen sollen. Durch sie aber
werden jene aus der behaglichen Ruhe ihres gesättigten Alters unange-
nehm aufgestört. Sie wehren sich dagegen mit dem ganzen Beharrungs-
vermögen ihres gefestigteren Zustands. Die jüngeren Völker gelten ihnen
als die Ruhestörer, als Feinde des Weltteils, dessen Träger sie selbst zu
sein glauben. Vielmehr sollten sie ihnen danken, daß sie durch sie aus dem
geistigen Schlummer, der sie sonst zum geschichtlichen Tode hinüberzu-
führen drohte, in den Tag des vollen geschichtlichen Lebens zurückgerufen
werden, um wieder zu leben, wieder zu kämpfen, zu ihrem eigenen und
der Menschheit Heil. Denn die Menschheit darf nicht sterben; keines ihrer
Glieder darf ihr absterben, sie gehören alle zu ihr. Auch werden sie auf
die Dauer den Weckruf nicht überhören können, denn bei den jungen
Völkern ist die größere vordringende Energie. Durch sie wird, was in
ihnen selbst von noch nicht entwickelten Kräften schlief, entbunden, sie
erfahren dadurch selbst eine Verjüngung, und beginnen nun, auch von
innen her gegen das Altwerden und Absterben sich zu wehren. So wird

stets aus innerer Notwendigkeit das Alter der Jugend endlich weichen müssen, doch nicht durch Absterben, sondern durch Verjüngung. Es stirbt nur, was allein sterblich ist: das Sterben selbst; unsterblich aber lebt das allein Unsterbliche: das Leben selbst, alles, was echtes Leben je war. Leben ist nichts anderes als ewige Selbstverjüngung, nicht Altwerden. Es lebt sich nicht zu Tode, sondern zu immer neuem Leben, denn das ist sein Begriff.

Daher wird, so wie die tieferdringende biologische Erkenntnis mit der Vorstellung unwandelbarer Arten lebender Wesen gebrochen hat, erst recht die Geschichtserkenntnis die Voraussetzung unwandelbarer Völkercharaktere aufgeben müssen. Es gibt nur scheinbare, wenn auch unter Umständen langfristige Erstarrung gerade hochentwickelter, zu einer gewissen Festigkeit der sozialen Struktur gelangter Völker. Aber solcher Schlaf kann nicht immer währen, sie werden endlich, wollend oder nicht, in das gemeinsame Leben der Weltgeschichte wieder eintreten, um an dem gemeinsamen Aufstieg mitzuarbeiten. Gemeinsam ist der Aufstieg. Denn wenngleich Leben, eben weil ewiger Aufstieg, nie Stillstand, auch immer Kampf, nie Frieden bedeutet, dennoch, nein eben damit muß zuletzt alles Leben in ein Leben münden. Und nicht bloß darein münden, sondern, wie es alles aus einem Lebensborn quillt, so muß es, von Ewigkeit zu Ewigkeit, nach gleichem letzten Gesetz, in einem gewaltigen Rhythmus, zu einer erhabenen Symphonie erklingen. Von Fortschritt, von Entwicklung wäre gar nicht zu reden, wenn nicht eine sichere Richtung des Fortschreitens erkennbar wäre, die in dem nie zu erschöpfenden Reichtum an Gestaltungen, den sie einschließt, den Einheitssinn des Lebens aufrechterhält. Die ewige Selbststeigerung, die das Wesen des Geistes ausmacht, muß ewige Selbststeigerung sein, das heißt im nie endenden Fortgang die Einheit der Richtung immer bewahren. Das ist möglich, denn was im endlichen Bereich sich gegenseitig störend, schließlich zerstörend gegeneinander kehrt, hat in der Unendlichkeit des Geistigen alles miteinander Platz.

Daher haben alle Völker, Schichten, Individuen, in wie weitgehender Abwandlung auch immer, doch die gleichen wesentlichen Stufen des gemeinsamen Aufstiegs zu durchlaufen. Nur das Zeitmaß des Aufstiegs ist verschieden; typisch verschieden, so wie angegeben, für jugendliche und alternde Völker, Schichten, Individuen. Konservative Völker bewahren vielleicht durch Jahrtausende die Merkmale der bestimmten Phase der allgemeinen Entwicklung, der sie nach ihren inneren und äußeren Bedingungen besonders angepaßt waren, die sie darum früher erreichten und vollkommener ausprägten als die anderen, und der sie nun nach einer natürlichen Täuschung eine ewig unabänderliche Geltung nicht für sich allein, sondern für die Menschheit zutrauen. Jene anderen dagegen, die es zu einer solchen festgeprägten Form nicht brachten, dafür aber um so kraftvoller, gleichsam in stärkerem Gefälle, oft wie in zerstörenden Stromschnellen und Stürzen ihren geistigen Fortschritt vollziehen, werden damit zugleich die Menschheit im tiefsten aufwühlen, und, als die Träger der stärksten Wucht ihres gemeinschaftlichen Aufstiegs, sich als die Völker der Jugend und Freiheit fühlen, doch nicht ihrer allein, sondern der der Menschheit. Im endlichen Bereich folgt daraus notwendig eine gegenseitige Kampfstellung, keineswegs nur äußerlich dadurch bedingt, daß die einen, um ihren wohlerworbenen Besitz zu sichern, den anderen, als den Emporkömmlingen, den Spielraum verengen, ihnen überall in den Weg treten, sondern tief innerlich müssen wohl beide sich gegeneinander in einem kaum versöhnlichen Gegensatz der Grundstellung zur Welt und Menschheit fühlen. Den Grund aber wird jedes im anderen suchen. Die beruhigten Völker halten durchaus sich für die Friedenshüter, die andren für die stets Kampfbereiten und Kampfgerüsteten. Diese wiederum sind gerade der tieferen Friedensgesinnung sich mit allem Grund bewußt. Sie wollen auf keiner erstarrten Sonderart beharren, geschweige sie den anderen aufdrängen, sie sind bereit, jeden ihnen verständlichen Vorzug der anderen willig anzuerkennen und sich selber anzueignen, an jedem eigenen auch sie teilnehmen zu lassen; während jene, aus der ehrlichen Überzeugung der eigenen Unübertrefflichkeit, nicht nur nichts, was sie in dieser Überzeugung irremachen könnte, aufzunehmen gewillt sind, sondern das Ihre auch den anderen gebieterisch aufzwingen zu sollen glauben. Daher werden gerade sie, die die Träger des Friedens sein wollen, erobernd, womöglich zwar friedlich erobernd, auftreten. Pazifizieren heißt ihnen erobern; denn sie glauben in vollkommener Ehrlichkeit, daß ihre Vorherrschaft den Frieden bedeuten werde. Die anderen dagegen, die Völker der Jugend und der Freiheit, werden um diese zwar jederzeit zu kämpfen bereit sein, aber eben damit überzeugt sein, den echten Frieden nicht bloß für sich, sondern gemeinsam für alle zu erkämpfen. Sie wissen wohl oder fühlen instinktiv, daß auf ihren Schultern das Weltheil ruht. Aber selbst zum Heil werden sie die anderen nicht zwingen wollen, denn sie lieben die Freiheit, die des anderen so gut wie die eigene. Aber die anderen werden sie nicht in Frieden lassen, nicht gleiches Recht ihnen zugestehen wollen. Der Fortschreitende erkennt an, der Stehenbleibende niemals.

Darum ist Krieg und wird Krieg bleiben, solange die Menschheit fortschreitet und nicht, rascher oder langsamer, dem Tode verfällt. Frieden wollen wohl alle, aber der Friede der Einen verträgt sich nicht mit dem der Anderen. Die Einen suchen ihn in einem vollendeten Gleichgewicht, in dem sich sicher ruhen lasse. Diese Ruhe aber empfinden die Anderen als die Ruhe des Todes. Sie können in diesen Frieden nicht willigen, weil sie leben. Leben will leben, und leben heißt kämpfen. Doch wollen sie gerade damit den tieferen, den wahrhaft „ewigen" Frieden. Dieser aber bedeutet ihnen nichts weniger als eine öde Immergleichheit, er bedeutet vielmehr den nur idealen, in Erfahrung niemals dargestellten, aber ewig anzustrebenden inneren Einklang des Rhythmus jener unendlichen Symphonie der Menschheitsentwicklung; das ist der „Friede Gottes, der höher ist als alle Vernunft", d. h. alle ausrechenbare und auf Grund solcher Rechnung erzwingbare bloß äußere „Verständigung". Gerade aus diesem tiefsten Friedensverlangen werden sie stets zu kämpfen haben. Aber sie werden gern um solchen Frieden kämpfen, denn sie wissen, daß gerade aus dem tiefsten Gegensatz die tiefste Harmonie entquellen muß. Die tiefste Harmonie ist eben die, welche die tiefsten Gegensätze bewältigt, ewig allein die, welche die unendliche Differenzierung zur Voraussetzung hat. Ihr Sieg allein ist nicht Beugung, nicht Unterjochung, sondern Befreiung, und zwar für alle, die darum kämpfen. Darum will echte Jugend gewiß den Kampf, gewiß auch die Krone des Sieges, aber nicht Herrschaft, nicht Unterwerfung, fremde so wenig wie eigene. „Der Gott, der Eisen wachsen ließ, der wollte keine Knechte."

Und das Ende? Es darf kein Ende geben. Zwar des äußeren Gewaltkriegs wird einmal ein Ende sein, er arbeitet mit der Sicherheit des Naturgesetzes an seiner eigenen Zerstörung. Aber nicht schon damit wird der Geist der Freiheit, der allein echte Friedensgeist, zum sicheren Siege gelangt sein. Der Gegensatz der Strebungen, also auch der Kampf, wird damit nicht aufhören, nicht auch nur milder werden, eher härter, weil er tiefer in die Seele, in aller Seele greifen wird. Aber denken wenigstens läßt es sich, daß doch endlich, endlich einmal der erhabene Sinn des Aufstiegs zu den ewig fernen Höhen allen aufgehen wird. Dann wird der Kampf selbst ihnen allen zum Siege werden, wird mitten im Streit die ewig sich erneuende Harmonie allen bewußt werden und die Seelen der Streitenden im tiefsten vereinen. So ist es nicht mehr ein öder Kreislauf, in dem das Eine, nach Heraklit, in sich selbst entzweit, stets in sich selbst wieder zurückgeht. Der Kreis wird zur Spirale: nicht gleiche, nur sich entsprechende Phasen sind es, die, und zwar auch in entsprechender Folge, wiederkehren, während der ganze Gang immer aufsteigend bleibt. Nichts geht unter, aber auch nichts bleibt auf demselben Fleck oder kehrt in völliger Gleichheit wieder. Das Gesetz der Geschichte ist ein Individualgesetz, denn die Menschheit ist ein Unteilbares. So wächst die Seele, sie wächst unendlich, denn sie ist unendlich; ewig, denn sie stammt aus dem Ewigen und strebt zu ihrem Urquell zurück.

Das also ist mein — es sei nochmals gesagt: ganz „unwissenschaftlicher" — Glaube vom „Sinn der Geschichte". Ob er an den Tatsachen der Geschichte sich bewahrheitet, bleibt zu prüfen.

2. Geist des Morgenlands

Von der jenseitigen, welterhabenen Gottheit — durch die gottfremde, gottfeindliche und -befeindete Welt — zur auf sich zurückgeworfenen Seele; von der so erst ganz zu sich gekommenen Seele — durch die neu durchseelte Welt — zur nun erst innerlichst erfaßten, nicht mehr jenseitigen, seelenfremden, seelenbedrohenden Gottheit — so ist der große Gang der Entwicklung der „Weltanschauung" durch die Reihe der Erdvölker bis heute und über das Heute hinaus. Nur scheinbar ein Kreisgang, denn nicht ist es wirklich der Punkt des Ausgangs, zu dem er zurückführt; eher möchte das Bild der Spirale zutreffen. Fast aber scheint diese weite Wanderung des suchenden Menschengeistes zugleich ein Marsch von Volk zu Volk, deren jedes, nach altem Gleichnis, dem andern die Fackel darreicht: vom Morgen zum Mittag zum Abend, und durch eine über alles sich breitende bange Nacht des Gottschweigens und der Seelenumdüsterung wieder dorthin zurück, wo zuerst das Licht sich ergoß; von wo, wer weiß, ein neuer, schönerer Tag der Menschheit erstehen soll. Des mildleuchtenden Morgens hatte man schier vergessen unter den sengenden Gluten des Mittags, unter den Vorboten des hereinbrechenden Dunkels. Doch weckt schon wieder der versöhnende Dämmer leise Erinnerungen des ahnungsreichen Harrens, das dem Hervorgang der Sonne voraufging. Vielleicht verschwimmt dem in dem Arm der Mutter Nacht sich bergenden Müdling das freundliche Winken des Abendsterns mit dem Künder des Morgens. So wendet heute der sterbende Mensch des Abendlands seinen Blick zurück auf den Punkt des Aufgangs der geistigen Sonne, die wahre Geburtsstätte der Menschheit und all ihrer tiefen Träume von Gott und Seele: das Morgenland.

Doch ist es nicht ein ungeteiltes Licht, das von dorther dem Menschengeschlecht erstand, sondern in tausend Strahlen ergoß es sich auf weite Lande und durch gewaltige Zeiträume. Den ganzen Reichtum des morgenländischen Geistes in einem kurzen Kapitel auszubreiten, würde auch für den unmöglich sein, der sich rühmen dürfte, ihn ganz zu umspannen. Wir kommen darum nicht zurück auf China, gehen nicht ein auf Japan, nicht auf die iranische Zarathustrareligion, nicht auf die eigenartigen Kulturwelten Ninives und Babylons, nicht nochmals auf Ägypten, sondern halten unsere Aufmerksamkeit gesammelt auf ein einziges, doch

großes, langlebiges Volk, das geistigste des eigentlichen Morgenlandes:
das indische. Es ist uns, vielleicht weil ursprünglich stammverwandt, von
den Völkern des Ostens immer noch das verständlichste, und es faßt in
dem ungeheuren Schaße seines Schrifttums das zusammen, was von
den geistigen Schöpfungen des Orients für uns und auf immer das Bedeutsamste bleibt. Doch ist wiederum die indische Geisteswelt eben in
diesem ihrem Reichtum nicht einheitlich. Es unterscheiden sich, auch wenn
man von allen schwebenden Übergängen und irgendwie einseitigen Fort-
bildungen und Ableitungen absieht, noch immer wenigstens drei Haupt-
phasen, die untereinander die stärksten, kaum ausgleichbaren Gegensätze
aufweisen und doch fast stetig ineinander übergehen: die ursprüngliche,
noch vorwiegend dem Diesseits befreundete Götterlehre der Veden, die
durchaus jenseitig gerichtete, immerhin der Erdenwelt noch nicht gänzlich
entfremdete Einheitslehre des Brahmanismus, und der ohne Rückhalt
weltabgekehrte, fast weltfeindliche Buddhismus.

Die Urform der Weltanschauung und ihr bleibender Hintergrund ist der
Mythus. Darum muß, jedenfalls in diesem ersten Fall, von diesem ausgegangen werden. Die ursprünglichste indische Götter- und Heldensage,
von der die Kunde sich erhalten hat, ist, wie nur irgend die urgriechische
und urgermanische, eingegeben und ganz durchtränkt von starkem, innigem
Naturgefühl; hervorgewachsen aus einem Leben im Arme der Natur,
wie es den europäischen Ariervölkern durchaus verständlich ist. Sie teilt
mit diesen ebenfalls schon von früh an den ethischen Geist. Die welt-
und überweltgewaltigen Götter sind zugleich Schirmer der sittlichen Ordnungen der Menschenvölker, der Familien- und Stammestreue, der
gleichmäßigen Liebe zum Sinnen und Schaffen, Reden und Dichten,
wie zum notwendigen todverachtenden, ritterlichen Kämpfen für die noch
stark empfundene Volksgemeinschaft. Wie sehr aber in dem allen der
Götterglaube noch diesseitig, weltfroh geartet ist, waltet doch vom Anfang
an ein starker Trieb, das Diesseitige, erst ganz menschlich Gedachte hinauf-
zusteigern in schwindelnde Höhen. Nicht nur die Götter — jeder, der
gerade angerufen wird — erheben sich von anfangs begrenzterem Herr-
schaftsbereich zu den höchsten unter ihresgleichen, zu Übergöttern, sondern
auch führende Menschen, gewaltige Kriegshelden, die fast immer zugleich
Lehrer tieferer religiöser Erkenntnis sind — denn noch bleibt im Schoße
der Religion fast alles beschlossen — erheben sich unmittelbar, nicht erst
mit dem Tode, sondern noch auf Erden wandelnd. sozusagen wie sie da

gehen und stehen, zu Göttern und Übergöttern. Da gilt nicht etwa nur das Schillersche: „Da die Götter menschlicher noch waren, waren Menschen göttlicher", sondern Götter wandeln, ihre Göttlichkeit verhüllend, in Menschengestalt unter Menschen; Menschen, unter Menschen wandelnd, enthüllen auf einmal den Erschreckten ihre Gottnatur. So wirkt es in der Bhagavad-Gītā noch jetzt nach Jahrtausenden auf den Leser mit erschütternder Gewalt, wenn Krischna, „der Erhabene", dem Helden Arjuna, mit dem er bis dahin, als sein Wagenlenker, ganz menschlich sich gleichstellend geredet hat, auf dessen Verlangen in seiner furchtbaren Göttergröße, die durch seine Reden schon deutlich und deutlicher durchschimmerte, sich plötzlich unverhüllt offenbart:

Es bebt die Welt, ihn schauend — ich auch bebe.
Schau ich dich an, dann zittert meine Seele,
Dann weiß ich nichts und finde nirgends Zuflucht.
Sei gnädig, Götterherr, du Weltenwohnstadt!
Sag mir, wer bist du, Fürchterlichgestalt'ger?
Verehrung dir, du höchster Gott, sei gnädig!
Verehrung dir, Verehrung tausend Male,
Und mehr noch, mehr! Verehrung dir, Verehrung!
Verehrung dir, im Angesicht, im Rücken,
Von allen Seiten Ehre dir, du Alles! —

Nur kurz dürfen wir bei einzelnen Göttergestalten verweilen. So erhebt sich als einer der ersten der arische Stammesgott Indra, der furchtbare, sieghafte, der die Erde den Ariern gab, die Barbarenstämme ihnen unterwarf, nicht als einziger, doch in rücksichtsloser Gewaltübung über alle anderen Götter. Er wächst buchstäblich räumlich über alles hinaus, die Erde dient ihm zum Gürtel, der Himmel zur Kopfhülle; nicht nach Menschenart vergehen ihm die Tage, sie machen ihn nicht alt. Mit dem goldigen Keil, den goldblonden Rossen, goldblondem Bart und Haupthaar, vom Sang und gebrauten Somatrank begeistert, erlegt er den Urdrachen Vitra, der auf dem Berge lagert, worauf die Götter alle ihm willig die Oberherrschaft zugestehen. In manchem mag er uns an unseren Siegfried, den Drachentöter, erinnern, doch empfinden wir die Gestalt als eigentlich orientalisch, uns wesensfremd in der Maßlosigkeit der Phantasie, wie sie im indischen Mythus, unmittelbar neben der nüchternsten Besinnlichkeit, selbst pedantischen Wortklauberei immer wieder alle Ufer durchbricht. Zwar neben dem übergewaltigen Sieggott, dem die Marut, die Sturm- und Gewittergeister, zur Seite stehen, kennen die Veden auch milde Gottheiten, wie Ushas, die Morgenröte, die in ewig sich verjüngender Schön-

heit neidlos auch Sterblichen sich enthüllt, die glückbringende, in deren
stets erneutem Aufgang aller Geschöpfe Odem und Leben ist. So sind
die beiden As'vin, auf dreirädrigem, von Flügelrossen gezogenem Wagen
— ebenfalls Morgengötter — zugleich Heilgötter; Sūrya der Sonnengott,
Hüter alles dessen, was geht und steht, Beobachter des Rechts und Unrechts, durchschauend der Menschen Herzen; Pūṣan, der Gott der Wege,
Geleiter der Reisenden. Die Künste unterstehen eigenen Göttern, sie
besonders sind menschlicher Herkunft, ihrer Wunderwerke halber zu Göttern
erhoben. Vorzugsweise aber dem allmählich deutlicher sich heraushebenden
engeren Kreise der höchsten Götter, den Adityas, kommt durchweg zugleich
sittliche Bedeutung zu. So sind Varuṇa und Mitra, Gottheiten der Nacht
und des Tages, die allwissenden „Feßler des Ungesetzlichen", unentrinnbar dem sterblichen Bösewicht, durch Gesetzes Kraft die Welt regierend.
Sie beschützen des Menschen Wollen und Vollbringen. Mit Indra fließt
Varuṇa mitunter fast zusammen, nur, während Indra der Besieger des
Feindes ist, waltet Varuṇa über das Gesetz; doch auch am Kriege nimmt
er teil als weiser Ratgeber. Und Varuṇa bleibt der höhere, der Gesetzes-
wille erhebt sich über die Siegesgewalt.

Hoch wird vor allem die Kraft des Denkens gewürdigt, die Rede, die
unvergängliche, die Erstgeburt des Gesetzes, die Mutter der Veden. Vier
Pflichten liegen dem Menschen ob: Den Göttern schuldet er Opfer, den
Ṛṣhi, den Dichtern der Veden, das überaus hoch gepriesene Studium,
den Manen das Erstreben von Nachkommenschaft, dem Gast Herberge
und Speisung. Die dritte dieser Pflichten ist hochwichtig als Keim der
Lehre von der Unsterblichkeit und Wiedergeburt, die von da aus sich
entwickelt hat, um dann mehr und mehr beherrschend zu werden. Im Sohn
zahlt der Mann seine Schuld, er gewinnt die eigene Unsterblichkeit, indem
er des neugeborenen Sohnes Antlitz erblickt. Ein Wiedergeborenwerden
ist die Erzeugung, das Saatkorn wird damit eingepflanzt. Für den Sohn-
losen ist die Welt nicht da. Die Pflicht gegen die Manen, die Erhaltung
des Stammes, wird überaus ernst genommen; davon zeugen auch die
merkwürdig eindrucksvollen Hochzeitsbräuche. Besonders ergreifend aber
ist der Sinn, in dem der Sterbende vom Leben Abschied nimmt. Er soll
gedenken: der für uns unhörbare, unerreichbare, unausdenkbare, unwan-
delbare, unsichtbare, unerkennbare, unbenennbare Hörer, Denker, Seher,
Benenner, Rufer, Erkenner, Versteher, der Geist im Innern aller Wesen,
der ist meine Seele! In solchem Gedenken legt der sterbende Vater alles:

Rede, Odem, Gesicht, Gehör, Werke, Freud und Leid, Geschlechtskraft, Gang, Gedanken, Erkenntnisse, Wünsche in den Sohn, der sie als sein Vermächtnis übernimmt, und so scheidet er von ihm, befriedigt in der Gewißheit, in ihm fortzuleben. „In den Kindern pflanzest du dich fort, das, Sterblicher, ist deine Unsterblichkeit!" Aber diese nimmt dann mehr und mehr eine durchaus unpersönliche Wendung; unsterblich ist nur der reine Geist, der aber ist erhaben über allem Sonderleben des Einzelnen. Von da aus begreift sich nun schon der Übergang in eine Weltanschauung, für die das Bewußtsein, das Selbstbewußtsein des Geistes, die reine Ichheit, sich hoch über alles hinaushebt; ein Schritt, den zum Beispiel die griechische Spekulation nur in ihrem letzten bedeutenden Stadium, im Neuplatonismus, und selbst da nicht in gleicher, unerschrocken durchgreifender Kühnheit, getan hat. Manas, das Denken, das im Wachen in alle Fernen schweift, im Schlaf ins Innere zurückkehrt, das Licht der Lichter, das einzige Rätsel in der Geschöpfwelt, das unsterbliche Licht, ohne das kein Werk getan wird, das, unsterblich, alles, Vergangenheit, Gegenwart, Zukunft umspannt — das tritt in den Mittelpunkt einer aus dem alten Götterglauben nur allmählich sich herausarbeitenden philosophischen Religion oder religiösen Philosophie. In einem der großen Weltschöpfungslieder des Rigveda heißt es etwa: Damals (im Uranfang) war das All weder nichtseiend noch seiend; nämlich es war erst in einem unsagbaren Keim, sonst wohl zerlegt in eine aktive und passive Potenz. Noch nicht war Tod noch Unsterblichkeit, sondern nur das unnennbare Eine, das Urding, das dann, als erste Regung des Denkens, die Liebe überkam. Das wird späterhin ausgelegt: Es war gewissermaßen und war auch nicht, das heißt, es war nur das Denken, denn dies ist weder seiend noch nichtseiend; offenbar weil es beides, das Sein wie das Nichtsein, denkt, ja erdenkt. Darum schuf es sich selbst zum Ichbewußtsein, Ātman. Die Upanishāds grübeln sich in echt altindischer Selbstübersteigerung nur immer tiefer da hinein: Wie könnte aus dem Nichtseienden das Seiende entstehen? Also war das Eine notwendig seiend, nichtseiend dagegen diese Welt. Es war noch das Eine ohne Zweites, es war also noch gar nichts, nämlich unterschiedlich Bestimmtes: weder Himmel noch Erde noch Luftraum. Und da es (in diesem Sinne) nichtseiend (nicht etwas Bestimmtes seiend) war, richtete es sein Denken darauf: ich will sein. Das Denken also war das Erste; es ist das Brahman, das da heißt Morgenbesser, das heißt, im Unterschied vom absoluten, ewig sich gleichen, das fortschreitende, in Schöpfung übergehende Urdenken. In dies Eine aber löst jetzt die Vielheit der Götter sich auf; man nennt es Indra, Mitra, Varuṇa und so fort; was nur Eines ist, belegen die Sänger mit vielen Namen. Es wird Prajāpati, der Schöpfer, der mit seiner Schöpfung eins ist. Er drückt sich auch aus als Prāna, der Lebensgeist, der nie schlafende; besonders aber als Ātman, das Selbst. Er ist diese Welt. Er war ursprünglich ganz allein, kein anderes außer ihm. Er sprach zuerst das Wort: Ich bin es. Daher entstand das Wort Ich. Darum spricht auch heutigestags einer, der angesprochen wird, zuerst: Ich bin es, und nennt dann erst den anderen Namen, der ihm eigen ist. Und wie kam er zur Schöpfung? Das wird sehr naiv erklärt: Er fürchtete sich, darum fürchtet sich, wer ganz allein ist. Er sann nach: Wenn außer mir nichts anderes ist, vor wem fürchte ich mich eigentlich? Da schwand seine Furcht. Vor wem hätte er sich denn fürchten sollen? Vor einem Zweiten allein hat man Furcht. Aber er freute sich nicht; darum freut sich der Einsame nicht. So wünschte er sich einen Gefährten. Er war so groß wie Mann und Weib, die sich umschlungen halten. Er zerfällte sich selbst in zwei Hälften, daraus ward Mann und Weib. Darum ist jedes von beiden nur eine Hälfte, die nach der anderen verlangt. — Wir erkennen hier ein Urmotiv, das zum Beispiel, in komischer Wendung, Aristophanes in Platons Gastmahl ausführt. Auf den Schöpfer Eros fällt von hier aus Licht. Auch an Goethes „Wiederfinden" werden wir uns erinnern, es steht im „Westöstlichen Divan". Fast identisch mit dem Ātman aber wird nun das Brahman, die Rede, bald in der ganzen Weite des griechischen, mit Einschluß des Philonischen, des Johanneischen, weltschöpferischen Logos. Erst eine Schöpfung der Götter, erhebt es sich dann über sie. Prajāpati, der Schöpfer selbst, wird das Brahman, es ist das Höchste, das weder etwas vor noch nach sich hat; es erzeugte die Götter, die ganze Welt, es trägt in sich alles, was lebt, das älteste der Wesen. Zu einem gewissen Abschluß gelangt diese Lehre in den Upanishads des Āruṇi und seines Schülers Yājñavalkya, wie es scheint, im sechsten vorchristlichen Jahrhundert, nicht allzu lange vor dem Auftreten des Buddha. Da wird nun in ganz lehrhafter Form das Ātman in die Mitte gestellt: Um seinetwillen ist alles, es wird durch nichts anderes erkannt, denn durch das alles erkannt wird, womit sollte man das erkennen? Es ist folglich nicht so und auch nicht-so, unfaßbar, unberührbar, unversehrt, ohne Schaden, das wahrhaft Unsterbliche. Aufs bestimmteste wird dies als neue Lehre betont, welche die der Veden nicht umstößt, aber zum zweiten Rang herabsetzt. Alles, was die Veden vortragen, sind nur so viele Namen, bildliche Einkleidungen des einen, mit dem Ātman identischen Brahman. Es sprach zu sich: Ich bin das Brahman; es wußte nur sich selbst, dadurch wurde es die Welt. Wer immer unter den Göttern dies erkannte, der ward zu ihm, und so unter der Ṛṣhis und den Menschen. So wird auch heutigestags, wer dies weiß: Ich bin das Brahman, damit selbst zum All. Auch die Götter haben nicht Macht über ihn, daß er es nicht wird, denn er wird ja damit zum eigenen Selbst auch der Götter. Er, der hier im Menschen und dort in der Sonne ist, ist Einer. Er, Ātman, ist das, wodurch man sieht, hört, redet, denkt und so fort; ist Brahman, ist Indra, Prajāpati, alle Götter, alle Elemente, alles Lebendige; alles wird vom Geist gelenkt, er ist die Wurzel von allem, Wahrheit, Wissen ohne Ende, das Ur-Eine ohne Zweites. Wem das Sinnlosigkeit ist, ist selbst Sinnlosigkeit; wer weiß, daß er es ist, von dem weiß man dann, daß er ist. Es ist freilich über allem Begriff, über allem Begreifen, zu verstehen nur, sofern nicht mißzuverstehen, aber man versteht nur, daß man es nie erschöpfend versteht. Wem es, in diesem Sinne, unverstanden bleibt, der gerade versteht es; wer es verstanden hat, der kennt es nicht. Unerkannt bleibt es dem Erkennenden, erkannt ist es von dem Nichterkennenden. Unbeweglich ist es schneller als der Gedanke, stillstehend überholt es den Läufer; es bewegt sich und bewegt sich doch nicht, es ist so fern wie nah, in allem doch außer allem, nicht bewußt noch unbewußt, ganz aufgehend im reinen Selbstbewußtsein, vor allem Sonderbewußtsein, die Erscheinungswelt austilgend, stillzufrieden, selig, zweitlos. Nicht kannst du den Seher des Sehers sehen, nicht den Hörer des Hörers hören, nicht den Denker des Denkers denken, nicht den Erkenner des Erkenners erkennen. Er ist in das All eingegangen bis in die Nagelspitzen, alles ist in ihm eins. Und er ist dir im Herzen, Tag für Tag geht, wer solches weiß, in die Himmelswelt ein, nämlich im Unbewußtsein des Tiefschlafs, der alle Zweiheit auslöscht. Da ist kein Wahn, kein Schmerz mehr — er ist Gott, und es ist kein anderer Gott. Wer den erkannt hat, streift alle Fesseln ab, auch Wiedergeburt und Wiedertod. Ihm wird die Welt zur Zauberei des großen Zauberers Gott; alle Vielheit der Dinge ist nur Blendwerk. Die Seelenwanderung wird nicht preisgegeben, aber sie muß enden mit der Erkenntnis des Brahman; in ihr kommt man auch zurück von dem Verlangen nach Söhnen, nach Besitz, nach der Welt, und ist es zufrieden, als Bettler zu leben. Auch die letzte

Feſſel, das Sittengeſetz, wirft er von ſich. Den, der das Brahman erkannt
hat, quält nicht mehr der Gedanke: Was hab ich Gutes nicht getan, was
hab ich Böſes getan? Von beidem, Gut und Böſe, befreit ihn die Er-
kenntnis des Brahman, der Herzensknoten iſt ihm zerhauen, alle Zweifel
gelöſt, für ihn gilt nicht mehr Gut und Böſe, nicht Verweſung, nicht Geburt,
Leib, Sinne, Vernunft. Nicht Opfer noch gute Werke gehen ihn mehr an.
Ihm iſt der Vater nicht Vater, die Mutter nicht Mutter, die Welten nicht
Welten, die Götter nicht Götter, die Veden nicht Veden, der Dieb nicht
Dieb, der Asket nicht Asket, ſehend ſieht er doch nicht, es gibt ja kein
Zweites, von ihm Verſchiedenes mehr, das er ſehen könnte — und ſo fort.
Es braucht nicht weiter ausgeführt zu werden, die alles auflöſende Logik
dieſer Lehre iſt ja durchſichtig genug.

Von da iſt nur noch ein Schritt zum Nirwāna des Buddhismus. Doch
nicht ſo ganz widerſtandslos wurde dieſer letzte verhängnisvolle Schritt
getan. Noch ſträubte ſich wohl der altariſche Tatgeiſt gegen die fürchterliche Folgerung. Ergreifend iſt, wie in der Bhagavad-Gītā der Helden-
ſinn der wiſſenden Tat noch einmal mächtig durchbricht. Arjuṇa, im Begriff zum Kampf zu ſchreiten gegen eine gewaltige Kriegerſchar, in der
ſeine nächſten Verwandten, Lehrer, Freunde ſtehen, ſchreckt zurück vor
ſolchem Kampf, er dünkt ihm grauenhafte Sünde.

> Dieſe zu töten, wünſch ich nicht, und ſollten ſie mich töten auch,
> Selbſt um der Dreiwelt Herrſchaft nicht, wie denn um Erdenherrſchaft nur?

Lieber Bettlerbrot auf Erden eſſen! Doch Kriſchna, der Erhabene, belehrt
ihn. Erſtlich: Du töteſt nicht, es gibt ja keinen Tod! Was man ſo nennt,
iſt nur Ablegen des ſchlecht gewordenen Kleides, um ein neues anzulegen.
Dem Geborenen iſt Tod, dem Toten die Geburt beſtimmt, um ſolch
unabwendliches Geſchick iſt nicht zu trauern. Die Seele iſt unverletzbar,
ewig. Aber was Pflicht iſt, das tu, ungefragt, was daraus folgt. Kümmere
dich nur um die Tat, nicht um die Wirkung der Tat!

> Nie ſei Erfolg dir Grund des Tuns, doch meid auch Tatenloſigkeit!
> In Andacht feſt, tu deine Tat, doch häng an nichts, du Siegreicher!

Die Tat ſteht tief unter der Andacht. Beides, Guttat wie Übeltat, gibt
der Andächtige völlig auf; das heißt:

> Die tatgeborne Frucht gibt auf, wer andächtig und weiſe iſt —

da er auf Begier und Wunſch verzichtet, in Freuden des Verlangens quitt, frei
von Leidenſchaft, Furcht und Zorn. Alſo man vollbringe die notwendige Tat:

> Nie kann man frei von allem Tun auch einen Augenblick nur ſein.

Ja, Tun ist besser als Nichttun; nur hängt der Weise daran nicht, er hat's nicht nötig, daß etwas geschehen sei oder nicht geschehen:

Drum wirf auf mich hin all dein Tun, nur denkend an den höchsten Geist!
Nichts hoffend und begehrend nichts, so kämpfe, frei von allem Schmerz!...
Wer in der Tat das Nichttun sieht und in dem Nichttun just die Tat...
Wer Gier und Wunsch bei jeglichem Beginnen ganz und gar verbannt,
Wer in des Wissens Feu'r die Tat verbrannt hat, heißt ein weiser Mann...

Auch die Schuld der Tat darf ihn nicht ferner drücken:

Auch wenn ein größrer Sünder du als alle andern Sünder bist,
Doch wirst mit der Erkenntnis Schiff du fahren übers Meer der Schuld.

Aus der Erkenntnis aber fließt die Andacht, die Seligkeit, der ungestörte Seelenfrieden, Erlösung von allem Übel, aller Schuld. Indessen behauptet sich doch der Gedanke der Pflicht. Und zwar:

Wie sie auch sei, die eigne Pflicht ist besser stets als fremde Pflicht.
Bleibt eignem Wesen man nur treu, dann bleibt man frei von aller Schuld...
Tat, die mit dir geboren ist, sei sie auch sündig, gib nicht auf.
Von Sünde ist doch alles Tun wie Feuer stets vom Rauch umhüllt.

Sei nur innerlich frei von der Tat, so wirst du nicht mehr eigensinnig denken: Ich will nicht kämpfen. Es wäre auch vergeblich:

Gefesselt durch die eigne Pflicht, wie sie aus deiner Art entspringt,
Wirst, was du töricht nicht gewollt, du wider Willen dennoch tun.

Gewiß starkmütig und, trotz allem, aus einem tief sittlichen Geist geschöpft ist diese Lehre vom Nichttun als Tun, vom Tun als Nichttun. Wie sie freilich mit ihren eigenen Voraussetzungen sich logisch vereinigen soll, ist nicht leicht zu sagen. Darum konnte sie keinen Schutz bieten gegen den Abweg, der dann im Buddhismus ohne Schwanken beschritten wird: zum Nichttun schlechtweg. Der Buddhismus kennt keinen solchen Ernst der Tatpflicht mehr, am wenigsten einer solchen, die aus eigener Art entspränge. Das darf es gar nicht geben. Der Buddhismus ist ganz ausschließlich subjektiv gerichtet. Übermächtig geworden ist die Empfindung des Leidens. Von ihm wird Befreiung gesucht, diese aber soll nur zu erreichen sein in der Befreiung vom Dasein überhaupt, jedenfalls vom Selbstsein. Zwar nicht Selbstquälerei wird gefordert, aber gänzliches Absterben der Welt, völlige Unberührtheit von ihr.

Der Grundcharakter dieser Lehre ist bekannt genug; es brauchen daher nur die wenigen Hauptsätze, in denen er im Grunde sich erschöpft, in Erinnerung gebracht zu werden. In vier Grundwahrheiten faßt Gautama-Buddhas Lehre sich zusammen. Die erste ist die Wahrheit vom

Leiden. Geburt, Alter, Krankheit, Tod, nicht erlangen, was man begehrt, ist Leiden. Die zweite Wahrheit ist die vom Ursprung des Leidens. Es ist die Gier, die zu den immer erneuten Geburten treibt, die Gier nach Dasein und Wohlsein. Daraus folgt drittens die Forderung der Unterdrückung der Begier. Völlige Leidenschaftslosigkeit allein kann uns retten, das Aufgeben, Zurückweisen, Fahrenlassen, Nichtbeherbergen der Gier. Dahin aber führt — dies ist die vierte Wahrheit — der achtteilige Pfad: rechtes Glauben, Wollen, Reden, Tun, Leben, Streben, Gedenken, Sichversenken. Wer diese vier Wahrheiten nicht erkennt, der ist verurteilt zur ebenso end- wie anfangslosen Wanderung von Dasein zu Dasein. Daraus entspringen Tränenströme mehr als alle Wasser der vier Meere. Aus allen Freuden fließt nur Leid, also bleibt nur übrig, beiden zugleich zu entsagen. Wie der Hund, der, an einen Pfahl gebunden, sich fort und fort um ihn herumdreht, so sieht der Unwissende sein Ich in seiner Gestalt, seiner Empfindung, Vorstellung, Betätigung, seinem Bewußtsein, und dreht sich ewig da herum. So aber wird er nicht frei von Geburt, Alter, Tod und Schmerz, mit einem Wort vom Leid des Daseins. Er muß also erkennen, daß das alles, als dem Entstehen und Vergehen unterworfen, nicht sein Ich, das Wissen darum in Wahrheit Nichtwissen ist.

Die genannten Elemente des erfahrungsmäßigen Sonderdaseins: körperliche Gestalt, Empfindung, Vorstellung, Betätigung, Bewußtsein heißen die „Last"; ihr Träger ist das Einzelwesen; das Aufheben der Last die Gier nach Lust, nach Dasein und Wohlsein, die zu den immer neuen Geburten führt; das Niederlegen der Last die Leidenschaftslosigkeit. Das heißt: die Verkettung der Ursachen. Genauer: Alter und Tod folgt aus der Geburt, diese aus der Empfindung, diese aus der Berührung (der Objekte durch Sinne und Denkorgane), diese aus Namen und Außenform der Dinge, diese aus dem Sonderbewußtsein. Das ist der Docht und das Öl, das die Flamme nährt, bis man beides ihr entzieht und sie endlich erlöschen muß. Damit geht das Ich völlig unter und ist nicht mehr. Vielleicht darf man deuten: das Schein-Ich der Sinne, der Erfahrung, des zeitbestimmten Bewußtseins überhaupt. Denn wie soll ich erkennen, daß ich das alles nicht bin, ohne zugleich zu wissen, daß ich, mein wahres Selbst, etwas anderes als dies alles bin? Das Sakkāya — die Individualität, hat man übersetzt, die Sonderheit des Einzelbewußtseins — wird allerdings ausgelöscht, die Erlösung davon ist das wahre Wissen. Das ist das Nirwāna. Darüber hinaus darf man gar nicht fragen, es ist nur der negativen Erkenntnis fähig, daß es jenes alles nicht ist.

Daraus fließen denn auch nur negative Vorschriften: Meiden aller bösen Tat; zwar auch: Ausüben des Guten. Aber was ist dieses „Gute", wenn doch durchaus nichts Positives? Reinigung des eigenen Herzens, Geduld, Nachsicht, Entsagung . . . alle die langen Tugendregister enthalten nichts als lauter Verneinungen. Was ist Tugend? Wahrheit, Milde, Güte . . . vor allem Sichversenken, Einsicht. Dann: das Gute ist Enthaltung vom Bösen: Nichttöten, Nichtlügen und so fort, die gemeinsame Wurzel: Nichtbegehren. Aller sinnliche Reiz ist vom Übel: Tanz, Gesang, Musik, Schauspiel, alles Schmücken und Verzieren, Lagern auf Betten und so fort. Mönchische Askese wird empfohlen. Zwar auch Liebe, unbegrenztes Wohlwollen für alle Wesen. Nur, worin kann es bestehen, da ich doch dem Andern' weder Leben, Dasein noch Wohlsein wünschen kann, denn das alles sind ja nicht Güter, sondern Übel und aller Übel Quell? Und so wundern wir uns auch nicht, wenn wir anderwärts hören: Wer nicht für andre sorgt, für den es keine Verwandten gibt, wer aller Banden ledig ist . . . den nenne ich einen Brahmanen. Zwar nicht die Nacktheit, der Kahlkopf des Mönchs, nicht der Schmutz, nicht Fasten, Betteln, Liegen auf bloßer Erde reinigt den Menschen, der nicht das Begehren überwunden hat. Auch wird unterschieden zwischen der „schwarzen" Tat, die unheilvolle, und der „weißen", die heilvolle Früchte bringt; die meisten sind aus beiden gemischt. Aber die höchste Tat ist, die weder schwarze noch weiße Früchte trägt: die Tat, die zur Vernichtung aller Tat führt. Ewige Ruhe, kein Verlangen mehr, kein Kommen und Gehen, kein Sterben und Wiedergeborenwerden, weder Diesseits noch Jenseits noch ein Zwischenreich zwischen beiden — vollkommen vom Dasein erlöst sein, das erst ist das Ende des Leidens, das Nirwāna. Unnütz auch alles weitere Spekulieren. Einer anderen Einsicht als der, die zum Nirwāna hilft, bedarf es nicht, eine andere zu lehren, lehnt Buddha bestimmt ab und begehrt der rechte Buddhist nicht zu lernen. Er überwindet alle Formvorstellung und findet sich im Reiche der Raumunendlichkeit; er überwindet die Raumunendlichkeit und findet sich im Reiche der Bewußtseinsunendlichkeit, er überwindet wiederum diese und findet sich im Reiche des Nichts; er überwindet auch das und gelangt so dahin, wo es weder Vorstellen noch Nichtvorstellen gibt. Er muß auch das noch überwinden — hier wird es schon schwer mit dem Verständnis weiter zu folgen; vielleicht soll man verstehen: weil dann immer noch er selbst, der weder Vorstellende noch Nichtvorstellende, bliebe — so erreicht er erst das Letzte, das Aufhören alles Vorstellens — ich suche zu deuten: auch aller Möglichkeit des Vorstellens, nicht bloß der wirklichen Vorstellung. Dann erst sind die Grundübel in ihm erloschen; so ist er der Heilige, der Sieger, in der Götter- und Menschenwelt gibt es keinen, der ihm gleich wäre.

Es hält schwer, hier etwas anderes zu erkennen als den entschlossensten, unerbittlichsten, uneingeschränktesten Nihilismus. Doch ist es kaum menschenmöglich, dabei mit wirklicher innerer Überzeugung stehenzubleiben. Daher wird man sehr geneigt sein, zumal einem Kenner wie Oldenberg recht zu geben, wenn er annimmt, daß hinter dem allen noch der Gedanke eines „der Vergänglichkeit und ihrem Flammenmeer seinem Wesen nach fremden, ewigen Subjekts" sich berge, das doch nicht ganz ins Nichts untertauche. Indessen muß er selbst zugeben, daß die Idee eines ewigen Selbst höchstens unausgesprochen, doch unvertreibbar (wie er sich ausdrückt) aus den Ritzen der Argumentation hervorblickt. Am nächsten wird diese positivere Wendung vielleicht berührt in einer Erörterung der Frage: Ist der Vollendete, der Tathāgata, jenseits des Todes, oder ist er nicht? Die Antwort lautet: Das läßt sich darum gar nicht sagen, weil solche Aussagen wie Sein, Nichtsein oder irgendwelche andere auf ihn überhaupt unanwendbar sind. So singt ein buddhistischer Dichter:

> Den, der zur Ruhe ging, kein Maß ermißt ihn,
> Von ihm zu sprechen, gibt es keine Worte.
> Verweht ist, was das Denken könnt erfassen,
> So ist der Rede jeder Pfad verschlossen.

Es kann darüber gar nichts ausgesagt, es kann nur erlebt werden. Gedacht ist, meint Oldenberg, zwar ein Absolutes, aber nicht als Weltgrund; nach dem zu fragen fühlt der Buddhist gar keinen Antrieb; aber als letztes, höchstes, freilich nur durch Verneinungen zu bezeichnendes Ziel. Aber auch das dürfte der echte Buddhist am Ende nicht gelten lassen. Ziel wessen? Des unendlichen Werdegangs der Scheinwelt — die er gar nicht anerkennt? Oder eines Strebens — das es gar nicht gibt oder doch nicht geben dürfte? Wir sind hier eben an dem Punkte angelangt, wo es nichts zu fragen, nichts zu antworten mehr gibt, wo alles Begriffsbedürfnis ganz zum Schweigen zu kommen hätte — beim Nichts.

In einer, wie Oldenberg annimmt, älteren Gestalt der später zu einer ganz diesseitigen, weltlichen Philosophie entwickelten Sāmkhya-Lehre wurde, so scheint es, ein absolutes, schlechthin immaterielles Selbst dualistisch der Stoffwelt entgegengestellt. Dieser Dualismus, vermutet er, sei auf den Buddhismus nicht ohne Einfluß geblieben. Aber er selbst will jedenfalls keine solche philosophische Spekulation sein, sondern eine reine Heilslehre. Am nächsten steht er doch wohl dem älteren Yoga, der mystischen Versenkung, aus welchem manche Begriffe geradezu übernommen scheinen. Das mag die indologische Forschung, wenn sie kann, entscheiden.

Fast durchgehends aber ist, vom Brahmanismus abwärts, die Mystik des völligen Untersinkens der Persönlichkeit in den Abgrund eines ewig Unnennbaren, unnennbar Ewigen der hervorstechende Grundzug der orientalischen Weltanschauung geblieben. Nicht bloß in der schroffen Form des Buddhismus besteht dieser dem Leben abgekehrte, quietistische Mystizismus fort, er hat sich, besonders auch nach China und Japan, weit verbreitet und ungezählte Millionen orientalischer Menschen, wie es scheint, befriedigt, im Dschainismus des westlichen Ostindien, im mohammedanischen Sufismus findet er nahe Analogien, er ist bis heute zwar nicht der einzige, aber sicher der lebendig wirklichste und der für orientalische Art bezeichnendste Weltanschauungstypus des Ostens, und er hat gewiß sehr viel, vielleicht das meiste dazu beigetragen, die Völker Ostasiens in einen jahrtausendelangen geschichtlichen Schlaf zu versenken.

Ist es ihr unabänderlicher Charakter? Sollten sie aus diesem Schlaf nie wieder erwachen? Oder liegen vielleicht Anzeichen einer Wandlung vor? Solange es dabei bliebe, würde zwischen Ost und West eine Kluft bestehen bleiben, die auch die weitherzigste Liebe zur ganzen Menschheit schwerlich zu überbrücken vermöchte. Aber, wenn wir nicht sehr irren, so dämmert bereits der Morgen eines neuen Tages auch für den Osten. Es sind erst wenige Jahre, daß durch ein äußeres Ereignis, die Verleihung des Nobelpreises an den bengalischen Dichter Rabindranath Tagore, die Aufmerksamkeit des Westens auf eine tiefe Wendung gelenkt wurde, die im Osten sich vorbereitet und deren Mittelpunkt kein anderer als eben dieser Bengale ist. Man kennt und bewundert oder bemängelt ihn bei uns meist nur als Dichter. Aber für die echte, noch nicht europäisierte indische Welt gibt es noch heute kaum eine abgesonderte Dichtung, so wenig wie eine abgesonderte Philosophie oder Religion, oder gar eine nichtdichterische, nichtphilosophische, nichtreligiöse Volkslehre, sondern dies alles ist noch immer wie in Urzeiten fast ungeschieden eins. Und so ist die philosophisch-religiöse Dichtung oder dichterisch-religiöse Philosophie oder philosophisch-dichterische Religion des Tagore nicht ein Gedankenspielwerk für eine Oberschicht literarisch „Gebildeter" — es gibt eben nicht

in unſerem Sinne Gebildete und Nichtgebildete in Indien —, ſondern
ſie iſt Gemeingut mindeſtens des bengaliſchen Volkes, ſo wie keine Dichtung, keine Philoſophie, auch keine Religion heute Gemeingut irgendeines Volkes des Weſtens iſt. Jeder gemeine Mann Bengalens kennt
Tagore, das heißt nicht, er hat von ihm einmal reden hören, oder weiß
das eine oder andere Lied von ihm, ſondern lebt in ihm, ſingt ſeine Lieder,
führt ſeine Gedichtbücher bei ſich, hat, wenn er es irgend möglich machen
konnte, ſeine perſönliche Lehre genoſſen, iſt jedenfalls, unmittelbar oder
mittelbar, von ihr tief innerlich berührt. Denn dieſer Mann hat, irgendwo
in Bengalen, etwas wie eine freie oder Volkshochſchule errichtet, an der
er ſelbſt täglich lehrt. Seine im beſten Sinne volkstümliche, zum vollen
Eigentum des bengaliſchen Volkes gewordene Dichtung iſt nichts als der
freie dichteriſche Ausdruck dieſer ſeiner Lehre, nämlich Weltanſchauungs-
lehre.

Glücklicherweiſe hat er von dieſer auch einen kurzen Inbegriff in acht
Vorleſungen, die er einmal an der Harvard-Univerſität zu Cambridge in
Amerika gehalten, in engliſcher Sprache erſcheinen laſſen unter dem Titel
Sādhanā. Dieſe Schrift gewährt, in einer uns wohlverſtändlichen, hoch
dichteriſchen Sprache, einen vollen Einblick in eine Weltanſicht, die, ganz
fußend auf der altindiſchen, doch dieſer eine überraſchend neue Wendung
gibt; eine Wendung, die, wenn ſie wirklich durchdringen ſollte, neue
Möglichkeiten einer inneren Verſtändigung zwiſchen Oſt und Weſt andeuten
würde. Um dieſe Wendung vorläufig durch freilich nicht genau zutreffende
Vergleiche dem Verſtändnis näher zu rücken, könnte man ſagen, ſie be-
zeichne innerhalb der orientaliſchen Gedankenwelt eine Phaſe, vergleichbar der von Dante und Franz von Aſſiſi im abendländiſchen Mittelalter.
Es finden ſich Züge, die an Nikolaus von Cues, Pico von Mirandola oder
Cardano oder ſelbſt an Luther, an Sebaſtian Frank erinnern können.
Es iſt, möchte man ſagen, das Stadium eines orientaliſchen Mittelalters,
jedoch im Übergang zur Neuzeit. Der Zuſammenhang aber mit dem
Altorientaliſchen, der Grundzug morgenländiſcher Denkweiſe, bleibt dabei
doch unverkennbar. Und ſo bietet dies Buch, wie es ſcheint, die geeignetſte
Unterlage für das, worauf auch wir es hier abgeſehen haben, die An-
bahnung eines wechſelſeitigen Verſtehens zwiſchen Oſt und Weſt.

Der Titel „Sādhanā“ iſt, wie es ſcheint, kaum überſetzbar. Auch der
engliſche Untertitel „The Realiſation of Life“ überträgt ſich nicht ohne
weiteres in unſere Sprache. „Wille zum Weſen“ möchte annähernd den

Sinn treffen, ohne darum eine genaue Wiedergabe des Titels zu sein. Gemeint ist: die Erkenntnis der Einheit des Wesens des Selbst mit dem des Alls; doch nicht bloß diese Erkenntnis, sondern das innigste Allempfinden, Empfinden des Σύμπνοια πάντα: daß alles Leben, alle Seele zuletzt einen Atem atmet; und auch nicht bloß dies Empfinden, sondern die restlose Erfüllung damit, durch die das Wesen des Alls sich ganz in unser Wesen, unser Wesen in das des Alls wandelt, es selber leben will und wirklich lebt. In dieser Inhaltsfülle will die „Realisation" des Lebens verstanden sein, als völlige Durchdringung mit dem Wesen. „Verwesentlichung" möchte man sagen dürfen.

Also die schranken- und trennungslose Einheit des Alls und der Seele jedes Einzelnen mit dem All, das ist gemeint. Nicht bloß der Weg dahin; es sei denn, daß das Ziel darin mitbegriffen wäre. Denn das Ziel wird nicht in unerreichbarer Ferne gedacht, sondern soll, ganz in seiner Unendlichkeit, nicht bloß gewußt, empfunden, sondern erlebt werden. So wie in jedem Tone des gesungenen Liedes, sagt Tagore, obgleich die Töne in der Zeit einander ablösen, nicht zugleich erklingen, doch der Sinn und Geist des ganzen Liedes lebendig und dem Vortragenden wie dem Hörer gegenwärtig sein muß, so gilt überhaupt im Geistigen keine Trennung, sondern, was unter zeitlicher Betrachtung, als vergangen oder künftig, eben jetzt — und was jetzt, einen Augenblick früher oder später nicht ist, ist alles im an sich zeitlosen Sein trennungslos geborgen. Es gibt keinen Tod, der wahrhaft das Leben verneint, sondern nur Aufgehen des Einzelmoments, in seiner trüglichen Vereinzelung, seinem falschen Anspruch des Aufsichstehens, in das allein wahrhafte Leben des unzerstückten, also zeitlosen Ganzen. Dieser Tod aber: das Sterben des Einzelnen in das All, gehört selbst ganz mit hinein in das echte Leben des Ganzen, er ist nicht im mindesten ihm entgegengesetzt oder für es gar bedrohlich. Es gibt keinen Tod des Lebens selbst. Das ist für Tagore nicht Theorie, nicht Wissen bloß oder gar Annahme (in diesem schlechten Sinne „Glauben"), sondern selbst unmittelbarstes, lebendigstes Leben, es ist die Selbstoffenbarung des einen All-Lebens in uns, in jedem, der sich dessen bewußt wird, im innersten bewußt sein muß damit, daß er lebt, volles Leben lebt, und nicht nur von ihm träumt oder über es nachdenkt. Was uns so geläufig ist, das „Gesetz" der Wissenschaft, wie etwa das Gesetz der allgemeinen wechselseitigen Anziehung der Körper, ist dafür nur ein viel zu schwacher Ausdruck, für Tagore in der Tat nur ein matter Vergleich für den ungleich gehaltvolleren und umfassenderen, eben allumfassenden Gedanken — vielmehr die aus tiefster Tiefe des Erlebens heraufgeholte Erfahrung, die er ausdrücken will. Es wäre eben auch wieder Besonderung, Einschränkung, nicht weniger als die Einzeltatsache. Wirklich sind die besonderen „Naturgesetze" nur Inbegriffe von Einzeltatsachen in (qualitativ) begrenzter Einheit und haben selbst auf keine mehr als tatsächliche Geltung Anspruch. Das mag die Grammatik oder die Silbenmessung der Natur zutreffend ausdrücken, so ist die Grammatik doch nicht die Sprache, das Silbenmaß nicht das Gedicht. Ihm dienen zum ungleich volleren, lebendigeren Ausdruck dessen, was ihn so ganz erfüllt, hochdichterische Darstellungen, etwa die wundervolle Zeichnung eines Frühlingsmorgens, der ganz, unzerstückt hingenommen, in die Seele eingeschlürft sein will, in dem dann aller Widerstreit uns ausgetilgt, jeder Riß zwischen dem Endlichen und dem Unendlichen geschlossen ist. Dergleichen gibt ihm einen ohne allen Vergleich wahreren Ausdruck der Sache als irgendeine theoretische Formel. Aller Widerstreit, alles, was wir Übel oder Böse nennen, sind nur die „Geburtswehen des Riesenkindes", das, wenngleich unter Schmerzen, doch aus Freude geboren wird, des weltbewußten, unendlichkeitbewußten Geistes. Die Schranke der Endlichkeit ist, indem erkannt, auch schon überwunden, sie wird jeden Augenblick überwunden, indem es eben, als Endliches, vergeht, aber, in seinem echten Bestande, doch besteht und ewig bestehen bleibt. Im Prozeß steht nichts still, keine Schranke kann bleiben, ihre Verneinung ist mit ihr selbst schon gesetzt, mit der Verneinung der Schranke aber, das ist der Verneinung, ist der positive Gehalt des damit Gesetzten erst voll bejaht und so erst eigentlich in seiner ganzen Positivität gesetzt. Darum nimmt wirkliches Leben den Tod niemals ernst. Das Hintersichlassen des Überwundenen ist gerechtes Sterben, weil Bedingung des echteren Lebens, also ganz diesem untertan. Pessimismus ist nur Pose, Pose des Verstandes oder des Gefühls. Der Pessimist widerlegt sich selbst damit, daß er lebt. Sein erster Fehler ist, daß er den Wert des Lebens an Lust und Unlust mißt, die doch beide keine absolute Bedeutung haben. Alles Elend liegt nur in der Trennung vom All, aber eben diese Trennung hat keine Wahrheit. Ein Ich, dem noch ein Nicht-Ich gegenübersteht, fordert ein höheres, das beide umfaßt. So wie die stärkste Einbildung sich der Wahrheit nähert, so die stärkste Individualität der Überwindung der Individualität, nämlich sofern sie Trennung bedeutet.

Das ist nun das eigentlich Merkwürdige und bei dem Sohne des Mor-

genlandes Überraschende, wie er von diesem Standpunkt das Eigenrecht
der Individualität nicht bloß anerkennt, sondern aufs stärkste hervorhebt.
Mit dem einen Pol meines Seins bin ich im All verwurzelt, mit dem
anderen von allem getrennt, steh ich allein, absolut einzig, unvergleichlich,
ohne Gegenstück in der ganzen Welt. Sonst wäre alle Freiheit der Schöpfung dahin; auch wenn kein Atom verloren ginge, es wäre ein Verlust
am All, wenn das fehlte. Es wäre, wie wenn wir an der Brust des Alls
zwar lägen, aber ohne Bewußtsein. Das All sucht seine Zusammenfassung
in dem Einzigen. Die Frage an uns selbst ist in Wahrheit die an das
Universum in uns. Das Bewußtwerden der Selbstheit, das ist das
Essen vom Baum der Erkenntnis. Daher kommt Scham, Verbrechen, Tod.
Dennoch ist es uns teurer als ein Leben, in dem das Selbst schlummern
bliebe im Schoße des Alls. Haben wir schon zu leiden, um unser Selbst
kämpfend zu behaupten, so steht diesem Leiden ein gewaltiger Gewinn
gegenüber, der durch das Leiden selbst nur wertvoller wird. Die Ent-
selbstung, das Nirwāna, ist nach seiner Auffassung nicht Zerstörung von
irgend etwas Wesentlichem, Positivem, sondern nur Verneinung der Verneinung. Nur die Beschränkung des Selbst muß vergehen, wie die Flamme
der Lampe, die ihr Öl aufzehrt: dies karge Licht darf und soll verlöschen
vor dem Anbruch des vollen Lichtes des Tages. So deutet er die Befreiung von sich selbst, die Buddha predigt. Eben das aber ist Liebe: unbegrenzte Aufgeschlossenheit gegen das andere Selbst. Sie allein ist frei,
ist wahrhaft schöpferisch, wie die ganze Schöpfung Gottes freie Liebestat.
Nur die Getrenntheit des Selbst ist Māyā, Täuschung, Illusion (Vorspiegelung); das Einswerden mit dem Andern und mit dem All ist die
Wahrheit. Die bloß negative Freiheit der Behauptung des Selbst in
seiner Begrenzung ist nur Erscheinung. Er deutet sie sich als freiwillige
Bindung wie an eine Spielregel, damit doch ein Spiel zustande komme.
Ebenso deutet er sich die Schranke der Endlichkeit überhaupt, auch das
Naturgesetz, durch das allein ein Lauf des Geschehens möglich ist. Aber
von Schranke zu Schranke, in beständiger Erweiterung, strebt die Schöpfung stets wieder zum einen, schrankenlos Unendlichen zurück. Darauf
beruht die ewige Jugend der Welt, der ewig neue Tag des Geschehens;
was wieder hoch dichterisch ausgeführt wird. Es ist eine ewige Wiedergeburt, in der der Tod selbst ewig stirbt.

Damit klärt und versöhnt sich ihm aller Widerstreit, alle schreckliche
Vernichtung und Schlechtigkeit. Die Beschränkung im Selbst wird nur

dann zum Fluch, wenn sie nicht überwunden wird durch Liebe. Zuletzt aber ist der Gegensatz, die Entzweiung, das Dvandva, nur die Bedingung der Harmonie. Die Freude der Schöpfung schafft die Trennung, um mitten durch sie hindurch die Einheit zu verwirklichen. Ohne das bliebe freilich das Elend, die Unwahrheit, die Sünde ohne Erlösung. Aber die Trennung wird immer wieder überwunden. Tagore ist darum keineswegs nachgiebig gegen die Sünde. Er geißelt überaus scharf die kapitalistische Ausbeutung, wie sie Indien von England zu erdulden hat, als eine Art Menschenfraß. Zivilisation kann doch nicht dauernd mit Kannibalismus bestehen! Aber eben darum wird sie nicht Bestand haben, sondern sicher überwunden werden.

So führt der Universalismus nicht mehr zum Quietismus, in den dagegen die altindische Alleinheitslehre ausmündete. Handeln ist Befreiung, ist Selbstrealisation. Aber die Freude am Werk muß die Seele des Handelns sein, nicht die Jagd nach äußerem Gewinn. Die Vergiftung des Handelns durch Machtgier, durch die Sucht der Vergewaltigung des Andern, das ist zu bekämpfen, nicht die Aktivität selbst. In dem einseitigen Drang, immer zu tun, nie getan haben, nie fertig sein zu wollen (to be done), sucht er den Grund der sinnlosen Eroberungs- und Ausbeutungsgier, die dem Inder in dem beherrschenden Briten am greifbarsten entgegentritt und in der er nun, begreiflich, den allge meinen Grundzug der abendländischen „Zivilisation" sieht. Man kennt n'cht die Schönheit der Erfüllung, der Vollendung, das ist der tiefste Schaden, an dem, so meint er, der Westen krankt. Indien droht eher die entgegengesetzte Gefahr, daß über dem Sichversenken in die innere Vollendung das Äußere vernachlässigt wird, auch über die gesunden Grenzen hinaus. Also man wirke, man nehme vollen Teil am Kulturfortschritt, aber stelle alles in den Dienst des Brahman! Man fliehe nicht aus der Welt — wohin wollte man entfliehen? — sondern nehme tapfer den Kampf mit ihr auf; er trägt in sich die Gewähr des Sieges. Die Tage der Arbeit, des Wirkens sind leider jetzt nicht Feiertage, darum brauchen wir Festtage daneben; in Wahrheit sollte unser Arbeitstag selbst uns zum Fest werden, wir müßten die innere Freiheit unserer Arbeit gegenüber wahren können.

Wie denkt nach diesem allen Tagore das Verhältnis der Individualseele zum All? Es ist ihm nicht genug, daß sie bloß mehr und mehr vom Göttlichen sich zueignen wolle. Käme sie damit nicht zu Ende, so bliebe ihr ja das Göttliche stets draußen. Sie würde, und zwar stets, nach etwas streben müssen, das ihr nie zuteil wird, also elend sein. Der Mensch ist freilich nicht vollendet, nur im Werden, auf dem Wege zum Sein (he is yet to be). Aber eben darin (in dem to be), im Werden zu dem, was er sein soll und der letzten Wahrheit nach ist, ist er unendlich, darin liegt sein Himmel, seine Freiheit. — Das lautet wieder, als stände er ganz auf dem Boden unserer, der abendländischen Weltanschauung, deren Kern und Mittelpunkt das Bewußtsein dieser Freiheit des ewigen Werdens und nicht abgeschlossenen Seins ist; der Freiheit nicht von der Welt, sondern mitten in ihr. Aber die Fortsetzung zeigt, daß hier doch noch eine Kluft bleibt. Die Religion des Westens, heißt es weiter, überliefere zwar treulich, daß Jesus sich mit dem Vater eins gewußt und das Gebet hinterlassen habe: Seid vollkommen wie der Vater im Himmel. Und sie lehrt doch, man solle ihm nachfolgen. Aber, merkwürdig! wenn nun einer ein gleiches von sich behauptet, so verdammt man das als die ärgste Gotteslästerung. Eine solche Ausnahmestellung eines Einzelnen ist ihm unverständlich und unerträglich. Sonst beruft er sich besonders gern auf Aussprüche Jesu, die sich ja vielfach mit seinen eigenen Überzeugungen nahe zu berühren scheinen. Die Religion der Inder aber lehrt, nicht daß wir Gott bekommen, mehr und mehr mit ihm eins werden können — das bliebe immer Stückwerk, Sein aber ist ganz, voll; darum glaubt der Inder, daß er selbst Brahma werden könne. Tagore vergleicht damit, nicht ganz zu Unrecht, die „Vergottung" der Mystiker auch des Abendlands. Die Vergottung wäre nicht wahrhaft unser Ziel, wenn das Ziel nicht auch ganz für uns erreichbar wäre. Dennoch wiederholt er: Wir sind nicht Brahma, wir werden es erst. Dies ewige Wechselspiel von Sein und Werden, das ist die Liebe. In der Tiefe dieses Mysteriums liegt die Quelle aller Wahrheit und Schönheit, die den unendlichen Marsch der Schöpfung erhält. Also nicht die ewig rastlose Bewegung ist das Wahre und nicht das ewig starre Sein, sondern das Gleichgewicht zwischen beiden. In Wendungen, die nahe an die abendländische Mystik anklingen, spricht er von der Vermählung der Seele mit Gott in zeitloser Zeit: Zuletzt ist, im strengsten Sinne des Seins, keine Trennung, keine Entzweiung, kein Ich ohne Du, kein Du ohne Ich. Der symbolische Ruf des Fährmanns: Hol mich über! ist zuletzt grundlos, in Wahrheit gibt es gar nicht die getrennten Ufer. —

Im Rückblick auf das Ganze wird man anerkennen müssen: Diese Weltansicht bedeutet gegenüber der Altindiens, ja des ganzen Morgen-

landes bis dahin, eine scharfe Wendung, ganz in der Richtung, die das
Abendland längst eingeschlagen hat. Zwar darf sich Tagore fort und fort
auf Aussprüche der heiligen Schriften seines Volks berufen. Auch mag
er Vorgänger seiner Auffassung in Indien selbst aufzuweisen haben. Aber,
abgesehen von dem gänzlichen Wegfall eines unendlichen Wustes von
Abstrusitäten, Phantasmagorien, Scholastizismen, gestattet er sich eine
Freiheit der Auslegung der alten Lehren oder symbolischen Vorstellungen,
wie wir, dank unserer historischen Schulung, sie gegenüber unseren religiösen Urkunden oder symbolischen Darstellungen und Handlungen nicht
für zulässig halten würden. Dadurch verbirgt sich ihm der Grad seiner
Abweichung gerade von dem Kern der alten Anschauungen. Dies entschlossene Jasagen zu Welt und Leben, zur tapferen Arbeit, zur Energie
der Tat, des Kampfes, zu der einmal geschehenen Entzweiung, zu allem
Gegensatz und Widerstreit des Daseins, daher zu Schmerz und Tod, zur
Sünde selbst, als den „Geburtswehen des Riesenkindes", der trotz allem
aus Freude zur Freude geschaffenen, somit göttlichen Welt, als Bedingung der nicht geschenkten, sondern täglich, stündlich neu erst zu er-
streitenden Harmonie; damit die volle Anerkennung nicht bloß eines
Eigenrechts der Individualseele, sondern eines gleichschwebenden Verhältnisses zwischen Allheit und Individuum, als der unerläßlich zueinander gehörigen beiden Pole des Seins; so daß dem Allgöttlichen ebensoviel
mangelte, wenn es nicht im Individuum, im unwiederholbar Einzigen
sich zusammenzöge, wie freilich dieses verloren wäre in der Absonderung
von ihm — das alles ist nicht mehr bloß eine Reinigung in Richtung des
menschlich Verständlichen und bleibend Haltbaren, auch nicht eine bloße
einseitige Weiterbildung dennoch auf der alten Grundlage, sondern eine
grundsätzliche Abweichung, eine Änderung der ganzen Richtung; wenn
auch immerhin Vorahnungen einer solchen Wendung schon früh, zum
Beispiel in der Bhagavad-Gītā, zu erkennen sein mögen. In dem allen,
das heißt aber im Wesentlichsten seiner Anschauung, steht Tagore, offenbar
ohne sich dessen ganz bewußt zu sein, kontradiktorisch gegen die altindische
Welt, gerade gegen das, was sie und das Morgenland überhaupt am
tiefsten, am unterscheidendsten kennzeichnet. Die Alten wollten im Paradies verbleiben oder dahin den Weg zurückfinden, Tagore dagegen spricht
unumwunden aus: Das Essen vom Baum der Erkenntnis, mit allen
bitteren Folgen: Ausgang aus dem Paradies, Losriß aus den Armen
Gottes, Entzweiung, Haß, Sünde, Tod, das alles war notwendig als

Bedingung der nur reicheren, tieferen Einheit; einer Einheit, die nicht mehr Ausschluß der Zweiheit, sondern die Einheit des Unterschiedlichen, den immer neu und anders sich wiederherstellenden Einklang des Differenten bedeutet, also selbst durch die Entzweiung durchaus bedingt ist. Davon, von diesem ganzen Bedingungsverhältnis von Entzweiung und Einswerden, Kampf und Frieden, Bewegung und Ruhe, Werden und Sein, welches die volle Bejahung auch der Entzweiung, des Kampfes, der Bewegung, des Werdens, mit einem Wort der „Welt“ einschließt, finde ich in den alten Urkunden des Brahmanismus und vollends des Buddhismus nicht auch nur die leiseste Andeutung, während die Religion, Philosophie und Dichtung, das ganze Kulturleben des Abendlands davon voll ist. Das ist nicht mehr, im bisher geltenden Sinne, orientalisch, sondern offenbar hervorgewachsen aus einer Begegnung von Ost und West, einer tiefen, wechselseitig befruchtenden Durchdringung der bis dahin schroff sich entgegenstehenden Anschauungen, eben selbst einer neuen, aus schärfster Dissonanz erkämpften Harmonie, wie Tagore sie im letzten Grunde wohl auch gewollt hat. Denn eine solche Verständigung zwischen Ost und West ist es ja, was sein Buch bewußt anstrebt.

Das letzte Ergebnis wäre die volle Anerkennung der „unendlichen Aufgabe“ der Menschwerdung Gottes und Gottwerdung des Menschen. Ist das voll erreicht? Vielfach will es so scheinen. Doch sträubt sich dagegen noch etwas in ihm; Tagore empfindet doch noch zu sehr als orientalischer Mensch, um da bis zum letzten Schritt mitzugehen. Er spricht zwar von einem Gleichgewicht zwischen Sein und Werden, doch neigt sich ihm die Schale zuletzt immer wieder auf die Seite des ewig ruhenden Seins. Es müsse die Vollendung doch auch für den Menschen voll erreichbar sein. Das Ziel, wenngleich fern, darf doch nicht ewig fern bleiben, der Kampf darf nicht das Letzte bleiben. Das Spiel der Welt wird zuletzt doch nur ein Spiel gewesen sein, ein wundervolles, erhabenes, göttliches Spiel — ich weiß nicht, ob Tagore sich bei dieser Wendung etwa an Heraklit erinnert hat — ein Spiel, in dem mitzuspielen eine Freude war; aber die letzte Wahrheit, die letzte „Realisation“ des Lebens liegt doch erst völlig jenseits dieser Komödie und Tragödie der Weltentwicklung. Und zwar die Einzelseele soll ihre absolute Verewigung erfahren, soll hier auf Erden schon selbst Brahma werden können, sonst wäre für sie zuletzt alles ziellos. Erstreben, was man nie erlangt, wäre Unseligkeit. So empfand ja, scheinbar, auch die Mystik des Abendlands, wenn sie, übrigens ganz auf dem Boden des Christentums, doch die Gottwerdung des Menschen nicht bloß einmal vorbildlich in dem menschgewordenen Gott vollbracht, sondern für jeden selbst hienieden erreichbar vorstellte. Allein — ganz abgesehen davon, daß das doch mehr nur ein Nachklang orientalischer Weltanschauung im Abendland ist, den dieses, als Ganzes, nicht angenommen hat — ist es auch so noch ein anderes. Der Mystiker des Abendlands glaubt doch nur in der Ekstase, im augenblicklichen Heraustritt aus der Welt, die künftige, jenseitige Seligkeit vorauszuschmecken, während nach altindischer Anschauung, die Tagore hier, wie mir scheint, im Widerspruch mit seinen eigenen Grundvoraussetzungen festhalten möchte, der Brahma Gewordene göttliche Vollkommenheit und Seligkeit ganz schon hienieden, und zwar auf immer, unverlierbar gewonnen haben will. Doch kommt Tagore, wie es scheint, in diesem Punkt über ein gewisses Schwanken nicht hinaus. Wie könnte er, nachdem er so entschlossen in der Welt Fuß gefaßt hat, wiederum ganz aus ihr heraustreten wollen? Nur im letzten Betracht, im Vorblick der Spekulation, vielleicht mehr in dichterischer Erhebung über alle Wirrnis des Lebens, schwindet ihm die Schranke ganz, gelten nicht mehr die trennenden Ufer, ist kein Ich mehr, dem ein Du, kein Du, dem ein Ich gegenüberstände, ist die Seele vermählt mit Gott in „zeitloser Zeit".

Wie dem auch sei, als Ganzes gewährt die Lehre Tagores doch den tröstlichen Ausblick, daß der Jahrtausende alte Riß der Weltanschauung zwischen Ost und West nicht durchaus unüberbrückbar sein wird.

Man las während dieses Krieges (im Sommer 1916) von einer Aussprache Tagores über die gegenwärtige Weltlage bei Gelegenheit eines Besuchs in Japan. Er sieht vor Augen, wie das Inselreich dabei ist, sich sehr schnell den ganzen mechanischen Apparat der westlichen Zivilisation anzueignen. Aber es darf darüber nicht sein Eigenes, seine ganze Vergangenheit über Bord werfen. Jener Apparat ist etwas sehr Äußerliches, ein bloß geliehenes Gewand, es hat selbst keine Seele, keinen eigenen Charakter, und kann die Seele des Orientalen nimmermehr ausfüllen. Der Orientale bleibt in allem Individuellen doch stets des Unendlichen bewußt. Dagegen, als Tagore in England war, empfand er, wie ein unaufhörlicher Strom von bloß Individuellem auf ihn einstürmte. Dabei fühlte sich sein ganzes Denken und Empfinden gehemmt, unfrei. Zwar will er der Zivilisation des Westens nicht den Idealismus überhaupt absprechen. Aber dieser Idealismus scheint ihm von wesentlich anderer

Art als der des Orientalen, nicht so durchdrungen von dem beständigen
Gefühl der Unendlichkeit. Zuletzt aber müsse eine Versöhnung möglich
sein. Vielleicht strebe der Westen durch die volle Beherrschung der Materie
gerade die Befreiung der Seele, und zwar für alle, zu erringen; denn von
ihr frei zu werden durch gänzliche Abwendung von ihr, durch völligen
Verzicht, sei auf die Dauer nicht möglich, wenigstens nicht für eine ganze
Nation. Also müsse wohl die Wissenschaft und die mechanischen Künste
dereinst Gemeingut aller Völker werden. Dabei könne doch jedes seine
seelische Eigenart behaupten, denn die Errungenschaften der Zivilisation
sind nur äußerliche Dinge, sie berühren nicht das Innenleben eines
Volkes. Darum will sich Tagore den Traum nicht verbieten lassen von
einem allgemeinen Völkerverein, zu dem jedes Volk seinen Beitrag in
Gestalt seiner besonderen, für es charakteristischen Weltanschauung liefere
In Absicht auf ein solches Ziel gesteht er gern dem japanischen Reiche die
Führung Asiens zu, nach der es strebt. Aber es müsse zusammenwirken
mit einem befreiten China, einem befreiten Siam und in Zukunft auch
einem befreiten Indien. Denn Indien hat, gerade geistig, gewichtiges
Eigenes zu bieten. Noch ist es unterdrückt; bitter spricht Tagore aus, daß
der Brite leider gewillt sei, Ostindien in Schwäche und Unwissenheit zu
erhalten, Volksaufklärung zu verhindern. Aber das könne, auch im eigenen
Interesse des britischen Reiches, nicht dauernd so bleiben.

Ist der Bericht genau und vollständig, so könnte es scheinen, als ob
Tagore auf eine wirkliche innere Verständigung zwischen Ost und West
schließlich nur geringe Hoffnung habe. Er wirft die Frage auf, ob nicht
vielleicht die Weltanschauung zuletzt eine Rassenfrage sei. Die Farbe des
Himmelsgewölbes, Luft, Boden, alles färbt und formt die Gedanken
und wirkt dazu mit, die Weltanschauung des einen Volks von der des
anderen verschieden zu machen. In England, bekennt Tagore, waren
seine Gedanken unfrei, er mußte nach Indien zurückkehren, um ihre
Freiheit wiederzugewinnen. — Aber solche klimatische Einflüsse als
durchaus unüberwindlich anzusehen wäre am Ende auch Materialismus.
Der Gedanke wenigstens sollte sich davon frei machen können. Schon
jetzt ist, Hand in Hand mit dem materiellen, der geistige Verkehr von
Land zu Land zusehends enger geworden. Auch die Farben- und Formen-
welt des fernen Ostens ist uns erschlossen wie nie zuvor. Was ist wohl
von klimatischen Bedingungen abhängiger als die Kunst? Und doch sind
gerade in ihr die Schranken zwischen Ost und West fast schon niedergelegt.

Und so möchten wir gerade der hochsinnigen Zukunftshoffnung des bengalischen Weisen auf eine Verständigung auch in der ganzen Grundstellung zu Gott, Welt und Seele uns gerne anschließen. Nur unter einer Bedingung freilich wird die Versöhnung möglich sein: daß nicht der Geist des Abendlands der der Gewaltherrschaft und der wirtschaftlichen Ausbeutung bleibt. Ein merkwürdiges, auch während dieses Krieges erschienenes Gedicht Tagores gibt eine grauenhaft wahre Schilderung des wahnsinnigen, trunkenen Tanzes der schamlos entblößten Selbstsucht der Völker, unter den Klängen klirrender Schwerter und heulender Haßgesänge. Aber ihr hungriger Leib wird im Augenblick der höchsten Raserei zerplatzen von ihrem schamlosen Fressen; hat er doch die Welt zu seinem Fraß gemacht ... Doch folgt ein versöhnender Schluß:

Das purpurne Leuchten am Horizont ist nicht die Morgenröte deines Friedens,
    mein Mutterland,
Es ist der Widerschein des Scheiterhaufens, auf dem ein ungeheurer Leichnam zu
    Asche verbrennt: die Selbstsucht der Völker, die sich den Tod gefressen.
Sei wach, Indien!
Halt dein Opfer bereit für den heiligen Sonnenaufgang!
Laß deine Stimme die erste sein, die ihn begrüßt, und singe:
„Komm, Friede, du aus Gottes großem Schmerz geborne Tochter,
Komm mit deinem Schatz von stillem Glück,
Komm mit dem Schwert der Tapferkeit,
Komm mit dem Kranz der Sanftmut auf der Stirn!“
O meine Brüder, schämt euch nicht, vor den Stolzen und Mächtigen zu stehen
In dem weißen Gewande eurer Einfalt!
Eure Krone sei die Demut und eure Freiheit die Freiheit der Seele!
Auf der kahlen Stätte eurer Armut errichtet täglich von neuem Gottes Thron,
Und wisset: das Ungeheure ist nicht das Große, und Stolz währt nicht ewig!

Und ein milderes, doch gleichsinniges Lied singt:

Die da auf Wegen des Stolzes schreiten,
Ihre Fersen auf Demut setzen,
Die in Blut ihre Fußstapfen breiten
Auf deiner Erde sehnsüchtgem Grün:
Laß sie jauchzen, Herr, und dir danken —
Ihnen neigt sich der Tag. —
Du hast weise getan, der Mühsal mich zu gesellen,
Die bestimmt ist zu leiden,
Lasten zu tragen
Und ihr Antlitz, ihre Tränen im Dunkel zu bergen.
Denn jeder Puls ihrer Pein
Bleibt im geheimen Schoß deiner Nacht,
Jeden Hohn sammelst du
In dein ewiges Schweigen —
Ihnen neigt sich der Morgen. —

O Sonne, über der blutenden Herzen Blühn
Geh auf
Und über des Stolzes flackerndem Maskenzug,
Den seine eigene Asche deckt. —

Ein Vorzeichen der endlichen Versöhnung möchten wir gern erblicken in
der Näherung dieses edlen Geistes zu eben der Anschauung, in der wir
das Heil nur erkennen können. Möchte der noch nicht erloschene Ernst des
altindischen Tiefsinns, von dem Tagores Weltanschauungsbuch Zeugnis
gibt, fortfahren, in das Herz der abendländischen Menschheit hineinzu-
leuchten; er wird sich überzeugen, daß noch eine Seele in ihr lebt, nicht
minder aus Gott und zu Gott geboren als die des Ostens. Dann werden
wir alle vereint in den Lobgesang unseres Dichters einstimmen:

Gottes ist der Orient,
Gottes ist der Okzident.
Nord- und südliches Gelände
Ruht im Frieden seiner Hände.
Er, der Einzige, Gerechte,
Will für jedermann das Rechte.
Sei von seinen hundert Namen
Dieser hochgelobet! Amen.

Nicht zu Unrecht deutet Hegel den Geisteszustand des Ostens als den der Kindheit des Menschengeschlechts. Noch liegt die Menschheit fast ungeschieden im Schoße der Gottheit. Das Göttliche, vielgestaltig und in allem phantastischen Überschwang im Grunde nur zu menschenähnlich gedacht, geht doch immer wieder zurück in eine allem überlegene Einheit. Die Gottheit ist nicht nur in allem, sie ist alles, seinem Grundgehalt nach, ist Vernunft, Einheit, in der aller Widerstreit ausgelöscht, ist Geist, Denken, Bewußtsein, bewußtes Ich sogar, aber sie ist das alles, Hegelisch gesprochen, nur „an sich", der „Substanz" nach, nicht auch für ein subjektives Bewußtsein. Ist alles göttlich, Gott alles, so steht ja nicht dem Gott eine nichtgöttliche Welt und nicht ein sich wissendes, für sich selbst wollendes und verantwortliches Subjekt gegenüber. Zwar denkt der Inder tief genug, daß auch diese Frage schon in seinen Gesichtskreis tritt, aber ein solcher Gegensatz darf nicht sein, er muß Schein und Trug sein. Sonderheit ist unwirklich: Verneinung, die nur sich selbst wieder verneinen kann, daß die Qual der Sonderung zergehe in die überschwängliche Seligkeit des ungetrennten Einsseins des All, des Brahma. Der Brahmanismus ist der nicht zu überbietende positive, der Buddhismus der nicht zu überbietende negative Ausdruck dieser Grundstellung. Ein Tagore, vom Geiste des Abendlands tief berührt, möchte, im Widerspruch gegen die ganze Geistesrichtung nicht Indiens allein, sondern des Orients überhaupt, der Individualität volle, positive Anerkennung zuteil werden lassen, aber er empfindet hier doch zuletzt die unüberbrückbare Kluft zwischen Ost und West. Der Orientale vermag nicht an eine Welt und Menschheit zu glauben, die am Göttlichen allenfalls teilhat, aber als ganze außer- und widergöttlich bleibt. Und gar eine Gottheit, die selbst noch zu ringen hätte, selbst erst werden wollte, scheint ihm der Gipfel der Ungereimtheit. Wohl scheidet auch er im Begriff zwischen Sein und Werden, Sein in sich und Sein im Werden, aber nur, um zuletzt das ganze Gewicht auf die Seite des ruhenden Seins zu werfen. Während für Hegel die „innere Sonne" aufgeht im Selbstbewußtsein der subjektiven Freiheit, darin, daß der Gegensatz im Geiste selbst lebendig wird, verlangt der Orientale unbedingt die Aufhebung, vielmehr das ursprüngliche, unaufhebliche Aufgehobensein alles Gegensatzes im All-Einen. Keine Frage, daß hier ein bis zur

tiefe gehender Widerspruch in der Grundstellung zur Welt vorliegt. In
ihm wurzelt der Unterschied, wurzelt die Überlegenheit der Geistesrichtung des Abendlands über die des Morgenlands, solange nicht dieses
die gleiche Entwicklung nachträglich durchmacht, die der Osten schon durchlaufen hat — oder der Westen umkehrt und in den Mutterschoß des All-ein-
heitsbewußtseins zurückkehrt. Oder gibt es ein drittes? Das kann hier
noch nicht beantwortet werden.

Fragt es sich aber, wo zuerst der entscheidende Schritt geschehen, wo
zuerst dieser neue Grundzug des Weltgedankens als bestimmende Triebkraft in die Geschichte eingetreten ist, so kann die Antwort nur lauten:
in Althellas.

Doch schon im Judentum der Propheten und Psalmen kündigt die
große Wendung sich vernehmlich an. Das ist der unermeßliche Abstand
des jüdischen Monotheismus von allem Scheinreichtum der Vielgestalt
des Göttlichen, auch sofern seine schließliche Einheit dabei doch festgehalten
wird; seine unbedingte Überlegenheit nicht bloß über den sonstigen Orient,
sondern auch über die Göttervorstellungen der Griechen, Römer oder
Urgermanen, daß nicht bloß ein Göttliches, in unsicherer, abstrakter, sage
man immerhin „substantieller" Einheit gedacht wird, sondern Gott, in
unbedingter, ausschließender Einzigkeit; man sagt gewöhnlich: als Person.
Diese Begriffsfassung ist anfechtbar, sie wird als unzulänglich fast allgemein empfunden. Der Professor ist eine Person, Gott ist keine, darf
Goethe als Spinozist spotten; nicht ganz ohne Grund und Recht. Denn
Person ist Maske, es meint den Träger der Rolle im Drama. Von da
ist das Wort in die Sprache des Rechts übergegangen, wo es das einzelne
Rechtssubjekt, den Träger bestimmter Rechte bedeutet. Die Kirchenväter
führten es in die Theologie ein, da bedeuten die drei „Personen", gegenüber der einen „Natur" der Gottheit, ebenso viele Funktionen. Und wenn
dann Kant in der Ethik dem Begriff der Persönlichkeit eine wichtige Rolle
erteilte, so entging er nicht dem Vorwurf, daß er die sittliche Ordnung
auf den Rang einer Rechtsordnung herabdrücke. Überall bedeutet Person
Sonderheit, Sonderrolle, Sonderfunktion; die „juristische Person" verlangt gar nicht numerische Einheit, kaum auch nur kollektive. So aber
paßt der Begriff schlechterdings nicht auf den einigen Gott, der doch immer
die Allheit (des Wesens, der Macht, Weisheit, Güte usf.) vertritt. Aber
unberührt durch allen Begriffsstreit bleibt, was man bei der Persönlichkeit Gottes wesentlich im Sinn hat: auf der einen Seite die Spannung

zwischen Gott und Mensch, Schöpfer und Geschöpf, das heißt eben zwischen der Allheit und der Einzelseele, auf der andern die Persönlichkeit, d. i. Ausschließlichkeit und in der Tat auch Sonderheit des Verhältnisses der Einzelseele zu i h r e m Gott; die trotz der unbedingten Erhabenheit Gottes über den Menschen doch nächste, innerlichste Liebesbeziehung nicht bloß zwischen Gottheit und Menschheit, sondern zwischen Gott und Mensch, durch die beide, in aller sonstigen Unvergleichlichkeit, doch wie in einer Reihe stehen. Es ist aber nicht richtig, daß erst das Christentum das persönliche Verhältnis zu Gott, das Bewußtsein der Gotteskindschaft gebracht habe, es ist im Judentum bereits voll ausgeprägt, mag immerhin das Knechtsverhältnis in der Breite der altjüdischen Gottesvorstellung noch überwogen haben. Nicht erreicht dagegen ist dies im ganzen sonstigen Orient. Spricht Jesus: „Ich und der Vater sind eins", so empfindet das Tagore als Näherung zum Osten; wir werden so leicht nicht überhören, daß in dem „Ich und der Vater" die Zweiheit strengstens festgehalten, nur im Gegenüber die innige Wechselbeziehung empfunden wird. Diese will auch Tagore, damit kommt vielmehr er dem Christlichen nahe. Aber selbst seinem so stark auf Harmonie angelegten Geiste konnte es nicht gelingen, das Gegenverhältnis der Liebe, das nun einmal Zweiheit fordert, mit der doch stets festgehaltenen substantiellen Einheit von Gott und Mensch klar zu vereinigen. Ebenso, wenn Tagore in dem „Seid vollkommen, wie euer Vater im Himmel vollkommen ist" die Bestätigung seiner orientalischen Anschauung finden will, daß der Mensch mit Gott vollkommen eins, ja selbst Gott werden, vielmehr sein könne, so hören wir aus dem Worte gerade den Gegensatz heraus: Gott allein ist vollkommen, wir sollen es sein, aber sind es nie. Wie denn auch neben diesem Worte das andere steht, auf das Kant gerade für die Ethik des Sollens sich beruft: „Was heißet ihr mich gut? Niemand ist gut als allein Gott." Diese Klarheit danken wir dem Judentum. Ihm hat das Gute für den Menschen den klaren Sinn der Kantischen Idee, das heißt, der unendlichen Aufgabe. Wir sahen früher, wie erst daraus die Idee der Geschichte geboren wurde. Wäre die Forderung des Guten für den Menschen restlos erfüllbar, so hätte die Geschichte ein Ziel, mit dessen Erreichung sie abgelaufen, das Spiel aus wäre, alles Streben und Leben erlöschen müßte im Nirwāna. So will es Schopenhauer, aber so kann es keiner wollen, dem nicht Judentum, Christentum und alles, was von diesen ausgegangen, aus der Geschichte gestrichen ist.

Der Gott des „alten Bundes" ist gewiß, wie nur je die Götter des Orients oder des vorchristlichen Westens, der Gott der Allnatur ebenso wie der menschlichen Sittenwelt. Das Naturgefühl des Chinesen, des Japaners ist ohne Frage ästhetisch hoch differenziert, an Innigkeit des Gemüts keinem nachstehend. Aber die sittliche Höhe der Propheten und Psalmen erreichen weder sie noch die Griechen; und sie gibt auch ihrem Naturgefühl die eigene Erhabenheit. Das empfinden wir besonders als uns verwandt, daran haben alle unsere Großen, Klopstock, Herder, Goethe, Schiller, Beethoven sich genährt. „Froh wie seine Sonnen fliegen..." und „Die Himmel rühmen...", das ist 19. Psalm. Und wer vergäße je wieder den 114. und alle die andern, oder den frohlockenden Preis der Naturfreiheit in der gewaltigen Jahwerede des Buches Hiob! Woher das? Der Preis des Schöpfers in seiner Schöpfung gewinnt eine ganz neue Bedeutung für den Menschen als sein höchstes, in aller Schwachheit und Sünde doch ihm nächstes Geschöpf. „Wenn ich deinen Himmel anschaue, das Werk deiner Finger, den Mond und die Sterne, die du bereitet hast: was ist der Mensch, daß du seiner gedenkest, und das Menschenkind, daß du nach ihm schaust? Denn du ließest ihn nur wenig hinter Gott zurückstehen, und mit Ehre und Hoheit umgabst du ihn. Du machtest ihn zum Herrn über die Werke deiner Hände, alles hast du unter seine Füße gelegt" (Ps. 8). Es ist nicht zu viel gesagt: hier erst ist in Wahrheit der Mensch geboren, zugleich mit seinem Gott. „Mein Gott": so spricht kein Orientale, so kann er gar nicht sprechen, solange er als Orientale fühlt.

Damit ist aber zugleich schon gesagt, in wie völlig über alles Orientalische hinaus sich erhebendem Sinne der Gott des Judentums Hort der menschlichen Sittlichkeit wird. Nicht die Allgewalt über die Welt nur macht ihn dazu, auch nicht nur die oft erschütternd dargestellte Allwissenheit, durch die er der Menschen „Herz und Nieren" prüft. Sondern die Redlichkeit des innersten Menschenherzens selbst erdenkt sich den allsehenden Lenker, Richter und Erlöser der Herzen, um an seiner Heiligkeit die Reinheit der eigenen Sittlichkeit zu messen und, wenn sie Schaden genommen hat, zurechtzurichten. Es ist betrübliche Unwahrheit, wenn immer noch und immer wieder gesagt wird, das Judentum kenne das Sittliche nur in der Gestalt der Gerechtigkeit, aber nicht väterlicher Liebe und Gnade. Unablässig vielmehr preisen die Psalmen, als untrennbar eins, dies beides: Gnade und Recht, Recht und Gnade. Sie sprechen so klar, wie es selten sonst geschehen ist, aus, daß Gottes Gerechtigkeit gegen den Menschen seine Gnade, seine Gnade seine Gerechtigkeit ist. Pf. 103: „Er verfuhr mit uns nicht nach unserer Sünde und vergalt uns nicht nach unseren Verschuldungen, sondern, so hoch der Himmel über der Erde ist, ist seine Gnade mächtig über denen, die ihn fürchten ... Wie sich ein Vater seiner Kinder erbarmt, hat sich Jahwe erbarmt über die, die ihn fürchten. Denn er weiß, woraus wir geformt sind, er ist eingedenk, daß wir Staub sind.“ Pf. 145: „Jahwe ist gerecht in allen seinen Wegen und gnädig in allen seinen Taten“ uff. Nie ist der Abstand des sündigen Menschen von Gottes Heiligkeit so abgrundtief, so unbedingt wahrhaft empfunden worden. Aber stets wieder erhebt sich die vom Schuldbewußtsein tief niedergebeugte Seele in der Aufrichtigkeit der Erkenntnis des Fehls zu dem getrosten „Und doch!“ Pf. 22: „Mein Gott, mein Gott, warum hast du mich verlassen? So rufe ich tagsüber, doch du antwortest nicht, bei Nacht, und ich finde keine Beruhigung. Und du bist doch der Heilige ... auf dich vertrauten unsere Väter, und du errettetest sie ... Er hat das Elend des Elenden nicht verschmäht und nicht verachtet und sein Antlitz nicht vor ihm verborgen, sondern als er zu ihm schrie, hat er ihn erhört.“ Pf. 25: „Gütig und wahrhaftig ist Jahwe, darum weist er Sündern den Weg ... Alle Wege Jahwes sind Gnade und Wahrheit.“ Pf. 32: „Wer redlichen Herzens ist, darf seiner Gnade sich getrösten.“ Pf. 34: Gerade denen, die zerbrochenen Herzens sind, ist er nah. Pf. 51: „Entsündige mich ... Schaffe in mir, Gott, ein reines Herz, bringe in mich einen neuen, gewissen Geist, verbirg dein Angesicht nicht vor meinen Sünden und tilge alle meine Verschuldungen. Verwirf mich nicht von deinem Angesicht, und nimm deinen heiligen Geist nicht von mir.“ So fort und fort. Der heilige Geist Gottes, der Geist der Heiligkeit lebt im Herzen des Menschen. Dies, diese „bessere Person“ in ihm selbst, ist es, was ihn hoch über alle anderen Geschöpfe, Gott zunächst stellt.

Nur aus solcher sittlichen Tiefe konnte ein Werk wie das Buch Hiob geschrieben werden. Wie da in einer strengen Herzenslauterkeit, die alle Moral des Lohns und der Strafe weit hinter sich läßt, der Mensch aus der Tiefe seines Elends unerschrocken Gott, der ihn so geschlagen, zur Rechenschaft fordern, jedes menschliche Gericht zurückweisen darf, aber willig vor Gott sich beugt, da dieser ihm ins Bewußtsein zurückruft: „Wo warst du, da ich die Erde gründete ...? Willst du gar mein Recht zunichte machen, mich verdammen, damit du recht behaltest? Wer hat mir etwas zuvor getan, daß ich vergelten müßte?“ — und wie dann

derselbe Gott ihn um seine wehes Rechten mit dem Schöpfer, so vermessen
es war, nicht straft, sondern segnet, dagegen die „leidigen Tröster", die
Gerechten, die Hiobs Elend auf eigene Verschuldung schieben wollten,
seinen Zorn fühlen läßt und nur um des hart Gescholtenen willen sie
begnadigt — das ist echter und tiefer als all die gequälten „Versuche
in der Theodizee", die die Philosophen der Aufklärung, und die keineswegs glücklicheren, die so viele tragische Dichter unternommen haben.
Das konnte nur der Sohn eines Volkes dichten, dem die Freiheit der
Sittlichkeit, dem die „Menschheit in der Person eines jeden", als die
bessere Person in ihm, in leuchtender Klarheit aufgegangen war. Und
eine tragische Gestalt wie Jeremia, nicht gedichtet, sondern in voller,
harter Geschichtswahrheit dastehend — welches Volk hat ihresgleichen
aufzuweisen? Wollte man einwenden: Aber die Juden haben ihn gesteinigt! so wäre zu antworten: Welches Volk hätte seine Propheten
nicht gesteinigt? Aber wo habt ihr den Propheten, der diesem das Wasser
reicht? Michelangelo ist groß, daß er diesen so empfinden und darstellen
konnte, wie er es getan. Den seht an, und macht euch klar: So empfand
ein Sohn der Renaissance die sittliche Größe in dieser Gestalt des Alten
Testaments!

Und doch behält Hegel recht, wenn er behauptet, daß erst im Griechentum die innere Sonne der „subjektiven Freiheit" voll aufgeleuchtet sei.
Im Judentum bleibt, wie überhaupt im Orient, in dem einzigen Elemente
der Religion alles beschlossen. Eine in sich selbst gegründete Wissenschaft,
eine ebenso in sich gegründete Sittlichkeit, eine selbständige Kunst und,
dies alles in seinem letzten, autonomen Grunde zusammenbegreifend,
eine selbständige, nicht mehr in Religion eingehüllte Philosophie, ein
ganzes befreites Menschentum hat kein Volk erreicht als die Griechen
und wer es von ihnen gelernt hat. — Aber weshalb soll das schlechthin
ausschlaggebend sein? Kommt nicht auf die ungeteilte Einheit des Erlebens zuletzt alles an, ist nicht alles andere, sind nicht alle jene Spaltungen
nur von technischer Bedeutung? Mußten sie nicht vielmehr überwunden
werden, damit das „Leben" ganz, ungeteilt in sich selbst eines sei? —
Wir werden der Frage nicht ausweichen, vorerst aber gilt es, zur vollen
Klarheit zu bringen, daß von Kultur, von Menschheit, ohne den Schritt,
den das Griechentum vollbracht hat, nicht die Rede sein würde. Der
Gegensatz ist kein geringerer als der von Gebundenheit und Freiheit.
Religion stellt zwar, auf der im Judentum erreichten Stufe, das einzige

Individuum der einzigen Allheit, Gott gegenüber. Sei aber die allüberragende Wechselbeziehung zwischen diesen beiden äußersten Polen noch so stark und rein nicht nur erlebt, sondern auch erkannt — der ganze, unermeßliche Reichtum der Selbstheit war damit noch nicht erschlossen. Er ist vielleicht vorgefühlt, aber nicht wirklich bewußt, also auch noch nicht dem Selbst, dem Menschen voll zueigen geworden, er bleibt sich selbst gleichsam nur Verheißung. Alles schlummert, aber schlummert eben noch in der einzigen, religiösen Urform der Bewußtheit. „Religio" heißt Gebundenheit, genauer: Zurückgebundenheit, zurück in den einigen Urgrund des Seins; es gilt aber nun gerade die Lösung; nicht als Losriß, Durchreißen jedes Bandes, aber volle Entlassung zur Freiheit des Selbstseins des Menschen, der dann erst wieder, aus freier eigener Entschließung, dem ewigen Urgrunde sich verbinden wird. Das ist immer noch, ja erst recht Religion, aber Religion wesentlich neuer Art: nicht mehr bloßes, passives Gebundensein, sondern freies, aktives Sichbinden und -verbinden. Im althebräischen Schrifttum will schon aus den alten Wundervorstellungen die Ahnung eines unverbrüchlichen Gesetzeszusammenhangs der Natur sich durcharbeiten. Noch lebendiger ist das Sittliche in seiner Eigenart und Selbständigkeit vorgefühlt und in den hochachtbaren sozialen Ordnungen des jüdischen Gesetzes dargestellt. Vielleicht auch im Konfuzianismus, mehr oder minder wohl überall. Und tatsächlich erreicht ist eine hohe Freiheit der Kunst in China, in Japan. Trotzdem kommt es nirgends zu einer ganz befreiten Entwicklung der Wissenschaft, Sittlichkeit und Kunst auf völlig autonomem Grund. Es finden sich überall verheißungsreiche, in ihrer Urwüchsigkeit reine und kraftvolle Anläufe, doch nirgends eine methodische Durch- und Weiterbildung. Es bleibt zuletzt doch alles noch in der Fraglosigkeit des Erlebens. Es ist der entscheidende Schritt zu etwas gründlich Neuem, zu einer zweiten inneren Weltschöpfung und Schöpfung des Menschen, daß man fragt und Antwort heischt, „Rechenschaft" verlangt und sich selber gibt. Das ist der Prometheusfunke, mit dem die Schöpfertat Gottes sich in den Menschen hinüberpflanzt. Es ist erst die wahre Geburt des „Selbst". An sich selbst richtet das Bewußtsein die Frage, sich selbst steht es Rede, sich selber stellt es das Problem, das nur es selbst sich lösen kann. Wo etwas davon sonstwo anklingt, empfinden wir es sofort als dem griechischen Geist verwandt, so in der Bhagavad-Gita, so im Buche Hiob, wo besonders klar, aber eben nur in religiöser Wendung, der Gedanke des Rechtens, der Rechenschaftsforderung sich ausspricht. Dem Griechen aber ist das höchst lebendig in allem. Die griechische Tragödie, der disputierfreudige Dialog der Komödie, die ganz einzige Sokratische Weise des Philosophierens, die durchaus auf dem „Rechenschaft geben und abverlangen" beruht, die begründende Geschichtschreibung seit Thukydides, die griechische Redekunst, die auf ihrer Höhe durchaus Beweiskunst, flüssig gewordene Dialektik ist — alles weist übereinstimmend in diese Richtung. Die „Methode", das „Nachgehen", der bewußt auf sein Ziel gerichtete Gedankengang begründet das, was dem Griechen, ihm allein und wer es von daher hat, „Wissenschaft" (Episteme) heißt. Den Sinn ihres durchgängig einstimmigen Verfahrens umschreibt Platon schlagend richtig, übrigens ganz auf Grund der Begriffe, die in der Mathematik der Pythagoreer, der Naturwissenschaft und Medizin Ostjoniens, in faktischem Gebrauch waren, ja in bewußtem Einklang mit dem Tun aller so vielgestaltig in das ganze Leben eingreifenden „Techne", durch die „Hypothesis", das „Grundlegen", das allein geeignet, vom gegebenen Faktum und dessen Handhabung zu menschlichem Gebrauch „Rechenschaft zu geben". Wir sprechen von „Erklären", der Grieche sagt lebendiger „Retten", nämlich als Besitz des Geistes der Erkenntnis sichern, und mit der Erkenntnis der Beherrschung und Nutzung zu fruchtbarem Gebrauch. Denn Wissenschaft und Technik sind ihm völlig eins.

Auch die gesellschaftliche, die staatliche Ordnung vollzieht sich dem Griechen, besonders in dem auch darin exemplarischen Athen, in der ganzen Härte einer dialektischen Auseinandersetzung, nicht ohne die Form der Entwicklung durch Rede und Gegenrede, die nur von daher die allbeherrschende Bedeutung gewinnen konnte, wie sie besonders im griechischen Drama sich beweist.

Gilt ein gleiches auch von der griechischen Kunst? Ja, auch von ihr. Denn die unverkennbare Eigenheit griechischer Kunstgestaltung liegt wiederum in dem sehr bestimmten Sichrechenschaftgeben vom Gesetze des Aufbaus des Kunstgebildes. In der Baukunst ist es sofort ersichtlich, wie da alles abzielt auf reinliche Gliederung, Auseinanderlegung in die wesentlichen Teile und Betonung der Knotenpunkte, klares Umschreiben jedes einzelnen Faktors. Überall verrät sich — ich folge in dieser Charakteristik einem hierauf besonders achtsamen Kunstschriftsteller, G. von Allesch — der ordnende Geist, der die Merkmale scharf umgrenzt, eine Vermischung nicht zuläßt. Der griechische Tempel ist „klar wie ein Begriff" und, wie

ein solcher, unveränderlich, zeitlos, im vollen Gegensatz zum gotischen
Dom- oder ostasiatischen Tempelbau. Die geometrische Abstraktion ist
stark vorherrschend. In der plastischen Kunst fällt sofort auf das Betonen
des Typischen, Zurückdrängen alles individuell Abweichenden, Quellenden, Wuchernden, Gleitenden, Verworrenen, wie es in der Ornamentik,
aber auch der Figurenplastik gotischer wie orientalischer Kunst sich allenthalben vordrängt. Für die menschliche Gestalt, die den Hauptvorwurf
der griechischen Plastik bildet, werden genaue Maßsysteme aufgestellt,
die jedem einzelnen Gliede seine feste Proportion zum Ganzen anweisen.
Die hochgerühmte Stimmung der „stillen Einfalt", „schlichten Größe"
wird durch nichts als diese strenge Sachlichkeit erreicht. Es ist das Schreiten, Ruhen, Opfern, der Tanz an sich, was sich da darstellt, nicht soll
der Beschauer in die Bewegung, in den Rausch des Tanzes etwa mit-
fortgerissen werden.

Besonders lehrreich beleuchtet derselbe Autor den Grundunterschied,
auf dem dieser auszeichnende Charakter der griechischen Kunst beruht,
durch den Hinweis darauf, wie schon die griechische Sprache einen von
dem sonst vorherrschenden abweichenden Typus in besonderer Schärfe
ausprägt, der ganz der bis in die Kunst hinein sich beweisenden Eigenheit
der griechischen Begriffsbildung entspricht. Alle urwüchsigen Sprachen,
aber auch eine in ihrer eigentümlichen Richtung hochentwickelte, die
chinesische, reihen, nicht anders als wir es täglich an der Sprechweise
der frühen Kindheit beobachten, in lebendiger Anschaulichkeit nur immer
Bild an Bild; die Beziehung des Einen zum Andern wird nicht durch
Abwandlung des Worts oder besondere Bindewörter, sondern durch
bloßes Nebeneinanderstellen, wenn nötig unterstützt durch Betonung
oder Geste, ausgedrückt, sie muß im allgemeinen von dem ebenso anschau-
lich miterlebenden Hörer erraten werden und wird mit eben der Sicherheit erraten, mit der die Mutter ihr Kind in seiner für Nichtmitlebende
ganz unzugänglichen Indianersprache versteht. Die griechische, die lateinische, übrigens auch die altindische und mehr oder weniger alle arischen
Sprachen bringen dagegen durch Wortabwandlung oder eigene, die
Verbindung, Entgegensetzung usw. bezeichnende Wörter die logische Beziehung als solche zum Ausdruck, immer im bestimmten Hinblick auf die
aufeinander zu beziehenden, eben damit deutlichst auseinandergehaltenen
„Knotenpunkte". In der schon angezogenen Schrift des Chinesen Ku-
Hung-Ming findet man dafür ein einleuchtendes Beispiel, indem ein

chinesisches Gedicht in genauer Wort-für-Wort-Übertragung verdeutscht
wird. Der Chinese veranschaulicht dadurch wirksam die von ihm hoch
gepriesene Kindlichkeit des chinesischen Geistes. Er versichert, daß Kinder
das Chinesische leicht erlernen, während die Gelehrten des Westens es
oft recht schwer finden. Was bezweckt denn die so viel künstlichere Weise
der arischen Sprachen? Richtiger: was ist es, das diesen bewußt konstruk-
tiven Aufbau der Sprache forderte und hervorbrachte? Was anders als
das Bedürfnis der vollen geistigen Bewältigung, Aneignung, Durcharbeitung der Vorstellungen, um sie in ganzer Freiheit handhaben zu können?
Rohrbachs „Geschichte der Menschheit" führt den Vorrang des Ariers auf
die Verwendung des Streitrosses zurück. Das ist wohl stark einseitig; aber
als bezeichnendes Symbol für den unterscheidenden Grundzug des arischen
Geistes sei die Bändigung des Rosses durch den Reiter oder dessen Zügelung durch den Wagenlenker uns willkommen. Die Zügelung ist jedem
geläufig als Ausdruck einer ethischen Haltung des Geistes. Man erinnert
sich des Wagenlenkers Vernunft und seiner Rosse Mut und Begier in
Platons Phaidros. Aber die ganze Geistesart der Griechen trägt diesen
Charakter, seine Logik, seine Ästhetik so gut wie seine Ethik. Wie der
gespannte Blick des Wagenlenkers, der durch die leiseste Zuckung der den
Zügel fassenden Hand die Rosse auf der gewollten Bahn hält, so ist der
ganze Sprach-, Denk- und Kunstgeist des Griechen, ebenso wie sein
ethischer, auf das Telos (Ziel) oder den Skopos (Ausblick) gerichteter
Geist. Platons „Idea" ist Hinschau auf den unverrückbaren, rein geistigen
Einheitspunkt; es liegt darin der volle aktive Sinn eines Schauens, vielmehr Erschauens, dem das Objekt nicht sowohl dasteht als erst ersteht.
Der so auffallend griechische Sinn für Grenze, Maß, Gesetz wurzelt ganz
hierin und hat keine andere als diese letzte Bedeutung. Das Begrenzen
ist ein Meistern, das Mäßigen ein Indiegewaltbringen, das Gesetz, der
Nomos, das, was „Jedem das Seine" zuteilt, d. h. die Verfügungsgewalt
ihm sichert, die er braucht, um sein Werk, seine eigentümliche Aufgabe
zu vollbringen.

Nur ein maß- und gesetzfeindlicher, meisterlos aus allen Geleisen
drängender Geist kann diese griechische Selbstzügelung mißverstehen als
unwürdige Fesselung, Selbstknechtung, während sie gerade die zusammen-
gehaltene Kraft der Bemeisterung bedeutet, die die lebenzeugenden,
lebenschaffenden Kräfte im Menschen vielmehr erst recht befreit. Jene
Fehldeutung wurzelt wieder einmal in der unseligen Verfälschung des

Willensbegriffs, der gewaltsamen Lösung des Willens von der Vernunft. Das ist auf alle Fälle völlig gegen den Geist des Griechentums. Der Wagenlenker Geist ist durchaus auch zielgerichteter, das Ziel selbst setzender und alle Kräfte auf es hin lenkender Wille. Einen Willen dagegen ohne bewußte Zielrichtung, einen Willen als blindes Treiben, vielmehr Getriebensein aus dunklem Seelengrunde, wie unter fremder Gewalt, lehnt er bestimmt ab. Wohl hat ein unerbittliches Schicksal zuletzt über alles Gewalt, aber der Held trotzt selbst der Schicksalsgewalt. Mag er scheitern, fallen — und unentrinnbar ist ja sein Fall —, er wahrt dennoch in sich die Freiheit des hellblickenden eigenen Wollens. Der Geist ist Schöpfer und schafft aus Liebe zum Werk. Schon lernten wir ihn kennen, den Schöpfer Eros, als Mittler zwischen Sterblichem und Unsterblichem, an beidem teilhabend, um den ewigen Werdegang einer neuen Weltschöpfung, der Weltschöpfung des Menschen im Gang zu halten. Platon setzt ihn gleich der Philosophie, der Dialektik; er verkürzt darum aber nicht der Begeisterung ihr Recht. Nur, was sie im göttlichen Wahnsinn weissagt, muß dann auch die Probe, die „Rechenschaft" der Vernunft aushalten.

Diesen griechischen Geist der Vernunft, des Maßes und Gesetzes verkennt auch der, der darin nichts als kurzsichtigen Intellektualismus, Auflösung der Totalität, Verendlichung des Überendlichen, Erstarrung aller freien Beweglichkeit zum unbeweglich ruhenden Dastehn, Ertötung aller inneren Lebendigkeit argwöhnt. So etwas wäre eher das indische Nirwāna, mit dem der griechische Geist keinen Faden gemein hat. Vielleicht spielt das hier und da von außen her in die griechische Welt mit hinein. Aber wir empfinden es da sofort als wesentlich ungriechisch, etwa in der eleatischen Ansicht von der bewegungslosen Ruhe des Seins, oder in der späteren Ethik der Apathie, der Galene (regungslosen Stille der Seele). Schon in Heraklit, dem Krieg der Vater aller Dinge, im Pythagoreismus, dem das Werden fortschreitende Begrenzung des Unbegrenzten ist, wird das überwunden. Und wenn Platons Ideenwelt an jene eleatische Ruhe des Seins noch erinnert, so hat er sich doch mehr und mehr davon befreit bis zur vollen Anerkennung nicht bloß eines ganz positiven, fortschreitenden „Werdens zum Sein", sondern auch eines Wandels (Kinesis) der Eide (Gattungen, vielmehr Grundgestalten des Seins) selbst, auf Grund der Unendlichkeit der Wechselbeziehungen, in die sie sich ganz aus sich selbst, ihrer eigenen Natur zufolge, dialektisch entwickeln. Die Ideen werden, aus ruhenden, „im Sein dastehenden" Gestalten, zu gestaltenden Funktionen, wie es in dem von Haus aus aktiven Sinn der „Idee", gegenüber dem mehr passiven Eidos, von Haus aus angelegt war. Und damit sind Bewegung, Leben, Seele, Geist, Gottheit gerettet. Aristoteles vollends stellt in dem tiefsten, bleibend wertvollsten Motiv seiner Metaphysik die „Energie" an die Spitze alles Denkens und Seins; ebenso wie seine Ethik eine ganz ausgesprochene Ethik der Aktion, nicht passiver Befriedigung ist. Sie kennt und sucht keine Glückseligkeit anders als im Tun. Und höchste Energie ist ihm der Geist, der von Haus aus praktischer wie theoretischer, und gerade als theoretischer in tiefster Wurzel tätig, reinste Tätigkeit ist. So hat allgemein das, was die ewig gültige Errungenschaft des Griechengeistes ist, die methodische Begründung der Wissenschaft in einer „Logik", der sittlichen Lebensordnungen in einer „Ethik", der Kunstübung (die eigentlich jenes alles in sich schließt) in einer bewußten Kunstlehre, Techne, die Bedeutung, diese dreifache Weltschöpfung des Menschen: Wissenschaft, Sittlichkeit, Kunst, eben als seine Schöpfung, als Hervorbringung aus eigenem Gesetzesgrund, aus den nie erschöpften Tiefen jenes Logos der Psyche, der seinem Wesen nach ewig „sich selber steigert", ins Bewußtsein zu heben, so ihren sicheren Gang (Methodos) und damit ihre unbeschränkte, stetige Weiterentwicklung zu begründen. Das aber ist erst im vollen Sinne die Selbstschöpfung des Menschen.

Wer sich so das Wesen der „Griechheit" klar gemacht hat, der wird die unbedingte Vorherrschaft der Form im griechischen Tempelbau, der griechischen Plastik und so durchweg nicht mehr als seelenlose Typik, als gehaltentleerte, lebensfremde Abstraktion mißverstehen, sondern er wird in dem allen den lebendig pulsierenden Rhythmus freier, doch beherrschter Gestaltung erkennen. Merkwürdig genug hat man nun gerade durch diesen aus dem Innersten des griechischen Geistes geborenen Begriff „Rhythmus" den Gegensatz auszudrücken versucht, an dem man das Griechentum maß, und an dem gemessen es seine Unzulänglichkeit erkennen lassen sollte. Soviel ich verstehe, ist Form Rhythmus, Rhythmus Form. Aber man scheint sich unter „Form" etwas wie eine Gußform vorzustellen, in die die widerstrebende Masse hineingepreßt werde, daß sie in eine ihr von Haus aus fremde Gestalt komme. Der Grieche aber versteht die Form durchaus lebendig, energetisch, als freie, eben rhythmische, aus den eigenen Lebensgesetzen des Organischen fließende Bewegung. Das Ruhen, Schreiten, Tanzen in den griechischen Bildwerken fließt streng organisch aus der natürlichen Rhythmik besonders der Atmung, die die Seele der von den Griechen so ernstlich betriebenen Gymnastik ausmacht; also wahrlich aus Leben und nicht aus Erstarrung. Allerdings ist der Rhythmus der griechischen Plastik wie Architektur vorwiegend gehalten, weil eben innerlich beherrscht auch in stärkster Erregung, selten losgelassen wild. Übrigens ist auch ein tief bewegter Rhythmus der griechischen Kunst nicht ganz fremd. So sagt v. Allesch selbst von der Nike von Samothrake: Das Gefält (des Gewandes) umflattert, umrieselt den Körper, wie in der freigewachsenen Natur der Wind durch die Zweige fährt ... es tanzt, es spannt sich, rollt sich zusammen, es berauscht das Auge, das ihm folgt usf. Aber das hält er für eine fast zufällige Ausnahme. Es sei eine vereinzelte intuitive Schöpfung, wie eine Erinnerung des griechischen Geistes an die Vorzeit, als er noch staunte und erlebte, ohne zu fragen ... Aber er muß dann doch anerkennen, daß besonders die griechische Vasenmalerei an Beispielen frei rhythmischer Gestaltung sogar reich ist. Sie steht eben dem unmittelbaren Leben näher, während die Werte der hohen Kunst, als kultische, einen monumentalen Charakter anstreben. Aber ihnen fehlt es darum an Rhythmus nicht, er ist nur gehalten, ruhig. Allesch hat auch nicht unterlassen zu bemerken, daß der Grieche, gerade weil das Typische, das uns an der griechischen Bildnerei so auffällt, ihm natürlich, weil sein ganzes Sehen darauf eingestellt war, schon die geringste Abweichung davon als stark ausdrückend empfinden mußte, während eine orientalische oder gotische Plastik, die irgendeine leidenschaftliche Erregung ausdrückt, ihm verzerrt erschienen wäre. Er erkennt ebenfalls an, daß in der griechischen Tragödie, abgesehen von dem Großen, ja Unendlichen, das im Gegenstande liegt, doch auch der Rhythmus des Wortes oft aus bloßen Erkenntnissen Erlebnisse macht. Wie sollte auch wohl griechische Poesie des Rhythmus ermangeln, da selbst griechische Prosa, wie wohl die keines anderen Volkes, auf ihrer Höhe stets von tiefem Rhythmus durchatmet ist? Wer davon nichts findet, dem muß wohl die Gewöhnung an grellere, üppigere, schwelgendere Ausdrucksmittel die Empfänglichkeit für eine gehaltenere Formsprache geschwächt haben, etwa wie ein an Wagner oder ganz Moderne gewöhntes Ohr es fertig bringt, bei Mozart nur toten Formalismus zu finden. Wildheit, Chaotik ist doch nicht Rhythmus, sondern die Wildheit bändigen, aus dem Chaos den Kosmos gestalten, das ist Rhythmus.

Die Frage ist von einer sehr ernsten, aktuellen Tragweite, an ihr hängt zuletzt unsere Stellung nicht bloß zur Antike und zur Renaissance, sondern zu dem ganzen gewaltigen Ringen der letzten zweieinhalb Jahrtausende der Geschichte des Abendlandes. Deshalb müssen wir bei der Frage noch verweilen. Indem man gegen die Verknöcherung der griechischen Kunst- und Dichtweise in hellenistischer und römischer Zeit, gegen die Renaissance, soweit sie als Wiederausgrabung und Nachbildung der Antike erscheint, vollends gegen eine ausschließliche, wahllose Verehrung beider, wie sie vor vierzig, fünfzig Jahren noch verbreitet sein mochte, sich mit gutem Grunde auflehnt, scheint man vielfach heute entschlossen, geradezu all das Große, was wir nicht Althellas allein, sondern dem ganzen von da ausgegangenen Kulturschaffen des Abendlands verdanken, über Bord zu werfen und uns auf den Kindesstandpunkt des Orients oder des frühen Mittelalters zurückzuschrauben.

Allesch ist noch ein maßvoller Vertreter dieser Richtung, aber er teilt doch oder bestärkt in vielem die Grundauffassung, die zu solchen weitführenden Folgen verleitet hat. Aber indem er nach jener schon einseitigen Deutung der Antike auch die ganze Renaissancekultur zu verstehen sucht, sieht er sich im einzelnen genötigt, Ausnahmen über Ausnahmen zuzugestehen. Und diese betreffen, merkwürdigerweise, gerade die wirklich große Renaissancekunst. So Giotto, überhaupt fast die ganze Frührenaissance, fast die ganze Renaissance-Plastik; so Botticelli, besonders aber — Lionardo da Vinci, dessen „Eurhythmie" ihm etwas Überraschendes ist, „das zu erwarten wir nicht berechtigt waren". Seine Seele, rühmt er, war auf Wohlklang gestimmt; er spielt das Instrument des menschlichen Körpers wie eine Geige, er verfolgt den Ausdruck bis in die Fingerspitze, verbindet durch eine rhythmische Einheit jeden Teil eines Körpers mit dem andern; man findet keine tote Stelle in diesen Körpern; daher das ungeheure Leben, das sie ausströmen. Aber, merkwürdig, wie der Musik eine gewisse Mathematik immanent ist, so sind seine Formenrhythmen auf fast zahlenmäßig faßbare Grundsätze gebracht. — Wir fragen: was kann griechischer sein als eine solche Kunstweise? Sie entspricht aufs reinste der ganz antik eingestellten wissenschaftlichen, ethischen, philosophischen, selbst religiösen Art desselben wundersam umfassenden Geistes. Das alles ist fast griechischer als griechisch, jedenfalls fließt es aus dem Herzen des von einem innerlichst verwandten Geiste tief erfaßten Griechentums. Vollends muß die Vorstellung eines abstrakten Schematismus scheitern an dem, der doch der Vollender der Renaissancekunst ist: Michelangelo. Da heißt es unter anderm: Eine neue, innerlich lebendige Daseinsform der

Menschheit wurde begründet. Michelangelo „öffnet gigantisch die Schleuse des Lebens und füllt mit gewaltig hinwogendem Strom das sorgsam gegrabene Bett ... Die Form tritt wieder in den Dienst des Inhalts. Der italienische Geist war schließlich auf seinem besonderen Wege vor dieselben Probleme gelangt, die man ohne Aufhören im Norden in mystisch-intuitiver Weise zu lösen versucht hatte." Nur löst er sie eben auf seinem Wege; dazu war die analysierende und aufklärende Arbeit der Renaissance nötig gewesen. — Was aber ist jenes gemeinsame Problem? Die Hinaufhebung der Kunst in die Regionen des Unsichtbaren, Übersinnlichen, Metaphysischen. Nun denn, lassen etwa Michelangelos Sonette irgendeinen Zweifel darüber, woher das „Metaphysische" ihm gekommen ist und was es ihm bedeutete? Es ist kein anderer als Platon, aus dem er es schöpft. Bei ihm hat man es doch von je gefunden, die Renaissance ist von dieser Metaphysik ja ganz durchtränkt. Gerade das ist das ganz Griechische an ihr; was Wunder, daß es auch in ihrer Kunst so vernehmlich durchklingt! Wäre etwa dem Aischylos solche Metaphysik fremd? Wäre die Kunst der Griechen gar nur „analysierende und aufklärende Arbeit"? Form ohne Inhalt? Form — Inhalt! Wir dachten, Kunst, nicht minder Wissenschaft, Sittlichkeit, Religion, Philosophie, alles, was wir unter „Kultur" begreifen, sei etwas Lebendiges. Wo wäre da Form neben Inhalt, Inhalt neben Form, Schale neben Kern, Kern neben Schale? Wo würde der lebendige Strom in das fertige Bett nur eingegossen, die Seele dem fertigen Leibe eingeblasen, der Leib ihr bloß umgetan wie ein Mantel? Daß die Form auch abstrahierbar ist, daß sich von ihr Aussage tun, Rechenschaft geben läßt, macht doch nicht sie selbst zum bloßen Abzug (Abstrakt).

Alles, was zuzugeben und gewiß auch mit Nachdruck zu betonen ist, ist, daß die Griechen, indem sie den Gesetzen logischer, ethischer, ästhetischer Gestaltung, den Gesetzen des Philosophierens, den Gesetzen selbst der Religion nachfragten und wenigstens ihre Grundgesetze bewundernswürdig richtig trafen, nicht zugleich auch die Aufgaben der Wissenschaft, Sittlichkeit, Kunst, Philosophie, Religion erschöpfend gelöst, sondern Unermeßliches der Nachwelt zu tun übrig gelassen, aber auch aufgegeben haben. Zuzugeben ist, daß sie fast in allem zu rasch fertig waren, im ersten Anlauf auch gleich das Ziel erreicht dachten, das Ziel nicht weit genug steckten; zuzugeben, daß sie zuletzt überall auf endliche Abgrenzungen eingestellt blieben, die unendlichen Pfade, auf die der Logos der Psyche

nach Heraklits Wort weist, zu verfolgen zu bald verzagend aufgaben und
so die letzten Tiefen der Psyche drinnen wie draußen im Universum nicht
erschlossen. Das erklärt die Kurzlebigkeit ihrer Kultur, die verhältnismäßig
rasche Erschöpfung nach dem herrlichsten Aufschwung einer so noch nie
zuvor gesehenen Schaffenskraft. Die Erstarrung auf der einmal erreichten
Stufe, das allein ist die Gefahr. Darin wurzelt der Irrtum des engherzigen
Klassizismus. Das bekämpfe man, wenn es der Bekämpfung noch bedarf,
nachdem doch die neue Zeit darüber längst hinausgeschritten ist. Kein
Shakespeare, kein Rembrandt, auch keiner unserer Großen, da wo sie
ganz sie selber sind, ist darin befangen geblieben. Immerhin, überall
wo die Schöpferkraft erlahmt, droht der Rückfall in solche Verengung,
also mag die Warnung davor immer noch und immer wieder am Platze
sein. Also man lasse die Toten ihre Toten begraben, aber lasse, was unsterbliches Leben in sich hat, lebendig bleiben und immer neu lebendig
werden. Das allein ist echte Renaissance: Wiedergeburt zu lebendig fort-
wirkendem Leben, nicht Wiederausgrabung und künstliche Wiederbe-
lebungsversuche am Leichnam der Antike. Vor allem sollte man nicht,
indem man gegen die Renaissance des klassischen Altertums streitet, uns
eine noch viel falschere Renaissance des Orients oder des Mittelalters
zumuten. Jede künstliche Wiederaufpfropfung einer einmal überschritte-
nen Kultur auf die weitergekommene ist innerlich so unmöglich, wie daß
die Wasser bergan fließen. Das läßt sich durch allerlei Stau- und Pump-
werk am Ende wohl erzwingen, aber urkräftige Wasser werden die Dämme
und Schleusen durchreißen oder sich abseits ihren Weg bahnen und doch
zu Tal gehen.

Mitunter aber wird schon gegen alle „Vernunft", alles „Gesetz" Sturm
gelaufen. Ein Julius Hart stellt uns (nach dem Kriege) ein Buch in Aussicht, das schlechtweg die Vernunft als Ursache aller Übel erweisen soll.
Dies vermeinte „Himmelslicht" sei vielmehr die Fata Morgana, die große
Irreführung, die verhängnisvolle Täuschung, die das menschliche Dasein
verwirrt hat. Die Lehren vom Absoluten, vom Ur-einen im Allen, das
absolutistische Denken, die Hammer- und Amboßlehren, Macht-, Herr-
schafts- und Sklavenideen wie andererseits Einheits- und Gleichheitsphan-
tastereien, das ist es, meint er, was die Erde mit Blutströmen überflutet
und die Orgien des Wahnsinns entfesselt hat, wie sie heute über Europa
hinrasen. — Das Mißverständnis ist hier schon mit Händen zu greifen.
Man nennt „Vernunft" Erstarrung der Begriffe, Absolutismus sei es des

Einzelnen oder des Allgemeinen oder beider; statt daß der Logos doch schon bei Heraklit, wie wieder im Johannesevangelium, durchaus aktiv, als Energie, Schöpfung, also wahrlich doch als Leben verstanden war. Hart fordert den Bestreitenden auf, einen einzigen solchen „dauernden Gedanken", in dem, nach dem Faustprolog, das, was in schwankender Erscheinung schwebt, sich befestige, aufzuzeigen, einen einzigen Satz, der „die" Wahrheit ausspreche. Wir antworten: Die Kritik der reinen, nämlich absolutistischen Vernunft ist schon vor längerer Zeit geschrieben worden, sie braucht, jedenfalls was den hier in Rede stehenden Punkt betrifft, nicht noch einmal geschrieben zu werden. Aber sie trifft nicht „die" Vernunft, sondern genau den Mißverstand der Vernunft als absoluter Festlegung, also Erstarrung, Ertötung des ewig Lebendigen. Versteht man die Vernunft, die Idee, wie man sie seit Platon überhaupt nur hätte verstehen dürfen: als Methode, als ewigen Marsch, unendlichen Prozeß, nie zu vollendende, eben darum beständig fortschreitende Rationalisierung des Überrationalen, dann fallen alle falschen Ansprüche starrer, absoluter Besonderungen wie Allgemeinheiten; jede echte Aufgabe des Menschentums wird zur unendlichen, und zwar nicht bloß einfach, sondern vielfach, vielleicht unendlichfach unendlichen. Das aber heißt eben: die echte, die schöpferische Vernunft, jener Logos, den der Doktor Faust durch die „Tat" übersetzt, siegt über den bloß zerstückenden und wieder zusammenstückenden, stets verendlichenden „Verstand", vielmehr Unverstand; der Geist, der lebendig macht, über den tötenden Buchstaben; „Gott" über die „Welt". Das Gesetz der Methode, das Richtgesetz des unendlichen Fortgangs, das ist der „dauernde Gedanke", der dem sonst ins Ungewisse irrenden Marsch des Geistes die ihm so hochnötige innere Stetigkeit gibt, die gerade das unendliche Ziel um so gebieterischer verlangt. Eine Kritik der Vernunft, die auf dies Richtmaß verzichtet, zieht sich selbst den Boden weg. Nur Vernunft kann die Vernunft, nur das echte Gesetz, das des ewigen Marsches, kann das falsche, diesen Marsch an irgendeinem endlichen Punkte der Absicht nach festhaltende Gesetz auf gegründete Weise kritisieren. Übrigens behält die untergeordnete Gesetzgebung des „Verstandes", das heißt der Analyse und bloß nachfolgenden Synthese, in ihrer Sphäre volle Geltung. Oder soll das Einmaleins nicht mehr gelten? Soll, was von Naturgesetzen bis dahin erkannt ist, nicht etwa zugunsten besserer Erkenntnis überschritten, sondern weggeworfen, der soweit geordnete Kosmos in das Chaos, das die Natur den Köpfen des Mittelalters bedeutete, wieder zurückgeworfen werden? Kein halbwegs besonnener Naturforscher hält mehr sein Naturgesetz für das absolute, sondern, genau nach Platon, für eine Hypothesis, die morgen, nein heute wieder überschritten werden darf und soll, sobald die wahrere gefunden ist. „Das" Wahre, das absolute, sucht und glaubt die Wissenschaft schon längst nicht mehr in Händen zu haben oder je erreichen zu können oder auch nur zu sollen, sie versteht alle ihre „Wahrheit" bloß bedingt, doch eben darum der Steigerung unbeschränkt fähig. Will man sie statt dessen von nun ab mindern oder gar auf Null zurückbringen?

Leicht zieht sich nun die Parallele für die übrigen Kulturgebiete. Auch keine konkret ethische Satzung darf, sei es auf Erfahrungs- oder vermeinte Vernunftgründe hin, ewige Wahrheit in Anspruch nehmen. Auch da, ja da erst recht, gilt nur beständige Steigerung und Vertiefung. Und so vollends für die Kunst. Aber da besonders begegnet man jetzt nicht selten einer schon ganz vernunftreinen Vernunftbekämpfung. Bisweilen sieht es schon dem gleich, als sollte jeder Reim, jedes gleiche Silbenmaß verdammt sein, weil es doch noch an Gesetz, an Erkenntnis erinnert. Erleben, nicht Erkennen! predigt man fort und fort. Wolle man dann nur die Folgen auch ganz rein ziehen! Ein Wortsinn darf dann überhaupt nicht mehr sein, den müßte man doch eben erkennen. In der Musik müßte, selbstverständlich, nicht diese oder jene, sondern alle Form, alles Gesetz des Rhythmus, der Harmonie, des Aufbaus fallen; schließlich jede Taktierung, jede Notierung, denn das alles forderte ja — Erkenntnis. Die Unmittelbarkeit des Erlebens ist schon dahin, wenn ich, was ein Andrer aufgezeichnet hat, abspielen oder nachsingen soll. Es bliebe allenfalls — die Improvisation. Auch das findet man schon empfohlen, als die einzige ganz reine Erlebniskunst. Aber dann müßte der Künstler sich ausbitten, daß nur ja keiner zuhört, denn ein Mit- oder gar Nacherleben würde ja einschließen, daß man das vom Andern Erlebte in irgendeinem Grade — erkennt; es wäre in jedem Fall nicht mehr reines Selbsterleben. Bis dahin freilich dachte man, Kunst sei (nicht nur, aber auch) Mitteilung, Sprache, sie wolle auch verstanden sein, suche ein Vernehmen, ein Einvernehmen. Das aber ist doch eben — Vernunft, die, als Logos, Rede, doch wohl zu einem reden und etwas (Identifizierbares) sagen und mit dem allen — Erlebtes mitteilen, Andre miterleben lassen will. Wird denn Erkenntnis nicht erlebt?

Die Betrachtung braucht wohl nicht fortgesetzt zu werden. Man hat, scheint es, die Binsenwahrheit begriffen, daß die Grammatik nicht die

Rede, das Silbenmaß nicht das Gedicht ist, daß auch das Eins, Zwei, Drei keinen Weber macht; man zieht daraus, in nur zu denkrichtigem Verzicht auf Denkrichtigkeit, den Schluß, daß die Rede alle Grammatik, das Gedicht alles Silbenmaß, die Musik allen Takt über Bord werfen sollte. Nun sind es die Griechen gewesen, welche die Grammatik und die Prosodie und die Rhythmik gelehrt haben, die Grammatik, Prosodie, Rhythmik auch der Wissenschaft, Sittlichkeit, Kunst jeder Art und Religion; also fort mit den Griechen! Man hat begriffen: Erkenntnis ist nicht Erlebnis (hat sie es je sein wollen?) und meint der Erkenntnis den Garaus machen zu müssen, um nur recht zu erleben. Die Griechen aber haben uns die Erkenntnis gelehrt, also fort mit ihnen! Man will also nicht sehen, daß von gar keinem Erleben mehr die Rede sein könnte, wenn auf alles Erkennen des Erlebten verzichtet wird. Man streitet gegen alles Verabsolutieren und verabsolutiert auf der einen Seite das Erkennen, auf der andern das Erleben, um zu erweisen — nein, zu erleben —, daß das Absolutum Erkenntnis (das es nicht gibt) und das Absolutum Erleben (das es ebensowenig gibt) sich gegenseitig ausschließen. Machte man ganzen Ernst mit dem Rückgang ins erkenntnisreine Erleben, so käme man zum Nirwāna und mehr als Nirwāna. Daß die Blutströme der kämpfenden Menschheit nicht länger die Erde tränken sollen, eben das war das entscheidende Motiv des Buddhismus. Muß es aber der Orient sein, so lese man doch lieber die Bhagavad-Gita und lerne daraus, ob es wohl recht, ob es auch nur erlaubt ist, der Menschheit das Nichtkämpfen zu empfehlen. Gewiß, der Weg des Griechentums hat so wenig wie der Weg Jesu den Frieden gebracht, beide waren „nicht gekommen, den Frieden zu bringen, sondern das Schwert", denn beide standen auf dem Boden des Menschseins, Menschsein aber heißt kämpfen. Warum? Weil ohne Kampf kein Sieg und ohne Sieg kein Friede ist, es wäre denn — der Friede des Kirchhofs.

Wunderbar, wie die tiefe Selbstkenntnis des Griechen das früh schon klar begriffen hatte. Zeuge dessen ist die prophetische Sage von Prometheus, dem „Vorbedacht". Durch den Raub des Feuers ist er gegen Zeus, des gewalttätigen, gesetzfeindlichen Willen, seinem Menschengeschlecht Lehrer jeglicher Kunst und damit (ich zitiere Aischylos) ein großer Helfer geworden. Durch ihn sind sie, die vordem blöden Sinns gleich Traumgestalten ihr Leben lang blindlings alles durcheinanderwirrten, des Geistes mächtig und bewußt geworden. Von ihm lernten sie den Gebrauch des

Feuers, durch den sie vielerlei Kunst noch erlernen werden; lernten ihre
Wohnungen zimmern, die Zeiten beachten und der Gestirne Auf- und
Niedergang, und die hervorragendste der Künste, die Zahl, und die Buchstaben, und Erinnerung (Mneme), die Musenmutter, die alles erwirkende;
lernten die Rinder vor den Pflug spannen und Rosse zähmen, Wagen
lenken, auch der Schiffer leinbeflügelte, meerdurchschweifende Fahrzeuge;
und Heil- und Seherkunst, und Feind- und Freundschaft und Geselligkeit;
Findung und Nutzung der Erzschätze, mit einem Wort alle Techne. Aber
eben dafür, daß er so den Menschen Heil verschaffte, daß er zu große
Liebe zu ihnen trug, ist er von Zeus auf viele Jahrtausende an den Fels
geschmiedet, Zeus Adler zerfleischt ihm die Brust, unsterblich wie er selbst
ist seine Qual. Allein er beugt sich nicht; er weiß, auch des Zeus Gewaltherrschaft wird nicht ewig währen. Mit seinem Fron möcht er nicht sein
Jammerlos vertauschen, lieber seinem Felsen fronen. Nie wird er wei-
bisch feig zu ihm um Erlösung flehen, denn, was er auch über ihn verhängen
mag, töten kann er ihn nicht, denn er ist unsterblich. Die Lösung aber ist:
Nachdem die Menschheit durch Prometheus Gaben herrlich erblüht, Zeus
selbst (wir verstehen: die Herrschgewalt) milder, gesetzfreundlicher geworden, aber auch dem großen Dulder von der unablässigen Qual der Trotz
doch endlich geschmolzen ist, läßt Zeus ihn befreien durch seinen von einer
Sterblichen ihm geborenen Sohn, Herakles, den Urheros, der Gottheit
und Menschheit in seiner Person vereint; auch als Dulder groß, doch ein
nicht minder gewaltiger Kämpfer. Er, der die Menschheit von vielen
Greueln befreit hat, ist auch der Berufene, ihren ersten Wohltäter, ja
Schöpfer Prometheus zu erlösen. Man darf ihn deuten auf die entschlossene
Tat, die nicht scheut zu kämpfen, Tod zu dulden und zu geben, aber den
todbereiten Kampf in den Dienst des ewigen Guten stellt, nicht eigenes
Herrschgelüst befriedigen, sondern der Menschheit Heil erstreiten will.
Friede und Versöhnung ist das Ziel, aber dahin gibt es keinen Weg als
den des Gesetzes, um das Gesetz aber gilt es zu kämpfen.

Das Geschlecht des Prometheus, es hat gelitten, leidet bis heute. Das
Gesamtbild der Griechenwelt ist kein so heiteres, wie unsere Väter es
sich so gern ausmalten. Die politische Geschichte Griechenlands bietet,
ganz seltene erhebende Momente, fast ist man versucht zu sagen, den einen
großen Tag von Salamis abgerechnet, ein düsteres Bild schmählicher
Zerrissenheit, infolge kurzsichtiger, weniger der inneren Kraft als der
schlauen Nutzung der Umstände und allzuoft der Lüge, dem Verrat

verdankter Selbstdurchsetzung und Verdrängung des Andern, Stamm gegen Stamm, Stadt gegen Stadt, Partei gegen Partei, Mann gegen Mann. So hoch die Begabung dieses Volkes für ethische und politische Reflexion war, zu einer halbwegs auch nur auf Zeit befriedigenden sittlichen oder staatlichen Ordnung ist es nie gelangt. Bewundernswert seine Wissenschaftspflege, so in den Philosophenschulen, den Vorläufern der Universitäten; hochachtenswert seine allgemeinere, gymnastisch-musische Bildung; am erstaunlichsten, ja ganz einzig, die tiefe künstlerische Durchdringung des ganzen Lebens, die im Schrifttum der Griechen nur darum weniger hervortritt, weil sie der Grieche wie selbstverständlich als seine Lebensluft beständig einsog. Auch an Religion hat es diesem Volke nie, weder in guten noch in schlimmen Tagen, gefehlt. Heiter war sie allenfalls in ihrer frühen dichterischen Verklärung durch Homer; nicht mehr in der Tragödie; vollends nicht bei Platon. Und mehr und mehr verdrängt auch in der Breite des Volkes die düstere Erlösungsreligion der Mysterien den Glanz der Homerischen Götter- und Heldenwelt. Wahrlich, nicht Glückseligkeit ist die Summe des griechischen Lebens. Platons harte Zeichnung steht nicht allein; der Kynismus namentlich bedeutet eine Selbstverurteilung der ganzen eigenen Kultur, wie vielleicht kein Volk sie gleich schonungslos an sich selbst vollzogen hat, ohne jede Vertröstung auf eine etwa noch mögliche Rettung. Zu einer solchen wollten Platons utopistische Entwürfe den Weg weisen; aber es geschah fast ohne Hoffnung, daß die Nation ihn einschlagen werde. Vielleicht daß fernwohnende Völker ihn gefunden hatten oder in später Zukunft noch eines ihn finden würde.

Somit könnten wir nicht ohne starke Vorbehalte Hegels Kennzeichnung des Griechentums unterschreiben: daß es den Schritt zur individuellen Freiheit noch ganz in der glücklichen Unbefangenheit jugendlicher Menschheit vollbracht habe. Das Sittliche sei hier zum erstenmal der Individualität eingeprägt, das Reich der schönen Freiheit sei damit angebrochen, die Individualität noch unmittelbar mit dem Wirklichen verbunden, wie in einem schönen Kunstwerk das Sinnliche selbst das Gepräge und den Ausdruck des rein Geistigen trage. Da sei wirkliche Harmonie, es sei die Welt der anmutigsten, freilich vergänglichen, schnell vorübergehenden Blüte; unbefangene Sittlichkeit, eben darum noch nicht eigentliche Moralität; die schöne Sittlichkeit noch nicht durch den Kampf der subjektiven Freiheit herausgerungen und so noch nicht zur freien Subjektivität der Sittlichkeit herauf gereinigt. — Nein: die Sittlichkeit kämpft den schwerften Kampf gerade in der griechischen Welt; die Subjektivität der Sittlichkeit ist daher gerade in ihr stark entwickelt. Aber sie kämpft mit nicht zulänglicher Kraft und unterliegt. Der innere Widerstreit drückt sich schroff und wahrhaft aus im Platonischen Dualismus der Ideen- und Erscheinungswelt, dem als religiöse Symbole die Mysterienanschauungen von Himmel, Fegfeuer und Hölle dienen müssen. Wohl ist auch für Platon Harmonie, Eurhythmie das Ziel, aber als in der Griechenwelt erreicht oder unter ihren Voraussetzungen erreichbar hat er sie nie und nirgends behauptet oder zu glauben gewagt.

Allgemein hat Hellas der Kultur das Thema gestellt und die Methoden geschaffen. Zu ihrer auch nur nach irgendeiner Seite voll befriedigenden Durchführung brachte es die Kraft nicht mehr auf. Ihm fehlte dazu die erste, noch geringste Voraussetzung: die harte Kruste, der schirmende Panzer des Staats. Zwar auch seine Idee hat das griechische Denken aufgerichtet zugleich mit der Idee des Menschen. Der Gedanke der Einheit des Individuums mit dem Staat, der Individualisierung auch des Staates selber, kraft deren allein das Individuum sich dem Staate zugehörig weiß, ist dem klassischen Griechentum sehr lebendig bewußt gewesen. Aber in Wirklichkeit hat es ein haltbares Staatswesen nicht darzustellen vermocht. Die entschiedene Staatsgesinnung des Römers ist dem Gehalt nach gar keine andere als die des Griechen, aber Rom vermochte den Staat wirklich hinzustellen, kraftvoll ins Dasein zu rufen. Es hat damit die werdende neue Menschheit unter einer Herrschaft, man darf schon sagen, unter der Herrschaft des Gesetzes, nicht des jeweiligen Gewalthabers oder der gewalthabenden Gruppe, vereint. Es hat dadurch das große Vermächtnis der griechischen Kultur, soweit es möglich war, in die ganze Folgezeit hinübergerettet, indem es gleichsam den Schirm der staatlichen Organisation um sie breitete. Allerdings kaum mehr als das hat Rom für den Geist getan. Es hat die griechische Kultur ihrem Gehalt nach nur wenig bereichert. In Wissenschaft, Dichtung und Kunst, auch in „subjektiver" Sittlichkeit war es nur der gewiß gelehrige Schüler Griechenlands. Es wurde im einzelnen wohl auch in gleicher Art weiter geschafft, in dem meisten nur, in manchem nicht einmal das Überkommene gewahrt. Und als nach immerhin langem, im ganzen friedlichem Bestande das stolze Reich zerfiel, da waren es nur noch elende Trümmer, die von dem unermeßlichen Reichtum der gemeinsamen Kultur des Altertums übrig waren. Aus ihrem Schutt hat erst das ausgehende Mittelalter so

viel wieder ausgraben können, als notwendig und hinreichend war, von
ihrem Ganzen doch noch einen annähernden Begriff zu geben.

Weshalb fiel Rom und mit ihm die antike, das heißt in der Hauptsache
die griechische Kultur? Die Beantwortung dieser Frage stellt uns vor
neue Aufgaben. Vor allem greift hier als eine neue, das ganze fernere
Schicksal der Menschheit bestimmende hochgeistige Macht, das Christentum
ein. Die erst gesondert fließenden Hauptquellflüsse: Griechentum, Römertum, Christentum — genauer: der abendländische Monotheismus in seinen
drei Formen — münden dann zusammen in den gewissermaßen einheitlichen Strom einer ersten übergreifenden Weltkultur: der des europäischen
und vorderasiatischen Mittelalters.

4. Rom / Chriſtentum / Mittelalter

Würde man die Kulturbedeutung des alten Roms ausſchließlich danach
bemeſſen, was es Geiſtiges von ewigem, einzigartigem Gehalt der Welt
gebracht hat, ſo wäre ſie nicht allzuhoch einzuſchätzen. Sie erweiſt ſich
dagegen ganz gewaltig, in ihrer Art unvergleichlich, wenn man ſie vielmehr mißt an der Kraft, nicht bloß dem bis dahin errungenen Kulturgut,
ſondern der Weiterarbeit an humaner Kultur überhaupt feſten Halt im
Daſein der Völker durch dauerhafte ſoziale Organiſation zu ſchaffen.
Damit wurde nicht nur ihr Fortbeſtand überhaupt erſt ſichergeſtellt,
ſondern ihr zugleich weiteſte Ausbreitung verſchafft, teils auf ſolche
Völker, die je in ihrer Sonderrichtung hohe Stufen ſchon erſtiegen hatten,
aber auf ihnen nun auch ſtehengeblieben wären, teils und beſonders
auf ſolche, die bis dahin in die weltgeſchichtliche Bewegung noch gar nicht
eingetreten, aber berufen waren, neue, noch unverbrauchte Schaffens-
kräfte ihr zuzuführen. Roms Leiſtung verhält ſich zu der Griechenlands
wie die kraftvoll verwirklichende Tat zum hell vorausblickenden Gedanken.
Seine Größe wurzelt in den Kräften des Willens mehr als des Erkennens
oder des in ſich zurückgezogenen Erlebens. Zuſammengefaßte perſönliche
und ſtaatliche Energie, auf Grund inſtinktmäßig ſicherer Erfaſſung der
gegebenen Lage, ſtets am rechten Angriffspunkt einſetzendes, weit hinaus
zielendes, furchtlos zugreifendes, ſtetig und folgerecht Schritt um Schritt
vordringendes Handeln, das iſt die Stärke, durch die Rom, nachdem es
erſt in Mittel- und Unteritalien ſich eine feſte Wirkensgrundlage geſchaffen
hatte, dann nach Sizilien hinübergreifend mit dem ſeegewaltigen Karthago
zuſammengeſtoßen war, es vermochte dieſe einzig noch ihm gewachſene
Gegenmacht gänzlich niederzuwerfen, ſo die Herrſchaft zunächſt über die
Uferländer des weſtlichen Mittelmeerbeckens zu erringen, dann in raſchem
Aufſtieg ſie faſt über die ganze vielſpältig zerſtückte Erbſchaft Alexanders
auszubreiten, die Grenzen ſeiner Befehlsgewalt (ſeines Imperiums) oſt-
wärts bis über den Tigris, ſüdwärts bis zu den unbewohnten Wüſten-
ſtrichen Afrikas, weſtwärts bis zum freien Ozean, nordwärts zum Kanal
und über ihn hinaus nach Britannien, über Rhein und Donau weg zu den
Karpathen, den Norduſern des Schwarzen Meeres und dem Kaukaſus
zu erſtrecken. Das ſo erſtandene „Reich" trug zwar nicht die Bedingungen
dauernden Beſtandes in ſich. Der von Anfang an loſe Völkerverband

lockerte sich von innen her mehr und mehr auf, so daß, als nun die unruhigen Wanderungen der mittel- und nordeuropäischen Gefolgschaften hereinbrachen, der Zusammensturz unausbleiblich war. Aber die Jahrhunderte des Zusammenlebens in einem großen und starken Staatsverbande hatten einen vielseitigen materiellen und geistigen Austausch, ein Ineinanderwirken mannigfacher ungleichartiger Kräfte herbeigeführt, das auf die ganze Folgezeit seinen Einfluß behauptete. Daß von einer Kultur des Abendlandes als geistiger Einheit überhaupt die Rede sein kann, ist die bleibende Frucht jener zunächst nur äußerlich, daher vorübergehend, unter höchstem Betracht fast gleichgültig scheinenden Zusammenschweißung ihrer seelischen Art nach weit verschiedener Volksindividualitäten unter e i n e m Rahmen einer gemeinsamen staatlichen Obergewalt. Gleichsam als Symbol dieser einzigartigen Leistung Roms hat der Titel Kaiser (Cäsar) nicht bloß in den beiden Hälften, in die das alte Römerreich zerfiel, bis zu deren Untergang sich erhalten, sondern ist im Westen durch Karl den Großen wieder aufgenommen worden, um von da noch durch ein volles Jahrtausend dem jeweiligen Haupte eines dem Namen nach immer noch „römischen Reiches" obwohl „deutscher Nation" zu verbleiben. Darin erhielt sich fast bis zuletzt, obzwar mehr und mehr verblassend, noch immer die Erinnerung an die Aufgabe des alten Imperium Romanum, der idealen Kulturgemeinschaft des ganzen weiten Bereiches der Völker, die es unter seinem Szepter einst vereinigt hatte, sichtbaren Ausdruck in einer realen Institution zu geben, die freilich in keinem späteren Zeitpunkt mehr die zusammenhaltende Kraft wirklich bewiesen hat, die in ihrer Idee lag.

So mächtig aber hat doch die Fortwirkung jenes inneren Austausches unter den Völkern des römischen Herrschaftsgebiets sich bewiesen, daß nicht nur, den kirchlichen Spaltungen zum Trotz, im ganzen Bereiche der Christenheit, sondern weit in das Gebiet des Islam hinüber, dem die östlichen und südlichen Provinzen des Römerreiches anheimfielen, ein Bewußtsein innerer Zusammengehörigkeit sich fort und fort behauptete. So ist durch das ganze Mittelalter hindurch nicht bloß die Arbeit der von der Theologie nirgends scharf geschiedenen Philosophie wie auch dessen, was von freier Wissenschaft daneben immerhin schon zur Entfaltung kam, im Bereiche der drei monotheistischen Religionen nach Inhalt und Methode gleichartig und durch ständigen Austausch gemeinschaftlich, sondern auch in Kunst und Literatur, und so mehr oder weniger auf allen Lebensgebieten, konnte ein reger Verkehr sich fortdauernd erhalten, deſſen Ergebnis zwar nicht eine durchaus einheitliche Kultur, aber eine in aller Vielgeſtalt und Miſchung doch in ſich zuſammenhängende Mannigfaltigkeit geiſtigen Lebens war.

Das iſt wohl der eigentlich unterſcheidende Charakter des Mittelalters: nicht Finſternis, geſtaltloſes Chaos, aber allerdings eine Unabgeklärtheit im allſeitigen Ineinanderwirken einer kaum überſehbaren Fülle weit verſchiedener Kräfte, deren keine ſich in voller Reinheit auszuwirken, keine dem Einfluß ſozuſagen aller andern ſich zu entziehen vermochte; ohne daß daraus ein eigenartig Neues ſich herausrang.

In einem ſolchen Zuſtand konnte nicht nur die urſprüngliche Vorherrſchaft der Religion, ſoweit ſie bisher beſtand, ſich erhalten, ſondern die im Grundſatz von den Griechen ſchon erreichte Loslöſung einer freien Wiſſenſchaft, freier ſittlicher Lebensordnungen, freier Kunſtübung aus dieſem gemeinſamen Mutterſchoße ging faſt völlig wieder verloren. Das wurde erſt wieder errungen, als aus der Einheit der mittelalterlichen Kultur allmählich eine Reihe deutlich geſonderter nationaler Kulturindividualitäten ſich herausbildete, deren kräftigſte die von den Griechen zuerſt beſchrittene Bahn von neuem einſchlugen und weit über deren Grenzen hinaus verfolgten. Bis dahin wurden die Errungenſchaften der Antike zunächſt in der trümmerhaften Geſtalt, in der das Mittelalter ſie überkommen hatte, mühſam bewahrt, dann in wachſendem Umfang zwar wiederhergeſtellt, aber zunächſt nur zu treu bloß den Ergebniſſen nach feſtgehalten, immer neu durchgearbeitet, ſyſtematiſiert; aber gerade ihr Wertvollſtes, die Schöpferkraft der Methode, iſt auf lange ſo gut wie erloſchen; der Prometheusfunke glimmt unter der Aſche fort; erſt eine neue Zeit wird ihn wieder anfachen, vielmehr durch ihn angefacht werden, um dann erſt mit ebenbürtiger Kraft die Arbeit da wiederaufzunehmen, wo die Alten ſie gelaſſen hatten.

So verſteht es ſich, daß durch das ganze Mittelalter hindurch keine andre geiſtige Macht ſo beſtimmend ſein konnte wie die Religion. Die entſcheidende Form der Religion aber für dieſe Periode war das Chriſtentum. Alſo muß es unſer Erſtes ſein, darüber Klarheit zu ſuchen, worin überhaupt ſeine Kulturbedeutung wurzelt; wie es geſchah und was ſich daraus ergab, daß ſie mit der vorhin gekennzeichneten Kulturbedeutung des Römertums nicht nur zuſammenſtieß und daher ſich auseinanderſetzen mußte, ſondern innerlich in einer Art zuſammenhing und auf ſie einfloß, die es begreiflich macht, daß durch diese neue, so ganz anders geartete Macht das Eroberreich selbst von innen her erobert und gewissermaßen entsetzt wurde; daß aus dem alten Rom, dem Throne des weltlichen Imperiums, das Rom des Mittelalters, eines dauernd vielleicht machtvolleren geistigen Imperiums über den lebendigsten Teil des Abendlands hervorwuchs.

Denkt man dieser Frage ernstlich nach, so entdeckt man als Erstes, vielleicht nicht ohne Überraschung, daß, so wenig wie das Römertum als weltliche Kulturmacht, ebensowenig das Christentum als geistige Potenz eigentlich dem Inhalt nach wesen- und wurzelhaft Neues gebracht hat. Es hat kaum ein einziges religiöses Grundmotiv aufzuweisen, das nicht im Judentum, oder in griechischer Philosophie, oder in den Tiefen orientalischer Weisheit bereits lebendig gewesen wäre. Welches sind wohl die unverlierbaren Kerngedanken des Christentums, welches die Grundfarben, die in den ungezählten Christentümern wohl vielfältig sich zueinanderordnen, so daß wechselnd bald die eine, bald die andere hervorleuchtet, aber doch zu einem und demselben Grundakkord immer wieder zusammenstreben und allemal da, wo lebendigstes christliches Leben sich entfaltet, am reinsten durchklingen? Es ist doch wohl die schließlich einzige Grundidee der Gotteskindschaft des Menschen, mit der darin eingeschlossenen, der jedem Menschenkind eben als Gotteskind sicheren ewigen Erlösung von Schuld und allem Weltleid, Schicksalsgewalt und Tod. Diese Idee aber scheidet zwar das Christentum scharf von der altindischen Religion, die in ihrem beherrschenden Grundmotiv eigentlich jede Schranke zwischen Gott und Mensch niederlegt, damit aber ein gegenseitiges Verhältnis wie das zwischen Vater und Kind innerlich unmöglich macht, in letzter Folgerichtigkeit das völlige Aufgeben des Selbst vom Menschen verlangt; nicht minder von den als „Heidentum" unklar zusammengefaßten Religionen des Abendlandes, die immerhin darin alle übereinstimmen, daß sie, mögen sie die Gottheit noch so hoch hinaufrücken, noch so fest andererseits im Menschentum verwurzelt bleiben, doch die Menschheit über das bloße Dienstverhältnis zur Gottheit nicht hinauszuheben vermögen, daher eine bis in den Grund des Herzens reichende Erlösung ihr als Ganzem nicht zu bieten vermögen, sondern allenfalls nur Sühnung einzelner Schuld, Loskauf des einzelnen, Gott dienstwilligen und darum wohlgefälligen Menschen von göttlicher Rache; während zugleich für die Götter selbst kein Entrinnen bleibt vor einer letzten düsteren, durch keine höhere,

lichtere bezwingbaren Schicksalsallgewalt. Indessen sahen wir schon, daß
gerade dieser tiefste Zug, in dem die unvergleichlich überlegene Eigenheit
und damit der notwendige Sieg des Christentums begründet ist, doch an
einer Stelle, nämlich im Judentum auf der höchsten Stufe seiner Entwicklung, schon in aller Klarheit ausgeprägt war. Der Stifter der christlichen Religion erhebt denn auch, nach den vorliegenden Urkunden, nirgends
den Anspruch, einen anderen Gott, eine andere Erlösung, ein anderes
Himmelreich oder irgendeinen sonstigen radikal neuen religiösen Gedanken
der Welt zu bringen, als von den Propheten längst gekündet war und von
jedem frommen Juden geglaubt wurde. Dagegen ist das das Neue und
Eigene der Verkündigung Jesu, daß das Himmelreich „nahe herbeigekommen", die Verheißung erfüllt, das Werk der Erlösung in ihm selbst,
aber nicht für ihn, sondern für die Menschheit vollbracht sei. Wodurch?
Durch die stellvertretende Übernahme der Strafe, die der Mensch durch
seine Sünde verwirkt hat? Gewiß, auch dieses Motiv — aus Jesaja 53 —
klingt an, aber es will sicher ursprünglich nicht im Sinne des späteren
kirchlichen Satisfaktionsdogmas verstanden sein. Eher schon so, daß in
Christus der Sohn Gottes von seinem Himmelsthron herabgekommen ist
und den Fluch der Welt auf sich genommen hat, um, nachdem durch dies
großsinnige Opfer der Fluch, den sie selbst, nicht Gott, ihr aufgeladen
hatte, getilgt ist, den Menschen an seiner Bruderhand in die Arme des
liebenden Vaters zurückzuführen. Das möchte so zu verstehen sein, daß
seine, des „Menschensohnes", Gottessohnschaft fortan jedem Menschenkinde
ohne Unterschied die sichere Bezeugung der eigenen Gotteskindschaft bedeute, daß sie die beweisende Tatsache sei, an der es fortan jedem Menschenkinde möglich sei, aus jeder Tiefe der Sünde und des Elends sich empor-
zurichten, die verwischte Spur der unvertilgbaren Gotteskindschaft in sich
wieder auszugraben, zu klären und so der eigenen Erlösung getrost zu
werden. Kindschaft läßt sich ja nicht aufpfropfen oder nachträglich mitteilen, nicht verlieren und zurückbringen, nur das Wissen um sie, das
Selbstzeugnis der innersten Seele, das uns ihrer gewiß macht, war verloren, der göttliche Funke, die mystische Scintilla, schien verglommen;
aber, war sie nicht im letzten, verborgensten Kern der Seele unsterblich
lebendig, so konnte sie auch nicht wiederbelebt und zum hellen Liebes-
brande entfacht werden. Das „Teteleftai": Es ist vollbracht — hier ist
es getan — das ist das Neue, das allein begründet das Übergewicht
des Christentums, seinen Hinausschritt über Judentum und Griechentum

oder sonstiges Heidentum, seine Durchdringung des ganzen unter Roms Herrschaft geeinten „Weltkreises" und der ganzen daraus hervorgewachsenen abendländischen Völkergemeinschaft. Darum durfte sie singen und singt noch: „Welt war verloren — Christ ist geboren — Freue, freue dich, o Christenheit."

Darin nun zeigt sich eine merkwürdige Analogie zwischen Christentum und Römertum: Wie das römische Imperium, so trug das Christentum seine erobernde Kraft nicht in einer mit ihm neu in die Welt gekommenen, an sich zeitlosen Idee, sondern in der erfüllten Wirklichkeit einer Tatsache, gewiß nicht haftend an dem Zeitpunkt, aber doch von ihm aus, zeitlich voraus und zurück, und doch zugleich in die Ewigkeit des Gedankenreiches hinüber seine Strahlen werfend: „Das ewge Licht geht da herein, gibt der Welt ein neuen Schein, es leucht wohl mitten in der Nacht und uns des Lichtes Kinder macht." Es ist der Sieg, den nicht die Gottesidee, den Gott selbst gewann, der nicht einer abstrakten Menschheit, sondern jedem wirklich lebenden Menschen, sofern die Tatsache dieses Sieges in der Tatsache „Jesus der Christ" ihm gewiß wird, in ihr die Gewißheit seines Heils bedeuten wollte. Stößt sich Lessing daran, daß im christlichen Dogma Geschichtswahrheit reine Vernunftwahrheit begründen soll, so hätte ihm zur Antwort gegeben werden müssen: Umgekehrt liegt die Sache; die Geschichtswahrheit, diese reine Tatwahrheit, allerdings nach ihrer Ewigkeitsbedeutung, innerlich anzuerkennen, an ihr, und nicht aus irgendeiner abstrakten Vernunfteinsicht, der eigenen Rettung gewiß zu werden, sei, worauf es ankommt, für dich und für jeden, wie er leibt und lebt, und nicht für das Abstraktum Menschheit. Vernunft mag dann etwa zur nachträglichen Rechenschaft taugen, an sich bedarf die erlebte Tatsache dessen nicht. Denn so gewiß auch Erleben und Erkennen bei aller gründlichen Verschiedenheit nicht ausschließende Gegensätze sind, sondern aufeinander schlechthin untrennbar sich beziehen, so gewiß ist doch das Erleben das letzte, schließlich Umfassende. Es ist eben jenes „Fünklein", das der tiefste der Mystiker mit gutem Grunde nicht im Erkennen noch im Wollen, sondern diesseits auch dieser letzten Zweiheit des erfahrbaren Seelenlebens, in einem letzten Seelengrunde sucht; schon Eckehart, wie dann Luther, nennt es „Gewissen". Gewissen im Unterschied von Wissen (Conscientia gegen Scientia, συνειδέναι gegen εἰδέναι) ist nichts anderes als jener letzte Gewißheitsgrund, der nichts mehr zu tun hat mit allgemeinen oder besonderen oder bloß für den einzelnen Fall

geltenden Wahrheiten, Sätzen, Subjekt-Prädikat-Verbindungen, sondern
in die letzte, die Ursprungseinheit des Selbstbewußtseins zurückgeht, die
nicht „eine" Wahrheit, aber Quell aller Wahrheit ist. Das ist das „Licht,
das im Finstern scheint", das von je in der Welt war, aber bis dahin von
ihr unerkannt geblieben war. Darum dringen alle Theologen, in denen
der Geist des Christentums wirklich lebendig geblieben ist, so einmütig auf
den Geschichtsgrund, auf dem es ruhe. „Geschichte", das bedeutet hier
aber nicht die Feststellung: dann und dann ist das und das geschehen,
sondern es bedeutet den Ewigkeitsgrund eines zeitlich offenbar Gewordenen, durch den allein es in der Mneme des Menschengeschlechtes haften
kann und haften soll.

Es wird nicht unbelehrend sein, diese unsere Deutung der Geschichts-
tatsache des Christentums nachzuprüfen an den Aufstellungen Hegels,
dessen Geschichtsphilosophie, von dem ursprünglichen Theologen ausdrücklich zum Ersatz der älteren „Theodizee" bestimmt, begreiflich in der Deutung des Christentums ihren wahren Mittelpunkt sucht.

Das Griechentum hatte nach Hegel (wie wir wissen) den entscheidenden
Schritt zur Freiheit getan, war sich aber des Zwiespalts, den der Losriß
von der Alleinheit des Göttlichen bedeutete, noch nicht in seiner ganzen
Tiefe bewußt geworden. In dem vollen Aufklaffen des Risses erkennt
Hegel den Grund der Jenseitigkeit (Transzendenz) des Göttlichen, die
daher dem Denken des klassischen Griechentums fernliegt, im jüdischen
Monotheismus dagegen zu schroffem Ausdruck gelangt war. Die eigene
Leistung des Römertums dagegen sieht Hegel in der Herausarbeitung der
abstrakten, formalen Allgemeinheit der rechtlichen Person. Diese aber
bedeutete gerade die völlige Nivellierung der Individualität, durch die
Auflösung des Organismus des Ganzen in die Atome der Privatper-
sonen, die fortan nur als abstrakte, nicht lebendige Individuen der ebenso
abstrakten Allgemeinheit der im Kaisertum konzentrierten Staatsgewalt
gegenüberstehen. Nicht minder werden die Völkerindividualitäten unter
der abstrakten Allgemeinheit des sie alle umschließenden bloßen Rechts-
staats in ihrer konkreten Lebendigkeit erdrückt, als bloße Masse dem Gesamtstaat einverleibt. Rom wird das Pantheon aller Götter und alles
Geistigen, es umspannt in scheinbar weitherziger Duldung die einander
innerlich fremdesten Nationalitäten. Aber diese Götter, all dies Geistige,
alle nationalen Kulturen gehen damit ihrer individuellen Lebendigkeit
verlustig. Geistig spiegelt sich dies Verhältnis in dem ohnmächtigen Be-

wußtsein der hoffnungslosen Unterworfenheit unter ein blindes Fatum.
Die typische Philosophie des Römertums, der Stoizismus, kaum anders
übrigens der Epikureismus und Skeptizismus, alle wissen darum zuletzt
keinen anderen Rat als Abkehr vom Staat, Zurückziehung in sich selbst,
theoretisch bis zur völligen Leere des Zweifels, praktisch zur klaglosen
Gefaßtheit unbewegter Seelenstille, bis hart an den Nullpunkt des Nirwāna.
So zeigt die äußerlich glanzvolle Zeit einer durch Gesetzlichkeit gesicherten,
in Frieden sich behauptenden Staatseinheit innerlich die allertiefste Unbe-
friedigung. Das Individuum, als Rechtsperson äußerlich wohlgeschützt,
fühlt sich innerlich vielmehr entrechtet, ja zernichtet.

Das Elend dieses Widerspruchs aber wurde die Zucht der Welt. Das
heißt, uns stellt es sich jetzt im Rückblick so dar, jene Zeit selbst konnte
es nicht sehen, nicht die feste Einheit im Hintergrund erkennen, wohin
und wozu sie gezogen werden sollte. So blieb der Zustand für die Gezoge-
nen blindes Schicksal, dem sie sich in stumpfem Leiden oder heroischer
Ergebung beugten. Es fehlte die höhere Bestimmung, daß das innere Selbst
zum Schmerz und zur Sehnsucht komme, daß der Mensch nicht bloß
gezogen werden, sondern dies Ziehen sich als Ziehen in sich hinein zeigen
sollte. Es mußte erst der Mensch zu der Empfindung kommen, daß er in
sich selbst das Getrennte und Entzweite sei. Dies nun findet Hegel im
Judentum scharf ausgeprägt, als Durst der Seele nach Gott, tiefen Schmerz
über die Sünde, Verlangen nach Gerechtigkeit und Reinheit. Er erkennt
den mythischen Ausdruck dafür in der Erzählung vom Sündenfall, als
dem Verlust des Befriedigtseins in der ursprünglichen Gottebenbildlich-
keit durch das Essen vom Baum der Erkenntnis. Im Bewußtsein allein,
das wolle der Mythus besagen, liegt das Böse; das Tier ist weder gut
noch böse, ebensowenig der bloß natürliche Mensch. Erst das Bewußtsein
gibt den Begriff der Trennung des Individuums und seiner unendlichen
Freiheit als Willkür, und demgegenüber von dem reinen Inhalt des
Willens als des Guten. Das ist also kein zufälliger Einfall der mythischen
Phantasie, sondern die ewige Geschichte des Geistes drückt sich darin aus.
Nur der Mensch ist Geist, das heißt für sich; dies Fürsichsein aber ist
Trennung von dem allgemeinen, göttlichen Geist; seine Entgegensetzung
gegen das Gute: Sündenfall. Es ist der ewige Mythus des Menschen,
wodurch er eben Mensch wird.

Nun liegt zwar im Sündenfall selbst schon die Verheißung der Versöhnung. Aber für das Bewußtsein des Menschen liegt sie insoweit noch

fern. Aber eben aus der starken Empfindung ihres Nichtvorhandenseins
erwächst die Sehnsucht nach ihr. Aus der Unruhe des unendlichen Schmerzes, in der Hegel den hohen Vorzug des Judentums vor der griechisch-
römischen gewaltsamen Niederzwingung des Schmerzes sieht, geht der
Gedanke der wiederzugewinnenden Einheit des Menschen mit Gott hervor.
Der unendliche Verlust wird gerade durch seine Unendlichkeit ausgeglichen
und wandelt sich in unendlichen Gewinn. So entspringt mit Notwendigkeit
die Idee des Gottmenschen als des Erlösers. Die bloß an sich seiende
Einheit des Göttlichen mit dem Menschlichen aber wäre bloß für das
denkende, spekulative Bewußtsein; sie muß auch erscheinen, und zwar in
der sinnlichen Gestalt des Geistigen, also der menschlichen. So fordert
es die Logik des religiösen Gedankenganges, daß der Christ erschienen
ist, ein Mensch, der Gott, Gott, der Mensch geworden ist. Das ist ganz
etwas anderes als der Anthropomorphismus der griechischen Götter-
vorstellung, etwas anderes auch als der Brahmaglaube des wieder
und wieder in Menschengestalt erscheinenden Gottes oder Gott gewordenen Menschen. Für die christliche Idee ist es vielmehr, diesem
ihrem Ursprung zufolge, wesentlich, daß die Erscheinung Gottes im
Menschen einzig in ihrer Art sei.

Ich übergehe die ganze weitere Hegelsche Deutung des christlichen
Mythus. „Macht exegetisch, kritisch, historisch aus Christus, was ihr wollt;
ebenso, zeigt, wie ihr wollt, daß die Lehren der Kirche auf den Konzilien
durch diese oder jene Intrige oder Leidenschaft der Bischöfe zustande gekommen oder von da oder dorther geflossen ist; alle solche Umstände mögen
beschaffen sein, wie sie wollen: die wahre historische Bedeutung der Verkündigung von Christus wie jeder anderen großen Erscheinung der geistigen
Geschichte der Menschheit liegt darin, wie sie innerlich erlebt wurde, wie
sie lebendig wurde und immer wieder lebendig wird in denen, in welchen
sie wirkliches Leben hat." In Hegels Sprache: Die Beglaubigung der
Göttlichkeit Christi ist das Zeugnis des eigenen Geistes, denn nur der
Geist erkennt den Geist. Mit einer unendlichen Parrhesie (Tröstung, tröstlichen Verheißung) trat Christus auf: Selig sind, die reines Herzens sind,
denn sie werden Gott schauen. Alles Äußere wird dagegen gleichgültig,
darf uns gar nicht trüben. Das führt zu den paradoxen Forderungen, die
geradezu alle äußeren sittlichen Ordnungen zu verwerfen und aufzuheben
scheinen. Das Christentum war die Ankündigung eines ungeheuren
Krieges: Ich bin nicht gekommen, den Frieden zu bringen, sondern das

Schwert, den Menschen zu erregen wider Vater und Mutter. Darin liegt eine kühne Abstraktion von aller Wirklichkeit, bis zu den sittlichen Banden, sofern sie bloß wirkliche sind. Man kann sagen, nirgends sei so revolutionär gesprochen als in den Evangelien; denn alles sonst Geltende ist da als Gleichgültiges, Nichtzuachtendes gesetzt.

So Hegel. Seine Deduktion führt, wie mir scheint, in ihrem haltbaren Kern auf das gleiche Ergebnis wie unsere vorige Erwägung: Das Christentum bedeutet nicht eine neue spekulative Erkenntnis oder bloß einen starken Willensaufruf, sondern es bedeutet den Rückgang in den tiefsten Grund, in jenen über alle sondernde Erkenntnis und gesonderte Willensaufbietung hinausliegenden innersten „Funken" der Seele. Es will Wahrheit sein in einem neuen Sinn: Tat- und Lebenswahrheit. „Ich bin der Weg, die Wahrheit und das Leben", spricht Christus. Siegte Rom durch den Beweis des Willens und der Kraft, aber in einer niederen, der bloß äußeren Machtsphäre, so ging der Sieg des Christentums ohne Vergleich tiefer; er ruhte auf der letzten Innenkraft des menschlichen Gemüts. Daher war seine unwidersprechliche, weitestreichende, in alle Folgezeit sich erstreckende geistgeschichtliche Wirkung die erstmals ganze Erschließung der menschlichen Innerlichkeit. Wohl findet man Vorstufen dazu im Judentum, auch in Sokrates und Platon, der schon vom „inwendigen Menschen des Menschen" spricht, und weiter im Neuplatonismus; aber ganz stark und voll und allgemein tritt es doch erst auf christlichem Boden hervor. So bei dem Begründer der für das abendländische Mittelalter maßgeblich gebliebenen, in vielem bis heute maßgeblichen Auslegung des Christentums, Augustin, in den „Bekenntnissen" nicht nur, die mit einer nichts verbergenden Offenheit die geheimsten Seelenregungen bloßzulegen wagen, sondern in der sicheren Erkenntnis der absoluten Selbstgewißheit, Ursprünglichkeit und Unvergleichlichkeit der Tatsache der Bewußtheit, des „Ich denke" (Cogito). Wir finden diese Innerlichkeit späterhin besonders ergreifend wieder in Dantes Vita nuova, in der ganzen christlichen Mystik, besonders der deutschen von Eckehart bis zur „Theologia deutsch", später in Jakob Böhme, Angelus Silesius und vielen anderen, wahrlich auch in Luther. Zwar sieht die Mystik scheinbar, kaum anders wie der Buddhismus, das Ziel in der völligen Überwindung der Sonderheit des Individuums, seinem Aufgehen in der Ureinheit des Göttlichen, in der „Abgeschiedenheit" der Seele nicht bloß von der Welt, sondern von sich selbst, ja von Gott, sofern er irgend noch von der Seele getrennt „vorgestellt" wird. Wirklich aber wird die Eigenheit der Individualseele doch immer festgehalten. Der Tropfen strebt zum Ozean zurück, gerade weil er selbst zu ihm gehört. Im Versinken gerade bleibt er er selbst und rettet sich selbst, Gott könnte ohne die Seele so wenig sein wie sie ohne ihn, wir sind ihm so not wie er uns; die Liebe, die er zur Seele hat — sagt Eckehart — hat ihn überwunden, daß er alle Kreatur geschaffen hat. Wäre sie ganz ungetrennt in Gott geblieben, so hätte es Gott an einem Gegenstande seiner Liebe gefehlt, also mußte er sie schaffen. Ja in ihr schafft er erst sich selbst aus dem dunklen Urgrund der „Gottheit". Selbst die Sünde, der Losriß von Gott, war notwendig als Voraussetzung der Erlösung: O selge Sünde, die solcher Erlösung wert war! Gerade daß Gott in sich ewige Ruhe ist, macht, daß alle Dinge sich zu ihm hin bewegen, ihre Unruhe gerade sucht die Ruhe in Gott. So behauptet sich in der Mystik, wo sie sich wenigstens nicht dem christlichen Grundbewußtsein ganz entfremdet, doch immer das Eigensein des Menschen, in das sie, selbst in der Absicht seiner Überwindung, sich nur um so tiefer versenkt.

Überhaupt war das Christentum von Anfang an keineswegs weltabgekehrt. Es hielt durchaus fest an der prophetischen Verheißung eines neuen Himmels und einer neuen Erde. Das Wort ward Fleisch, nahm Wohnung unter uns. Und Paulus erwartet die dereinstige Erlösung aller Kreatur. Eine Gemeinschaft der Liebe, der Idee nach unter allen Menschen, wollte das Christentum stiften, eine Sittlichkeit nicht des äußeren Tuns allein, sondern der inneren Gesinnung begründen, die auch durch Fehl und Beleidigung des Andern sich nicht beirren lassen, die zwischen Guten und Bösen so wenig Unterschied machen dürfe wie Gott, der seine Sonne aufgehen läßt über Gute und Böse und regnen läßt über Gerechte und Ungerechte. Allem Volk sollte Heil widerfahren, den Elenden und Bedrückten, ja den Sündern zuerst, während die Reichen, Satten, Gerechten, die materiellen Aussauger und geistigen Irreführer des Volks zu unnachsichtiger Rechenschaft gezogen werden. In dem allen steht die „frohe Botschaft" Jesu ebenso voll auf menschlich-sittlichem Boden wie die der Propheten, besonders des „zweiten Jesaja", auf dem sie sichtlich fußt, und hat sie zur Vertiefung des sittlichen Bewußtseins nicht nur mitgeholfen, sondern sie im Bereiche ihrer Wirksamkeit in der Tat vollbracht.

Die trotzdem nicht fehlenden Züge der Weltflucht verstehen sich aus der übermächtigen Empfindung des Widerspruchs des vorgefundenen sittlichen Zustands eben gegen diese sittliche Grundstimmung. Aber immer

wieder triumphiert die volle Hinwendung zur Welt und Menschheit kraft
der Liebe, die doch immer der Mittelpunkt bleibt und für die Stellung
zum Menschen und zur ganzen Schöpfung bestimmend ist. Die große Erwartung der ältesten Christenheit, die Wiederkunft Christi zur Vollendung
des großen Versöhnungswerkes, wird vorgestellt als Begründung des
Gottesreichs hier auf Erden. Nur in dieser sicheren Erwartung befaßte
man sich gar nicht mit der überlieferten Eigentums- und Herrschaftsord-
nung, die man freilich im Prinzip verneinte; ebensowenig wie mit dem
utopischen Entwurf einer Neuordnung. Man vertraute, der nun erschie-
nene, bald wieder erscheinende Heiland der Menschheit wird ja alles
neu machen, um das Wie? brauchte man nicht zu sorgen. Die Kraft dieser
Zuversicht hing ganz an der Person des Erlösers, die darum eine ganz
andere Bedeutung gewann als die eines bloßen Propheten. Er war
seinen Gläubigen nicht bloß der Künder, sondern der längst Gekündete,
nicht bloß eine neue, seligere Verheißung, sondern die überschwängliche
Erfüllung alles Verheißenen. Er, der Menschensohn, war zugleich der erstgeborene Gottessohn, zu uns, seinen Brüdern, herabgekommen, uns dem
Vater zu versöhnen und unserer Gotteskindschaft gewiß zu machen. Er
vertrat die Menschheit, für sie lebte, litt, starb er, er trug unsere Krankheit,
lud auf sich unsere Schmerzen, die Strafe lag auf ihm, auf daß wir Frieden
hätten. Und so stellte er in seiner Person die Erhöhung der Menschheit
zur Gottheit dar. „Wer liebt, der ist aus Gott geboren, er kennt Gott . . .
Gott ist die Liebe!" Einer Religion, der es möglich ist, Gott geradezu zu
definieren durch die Gemeinschaft der Liebe, wie wir sie nur unter Menschen kennen, läßt sich nicht nachsagen, daß sie dem Menschen im Menschen
nicht gerecht werde, den Menschen von der Menschheit los- und zu einem
alle Menschheit hinter sich lassenden Jenseits emporreißen wolle.

Aber freilich hat diese der Welt zugekehrte Seite des Christentums auch
ihre Gegenseite. Generationen hielten fest an der Überzeugung der nahen
Wiederkunft Christi. Wie aber, als nun Generation um Generation dahin-
ging, ohne daß die große Hoffnung sich erfüllte? Notwendig mußte das
die ganze Gestalt des christlichen Glaubens verwandeln. Gerade die ungeheure Nähe, in der die Erfüllung der großen Verheißung gedacht war,
mußte ihr jetzt zur Klippe werden. Es mußte die so lange unerlöst bleibende
„Welt" nur um so tiefer herabsinken, sie war und wurde immer mehr
in den Augen der Gläubigen unheilig. Wie ganz anders lautete es noch
im Johannesevangelium: Er, der Logos, war in der Welt, sie erkannte

ihn nur nicht; nun aber hat er unter uns Wohnung genommen, wir sahen seine Herrlichkeit ... Der göttliche Geist also war gar nicht der Welt wirklich entfremdet, er wollte gerade jetzt sich ohne Rückhalt in ihr offenbaren; denn: „Also hat Gott die Welt geliebt, daß er seinen eingebornen Sohn gab ...", nicht um die Welt zu richten, sondern sie zu retten. Aber nun kam die erwartete Rettung nicht, die Welt blieb unerrettet und schien nun nur des Gerichts zu warten. Gerade unter der grellen Beleuchtung der stets noch geglaubten und doch nicht eintretenden Vollendung und Verklärung mußte sie tief und tiefer sinken. So gewann jetzt notwendig die Kehrseite der Weltliebe und Welterneuerung, die Abkehr von der Welt, immer mächtigeren Einfluß.

Dazu kam noch ein anderes. Die im Neuplatonismus zu einer letzten Höhe gelangte griechische Spekulation, schon stark durchsetzt mit Motiven aus den vom Osten eingedrungenen Religionen, mußte mit der christlichen, als der tiefsten von allen, in besonders enge Berührung treten, und die Berührung wurde zusehends enger. Es entstand eine christliche Philosophie, mit stoischem Titel Theologie genannt. Sie wurde von der aus losen Gemeindeverbänden allmählich erwachsenen „Kirche" aufgenommen, geheiligt, zum Dogma erhoben. Der ursprüngliche Christenglaube wollte keine Philosophie sein, er kennt kein Dogma im späteren Sinne. Wohl hatte Paulus, von griechischer, philosophischer Bildung berührt, den Gedankengehalt der Verkündigung Jesu auch logisch durchzuarbeiten sich bemüht; aber im Grunde behauptet sich bei ihm noch der ganz schlichte urchristliche Kerngedanke: Glaube macht selig und genügt zur Seligkeit; Glaube, nicht als Sache der Vernunft oder als ein Fürwahrhalten aus Gehorsam, als passive Hinnahme überirdisch offenbarter, darum vertrauenswerter Sätze oder Wahrheiten, sondern als liebendes Trauen, das keinen anderen Grund sucht und bedarf als die erlebte Tatsache: Jesus der Christ, und deren Bewährung im Liebesbunde der Gemeinde. Dieser Glaube wurzelte fest in dem denkbar unmittelbarsten Einssein der Seele mit Gott, das durch Christus eben gewonnen war; er bedurfte an und für sich nicht der Führung einer „Kirche".

Woher also die Wandlung dieses schlichten urchristlichen Glaubens in eine starre Glaubenslehre, eine Dogmatik? Und woher die diese verwaltende, fortan allein Glauben vermittelnde und gewährleistende geistliche Gewalt der Kirche? Die ehrliche und gründliche Forschung der Dogmen- und Kirchengeschichte in der protestantischen Theologie der

letzten hundert Jahre hat darüber hinlängliches Licht verbreitet. Die
kirchliche Dogmatik war das Ergebnis eines Abkommens zwischen der
allmählich ein- und durchgedrungenen überweltlichen, weltfeindlichen
Grundstimmung des verwandelten Christentums mit der weltlichen
Philosophie einerseits, der neuen Weltstellung der siegreichen Kirche
andrerseits, die jene, nun christlich gewordene Philosophie, in erziehender
Absicht, unter ihren Schutz nahm, sanktionierte, zum unverbrüchlichen Gesetz
erhob. Der theoretische Vollender dieses erstaunlichen Werkes mehrerer
Jahrhunderte wurde — Augustinus.

Eine stark reflektierende, antithetische Natur, von zugleich stark erregbarer Gefühlsinnerlichkeit, noch mehr aber erfüllt von dem Bewußtsein
des Willens als der Wurzel und beherrschenden Kraft des seelischen
Lebens überhaupt. Von skeptischer und neuplatonischer Philosophie herkommend, verflüchtigt sich ihm theoretisch die sinnlich-körperliche Welt zur
bloßen Erscheinung. Die Tatsache des Innenlebens allein, des Bewußtseins, trotzt solcher Auflösung, sie bleibt als unantastbare erste Realität
stehen, in ihr aber als stärkst gefühlte, somit realste Gegebenheit der Gegensatz: Gott und Seele, Seele und Gott. Das eigene Herz entdeckt sich als
das Schlimmste, Gott als das höchste Gut, als seine einzige Rettung.
Alles Natürliche dagegen ist Sünde, ihre Wurzel der für den natürlichen
Menschen unüberwindliche, unverleugbare Lebensdrang, das Selbstseinwollen (esse se velle). Daher die Unruhe des Verlangens, das nicht gestillt
wird, bis es zur Ruhe kommt in Gott, dem einzigen Gut, der einzigen
Seligkeit. Zwar unternimmt Augustinus auch, das Dasein Gottes vernunftmäßig, aus Platonischen oder Plotinischen Voraussetzungen zu
erweisen; zuletzt aber liegt ihm der Kern der Religion nicht in spekulativer
Erkenntnis, sondern im Wollen. Der Mensch ist zuletzt nichts andres als
sein Wille. Und so ist auch in Gott zwar dies Dreifache: Sein, Erkenntnis,
Wille, daher Macht, Weisheit, Liebe; aber im Willen, also der Liebe, faßt
sein letztes Wesen sich zusammen. Und so entwickelt sich das Verhältnis
zwischen Gott und Seele in einer Geschichte, in einer inneren, einer
Willensdialektik, im Gegenverhältnis und Streit weitester Entfernung
der Seele von Gott und engster Nähe zu ihm. So wird der Mensch aufs
tiefste gedemütigt, um aufs höchste wieder erhoben zu werden. Die gewaltsamste Erschütterung wird damit der menschlichen Seele zugemutet.
Die im Christentum von da ab immer wiederkehrende tiefe Zwiespältigkeit, die gegen die ursprüngliche Verkündigung des Friedens und der

Verföhnung grell abfticht, aber ihr erft das Relief geben foll, ftammt ganz aus der antithetifchen Natur des Auguftinus oder prägt fich in ihr zuerft in ganzer Schroffheit aus.

In der Spannung diefes Gegenfatzes aber tun nun die tiefften Abgründe der Menfchenfeele fich auf. Schon Auguftinus felbft kann fich gar nicht genugtun in der Herabfetzung des Menfchen, in der Ausmalung feiner Nichtswürdigkeit, er ift ihm Maffa peccati — ganz nur Sünde. An ihm findet daher die mittelalterliche Predigt der Weltverachtung den ftärkften Halt. Das vom Orient gekommene Mönchtum hat diefe dunkelfte Seite des Chriftentums in feine befondere Pflege genommen, während es zugleich doch, befonders im Abendland, auch einen entfchiedenen Zug zum gemeinfchaftlichen Leben in werktätiger Arbeit entwickelt hat. In allem aber bewährt Auguftinus den gleichen, durchgehenden Grundzug eines fchroffen Abfolutismus. Keine bedingte Wahrheit oder bedingte Befriedigung gilt ihm: gerade dadurch übt er einen geiftigen Imperialismus auf fo viele Jahrhunderte. So kommt er, bei von Haus aus lebendigem Intereffe für Kultur, Wiffenfchaft, Sitten- und Staatsordnung, doch immer mehr zu einer geradezu feindfeligen Stellung gegen fie. Darum muß er fo fcharf das Problem empfinden, wie denn der tiefe Verderb der Welt, wie Sünde und Elend der Menfchheit fich mit der Vorausfetzung ihrer Schöpfung durch einen ebenfo allmächtigen wie gütigen und gerechten Gott vereinige. Die tückifchen Labyrinthe der „Theodizee" peinigen ihn; er verfucht fchon fo ziemlich alle nur erdenklichen Auskünfte, deren keine doch recht befriedigt. Aber fein entfchloffener Voluntarismus weift ihn vor allem darauf hin, die Löfung in einer Art Gefchichtskonftruktion zu fuchen, die zuletzt darauf hinauskommt, daß gerade im Umfaffen und Überwinden der tiefften Gegenfätze die tieffte Harmonie erreicht werden foll. Der Gefchichtsgang, einzig unter religiöfem Gefichtspunkt betrachtet, bedeutet ihm — wie Leffing — eine Erziehung des Menfchengefchlechts. In diefem göttlichen Erziehungswerk aber — nach diefer Seite wurde diefe Erwägung für die Folgezeit unermeßlich wichtig — fiel der Kirche eine gewaltige Rolle zu. Sie hat durchaus im Diesfeits und mit allen Mitteln, die es bereitftellt, aber für das Jenfeits zu wirken. Sie muß darum auch irdifche Gewalt für fich in Anfpruch nehmen, um auch jeder fich ihr in den Weg ftellenden weltlichen Macht gewachfen zu fein. Mitunter verrät fich ein geradezu fanatifcher Haß gegen den Staat. Kain hat den Staat gegründet, der Brudermord wurde ihm zum Urfprung. Um so mehr liegt es der Kirche ob, die Aufgabe des idealen, geistlichen Staats auf sich zu nehmen.

Mit diesem allen vollzog sich zuerst in Augustinus der klaffende Riß, der von da, in unerbittlicher Folgerichtigkeit nur immer weiter auseinander klaffend, durch das ganze Mittelalter hindurchgeht — der Mensch, zu einem so ursprünglichen, selbständigen, umwälzend persönlichen Leben emporgehoben wie nie zuvor, soll zugleich die unbedingte Unterwerfung unter das System der Kirche, die der tief verängsteten Seele den einzigen Weg der Rettung weist und eröffnet, sich gefallen lassen. Das erklärt sich doch nicht ganz bloß aus der individuellen Eigenart Augustins, aus dieser „verhängnisvollen Verschmelzung von glühender Leidenschaft mit kalter und eiserner Konsequenz". Sondern dieser innere Widerspruch mußte wohl zutiefst, nicht etwa.in den reinen Grundmotiven des Christusglaubens, aber in den geschichtlichen Bedingungen seiner Entwicklung begründet sein, da er in den Glaubenskämpfen seiner ganzen Folgezeit „zum festen Typus wird". Zuletzt entstammt dieser Widerspruch dem unausgeglichenen Gegensatz des Hinabsteigens in ursprüngliche, jetzt erst erschlossene Tiefen der Seele, bis in ihr feinstes Geäder, und eines Zugs ins Große und Kosmische, welcher Gegensatz in der ursprünglichen Richtung des Christentums und seiner geschichtlichen Stellung tiefe Wurzeln hatte. Eucken, dem ich, neben Harnack, einige Züge dieser Charakteristik Augustins entnehme, meint einen eigentlich schon modernen Zug in seiner glühenden, die ganze Welt bewegenden, alle Tiefen aufwühlenden Subjektivität zu erkennen. Aber eben dies ist nicht modern, sondern ist gerade die Grundstimmung, die aus all jenen Quellen, welche in Augustin zuerst zusammenschießen, durch das ganze Mittelalter sich ergießt und in ihm beinahe allbeherrschend wird.

Von hier aus versteht sich nun, weshalb, was zunächst die Erkenntnis betrifft, die Scholastik die unterscheidende Wissenschaftsform für das Mittelalter wurde. Und zwar nicht bloß auf dem Boden der Christenheit. Die mittelalterliche Wissenschaft zeigt im Mohammedanismus und im Judentum auffallend gleiches Gepräge wie in der christlichen Welt, auch verschmähte keiner darin vom Andern zu lernen. Überall zeigt sich das gleiche Bild: nicht frei schöpferischer, aus sich selbst methodisch sich entwickelnder Erkenntnisfortschritt, sondern immer erneute, oft überragend scharfsinnige, aber rein analytische Durcharbeitung eines streng geschlossenen, in den Grundzügen ein für allemal feststehenden Gedankenbestandes wesentlich religiösen Ursprungs und Gehalts, dem alles, was überhaupt in den Bereich der Erkenntnis tritt, sich einfügen muß. Das Grundgerüst des Aufbaus bietet Aristoteles. Woher das, da doch die Füllung aus so ganz anderen Quellen, aus den kanonischen Urkunden der drei monotheistischen Religionen geschöpft wird? Wie war eine solche Verschmelzung ungleicher, aus weit verschiedenen Quellen stammender Gedankenmassen überhaupt möglich? Sie war möglich, weil schon des Aristoteles weltweite Spekulation auf der einen Seite mit wahrem Tiefblick die gemeinmenschlichen, psychologischen Grundlagen nicht so sehr der Wissenschaft als der im vergleichsweise festen Bereich der gemeinen Lebenserfahrung verharrenden, ganz ihm angepaßten natürlichen Weltvorstellung durchdrungen und darauf in übrigens subtiler, verstandsmäßig gründlicher Durcharbeitung sein System errichtet, auf der anderen Seite damit eben ein System, mindestens mit hohem Scheine geschlossener Einheit in der Tat erreicht hatte. Wie er, der Lehrer Alexanders, in vollem Widerspruch mit den Anschauungen des klassischen Griechentums, seine Staatslehre mit der Forderung der Monarchie krönt, so gipfelt sein metaphysischer Bau, seine „Hierarchie" der Begriffe, wie man es zutreffend genannt hat, in dem Satze des Monotheismus; nicht ohne ausdrücklichen Hinweis auf die monarchische Staatsauffassung: auch im Staate des Universums darf nicht Vielherrschaft walten, muß Einer der Herr sein — εἷς κοίρανος, nach Homer. Hier offenbart sich nicht nur eine innere Verwandtschaft mit dem Geiste der monotheistischen Religionen, sondern ein in der Weltgeschichte des Geistes aufs tiefste begründeter innerer Zusammenhang, der es um so erklärlicher macht, daß, wenn einmal Religion selbst sich als Philosophie aufstellen wollte, einzig diese Philosophie zu solchem Zwecke tauglich erschien. Der gleiche Trieb zum Abschließen, der gleiche innere Zwang des Bedürfnisses, die Wahrheit nicht bloß zu suchen oder sich ihr zu nähern, sondern sie in sicherem Besitz zu haben, war es, was die beiden stärksten geistigen Mächte der vorausgegangenen Epoche: die durch Aristoteles kraftvoll zum System gefügte Philosophie der Griechen und die fest in sich geschlossene Lebensüberzeugung der monotheistischen Religionen, zwingend zueinander trieb und sich fest vereinigen hieß, an welche Einigung, eben weil beide Elemente dennoch nicht eigentlich homogen waren, nun Jahrhunderte hindurch die unsäglichste Gedankenanstrengung gewendet werden mußte.

Für die Fortarbeit echter Wissenschaft freilich bedeutet diese erzwungene

Vereinigung einen fast tausendjährigen Stillstand. Nicht als ob man eigentlich darauf ausgegangen wäre, sie zu unterdrücken, sondern weil so gut wie kein Verlangen danach sich regte. Das war „Welt“, es ging die nur nach Ewigkeit dürstende Seele nicht an. Aristoteles „zweite“ Philosophie, die der Natur, wurde nicht weggeworfen, sondern bedingungslos, sozusagen mit Haut und Haar, übernommen, aber soweit sie nicht (wie etwa die Theorie der himmlischen Sphären) mittelbar der Theologie dienlich schien, als totes Glied nur mitgeschleppt. Die spärlichen neuen Funde mußten sich dem System fügen, fügten sich willig, weil man über die Methode schlicht empirischer Kenntnisnahme und Rubrizierung unter feststehende Begriffsschablonen ebensowenig wie Aristoteles selbst hinauskam, etwas mehr, ein Verständnis aus Gesetzen des Geschehens, weder kannte noch vermißte. Die echten, unverstopfbaren Quellen schaffender Erkenntnis konnten erst in einer wesentlich anders, auf innere Freiheit gestimmten Zeit von originalen Forschern kühn vordringenden Geistes, wie sie seit altgriechischer Zeit nicht mehr erlebt worden waren, aus dem Schutt unendlicher Wortweisheit wieder ausgegraben und gereinigt werden. Von da erst, das heißt im abklingenden Mittelalter und der beginnenden Neuzeit, entstanden die schweren Kämpfe der sich frei ringenden Wissenschaft gegen die kirchliche Gewissensvergewaltigung, die die zugleich mit der Vollendung des politischen Sieges der Kirche durch Thomas von Aquino systematisierte Scholastik nur als ein Instrument mehr zur Behauptung ihrer Weltgewalt gebrauchte. Sie machte sie dazu, denn ausschließlich Kleriker waren es, die die „wissenschaftliche“ Arbeit auf ihre Schultern nahmen und sie, gewiß im besten Glauben, ganz dem Dienste der Kirche widmeten.

Auch die Mystik, so frei sie der kirchlichen Zentralgewalt gegenüberstehen mochte, verblieb dennoch ganz auf dem Boden der Kirche und konnte daher, bis auf einige überkühne Auswüchse, die sofort zurückgeschnitten wurden, von ihr geduldet werden. Auch sie verließ nicht etwa bewußt und entschieden den Gedankenkreis der scholastischen Überlieferung, sie gab nur einzelnen, auch dort wirksamen Motiven einen vertieften Sinn. Sie war auch der ganzen Grundrichtung nach nichts eigentlich Neues, sondern vom urchristlichen Neuplatonismus des angeblichen Areopagiten Dionysios und dessen Übersetzers Johannes Erigena her längst in die christliche wie ebenfalls in die mohammedanische und jüdische Theologie eingedrungen. Auch Thomas hatte sich ihr keineswegs ganz verschlossen.

Als Lehre also stand die Mystik gar nicht außerhalb der Scholastik. Der Unterschied ist weit mehr ein solcher der religiösen Grundstimmung und der Art der Überlieferung als des formulierbaren Inhalts. Einzig Eckehart erreichte eine Vertiefung auch der Lehre, die eine wesentlich neue Wendung zum mindesten vorahnen läßt.

Die Vollendung des scholastischen Lehrgebäudes erfolgte, wie gesagt, im christlichen Abendlande in engsten Zusammenhang mit dem politischen Siege der geistlichen über die weltliche Gewalt; das hieß aber damals: des Papsttums über das Kaisertum. Der nicht bloß geistige, sondern durchaus auch weltliche Herrschaftsanspruch der Kirche stand von Augustinus her fest. Zwar bedingungslos sich durchzusetzen vermochte er nicht, da aller noch so starke geistige Einfluß ihr doch nicht die äußeren Machtmittel in die Hände gab, um über die vielgestaltigen staatlichen Ordnungen schlechthin zu verfügen. Daher zieht sich durch das ganze christliche Mittelalter der Streit der geistlichen mit der weltlichen Gewalt. Er endet mit der Demütigung der letzteren, aber nicht mit ihrer völligen Unterwerfung. So konnte unter dem Schirm der weltlichen Gewalten eine wenigstens nicht ausschließlich geistliche, wenn auch bis zur letzten Faser von geistlichem Einfluß mitbestimmte Kultur sich gestalten, die in Kunst und Dichtung, im höfischen und ritterlichen, dann allmählich auch im städtischen Leben schöne und eigenartige Blüten allenthalben hervortrieb.

Dabei ist nun hier nicht zu verweilen. Aber nicht vorbeigehen dürfen wir an dem einen, alles überragenden großen Gedicht, in dem der innerste Gehalt dieser ganzen wichtigen Phase der Geistesgeschichte des Abendlands einen so vollen, nach den Hauptseiten erschöpfenden Ausdruck gefunden hat, wie vielleicht keine andere. Ich meine natürlich Dantes „Göttliche Komödie“, in der, nach Carlyle, „zehn stumme Jahrhunderte höchst wundersam Sprache gewonnen haben“. Der Grundgehalt dieser hoch gedanklichen Dichtung ist kein anderer als der des von Augustin begründeten, von Thomas gefestigten mittelalterlichen Christentums. Die Gedankenprägung selbst ist ganz die Aristotelisch-scholastische. Ein großer Teil des dritten Gesanges ist Scholastik in Lehrgedichtform. Das Diesseits ist nur Vorschule auf das Jenseits, die geistige Welt vom untersten Höllenkreis aufwärts durch das Fegfeuer bis zur überschwänglichsten Paradiesesseligkeit in sich streng abgeschlossen, bis zur letzten Gliederung mathematisch abgezirkt und ausgemessen wie die architektonischen Stockwerke des dreifachen Weltbaus, durch den das Gedicht uns hindurchleitet. Mögen

antike, mögen Renaiſſancezüge in einzelnem erkennbar ſein, der vorherr-
ſchende Charakter bleibt mittelalterlich. Aber es iſt im rein Dichteriſchen
und im letzten, menſchlichen Grundgehalt eine Verklärung des Mittelalters, die für keine kommende Stufe der Menſchheit wieder verloren
gehen kann, und die auch dem etwas zu ſagen hat, der ſeiner innerſten
Stimmung nach dem Mittelalter widerſtrebt. Das empfindet man am
ſtärkſten, wenn man von der Jugenddichtung Dantes, der „Vita nuova“,
herkommt.

> Im Auge meiner Fraue thront die Minne,
> Vor ihrem Blick muß alles ſich verklären,
> Wen er nur trifft, muß ſie zu ſchaun begehren;
> Doch, wen ſie grüßt, dem ſchwinden faſt die Sinne,
> Betroffen wird all ſeines Fehls er inne,
> Er ſenkt das Aug, mag kaum den Tränen wehren,
> Argwohn und Zorn entfliehn ... O wollt mich lehren,
> Ihr Fraun, wie würdig ich ihr Lob beginne!
> Nur Zartes, nur Demütiges gedenket,
> Wer je vernahm der holden Stimme Laut;
> Drum ſelig iſt, wer ſie zuerſt erſchaut.
> Doch wie's dem iſt, dem ſie ein Lächeln ſchenket,
> Nicht Sprache, nicht Erinnrung mag's erreichen,
> Solch hohes Wunder iſt's, ſo ohnegleichen!

Nichts dem Ähnliches hat das Altertum, hat wohl das ganze ſonſtige
Mittelalter aufzuweiſen. Man muß weit herab, vielleicht bis zum Höchſten
Goethes gehen, um irgend Vergleichbares wiederzufinden. Worin liegt
es? In der Innigkeit — der ſpannungsvollen Innerlichkeit, ſagt Carlyle
— der rückhaltloſen Selbſtausſprache einer heißen, den Menſchen bis
zum letzten Seelengrund ergreifenden, ſomit ganz menſchlichen, doch
hochgeiſtigen und reinen Liebe. Wendet man ſich nun von da zur Göttlichen
Komödie zurück, beſinnt man ſich auf ihren engen Zuſammenhang mit
der Jugenddichtung — ſie gilt ja Beatricen —, ſo wird man inne, daß
die ſo gegenſtändlich ſcheinende Führung durch Hölle und Fegfeuer zum
Paradies letzten Endes eine genau ſo ſubjektive Bekenntnisdichtung iſt
wie die Vita nuova — oder der Fauſt. Dieſe Hölle, dies Fegfeuer, dies
Paradies, ſie ſchöpfen ihr wirklichſtes Leben aus letzten Tiefen der Seele.
Ganz wie die Myſtiker es ausſprechen. Ich denke hier beſonders an das
wunderſame elfte Kapitel der „Theologia deutſch“: „Chriſti Seele mußte
in die Hölle, ehe denn ſie zum Himmel kam. Alſo muß auch des Menſchen
Seele. Wenn ſich der Menſch ſelber wahrhaft erkennt und merkt, wer
und was er iſt“ in ſeiner Sündigkeit, ſo verdammt er ſich ſelbſt in die

Hölle, „so will und mag er auch keinen Trost oder Erlösung begehren, weder von Gott noch von allen Kreaturen … Ihm ist nicht leid seine Verdammnis und Leiden, denn es ist billig und recht und ist nicht wider Gott, sondern es ist der Wille Gottes. Darum so ist es ihm lieb und ist ihm wohl damit … Nun aber läßt Gott den Menschen nicht in dieser Hölle, sondern er nimmt ihn zu sich … Und wenn dann der Mensch nichts anderes achtet, suchet noch begehrt denn das ewige Gut allein … so wird Freude, Wonne, Friede, Ruhe und Trost … des Menschen, und so ist dann der Mensch in dem Himmelreich. Diese Hölle und dies Himmelreich sind zwei gute sichere Wege dem Menschen in dieser Zeit, und wohl ihm, der sie recht und wohl findet, denn diese Hölle vergeht, und das Himmelreich besteht.“ —

Auch in der sonstigen Kunst des Mittelalters muß wohl etwas von diesem Tiefsten und Letzten sich aussprechen. Darüber bedarf es noch einiger Worte. Es ist in letzter Zeit über die Kunstweise des Mittelalters, besonders über den geistigen Charakter der Gotik manches gedacht und geschrieben worden, was noch keine rechte Klarheit gibt. Ganz soll hier die Frage beiseite bleiben, die in anderem Zusammenhang uns noch wird beschäftigen müssen, was von mittelalterlicher Kunst eigentümlich deutsch ist und was nicht. Eine solche Frage darf man an das Mittelalter im genaueren Sinne gar nicht stellen, weil die Vorstellung gesonderter Volksindividualitäten ihm überhaupt fernliegt. Bruchstücke germanischer Völkerschaften hatten infolge der Wanderungen, die das Mittelalter heraufführten, in den meisten Ländern des altrömischen Kulturkreises Fuß gefaßt und sich mit der einheimischen Bevölkerung vermischt. Germanischer Einschlag läßt sich daher leicht überall nachweisen. Umgekehrt ergaben sich mannigfache Rückwirkungen fremder Kultur auf die vergleichsweise rein germanisch verbliebenen Lande. Die Kirche gab für diese alle den Einigungspunkt ab. Der Kirchenbau, die ganze, hauptsächlich in den Klöstern gepflegte bildnerische, dichterische, musikalische Kunst, Ansätze zum Drama, alles geradezu lag in der Hand des Klerus. Nationale Eigenheit macht sich natürlich geltend, liegt aber nirgends an der Oberfläche, sie bestimmt nicht den Kunststil im ganzen, sondern stiehlt sich gleichsam hervor in der Einzelausführung. So ist die romanische Baukunst als ganze nicht romanisch, die gotische nicht gotisch in einem nationalen Sinne. Die erstere scheint eher griechisch, d. h. byzantinisch dem Ursprung nach, nicht ohne gotischen Einschlag; sie ist jedenfalls nicht weniger deutsch als französisch

ober italienisch. Aus ihr ist die Gotik, durch anfangs nur technische Abwandlung, stetig hervorgewachsen; ein schärferer Gegensatz bildet sich erst
nach und nach heraus, besonders — um nur das Auffallendste zu berühren
— im Vorherrschen der Vertikale gegen die Horizontale. Zur beherrschenden Bauform aber wird die Gotik zugleich mit der Vollendung der geistigen Herrschaft der Kirche, durchaus unter ihrer Autorität. Daß sie von
Nordfrankreich, wo sie entstanden war, sich besonders nach Deutschland
und England, weniger nach Südfrankreich und Italien, ausbreitete, also
vorwiegend auf germanischem Boden fortgebildet, in Deutschland wohl
zu ihrer höchsten Höhe und eigentümlichsten Ausprägung emporgeführt
wurde, macht sie nicht zu etwas an sich unterschiedlich Germanischem,
insbesondere Deutschem. Einheimisch deutsch ist streng genommen nur
der vorgotische Holz- und Fachwerkbau, auf dem dann, über die Gotik
weg, die sogenannte deutsche Renaissance sich aufgebaut hat, die mit
Italien ursprünglich nichts zu tun hat, die im nationalen Sinne deutscher
ist als die Gotik, die unter kirchlichem Einfluß, da man sie als heidnisch
empfand, eben durch die Gotik als herrschenden kirchlichen Baustil auch
im Profanbau zurückgedrängt wurde.

Damit streitet indessen nicht, daß innerhalb der Gotik jene Innerlichkeit
und Geistigkeit, die dem Christentum überhaupt innewohnte, der aber
die germanische und namentlich die deutsche Art im höchsten Maße ent-
gegenkam, sich einen besonders starken Ausdruck schuf. Der Katholizismus
als Lehre war eine internationale Schöpfung, deutsche wie italienische,
französische, englische Geistesarbeit waren daran fast gleichmäßig beteiligt.
Als Lebensordnung in der Herrschaftsform der Kirche waltete er übermächtig von Rom aus. Als Erlebnisinhalt wurde er wohl am ernstesten
von den Deutschen erfaßt. Und das mußte wohl auch in der, wenngleich
von außen her durch die Kirche eingeführten und getragenen gotischen
Kunstweise zur Geltung kommen. Nicht, wie Richard Benz meint, als
Überwindung der religiösen Gebundenheit an einen abstrakten „Glauben“
zur Freiheit künstlerischen „Schauens“; so wie, nach desselben Meinung,
die deutsche Mystik das sonst bloß moralisch verstandene christliche Leben
vertieft haben soll zu einer willensfreien Erkenntnis des Wesens, des
Seins des Seelengrundes, einer Schau Gottes, die nichts mehr mit
Willensaktion zu tun habe, sondern rein ästhetisches Erleben geworden
sei. Gerade die ästhetisch gewendete mystische Schau ist nicht einheimisch
deutsch, sondern offenbar griechisch-orientalischer Herkunft. Die Mystik,

deutsche wie andere, arbeitet darin ganz mit überkommenem Gedankengut. Im rein religiösen Sinne aber ist sie gerade nicht ästhetisch, will sich über jeden sinnlichen Ausdruck, über alles schweifende Phantasiespiel ebenso wie über alle Sondererkenntnis und allen Sonderwillen erheben zu einem Überendlichen, das überhaupt nur noch durch Verneinungen ausgedrückt werden kann, in seinem letzten, alle Verneinung wiederum verneinenden Grundwesen keinem menschlichen Begriff, geschweige denn sinnlicher Vorstellung mehr erfaßlich ist. Kunst dagegen ist Aussprache; wo die Aussprache aufhört, hört auch die Kunst auf. Allenfalls darin mag eine gewisse Analogie der gotischen Kunst mit dem dialektischen Aufstieg zu jenem letzten Mysterium der Religion anerkannt werden, daß gerade in dem sich nie genugtuenden Übersteigen jeder erstiegenen Höhe der Zug zu dem nie erreichten Überendlichen, das dem religiösen Gemüt in all seiner Unaussprechlichkeit dennoch gewiß ist, ungewußt und ungewollt sich aussprechen möchte, nach Aussprache ringt und jenes letzte Unsagbare doch dem innersten seelischen Bewußtsein näherzubringen sucht, es von ihm gleichsam fordert. Es mag vielleicht eben dies überschwängliche Streben zum ewig Unerreichbaren die Phantasie beschwingt haben zu einem jenem ähnlich überschwänglichen Sichhinaufsteigern, wie es die gotische Bauweise auf ihrer Höhe ja deutlich unterscheidet von jeder in strenger Geschlossenheit endlicher Formen sich befriedigenden, wie die griechische, römische, zum Teil die romanische, ja auch die gotische in ihren schlichten Anfängen. Was auf solche Weise überwunden wird, ist aber sicherlich nicht die Religion, die „Zurückgebundenheit" der Seele in ihren Urgrund überhaupt, sondern vielleicht die zu enge Bindung, die eben nicht bis zum unendlichen Urgrund zurückreicht, sondern auf endlicher Stufe stehen bleibt. Vielleicht hat es Benz im Grunde so gemeint, ich kann es aber bei ihm nicht klar ausgesprochen finden.

Auch nicht bei Worringer, der in den „Formproblemen der Gotik" auf dieselbe Frage stößt. Er teilt einiges mit Benz, so die ganze schroff ablehnende Haltung gegen Altertum und Renaissance. An der Gotik aber betont er, in auffallendem Gegensatz zu Benz, vor allem die Vorherrschaft der abstrakten, ausdruckslosen geometrischen Linie und Fläche. Das Beiwort „abstrakt" will indessen nur besagen, daß nichts sinnlich Dingliches, auch kein äußerlich greifbares Geschehen sich darin ausdrücke. Ausdrückend aber soll sie, so scheint es, nur um so mehr sein für einen letzten, eben übersinnlichen, metaphysischen Gehalt. Er beschreibt es als leidenschaftlich bewegte lineare Phantastik, lebendig gewordene Geometrie,

zwanglos aus dem Vitalgefühl quellend. Dann wieder heißt es, es stelle
den Gegenpol alles Lebens dar, es sei restlose Überwindung alles Lebens-
ausbrucks, bedingt durch eine absolut dualistische Stellung zur Welt. Es
ist klar, daß in diesen beiden Sätzen „Leben" und „Leben" nicht nur nicht
dasselbe, sondern geradezu Entgegengesetztes bedeutet; das eine Mal das
endliche Dasein des einzelnen Lebewesens, das andere Mal jenes „neue
Leben", das die Religion, besonders die christliche des Mittelalters, dem
Menschen eröffnen will, das von aller endlichen „Vitalität" vielmehr auf
den Ewigkeitsgrund des verborgensten seelischen Innenlebens zurückgehen
will. So mag auch hier zuletzt nichts andres vorschweben, als was Benz
— vielleicht — will und wir anerkennen. Nur ist auch dann zu sagen: Das
ist an sich nicht der Gotik, nicht dem Germanentum, auch nicht dem mittelalterlichen Christentum ausschließlich eigen, es ist dem Orient, dem späteren Griechentum, der Renaissance ebenso wohlvertraut und gewiß auch
in ihrer Kunst irgendwie zum Ausdruck gekommen. Aber es spricht allerdings nicht bloß ungewöhnlich stark, man kann schon sagen: „leidenschaftlich", sondern in einer eigenen, neuen, ausdrucksvollen Sprache in der
Gotik, und zwar vorzugsweise der deutschen, sich aus: in einer unermeßlich
reichen und lebendigen geometrischen Linienführung, Flächen- und Raum-
gestaltung, die durch eine unerhört tief entwickelte Rhythmik sich auszeichnet.
Rhythmik aber, wurde früher schon gesagt, ist alle Form überhaupt, nur
in dem Grade der Stärke und des Reichtums sind weite Unterschiede.

Macht man aber so die Weise der gotischen Kunst sich klar, so erkennt
man sofort ihre nahe Verwandtschaft mit der Dichtung Dantes, nämlich
mit ihrem Geiste, weniger mit ihrer Form, obgleich auch da wohl Analogien sich finden ließen. Dieser Geist aber ist kein andrer als der typisch
mittelalterliche, nur in seiner höchsten Steigerung. Dieser ist nicht als
solcher unterscheidend deutsch oder germanisch, wohl aber in der deutschen,
in der germanischen Welt stärker als anderswo ausgeprägt. Der Deutsche hat
eben auch dies ernst und tief genommen. Dessen werden wir uns zu erinnern
haben, wenn wir nach der besonderen weltgeschichtlichen Aufgabe des
Deutschen fragen. Vorerst aber stehen wir vor der Aufgabe, den Geist der
Neuzeit überhaupt gegenüber dem des Mittelalters zu kennzeichnen; um
dann erst, da eben er seinem ganzen Wesen gemäß sich national differenziert, ihn in seiner vielfältigen Spaltung, und zwar hauptsächlich in drei-
facher Gestalt: als süd- und westeuropäischen, als mitteleuropäischen und
hier vorzugsweise deutschen, endlich als osteuropäischen ins Auge zu fassen.

5. Geist der Neuzeit

Wie für die Ewigkeit fest stand der Bau der mittelalterlichen Weltanschauung. Doch mußte er fallen. Warum?

Man hat keinen Grund, auf das Mittelalter mit Verachtung zu blicken. Es war der ernsteste Versuch, den je die Menschheit unternommen hat, ihr Leben auf Erden ihrer höchsten, göttlichen Bestimmung gemäß einzurichten. Wo wäre ein größerer? Es war Platons Idealstaat, in Tat und Wirklichkeit übersetzt, soweit es möglich war; mit dem von Aristoteles geforderten „einen Herrn" an der Spitze, dem einigen Gott, sichtbar vertreten durch die Einheit des geistlichen und die wenigstens ideelle Einheit auch des weltlichen Regiments mit dem geistlichen. Es war Platons Erdenstaat, zum Augustinischen Gottesstaat erhöht auf dem Grunde der engen Ineinsbeziehung des Göttlichen und Irdischen, die das Christentum vollbracht hatte. Die heutige Menschheit ist darüber hinweggeschritten. War es ein Schritt aufwärts? Ist das, was heute ist, besser, reiner, ich frage nicht, in jeder, nein, nur in irgendwelcher Hinsicht? Gewiß, wir sind weit vorwärts gekommen in Wissenschaft und Technik, vielleicht auch in der Technik der Gesellschaftsordnung. Wir rühmen uns größerer, vor allem gedanklicher, aber auch Schaffens- und Wirkensfreiheit, reicheren, differenzierteren Kunstgefühls. Das alles, und was man sonst noch anführen könnte, sind gewiß mächtige Errungenschaften, nicht mehr aus der Welt wegzudenken. Aber ist damit unser Leben, ich will nicht sagen, froher, glücklicher, befriedigter, aber innerlich größer geworden, reicher an Lebensinhalt, Tiefe des Erkennens, echter, lebendiger Energie des Wirkens, Ehrlichkeit, Reinheit des Kunstschaffens und Kunsterlebens, vor allem an Wahrhaftigkeit und Kraft jenes letzten Innenlebens der Seele, ohne das aller äußere Gewinn zuletzt kein Gewinn wäre: an Religion?

Gewiß, viel Wildes, Verzerrtes, nah an Wahnsinn Grenzendes begegnet in jenen „finsteren" Zeiten, seelenzwingender Aberglaube, Hexen- und Ketzerverbrennungen und sonstige grausame Justiz, ein fast unaufhörliches sinnloses Raufen, Bruder gegen Bruder, Bruderstamm gegen Bruderstamm, Glaube gegen Glauben, ein unberatenes, von ungeheuren Selbsttäuschungen mißleitetes Aufeinanderschlagen der Völker. Ist es heute besser? Es schien so; aber der gegenwärtige Krieg hat es auf einmal

grausam enthüllt, wie wenig wir wirklich darüber hinaus sind. Wenigstens
aber war man damals in aller Blindheit ehrlicher in seinem Tun. Jedem
war es bitter ernst damit. Man geht skrupellos drauf, trotzt Tod und Teufel.
Man sündigt, sündigt stark, aber heuchelt nicht, scheut nicht Gnade zu
bedürfen und Gnade zu nehmen. Die Mystik spricht aus, was erlebt wurde:
der ärgste Sünder brachte noch die Ehrlichkeit auf, sich selbst zur Hölle
zu verdammen, freien Willens dem Fegfeuer sich zu stellen. So konnte
immer noch die himmlische Gnade sich seiner erbarmen. Oder wenn nicht,
so blieb er eben wahrhaft in Teufelsgewalt. Sind wir darum wirklich
innerlich weiter, weil es weder mit Sünde, Hölle und Teufel, noch mit
Reue, Reinigung und Erlösung, mit der Gnade des Himmels, mit Gott
selbst uns noch ein solcher Ernst ist wie dem Menschen des Mittelalters?
Die Gesetze des Menschenherzens sprechen nicht dafür.

Doch wir sollen nicht richten, wir sollen suchen zu verstehen: Warum
mußte es diesen Weg nehmen? Die Antwort kann nicht zweifelhaft sein.
„Uns ist gegeben, auf keiner Stätte zu ruhn." Streit ist der Vater der
Dinge, stets vertiefte Dissonanz die Bedingung der stets sich vertiefenden
Harmonie. Auch Platon wußte das, schon ihm wandelt sich das ruhende
„Sein" ins „Werden zum Sein". Dennoch begrenzt sich ihm die Welt in
die erhabene Ruhe des streng in sich geschlossenen Pythagoreischen Kosmos,
den geschlossenen Kreislauf auch der Geschichte, den starren Bau seines
hoch geistig, ja geistlich regierten Staates, auch mit einer feierlich wandellosen, ägyptisch priesterlichen Kunst. Aristoteles verstärkt den Fehler durch
ein tausendmaschiges Netz für den gemeinen, nach Grenze und Ziel, nach
etwas, woran er sich halten könne, dürstenden Menschenverstand undurch-
reißbarer Schlüsse und Beweise; durch eine Systematisierung der Endlich-
keitsansicht des inneren wie äußeren Kosmos, die sich nur zu tauglich
erwiesen hat zur schulmäßigen Forttradition der inneren Bindung der
Geister auf mehr als zwei Jahrtausende. Und wenn man etwa dächte,
daß dieser Bau hätte gesprengt werden müssen durch eine Religion, die
die Unendlichkeit der Schuld wie der Gnade dem Menschen zum innersten
Bewußtsein brachte, so steht dem entgegen, daß die Erlösung vollbracht,
der Sieg im Grundsatz erkämpft sein sollte. Seine volle Verwirklichung
auf Erden wurde anfangs, und noch oft wieder, unmittelbar bevorstehend
gedacht, dann zwar in weite, doch immer nur endliche zeitliche Ferne
hinausgerückt. Die erzieherische Absicht des Dogmas und der Kirche drängte
gebieterisch zum endlichen Systemabschluß. Und ihm kam das Erlösungs-

verlangen der abgemüdeten Menschheit des sterbenden Altertums ebenso
entgegen wie das naiv sinnliche Bedürfen der jungen Völker des Nordens:
sie wollten ein greifbares Ziel vor Augen sehen, um das man skrupellos
fechten konnte. So meinen wir zu verstehen, woher die wunderbare
Geschlossenheit des mittelalterlichen Weltbaus stammt. Dieser Bau war
in seiner sicheren Begrenzung doch groß und weit genug, um so viele
Jahrhunderte durch gar nicht als einengend empfunden zu werden.

Und doch lag in ihm selbst der Keim verborgen, der, wachsend und
wachsend, die Hülle endlich sprengen mußte. War doch die Unendlichkeit
selbst in ihn mit eingebaut, und das zweimal: in der Unendlichkeit Gottes
und in den unergründlichen Tiefen der Seele. Schon drängte es sich in
der Mystik mächtig und mächtiger zum Bewußtsein, schon schuf es in
den himmelstrebenden Dombauten der Gotik sich einen Ausdruck, der,
wie immer mit sinnlichen Mitteln, doch den Geist über alles Sinnliche
emporriß. Und so kündigt, gerade auf der Mittagshöhe des Mittelalters,
stark und immer stärker ein Drang nach Befreiung sich an, ein Drang,
furchtlos in alle Weiten, über jedes Halt hinaus. Der alte Sphärenbau
des Himmels wird gesprengt. Mit ihm fällt auch der dreistufige Aufbau
des inneren Kosmos, wie ihn soeben Dantes Gedicht mächtig und berückend nachgezeichnet hatte. Der „scharfe Luftzug aus der Unendlichkeit"
(nach Fr. A. Lange) dringt herein. Noch einmal reißt sich die Welt von
„Gottes ewger Brust", es geschieht ganz wie in Goethes, in seiner Naivität doch großem Weltschöpfungslied:

<blockquote>
Und er sprach das Wort: Es werde!
Da erklang ein schmerzlich Ach!
Als das All mit Machtgebärde
In die Wirklichkeiten brach...
Rasch, in wilden, wüsten Träumen
Jedes nach der Weite rang,
Starr, in ungemeßnen Räumen,
Ohne Sehnsucht, ohne Klang...
</blockquote>

So wurde — der „Individualismus" geboren, das nächste, härteste, schroff
scheidende und unterscheidende Kennzeichen der „Moderne".

Eine für eine gewaltige Weltwende wie diese keineswegs weite Zeit-
spanne, nur etwa zwei Jahrhunderte, trennt Dante von den Gipfeln
der Renaissance, dessen Menschen, in erstaunlicher Zahl, uns zum Greifen
nah und lebendig vor Augen stehen, so wie sie selbst in ihren Werken, und
wie spätere Geschichtschreiber und Dichter sie mit fehlloser Sicherheit

gezeichnet haben. Der innere Abstand ist fast unmeßbar groß. Wohl hat auch Dante von grausen, echt mittelalterlichen Untaten zu berichten. Aber ihrer wartet unentrinnbar die nicht minder grause Vergeltung. Man erinnert sich der Zeichnungen des Botticelli zur Göttlichen Komödie. Kein fernster Gedanke, daß zwischen Gut und Böse die Grenze auch nur augenblicksweise unsicher oder gar dieser Unterschied selbst wankend geworden wäre. Die Gewaltmenschen der Renaissance dagegen fragen nicht nach Gut und Böse, nicht nach Himmel und Hölle, sie haben entweder allen Jenseitsglauben abgeworfen, oder wenn nicht, so wagen sie eben für Diesseits und Jenseits alles und wissen sich damit nur um so größer. Sie handeln unbedingt, aus der fraglosen Leidenschaft ihrer Natur, sie wissen, sie können gar nicht anders als dem Gesetz in ihren Gliedern folgen, sich rücksichtslos durchsetzen, Lebensdurst, Genuß-, Besitz-, Ruhm-, Herrschgier befriedigen, gleichviel welche menschlichen oder göttlichen Heiligtümer dabei entweiht und zertreten werden. Zu solch bedingungsloser Selbstdurchsetzung aber bringen sie Kräfte auf, deren mächtige Auswirkung selbst dem Verbrechen noch etwas von Größe leiht. Auch die seltenen edlen und reinen Menschen, ein Lionardo, ein Michelangelo, an Gaben, an tragischer Energie ihrer Selbstentfaltung nur größer, sie alle wissen ihre Größe. Bewußt und vornehm, vor keinem noch so Weltgewaltigen gebückt, schreiten sie einher, Individualitäten, wie sie seit den Gipfeln des Altertums nicht mehr gesehen waren. Ihre ethische Haltung ist ganz die der antiken Virtus; keine Pflicht, kein Gesetz gilt höher als das Gebot der durch die eigene individuelle Natur vorgezeichneten Lebensaufgabe.

So sind noch die Menschen Shakespeares, der darin noch ganz ein Kind der Renaissance ist. Nur einen Tag die Wollust der Gewalt genießen, das ist schon Tod und Hölle wert. Schal und leer ein Leben ohne das! Ein Gloster ist „gewillt, ein Bösewicht zu werden, zu hassen dieser Zeiten schale Lust". Nicht aus sonderlichem Wohlgefallen an sich selbst; er ist auch sich selbst vielmehr ein Spott, ein Ekel. Aber die Erfahrung der seltsamen Gewalt, die über andre zu gewinnen seine Natur ihm Macht gibt, verleitet ihn auch das Gewagteste zu wagen, der furchtbaren Logik, mit der ein Verbrechen zu vielen neuen zwingt, wahllos zu folgen, bis zum bitteren Ende der äußeren Selbstvernichtung seines Tuns und völligen inneren Selbstzerstörung. Sogar aus ihr vermag er noch einmal, zum letzten, schon aussichtslosen Kampf in ungebrochener Größe sich emporzurecken und so eine Hoheit im verdienten Fall zu beweisen, wie keiner der Guten und Rechtlichen im gerechten Sieg. Da braucht's kein Inferno mehr; die so leben, haben ihre Hölle dahin, keine „poetische Gerechtigkeit" kann mehr verlangen. Gewiß, dem Dichter selbst wird der Sinn von Gut und Böse keinen Augenblick wankend. Die nicht minder unerbittliche Logik der Sittlichkeit waltet bei ihm ihres Amts wie nur je. Aber die Menschen des Zeitalters, wie sein Seherauge sie bis zum letzten Seelengrund durchschaut, die sind gänzlich losgelöst von jedem Gesetz über oder in ihnen, sie wollen davon los sein, ohne Sehnsucht zurück.

Es ist tief belehrend, wie der wundersame Mann darin sicherer und sicherer wird, wie er den hergebrachten äußerlichen Moralismus der Erstlingsdramen bald entschlossen hinter sich wirft, den Fluch der bösen Tat immer tiefer ins Innere der Seele verlegt, bis zu der erschütternden Symbolik des Macbeth und seiner Lady. Aber zugleich sinkt tiefer und tiefer in ihm der Glaube, daß Recht und Güte den Sieg behalten könnten in solcher Welt. Wohl stehen neben den fürchterlichen, nur zu groß gezeichneten Gewaltmenschen auch reine, vornehme Charaktere. Aber, mag auch am Ende des Stücks irgendein braver Fortinbras oder Albanien den Riß zur Not verkleben, man fühlt, es langt nicht über den Fünften-Akt-Schluß hinaus. Wer erträgt es noch, wenn die ohne Wanken reinen und edlen Desdemonen und Cordelien den Fürchterlichen, Elenden, einem Edmund, einem Jago schuldlos zum Opfer fallen müssen! Und wenn dann so ein „Hans der Träumer", wie der grübelnde Dänenprinz, selbst durch den unerhörtesten Aufruf vom Jenseits nicht vermocht wird, der Niedertracht an die Gurgel zu greifen, wie es ihr zukommt, weil ihm, der bei den Deutschen in Wittenberg das Denken gelernt hat, Sein oder Nichtsein sogar jetzt noch die Frage ist; wenn erst ihm selbst der heimtückische Mord auflauern muß, ehe er wenigstens zum Entschluß sich freikämpft; wenn er auch dann allein durch einen unvorhergesehenen Zufall, selbst tödlich getroffen, die rächende Tat nur gerade noch vollbringt — muß da nicht das furchtbare Gefühl den Sieg behaupten: Wie ekel, schal und flach und unersprießlich das ganze Treiben dieser Welt — ein wüster Garten, der auf in Samen schießt, verworfnes Unkraut erfüllt ihn ganz! Die Zeit ist aus den Fugen — und nicht nur er, der eigentlich Berufene, auch kein ahnungsloser Fortinbras wird sie wieder einrenken.

So wird die unerbittlich wahr gesehene Tragödie des neuen Weltalters seinem Tragiker selbst zur Tragödie. Unableugbar ist der harte

Pessimismus gerade der letzten, ernsthaftesten, wirklich großen Stücke Shakespeares. Unbegreiflich, wie Carlyle, der sonst über Shakespeare wie über Dante tief und wahr urteilt, in der Schärfe der Lebensdurchschau zwar beide einander gleichstellt, aber Shakespeare aus dem Grunde die Palme reicht, weil Dante Kampf ohne Sieg zeige, während Shakespeare „rechtschaffen kämpfte und siegte". Ich kann nicht umhin, es genau umgekehrt zu sehen. Für Dante ist der Sieg für alle Ewigkeit erstritten. Gerade das vermissen wir, als Moderne, bei ihm, daß darum erst zu kämpfen wäre. Shakespeare dagegen, gerade auf seiner Höhe, verzweifelt am Sieg. Daß er trotzdem kämpft, das ist seine Größe. Was soll denn den Sieg in ihm beweisen? Das befreiende Lachen, dies treuherzige Lachen, ein Lachen „wie Sonnenschein auf Meeresfläche". Gewiß, dies Shakespearesche Lachen ist groß und sieghaft. Aber es hält nur vor, solange er jung ist. Man lese Shakespeares Stücke nach der Zeitfolge der Entstehung, so wird man bald innewerden, daß auch dies befreiende Lachen vor den Tiefen der Tragik, denen dieser Schreckliche ins Auge sah, versagt hat. Das Lachen klingt immer heiserer, gequälter, die Narren werden erschütternd ernsthaft, Weisheit selbst setzt die Narrenkappe auf, nur damit ihre todernsten Sprüche desto schneidender höhnen können. Da ist nichts mehr von Sonne. Und was muß zu allerletzt, in der Zeit fühlbar sinkender dichterischer Kraft, über das Elend des Daseins wegtäuschen? Die Flucht in die Romanze. Mit Montaigne, leider dem einzigen Philosophen, von dem er berührt ist, der auch seinen Pessimismus nur nähren konnte, rettet er sich aus der hellen Verzweiflung an dem, was ist, in die Sentimentalität eines friedvollen Wald- und Schäferlebens fern dem Sumpf der Höfe und dem ganzen eklen Stadttreiben; oder (im „Sturm") auf irgendeine Insel Utopia, nicht die des Morus, der den Schäden der Zeit tapfer zu Leibe geht und Klarheit darüber sucht, wie sie von der Wurzel aus zu heilen wären, sondern, recht als ein „Hans der Träumer", in die Utopie des leeren, ohnmächtigen Wunschtraumes, wie es wäre, wenn alles wäre, wie es leider nicht ist! Das setzt Shakespeares Größe nicht herab, sie ist darum nicht geringer, weil es die tragische Größe des Besiegten, nicht die des glorreichen Siegers ist, nicht des „Gottes, der, des Irdischen entkleidet, ... aufwärts fließt", dem „des Erdenlebens schweres Traumbild sinkt und sinkt und sinkt". Shakespeare ist größer als Dante, gerade weil er, ohne Sieg und ohne Hoffnung des Siegs, dennoch kämpft, wo Dante, in der ganz mittelalterlichen Unberührtheit des Glaubens,

gar nicht zu kämpfen braucht, denn er glaubt den Sieg in Händen zu
halten. Eben das ist die wahre, die tragische Größe des Weltalters, dessen
Dichter Shakespeare ist. Es ragt um ebensoviel hinaus über das Weltalter Dantes, nicht als das siegende über das noch ringende, sondern
gerade weil es erst die ganze, furchtbarste Wucht des Kampfes auf sich
zu nehmen die Kraft und den Mut bewies.

Darum ist Carlyles „Heroendienst" dem Briten gegenüber wahrlich am
Platz; ziehe man auch vor, für den griechischen „Heros" den lateinischen
„Genius" zu setzen. Shakespeare bleibt auch darum nicht weniger der
Heros der neuen Zeit, weil er von seinem Herosberuf, dem des Mittlers
zwischen Göttlichem und Menschlichem, des Trägers der Mneme der
Menschheit (nach Platon), durchaus kein Bewußtsein hat. Denn auch
das muß bestritten werden, daß geschichtliches Bewußtsein in ihm lebendig
gewesen sei. Die Bestreitung ist notwendig, weil sich aus ihr die Erklärung und die Heilung seines harten Pessimismus ergeben wird. Goethe
hat, wie man weiß, den Begriff des historischen Dramas rund geleugnet:
„Für den Dichter gibt es keine historischen Personen, es beliebt ihm, eine
sittliche Welt darzustellen, und er erweist zu diesem Zwecke gewissen
Personen aus der Geschichte die Ehre, seinen Geschöpfen ihren Namen
beizulegen." Zwar mit Goethe-Zitaten läßt sich alles, also nichts beweisen,
aber diesmal trifft er's, jedenfalls soweit es sich um Shakespeare handelt.
Shakespeares Drama ist befremdend unhistorisch. Die Königsdramen, aus
der Chronik des Holished, die Römerdramen, aus Plutarch geschöpft, sind
kein Gegenbeweis. Shakespeare nimmt die Stoffe wie Rembrandt, wie
sie sich gerade bieten und wie sie seinem Parkett naheliegen. Und wenn
dabei etwas von eigener Wärme für sein Vaterland oder für Römer-
und Republikanertugend zum Vorschein kommt, so macht das nicht seine
Dramen zu historischen. Wie Rembrandt nicht Christentum, Judentum
oder Römertum darstellen will, je nachdem er seinen Stoff aus dem
Neuen oder Alten Testament oder aus Ovid nimmt, sondern zeitlos Menschliches, in der Gestalt, in der es ihm gerade entgegentritt; vielmehr nur
Gegenwärtiges; nicht: so war die mythische Phantasie der Alten, so
waren, so sahen sich die biblischen Menschen, sondern so sehe ich sie, ein
Niederländer des 17. Jahrhunderts, ganz wie wenn sie heute hier in
Amsterdam mir begegnet wären — genau so Shakespeare. Nicht: so vollzog
sich der Kampf der weißen und roten Rose, so war und das bedeutete
Coriolan, Cäsar, Mark Anton, sondern so sehe ich sie, ein Engländer in

Elisabeths und Jakobs Zeit, ganz wie wenn ich sie heute hier in London erlebt hätte. Alles, Schicksale, Charaktere, Umwelt, sind nicht die vergangener Zeiten und ferner Zonen, sondern ganz, als hätte der Himmel Englands ihnen geleuchtet oder gedunkelt. Man braucht nur die Namen zu tauschen, so sind es alles Briten, und zwar dieser bestimmten Zeit und Umgebung. Gerade das fiel Goethe auf. Und die Beweise liegen klar zutage. Shakespeare behandelt Johann II. und berührt mit keiner Silbe das einzige historisch bedeutsame Ereignis seiner Regierung, den Erlaß der Magna Charta. Die letzten paar Generationen hatten den ungeheuersten Weltumschwung gebracht: die großen Erfindungen und Entdeckungen, die Erdumdrehung, den Seeweg nach Ost- und Westindien und das Größte, die Reformation, die Kämpfe der Hugenotten, und was darin alles eingeschlossen liegt. Unter den Augen des Dichters bereitete der Puritanismus sich vor, der für Englands und des Erdkreises Schicksal entscheidend werden sollte. Auf das alles findet sich nicht der leiseste Hinweis bei Shakespeare. Spricht es nicht Bände, daß man darüber hat streiten können, ob Shakespeare nicht etwa Katholik gewesen sei? Und wie steht es mit Bacon, der zur selben Zeit, in derselben Stadt, zum Teil in denselben gesellschaftlichen Kreisen, derselben literarischen und politischen Umwelt lebt? Von seinem allbeherrschenden Gedanken, dem des Regnum hominis, der Eroberung der Natur für den Menschen, einschließend die gesellschaftlichen Ordnungen, auf Grund ihrer methodischen experimentellen Erforschung — von dem allen keine fernste Andeutung. Shakespeares kosmographischer, geographischer, soziologischer, technischer, religiöser, metaphysischer Horizont ist noch fast ganz der des Mittelalters. Toller Aberglaube, aller Spuk „zwischen Himmel und Erde", im einzelnen ironisch behandelt, bleibt doch als Ganzes Gegenstand heiliger Scheu. Die erste Voraussetzung geschichtlichen Verständnisses, der Staatsbegriff, liegt ihm völlig fern. Ein Nebeneinander verantwortungslos Befehlender und stimmlos Gehorchender ist kein Staat. Shakespeare kennt nicht Bürgertum, nur eine verächtliche Plebs, die in den Machtkämpfen der Großen sich gebrauchen, nach Bedarf aufwiegeln und wieder beschwichtigen läßt; höchstens, daß hin und wieder — auch wie bei Montaigne — ein mitleidigfreundlicher Seitenblick auf sie fällt; keine Forderung, daß es anders sein sollte, kein Gedanke, daß es anders sein könnte.

Trotzdem ist er ein Seher, aber er schaut Menschen, wie sie sind, nicht Menschheit, wie sie ward und werden wollte. Er zeigt uns, erschütternd

wahr, den einzelnen Durchschnitt durch die Geschichte, aber es fehlt der
historische Sinn, diesen Durchschnitt auf das Ganze ihres Werdegangs
zu beziehen. So aber konnte, so mußte er an der Menschheit verzweifeln,
denn dieser Durchschnitt enthüllte ihm die Tiefe der Gefahr, aber nicht
die mögliche Rettung; wohl daß die Zeit aus den Fugen, aber nicht, wie
sie wiedereinzurenken sei. Nicht im Dargestellten, einzig in ihm, dem
Schauenden, in dem Augpunkt, aus dem er schaut und schauen läßt, liegt
die Ewigkeitsbeziehung; sonst wäre er nicht ein Dichter, d. h. Offenbarer
des Geistes der Menschheit. So aber liegt die Ewigkeitsbeziehung wahrlich in der düstersten Tragik wie in der sonnigsten Komik, in den Teufeln
in Menschengestalt wie in den seltenen grundgütigen und reinen Charakteren. Zwei Stücke wie Richard III. und Romeo und Julia stammen aus
derselben Zeit; haben sie irgend etwas gemein? Ja: die Unbedingtheit,
dort der Teufelei, hier der engelreinen Liebe, die fraglos sich dem Tode
weiht und selig ist; einer Liebe „so tief wie das Meer. Je mehr ich gebe,
je mehr auch hab ich, beides ist unendlich.“ Selten trifft man bei Shakespeare auf dies anspruchsvolle Wort, aber Unendlichkeit ist in seinem Blick.
Die gewaltige Rhythmik seiner Handlung, die zwingende Symbolik, die
wie Meereswogen hinbrausende Sprache, was in ihm wäre nicht unendlich,
überall, wo er eben er, Shakespeare, ist und nicht dem Zeitgeschmack oder
dem schwer bezähmten Temperament seiner Einfälle allzuviel nachgibt.

Oder wäre Shakespeare am Ende gar kein Moderner, sondern ein
Wiedererstandener aus dem Mittelalter, dem das tragische Schicksal zuteil
wurde, mit Augen des Mittelalters die moderne Welt zu sehen — die
das Mittelalter umgebracht hatte? Aber das ist eine einseitige Ansicht
der Moderne, die in ihr nur das sieht, was sich dem nächsten oberfläch-
lichen Blick freilich am stärksten aufdrängt: die losgelöste Individualität,
den Anspruch des Endlichen, Einzelnen, das allein Maßgebliche zu sein,
das All-Eine, Unendliche vom Thron gestoßen zu haben. Der Durchgang
durch das „schmerzliche Ach“ der Trennung, der unendlichen Einsamkeit
der von ihrem Urquell losgerissenen Seele, ist dem modernen Geiste
wesentlich; aber eben als Durchgang muß er, bis zu Ende verfolgt, zur
Wiederaufhebung der Trennung führen; die vertiefte, immer weiter sich
vertiefende Dissonanz muß in vertiefter, immer weiter sich vertiefender
Harmonie sich lösen. Diese zwei Seelen wohnen in der Brust des modernen
Menschen, und noch will die eine sich von der andern trennen, die eine, die
in derber Liebeslust an die Welt sich hält mit klammernden Organen —

diese ist es, deren heißer Atem aus den Menschen der Renaissance, aus den Menschen Shakespeares uns anweht — die andre, die unendliche: die verbleibt ihm, dem Schauenden, und dem, der seine Gestalten so wie er von innen zu schauen vermag.

Um aber sogleich auch die Kehrseite des Bildes uns lebendig werden zu lassen, eignet sich wohl nichts so, wie der Hinweis auf den zweiten, Shakespeare ganz ebenbürtigen künstlerischen Gestalter der Frühmoderne: Rembrandt. Wie ihn Carl Neumann gezeichnet hat, das ist für mich, was die Wahrheit der Zeichnung betrifft, schlechthin überzeugend. Nur in Einem, was aber eben hier uns angeht, kann ich ihm nicht beistimmen. Indem er die tiefe Übereinstimmung zwischen Shakespeare und Rembrandt nicht verkennt, sieht er in beiden — „wirksames Nachleben des Mittelalters". Dies befremdende Urteil begreift sich nur daraus, daß Neumann als unterscheidenden Charakter der Renaissance und also der Neuzeit versteht: Paganismus, Machiavellismus, Aristokratismus und individualistischen Anarchismus, liberale Weltanschauung, Virtuosentum der Kunst, der Politik, des Genusses und der Ausbeutung, sogenannte Vornehmheit, Kult und Überschätzung der Form, der Sinnenschönheit usw. Die Folge ist, ganz wie es früher bei v. Allesch sich ergab, daß man die wirklich Großen der Renaissance aus ihrer Zeit streichen muß: Gestalten wie Lionardo oder Albrecht Dürer sind „Ausnahmen". Man sollte dann auch sagen: ebenso Luther und Bach nicht nur (für die es vielleicht noch einen gewissen Schein hätte), sondern Goethe, Kant, Beethoven, mit einem Wort alle Großen der letzten vier Jahrhunderte. Bei Shakespeare sollen wir „mit der mittelalterlichen Roheit und Kampflust zugleich die christliche Spiritualisierung der Liebe, die Ätherzartheit des Weiblichen, die in der Schule des Christentums erwachte Skrupulosität des Gewissens, in aller Erfindung und Gestaltung aber die romantische Phantasie des Mittelalters" erkennen. Ich frage, welches dieser Merkmale träfe etwa auf Goethes Faust nicht zu? Allenfalls für die mittelalterliche Roheit und Kampflust wäre Götz von Berlichingen hinzuzunehmen, dann ist der Beweis geschlossen: Goethe gehört ins Mittelalter. Es ist die goldene Freiheit der Definition, die zu solchen Ergebnissen führt. Definiert man: seelisch, innerlich, tief = Mittelalter, das Gegenteil = Antike, Renaissance, Neuzeit, so zerfällt eben alles: Urzeit, Altertum, Mittelalter, Neuzeit in diese zwei Rubriken. Aischylos und Platon sind dann ebenso „wirksames Vorleben" des Mittelalters wie Shakespeare und Rembrandt „wirksames

Nachleben". Damit verwischt man aber gerade die echten Unterscheidungsmerkmale der Zeitalter. Diese können nicht so gewonnen werden, daß
man alles, was, ob auch durch Jahrtausende getrennt, irgendwie vergleichbare Züge aufweist, zusammentut, sondern nur so, daß man untersucht,
was jene Größten, in denen Weltalter sich als in ihren höchsten Gipfeln
zusammenfassen, bei gleicher oder doch vergleichbarer seelischer Innerlichkeit (die eben ihre Größe ausmacht) gleichwohl, und zwar wesentlich
Unterscheidendes zeigen. Es hat tiefe und flache, innerliche und äußerliche,
seelenstarke und matte Geister zu allen Zeiten gegeben, darin ist die eine
wie die andre Art zu allen Zeiten sich gleich, also kann eben darin der
Unterschied der Zeiten nicht liegen. Nicht: Dante war innerlicher als
Shakespeare oder Rembrandt, darum ist er ein mittelalterlicher Mensch,
die beiden andern moderne, sondern bei vielleicht gleicher Innerlichkeit
(wer wollte sie messen?) muß die Struktur ihrer Seele verschieden sein,
wenn man sie mit Grund verschiedenen Weltaltern des Geistes zurechnen
soll. Solche Wesensunterschiede gilt es zu erkennen. Ob sie im einzelnen
richtig bestimmt sind, mag dem Streit unterliegen; aber daß die Aufgabe
nur so gestellt werden kann, darüber sollte kein Streit möglich sein.

Ich glaube aber den Satz aufrechthalten zu können: Mittelalter bedeutet
Geschlossenheit der Weltanschauung, Moderne unbegrenzte Offenheit.
Nach diesem Kriterium sind Shakespeare und Rembrandt, so viel Mittelalter unter ihren Augen und in ihnen selbst noch fortleben mag, im Wesen
modern, über das Mittelalter ein für allemal hinaus. Rembrandts Wurzeln, sagt Neumann, greifen ins Volksleben. Aus den dunkelnden Gewölben in Dämmerung webender mittelalterlicher Dome holt er seine
Magie und seine Mysterien herab, Wunder und supranaturale Wahrheit
erschaut er in den Dingen der Wirklichkeit. Pose und schöne Linie gelten
nichts bei ihm, überhaupt nicht das Ansehen der Person. Denn er sieht
Dingen und Menschen ins Herz und lernt nichts schön finden als ihre
Seele, ja er entdeckt in sich die evangelische Vorliebe für die Letzten, die
die Ersten sein werden, für die Armen, Bresthaften und Häßlichen, und
öffnet ihnen sein mitleidiges Fühlen. „Dies ist die Seele des Mittelalters";
die aber, heißt es dann weiter, in Rembrandt erwachend, sich von Organen
bedient findet, welche modern, scharf unerbittlich in das Irdisch-Wirkliche
verliebt sind; und diese Seele gibt dem Blick neben seiner Schärfe die
Tiefe, daß er das Weite und Breite durchdringt und die Abgründe und
Unermeßlichkeiten des Daseins blitzartig erleuchtet und ergründet. —

Man kann auch hier den Tatbestand ganz ohne Abstrich und Zusatz als richtig gezeichnet anerkennen und sich doch ablehnend stellen gegen die auch hier zugrunde gelegte Gleichung von Seele, Tiefe, Unendlichkeit mit Mittelalter, Seelenlosigkeit, Oberflächlichkeit, Stehenbleiben im Endlichen mit Antike, Renaissance, Neuzeit. Die Tiefen der Unendlichkeit sind ewig dieselben, ob es nun Gautama ist oder Jesus, der da hineintaucht, Platon oder Kant, Aischylos oder Dante oder Shakespeare oder Goethe, Rembrandt oder irgendein namenloser Erfinder eines gotischen Domfensterbildes. Aber die Art, diese Tiefen zu sehen und aus ihnen heraus zu gestalten, ist, worauf es ankommt, diese aber ist wesensverschieden. Neumann erkennt den Unterschied an, was die dienenden Organe betrifft. Es sind aber nicht die Organe allein, es ist die Sehweise, die neu ist. Man darf nicht als trennbare Merkmale nebeneinanderstellen: Schärfe und Tiefe des Blicks. Die in durchdringender, unerbittlicher, wie Neumann vortrefflich sagt, in das Irdisch-Wirkliche verliebter Schärfe gesehene Tiefe wird eine andre als die ohne diese Schärfe gesehene; die erstere aber ist modern, die letztere ist es nicht. So prüfe man, ob Dante oder die Straßburger Münsterfenster moderner, ob Shakespeares und Rembrandts Sehweise mittelalterlicher Art ist, so wird man, glaube ich, nicht schwanken können. Vielleicht denkt man, das sei nur ein Gradunterschied; die Organe hätten sich nur mit der Zeit verfeinert. Aber der Geist ist es, der die Organe sich schafft, wie er sie braucht. Er schärft das Messer, weil es härtere Dinge zu durchschneiden gilt, er schleift die Gläser, weil es Feineres zu sehen gibt. Die „Verliebtheit“, der Eros, ist das Erste. Platon aber hat uns diesen Eros verstehen gelehrt als Methode, treues, an keinem Punkte je sich genugtuendes „Nachgehen“. Aristoteles redet von Organon, Bacon von einem Neuen Organon. Das ist aber noch Aristotelisch, nicht Platonisch gedacht. Wir sprechen mit Galilei, Descartes, Leibniz, Kant von Methode. Darunter verstehen wir nicht das bloße Werkzeug, sondern das innerste Bewußtsein des Wirkens, des Werkschaffens selbst, das von sich aus dessen Richtung bestimmt, die dienenden Organe aber, das Werkzeug, sich eben danach erst gestaltet.

Gerade Neumann aber hat wundervoll gezeigt, wie das auf Rembrandt zutrifft; wie er vom ersten bis zum letzten seiner Werke fast mit nichts anderem beschäftigt ist als, die Methoden des schärfsten Sehens und Darstellens immer reicher und feiner auszuarbeiten, in unbegrenzter Abwandlung allen nur für ihn erreichbaren Mitteln seiner Kunst das Äußerste

ihrer Leistungsfähigkeit abzutrotzen, ungefähr wie Bach die Fuge oder
die überkommenen Tanzformen durcharbeitet und vertieft bis zum Letzten, was sie nur hergeben wollen, als dürfe er keinem Nachfolgenden
darin noch irgend etwas zu tun übrig lassen; so Haydn, Mozart, Beethoven
die Sonatenform usw. Und ist es mit Shakespeare anders? Nicht alle
Problemgebiete sind ihm erschlossen, da bliebe noch für mehr als einen
Shakespeare Raum; aber die Aufgaben, die überhaupt in seinen Gesichtskreis eintraten, hat er so erschöpfend durchgepflügt, daß für Spätere
höchstens eine karge Nachlese blieb. Solche bewußt methodische Weise des
Schaffens kennt das Mittelalter nicht. Dantes Komposition erschöpft ihr
Thema, aber sie beruht auf starrer Einteilung, Klassifikation nach Gattungen und Arten, die unbeweglich „im Sein dastehen"; von einer methodischen Abwandlung, einer Genesis spürt man nichts. Es ist ein Unterschied
wie zwischen den Ptolemäischen Sphären und den Gesetzen Newtons;
wie zwischen dem „System" Linné's und (hätte man sie nur) den Gesetzen
der Entstehung der Arten durch stetige Abwandlung. So ist die Schlußweise der Scholastiker im Einzelnen oft von so durchdringender Schärfe
wie nicht immer die der Neueren, aber sie kennt nur die starre Schematik
des Allgemeinen und Besonderen, die „Hierarchie" der Begriffe, wie
man es richtig genannt hat. Begriffe sind Dinge, wirkliche oder intendierte,
oder nur Namen, so wie so aber starr, wo nicht im „Sein", doch in der
Intention oder der Benennung dastehend, unbeweglich, wandellos. Der
ursprüngliche Sinn der Erzeugung ist dem Genos abhanden gekommen.
Gilt es doch das „System" zu bereiten, dessen erste Tugend Schlüssigkeit
ist. In der Gotik am ehesten will schon etwas von Methode sich durchringen, die Linie wird flüssig, das Emporstreben dominierend. Dennoch strebt alles — zum Abschluß, nicht ins abschlußlos Unendliche. Wo
bliebe sonst der mystische Dämmer der dunkelnden Gewölbe? Nach Befreiung streben die Strebepfeiler der Gotik nicht, sondern, trotz der geahnten Unendlichkeit, in ihr selbst dennoch zum Schluß. Der Umschluß
der entgegenkommenden Arme der Gottheit soll nur, je unbändiger die
bange Seele über ihr armes Selbst hinausdrängt, um so fester sie halten.
Deshalb treibt es den Modernen, so willig er für Augenblicke in das
dämmernde Weben sich versenkt, doch bald wieder hinaus: Frei, nur frei!
Sonne, nur Sonne! „O daß kein Flügel mich vom Boden hebt, ihr nach
und immer nach zu streben! ... Ich eile fort, ihr ewges Licht zu trinken,
vor mir den Tag und hinter mir die Nacht." Das ist moderne Stimmung.

Daß aber das auch in Rembrandt ist, hat gerade Neumann uns erkennen gelehrt. Überzeugend zeigt er, wie bei ihm nicht nur die statuarische
Ruhe der Gestalten sich in flüssige Bewegung löst, sondern alle abgrenzende
Form als immer wieder zu Überwindendes, eigentlich Irreales behandelt wird; so wie die moderne Mathematik in nicht bloß graduellem,
sondern spezifischem Unterschied gegen die alte das Irrationale dem
Rationalen überordnet, letzteres grundsätzlich bloß als vorläufigen, immer
wieder zu überschreitenden Haltpunkt ansieht, um das Irrationale nicht
als fiktive, wiederum starre Endstation, sondern gerade im ewigen Fortgang vom Endlichen zum Endlichen nur echteren, wahreren, weil lebendig
schöpferischen, nicht fertigen, d. i. toten Denkgehalt zu erfassen. So wird
in Rembrandts Malweise alles Einzelne, Abgegrenzte, Dinghafte, alle
Individualisierung, insofern sie Trennung bedeutet, als Schein entlarvt,
„wie ein Licht, das aufblitzt und im Dunkel erlischt"; notwendig gerade,
um das Dunkel, das heißt aber, das Reale, Überendliche, selbst gewissermaßen sichtbar zu machen. Es ist Abwendung von dem „Surrogat einer
Wirklichkeit, die nur (abgetrennte) Individuen kennt", Lösung der Bande
der Zellenhaft. Das Licht haftet nicht mehr an den Körpern, so daß es
mit ihnen zerginge, sondern schafft sie erst und nimmt sie wieder in sich
zurück. Fiat lux — es werde Licht! Das Licht ist der Logos, der im Anfang,
in dem das Leben war; das Leben war das Licht. Das Halbdunkel wird
„Prozeß der Fleischwerdung" des Logos. Das ist (nach Neumann) das
Problem, der Sinn und Geist der ganzen Malweise Rembrandts. Das
Nichtsinnliche, Wirklichwirkliche (fort und fort arbeitet Neumann mit der
Terminologie der Platonischen Ideenlehre) wird nicht mehr in tausend
und abertausend Egoismen parzelliert, sondern ist ein Allverpflichtetes.
Das heißt: Rembrandts Kunst sucht die Seele; nicht indem sie über
ihre Grenzen hinaus etwa in den Befugnisbereich der Musik hinüber-
greift, sondern als das gemeinsame Ziel aller Künste, in legitimer Erweiterung ihres eigenen Machtbereichs. So wird Schönheit unwahre
Traumwelt. Auch das Häßliche wird nicht etwa geschönt, die Dissonanz
nicht gelöst in besserwissendem Korrigieren, sondern alles wird Zeichen,
Gleichnis, welches seelische und geistige Gewalten offenbart. Über die
Knechtsgestalt ergießt sich die Ahnung göttlicher Hoheit. Das Häßliche
ist nicht bloß Kontrast, um das Schöne erst zum höchsten Triumph zu
heben (wie Justi meint), sondern es hat in sich Wert als Wahres. Es ist
nichts bloß Negatives, sondern in ihm erschließt sich nur tiefere Wahrheit,

die ganze gegen die halbe, Heraklit würde sagen: die verborgene Harmonie gegen die zutage liegende, die Harmonie der Oberfläche. Wundervoll auch zeigt Neumann, wie in Rembrandts „Augenmusik der Farbe", in der gelösten Farbe, die durch den Schleier der Körperlichkeit körperlos durchleuchtet, erst das tiefste Ausdrucksmittel sich erschließt für das scheinbar alles Ausdrucks spottende Nichtsinnliche. Sie ist das lösende Wort, das Erstgeborene aus dem Urgrund der Seele, was dem Chaos der Gefühle Form und Richtung gibt. Darin spricht Rembrandt „zeitlos zu uns, wie Einer, der war, als die Urzeit Urtümliches empfand, und der bei uns ist wie ein Gegenwärtiger". Unmittelbarer hat nie das Sinnliche zum Geist gesprochen. Der Gedanke scheint sich nach seinem Bedürfen und ohne Umschweife den Leib gebaut zu haben, er scheint durch ohne Hemmung und Trübung, und was für uns sonst in den Gegensatz von Körper und Seele, Form und Inhalt auseinandertritt, hat hier seine ursprüngliche und göttliche Einheit zurückgefunden. Dies, sagt Neumann, ist Rembrandts letztes Wort. Es ist das letzte Wort — der Weltanschauung der neuen Zeit.

Immerhin ist eine Täuschung darüber begreiflich. Denn dies letzte Wort haben bisher zwar die größten Genien des neuen Weltalters auf ihren höchsten Höhen, aber nicht die Zeit als ganze gesprochen. Noch ist sie „aus den Fugen"; es ist nicht mehr als Glaubenssache, daß sie die furchtbare Krise, in der sie sich gerade jetzt befindet, rein und klar überwinden wird. Worauf darf dieser Glaube sich stützen? Einen anderen Grund kann er nicht aufweisen als die innere Notwendigkeit der Sache.

Nicht das begründet den Unterschied der Weltalter, ob überhaupt ein Verhältnis des Endlichen zum Unendlichen geahnt, mit Erkenntnis und Willen, mit der ganzen Seele erfaßt und irgendwie zum Ausdruck gebracht, im Leben dargestellt wird. Sondern es fragt sich, wie di s Grundverhältnis, und unter ihm alles, die ganze Welt geistiger Welten: die Welten der Wissenschaft, Sittlichkeit, Kunst, Religion, Philosophie erfaßt, neu und neu gestaltet werden, in der Mneme des Menschengeschlechts sich fortpflanzend ihr Leben leben. Diese Art der Erfassung und Ausprägung ist zum mindesten dreifach:

In einer ersten Phase wird, vom Endlichen aus, das Unendliche ergriffen als das unbedingt allem Überlegene, das Eine, das alles schlechthin beherrschend überragt, demgegenüber das Endliche, Besondere, Individuelle keine weitere Geltung behält als nach positiver Seite die, daß es im All-Einen ist, ihm zugehört und in dieser Zugehörigkeit geborgen ist; nach negativer aber sich in seiner Sonderheit schlechthin zu beugen und aufzugeben, in es zu versinken bestimmt ist. So ist die Anschauung des Orientalen, besonders des Inders, vorahnend schon in den Veden, vollbewußt nach der positiven Seite im Brahmanismus, nach der negativen im Buddhismus. Die Folge für das Endliche, Irdische ist: tiefe Herabdrückung, Wert- und Interesselosigkeit des Individuellen als solchen, daher gar kein Bedürfnis, kein Trieb, es in seiner Sonderheit tiefer zu erkennen, keine unüberwindliche Liebe, es am Leben zu erhalten und zu fördern, kein anderes Erleben an ihm als das des Unendlichen, das zwar hindurchscheint, aber durch es mehr verhüllt als offenbart wird.

In einer zweiten Phase macht das Endliche, Irdische, Individuelle sich in seiner Eigenheit schon stark geltend. Aber um so schroffer klafft damit der Gegensatz auf zwischen ihm und dem in seiner ganzen überragenden Hoheit festgehaltenen Überendlichen, Überirdischen, Überindividuellen. Die Spannweite zwischen beiden, die wechselseitige Ausschließung kommt zum schärfsten Bewußtsein, fordert aber nur um so gebieterischer, in heiß flehendem Versöhnungsbedürfnis, einen Ausgleich. Und aus der Not dieses Bedürfnisses wird der Ausgleich nicht bloß gefordert, sondern geglaubt. Er ist nicht vollbracht, aber soll vollbracht sein, in trotzender Entgegensetzung zu der doch fort und fort empfundenen, weil wirklich nicht überbrückten Kluft. Diese Antithetik von Schuld und Versöhnung, Tod und Leben der Seele erreicht ihre Höhe im Christentum, so wie es, in der ganzen Schroffheit eines dualistischen Absolutismus, durch Augustinus ausgeprägt, das Mittelalter beherrscht. Nur für einen Augenblick kann es widersprechend scheinen, wenn vorher die Geschlossenheit des geistigen Universums, jetzt die Antithetik als der unterscheidende Charakter dieses echten Mittelalters des Geistes bezeichnet wird. Die Gegensätze gerade sind es, die die Einheit sich fordern; der als vollzogen gesetzte Ausgleich ist, für diese Form der inneren Seeleneinstellung, das letzte Wort, darin wird die starke Paradoxie des Gott-Menschen, der Tilgung jeder Schuld in ihm und durch ihn im Menschen, zum bestimmtesten Begriff gebracht: die Schuld ist unendlich, darum muß auch die Gnade unendlich sein, so aber ist durch sie der Abgrund der Schuld zugedeckt. So ist gerade in der Antithese die Geschlossenheit der Totalansicht der Welt erreicht. In ihr kommt das Individuum, die Einzelseele des Erdenmenschen, und für sie, im engsten Bezug zu ihr das Irdische überhaupt, immerhin zu einer eigenen Geltung, doch nicht seiner selbst wegen, sondern einzig in jenem Gegensatz, in alleiniger Charakterisierung durch ihn, bloß als Staffel der Leiter, die vom tiefsten Abgrund (Hölle) zum höchsten Gipfel (Himmel) hinanführt. Aller Wandel, aller Weltlauf, alle menschliche Entwicklung, sofern etwas davon geahnt wird, hat nur Bedeutung als Aufstieg — oder Abstieg von Staffel zu Staffel dieser Leiter, die ihr genau bestimmtes oberes und unteres Ende hat; wie es in Dantes Gedicht sich sinnfällig darstellt. So aber steht noch fort und fort Welt gegen Über- und Unterwelt, Erde gegen Himmel und Hölle, Mensch gegen Gott und Teufel, zwischen beiden hin- und her-, hinauf-, hinabgezerrt, wirklich in ewiger innerer Zerrissenheit, aus der nur immer das heiße Verlangen der Aussöhnung sich wiedergebiert. Als Letztes schwebt eher — in der Mystik — die völlige Rückkehr in den zu Unrecht verlassenen Schoß der Gottheit vor, die folgerecht zum Nirwāna zurückführen würde, als ein wirklicher Losriß, der den Schritt zur dritten Phase bedeuten würde. Der Welt wird vielleicht schon emsiges Studium, eifervoll werbende, wenngleich herrschsüchtige Liebe, erzieherische Arbeit zugewandt; das Bedeutsamste aber: alle Tiefen des unmittelbaren Erlebens beginnen sich zu erschließen. Doch noch bleibt alles eingespannt in das System des Ganzen und erscheint so auch in sich abgeschlossen, nur daseiend, fertig; nicht mit positivem, vielmehr stets mit dem negativen Vorzeichen des Nichtgöttlichen, bestenfalls des zu Vergöttlichenden, Reinigungsbedürftigen, zuletzt doch, als weltlich, der Reinigung Unfähigen, Verworfenen, dem Tode, der Hölle Verfallenen, nur in diesem abweisenden Sinne „Weltlichen".

Damit wird nun schon klar, was für die dritte Phase bleibt: Als Erstes, doch nur Vorbedingendes, das volle Selbständigwerden des Individuellen, die Anerkennung des Eigenwertes der Welt, der damit erst ihr positives Vorzeichen zuteil wird. Leben, nicht, wie mit einem Sprung, im Ewigen oder zu ihm hin, sondern erst einmal, seiner selbst wegen, im Endlichen, doch der Sonne „nach und immer nach", „hinauf und vorwärts"! Mag der „derbe Liebesdrang" vorerst am Einzelnen hängen, er will doch zeugen, Leben über Leben. Warum nicht, wenn doch das Leben aus Gott ist und zu Gott? Warum nicht, wenn wir doch Kinder, nicht Knechte sind, auch in ganzer, „entzückender" Freiheit „wagen vor Gott zu sein" wir selbst zu sein und jedem, das nur ist, sein Selbstsein zu gönnen, an ihm wie an uns selbst uns zu freuen? Aber das ist noch nicht das Ganze und Letzte, die Freude und Liebe zum Selbstseienden, Individuellen, bloß sofern es lebt, sein eignes Leben lebt. Die ganze, heiß gesuchte Fülle, der ganze große Sinn des Lebens tut sich erst auf in unablässig vorwärts dringendem Schaffen.

Der Lebensdrang wird Schöpfungsdrang, der Mensch Mitarbeiter am
ewigen Schöpfungswerk, ja Gottschöpfer. Das erst ist der ganze Sinn des
positiven Vorzeichens; nicht der „Wert" bloß, sondern die Förderung, und
zwar unendliche Förderung. Zeigt mir das im Mittelalter, ich finde es
nicht, auch in Dante keine Spur davon. Dagegen ist es Herz und Kern des
Seins und Bewußtseins in allen Führenden des neuen Weltalters. Man
bemängele so lieblos ungerecht, wie man es nur über sich vermag, die
Einzelleistungen der Renaissance: das unbändige Schaffen, den heißen
Drang der Weltdurchdringung, Welteroberung wird man ihm lassen
müssen; so Shakespeare dies rastlose Arbeiten, als müsse er, was nur
zwischen Himmel und Erde ist, mit seiner herkulischen Dichtkraft bezwingen.
Benannten wir diesen unstillbaren Schaffensdurst mit dem nüchternen
Wort „Methode", so war es, weil daran unwidersprechlich logisch der
Unterschied sich aufweisen läßt. Wer selbst in solchem Liebesschaffen lebt,
der braucht dies Wort nicht, aber an jedem der großen Schaffenden der
neuen Zeit läßt die eiserne Folgerichtigkeit solch innerlichst logischen Durcharbeitens sich ebenso sicher aufzeigen wie die Macht der freilich durch keine
Methode zu erzwingenden, rein aus Gnade geschenkten Intuition. Diese
Gnade wird keinem zuteil, der nicht erst gearbeitet hat bis zum Letzten,
das seine Kraft hergab.

Aber noch ist es weit davon, daß die „zwei Seelen" in der Brust des Modernen ihre Versöhnung gefunden hätten. Bis dahin aber gilt es den
härtesten Kampf. Nicht entfernt darf die neue Menschheit glauben, sich
durchgekämpft zu haben, sie nähert sich erst dem Punkte des gewaltigsten
Umschwungs. In nichts hat die Geschichtskonstruktion Hegels es so gründlich versehen wie in der Nährung der Vorstellung, daß der Tag der
Menschheit sich bereits zur Dämmerung neige, in der der „Vogel der
Minerva" (die geschichtsphilosophische Einsicht) ihren nächtigen Flug antreten könne. Nein, der Tag der Menschheit ist noch kaum angebrochen,

die Sonnenhöhe des heißesten Mittags noch längst nicht erstiegen. Der gegenwärtige Krieg ist nur erst ein Vorspiel. Sei er der letzte (wir hoffen es), der noch mit dieser gröbsten, ungeschlachtesten Waffe der wüstesten Lebens- und Güterzerstörung und seelenverderbendsten Lüge ausgekämpft wird — es bleiben die ernsteren, tödlicheren Schlachten erst zu schlagen um Edleres als das Kinderspielzeug der Macht und der Dividende. Sie fordern von der Menschheit eine Anspannung jeder seelischen Kraft, von der alles bisher Erlebte kaum eine Vorahnung gibt. Wer hat denn denken können (keiner von uns hat es ernstlich gedacht), daß ein Krieg wie der heutige noch möglich sei? Daß er es war, beweist, wie weltenfern noch der innere Sieg des Menschentums liegt. Wir alle waren wie mit Blindheit geschlagen. Wir hätten es wissen sollen, daß mit der haltlosen Entfesselung aller geistigen Mächte widereinander zugleich die ungeistigen sich jeder Fessel entraffen würden, um wild und wilder gegeneinander und gegen alles, was Geist heißt, zu rasen. Heute geht es ums Ganze. Darum muß das geschichtliche Besinnen, mag es wollen oder nicht, bis zum innersten Punkte zu dringen streben, es muß zur Geschichtsphilosophie wieder, vielmehr eigentlich zum erstenmal, sich vertiefen. Denn — so schrieb ich, noch halb träumend, vor mehr als zwanzig Jahren — wo die Fragen radikal gestellt sind, bedarf es radikaler Antworten, also nicht bloß der Wissenschaft, sondern der Radikalwissenschaft: Philosophie. Sie kann nicht die Krise lösen, aber wohl die Richtung weisen, in der, durch ganz andere Kräfte, als die ihr zu Gebote stehen, die Lösung zu erkämpfen ist.

Die Lösung ist abzusehen, sie wurde schon angedeutet. Als sicher unterscheidendes Kennzeichen des Modernen ergab sich: die schrankenlose Differenzierung alles Geistigen. Diese aber fließt gerade aus dem tiefsten Einheitsquell der erstmals ganz erschlossenen schöpferischen Methode. Sie schließt von Haus aus in sich die Verheißung der Rückkehr zur Einheit, aber nicht einer irgend nach außen hin abgeschlossenen, damit auf endlichen Bereich eingeschränkten, sondern einer ewig offenen, weiter und weiter hinaus sich erstreckenden. Diese muß daher auf jeder erreichten Stufe sich kritisch gegen die eben verlassene kehren. Denn sie ist nur innere Einheit allseitig sich entwickelnder Gegensätze. Es müssen daher zuerst in gewaltsamster Schroffheit die Widersprüche aufklaffen, um erst in härtester Auseinandersetzung wieder ihre Versöhnung zu suchen. Darum ist es nichts weniger als Frieden, dem der neu aufgegangene Tag leuchtet, sondern scheinbar nur immer wilderer, leib- und seelemordender Krieg.

Muß es so sein? Es muß wohl jetzt so sein, sonst wäre es nicht. Aber es muß nicht, was jetzt ist, auch immer bleiben. Es muß nicht für immer sein, daß die Menschheit sich selber die schwersten Wunden schlägt, daß ihr unbändiges Schaffen umschlägt in teuflisches Zerstören. Sondern es liegt im Gesetze der Weltschöpfung des Menschen die volle Möglichkeit des Ausgleichs, zwar nicht eines für einmal und immer vollbrachten, wohl aber einer fortschreitenden Näherung zu ihm. Und zwar nicht in einer rückläufigen Entwicklung, sondern in gerader, mutiger Fortführung des kühn Begonnenen. Drinnen in der Seele ist der Einheitsgrund gegeben, es gilt nur immer neu sich seiner zu versichern, in dem immer neuen Aufklaffen der Gegensätze um so energischer ihn festzuhalten. „Es ist nicht draußen, es ist in dir", gilt auch hier. Der äußeren, peripherischen Ausbreitung, die als feindliches Auseinanderfahren in „ungemeßne Räume" erscheint, muß stets wieder das innere Gegengewicht geschaffen werden in um so stärkerer zentraler Vertiefung, das ist voller seelischer Durchdringung. Das ist das Schwerste, kaum möglich Scheinende. Die Großen, die wir die Genien der Menschheit nennen, sie trugen es vorschauend in sich. So Shakespeare, der den äußeren Streit wahr in unerbittlicher Härte zeichnet, sieht doch die lösende Einheit in sich selbst. Aber diese innere Schau, die „Idee", darf nicht nur in den seltenen Einzelnen aufleuchten, sie müßte in aller Seelen hineinwirken, es müßten alle zu ihrer Höhe emporgehoben werden können. Das ist die ungeheure, bisher von den wenigsten geahnte Aufgabe, die sich hinter dem schlichten, fast verachteten Wort „Erziehung" birgt. Denn fast keiner hat bisher gewagt, es in dem ernsten Sinn zu verstehen, daß es gelte, alle zu Genies zu erziehen. Aber es kann, angesichts der ewig wachsenden, drohend wachsenden Aufgaben nicht genügen, daß seltene Einzelne zur Höhe der totalen Innenschau und Durchseelung, Durchgeistung der geistigen Welten sich erheben. Nicht einmal ein „Volk von Genies", wie einer unserer Kunsterzieher es zu fordern gewagt hat, würde der Aufgabe gewachsen sein, sondern allein eine zu dieser höchsten Höhe erhobene — Menschheit. Ein Volk von Genies — ist das eine Utopie? Aber ein Volk von Genies war, in seiner Kunst, das Volk der Griechen, ein Volk des religiösen Genies das der Juden, ein Volk von Denkern das deutsche. Warum reichte das nicht hin? Warum lebt heute kein solches Genievolk? Weil, wie nicht ein Genie, auch nicht ein Volk von Genies und auf einem Gebiete der Aufgabe gewachsen ist. Das bliebe immer noch — zerstückte Menschheit. Gefordert aber ist die ganze.

Das theoretisch zu entwickeln, ist nicht schwer. Die Differenzierung erstreckt sich auf alles Geistige ohne Unterschied; sie erstreckt sich in oberster Scheidung nach zwei Richtungen, und zwar stets nach beiden zugleich: auf den geistigen Inhalt und auf dessen Träger; nach der Objekts- und Subjektsseite. So ist auch in diesen beiden Richtungen die Einheit, nämlich von innen her, wiederzuerringen.

In ersterer Hinsicht vollzieht sich endgültig erst in der neuen Zeit, aus dem geklärten Bewußtsein der Methode, die bei den Alten schon angebahnte, aber nicht durchgeführte, im Mittelalter so gut wie ganz wieder in Vergessenheit geratene Abgrenzung der drei großen Hauptrichtungen humaner Kultur: der immer reiner und umfassender erarbeiteten Erkenntnis und technischen Beherrschung der Natur, der sittlichen Erkenntnis und durch diese bedingten Gestaltung menschlicher Lebensordnungen, und der nun erst allseitig frei sich entwickelnden Kunstauffassung und Kunstschöpfung. Diese drei Dimensionen des Geistigen spalten sich ab aus dem gemeinsamen Scheitelpunkt des inneren, seelischen Lebens; dieses, als unzerstücktes Ganzes, als konkrete Einheit sucht nach wie vor in der Religion sich zu behaupten. Das verschwindet nicht, auch nachdem die Spaltung eingetreten ist, aber es scheint nun auch seinerseits, von jenen drei Sonderrichtungen, also vom Ganzen der humanen, „weltlichen" Kultur abgesondert, ein eigenes Leben für sich zu führen und so, gegen den ganzen Sinn der Religion eine abgegrenzte Provinz im Reiche des Geistes darzustellen. Jede dieser geistigen Großmächte aber strebt nun, aus dem ihnen allen gemeinsamen Erweiterungsdrang, das Ganze des geistigen Lebens zu erobern und wird so gegen die anderen nicht bloß ausschließend, sondern tyrannisch. Ganze Zeitalter zeigen von da ab ein einseitiges Übergewicht bald der einen, bald der anderen von ihnen. Die neue Menschheit durchlebt Zeitalter eines einseitigen Ästhetizismus, eines nicht minder einseitigen, sei es mehr religiös oder mehr politisch gerichteten Ethizismus, eines ganz besonders schroff einseitigen Intellektualismus und Szientismus. Am meisten in einen engsten Bereich des Innenlebens zurückgedrängt, dadurch in sich selber verengt und entkräftet sieht sich die Religion; gerade weil sie ihrem Wesen nach am wenigsten dem allgemeinen Zug der Differenzierung folgen kann und daher alles gegen sich hat. So in Verteidigungsstellung zurückgetrieben, weiß sie sich fast nur noch zu halten als letzte, unbeantwortete, doch nicht zum Schweigen zu bringende Frage. In wem sie mehr, in wem sie volles und gar beherrſchendes Leben iſt, erſcheint ſie, wenn nicht wiederum tyranniſch gegen das, was ſich jetzt „Leben" nennt, das verweltlichte „Leben" der Kultur, dann um ſo mehr rückſtändig, unfrei, flüchtig vor dem vollen Ernſte der Entwicklung, in die nun doch die Menſchheit eingetreten iſt, die ſie nicht wieder rückgängig machen kann, werde daraus was will. An allen dieſen Spaltungen nimmt ſelbſt die Philoſophie teil. Sie tritt damit in einer ihr früher, namentlich im Mittelalter, fremden Vielſpältigkeit der Richtungen auf, die auch ſie in ihrem Weſen, und zwar von innen her, auflöſen müßte, während zugleich von außen ſowohl die Naturerkenntnis und deren techniſche Auswertung, wie die frei ſich entwickelnden menſchlichen Lebensordnungen, wie die lebendige Kunſtübung ſich von ihrer Leitung losſprechen, damit ihren Machtbereich enger und enger einſchränken, faſt ihr den Atem nicht mehr zu gönnen ſcheinen. Zwar behauptet ſie noch immer den Anſpruch allumſpannender Lebensdeutung, aber ſie vermag, da ſie ſich ſelber mehr und mehr vereinſeitigt, dieſen Anſpruch immer weniger wahrzumachen. Oft flüchtet ſie aus ſolcher Not geradezu in die Spezialwiſſenſchaft, oder in die Ethik, in die Kunſt, in eine weltabgekehrte Religion, und entfremdet ſich mit dem allen nur immer mehr ihrem wahren Beruf.

Leicht erſieht man nun ſchon, wie auch innerhalb jeder dieſer Hauptprovinzen die Differenzierung immer weitergehen muß. So bleibt die Einheit der Welterkenntnis zwar als Vorausſetzung immer unangefochten. Wie dürfte Wiſſenſchaft gegen Wiſſenſchaft, Wahrheit gegen Wahrheit über das, was iſt, in ungelöſtem Widerſpruch verharren! Aber indem mehr und mehr die Wiſſenſchaft in Wiſſenſchaften, die Wiſſenſchaften in Unterwiſſenſchaften ſich trennen, wird die als Ziel zwar immer gedachte Einheit der Erkenntnis immer mehr zur fernen Ausſicht, einer Ausſicht bald ſchon ohne alle Ausſicht. Man verliert ſie nach und nach ganz aus dem Geſicht; der Fortgang der Einzelforſchung, die Förderung der Arbeit am beſtimmt begrenzten Problem erſcheint ohne Vergleich dringlicher als die Sorge um die Wahrung des Einklangs ſelbſt mit dem nah benachbarten, vollends mit weiter abliegenden, dem einzelnen Forſcher mehr und mehr ferngerückten Wiſſenſchaftsbezirken. So aber gerät, was man verlernt hat noch ernſtlich zu fordern, endlich auch als Forderung mehr und mehr in Vergeſſenheit; es wird wohl gar offen preisgegeben, als etwas, das, ſo wünſchenswert es an ſich wäre, doch angeſichts der dringlicheren Aufgaben der unabſehlich ſich ausdehnenden Fachwiſſenſchaften nicht mehr verlangt werden könne. Man wird schwerlich bestreiten können, daß dies die Lage gegenwärtig ist.

Noch gefährlicher, weil in das Ganze der Lebensgestaltung einschneidend, wird die Spaltung der Willen nach allen Richtungen des Tatlebens der neuen Menschheit, des Lebens der Wirtschaft, des Rechts, der Politik, der sozialen Erziehung wie der individuellen Lebensgestaltung der Einzelnen. Gerade darum muß die Wirkung der Sonderungstendenz und damit die Gefahr der Zersetzung hier am fühlbarsten sein, weil von diesem Punkte aus das Ganze der menschlichen Aktivität sich bestimmt. Anfangs geht es noch „fröhlich ins Allgemeine". Nach allen Seiten erschließen sich unermeßlich reiche Möglichkeiten freier, eigener Lebensgestaltung. Aber je fesselloser sie sich entfalten, um so gewaltsamer kehren sie sich bald gegeneinander. Die Differenzierung wird daher hier am schnellsten zum offenen, äußeren, mehr noch inneren Krieg, der, je weiter die Entwicklung vorbringt, um so härtere, rücksichtslosere Formen annimmt, nach und nach alles in sich hineinzerrt, keinem mehr friedlich seine Bahn zu verfolgen gestattet, die Natur selbst im Innersten aufwühlt, auch unsere liebe Mutter Erde nicht in Frieden läßt, in Tier- und Pflanzenwelt schonungslos zerstörend eingreift, mit den Bodenschätzen, mit allem, womit die kommende Menschheit ihr Dasein fristen sollte, verwegenen Raubbau treibt, so die eignen Kinder frißt — alles vorgeblich zum Nutzen, zum königlichen Regiment des Menschen — und doch waffnet er mit dem allen nur Mensch gegen Mensch, Volk gegen Volk, Klasse gegen Klasse, jedes menschliche Bestreben gegen jedes, und droht so nicht nur die Menschheit, sondern jeden Einzelnen in sich selbst in Stücke zu reißen. Mag dann auch aus der kaum mehr erträglichen gemeinsamen Not des Allkrieges die Sehnsucht nach Frieden erwachsen und immer leidenschaftlicher sich aussprechen — sie wird scheinen, längst unerreichbar Gewordenes zu fordern, in die Ohnmacht des leeren Wunschtraumes sich flüchten zu müssen, die heute für manchen seine ganze „Religion" ist. War es anfangs trotzende, strotzende Energie des Lebenswillens, war es ein wahrer Lebensrausch, der sich in grauser Entschlossenheit, wie Empedokles in den Schlund des Ätna, in den Rachen des Todes stürzte — so wie er jetzt im Kampfe sich ausgibt, will er überhaupt noch das Leben, will er am Ende in Wahrheit den Tod? Jedenfalls er predigt und übt Tod in schon grauenhaftem Maße. Zwar kämpft selbst im Todeskampf immer noch — das Leben. Wille ist Leben, Leben Wille. Aber fast scheint der Lebenswille seine letzte Energie daranzusetzen, sich selbst zu Tode zu bringen. Das kann das Letzte nicht sein, es muß aus der unversieglichen, selbst im Verbluten noch sich wundersam beweisenden Energie des Lebenswillens eine Gestaltung des Menschendaseins sich herausringen, die auf Erhaltung, nicht auf Zerstörung des Lebens fest und klar gerichtet ist. Aber das liegt scheinbar noch unermeßlich fern. Das Leben von heute steht auf des Messers Schneide; die Krise ist da, gefährlich wie nie.

Auch in der Kunst entdeckt sich zuerst, ähnlich wie in der Wissenschaft, ein ungeahnter Reichtum von Aufgaben wie von Mitteln freier und kühner Gestaltung. Aber rettungslos verloren geht damit die Einheit der Kunst. Nicht bloß hat sie schon längst und sehr auffällig alle Einheit des äußeren Wirkungsbereichs eingebüßt, wie sie das Altertum in der politisch-religiösen Öffentlichkeit, das Mittelalter in der Kirche besaß; nicht bloß verschiedene Zeitalter, Nationen, Bildungsschichten, sondern auch der einzelne Liebhaber verlangt und erwartet von ihr ganz Eigenes, ja von Tag zu Tag Anderes, unerhört Neues. Zwar könnte nun die Kunst selbst über die Forderungen von außen sich hinwegsetzen; sie tut es, wo es ihr ganz ernst ist. Aber sie verstrickt sich damit nur um so tiefer in die Zersplitterung, entfremdet sich aller Gemeinsamkeit des künstlerischen Erlebens. Es ist dann nicht mehr bloß „Kunst für die Kunst" (das könnte heißen: das einzelne Werk für die als Einheit immer noch gedachte), sondern für den Künstler, der zuletzt allein noch sein Werk versteht. Auch ihm aber kann es wichtig nur im Augenblick der Empfängnis sein, denn der Drang, unbedingt Neues, womöglich keinem Früheren Vergleichbares, schlechthin nur sich selbst Eigenes zu schaffen, treibt unerbittlich über das eben Vollendete hinaus zum wiederum Neuen, jedes Neue wirft unerbittlich alles Alte hinter sich — und wartet des Totengräbers, der es selbst hinaustrage. Doch läßt sich das Einheitsverlangen nicht ganz ertöten. Verlernt es die Kunst, nach dem Leben zu fragen (sie selbst möchte gern das Leben sein), so ruft nur um so heißer verlangend das Leben nach ihr, es fordert Ewigkeitswerte. Werden die ihm versagt, so wendet es sich überhaupt von der Kunst ab, ja feindlich gegen sie oder flüchtet zu den Großen der Vergangenheit, denen noch „die" Kunst etwas galt. Wie sollte auch aus einem „Leben", wie es sich uns zeigte, eine Kunst wiedererstehen, die es wagen dürfte, zur Menschheit zu sprechen? Zur Menschheit! Wo ist sie denn?

Von allem aber das Befremdendste ist, daß selbst Religion dem allgemeinen Drange der Besonderung nicht mehr standhält. Noch nicht das

Beklagenswerteste ist die Spaltung in vielerlei Sekten, Einzelgemeinschaften. Solche stellen wenigstens in sich noch etwas von wirklichem religiösen Leben dar. Und je echter es ist, um so weniger wird es gegen andere Glaubens- und Lebensformen unduldsam sein, nicht bloß weil es selbst auf Duldung angewiesen ist, sondern weil es, in sich selbst befriedigt, keinen Grund hat, gegen fremdes religiöses Leben sich feindlich zu stellen. Die wirklich unsägliche Vereinsamung trifft vielmehr die ungeheure Überzahl derer, denen Religion längst nicht mehr allbeherrschender Lebensmittelpunkt, sondern allenfalls e i n e Provinz ist, die im Kampfe mit allen andern sich kaum noch zu behaupten vermag, mehr und mehr auch in sich selbst uneins, an sich selbst irre wird und so, von ihren Wurzeln losgerissen, allmählich verdorren und absterben muß. So wird „Gott“ einsam, immer einsamer in der vereinsamten Seele. Ganz etwas andres war die „Abgeschiedenheit“ des Mystikers. Darin war nichts von der Qual des Alleinseins; eins mit dem All-Einen wußte die Seele sich geborgen, hoch über aller Vereinsamung. Die kennt ganz nur der Moderne. Möchte er sie nur auskosten bis zur Neige, vielleicht daß mitten aus dem Todesringen das echte Leben der Religion ihm wiedererstände.

So wird durch das Übergewicht der zentrifugalen Kräfte über die zentripetalen der gemeinsame Körper der Menschheit wie in Millionen Stücke zersprengt, die nun, in die Weiten der Unendlichkeit hinausgeschleudert, sich wie für alle Ewigkeit voneinander verirrt zu haben scheinen, „ohne Sehnsucht, ohne Klang“. Die Klage ist ja nicht neu: wieder sucht ein neuer Diogenes auf dem Markte des Lebens nach Menschen, um — was zu finden? Wissenschafter, Sklaven ihrer Arbeit, hochgeistiger Arbeit vielleicht, aber darum nicht weniger Sklaven als die der ausführenden Technik, bis zu ihren letzten, um ihr Menschsein am grausamsten betrogenen Handlangern herab; Wirtschafter, ausbeutend oder ausgebeutet, wer kann sagen, ob mehr das Eine oder das Andere, denn alle beuten aus und alle werden ausgebeutet; Subjekte wie Objekte politischer Ordnungen, Befehlende, Gehorchende — auch da weiß man nicht, was von beiden jeder mehr ist: jeder drückt und wird gedrückt, jeder will Hammer sein und ist ebensowohl Amboß; Gebildete, d. i. Träger von Bildungsfetzen; Verstandes-Snobs, Willens-Snobs, Gefühls-, Kunst-Snobs, Stückmenschen alle, Stückmenschen sogar der Religion, der Philosophie; Splitter überall und Splitter von Splittern, kein Ganzes — wie sollte es ganze Menschen geben?

Und doch hatte das, was zu dem allen geführt hat, den größten Schein innerer Notwendigkeit, es wurde als der gewaltigste Sieg der — Menschheit empfunden und begeistert ergriffen. Das Recht der Subjektivität, die Freude am kühn und kühner sich entfaltenden Reichtum der Kräfte, Individualität der inneren Bildung und äußeren Lebensgestaltung, wäre das nichts, wäre es von Grund aus verfehlt gewesen? „Der Mensch ist frei geschaffen, ist frei, und wär er in Ketten geboren": soll das nicht mehr gelten? Und doch, droht nicht die glorreich erkämpfte Freiheit gerade den Menschen im Menschen umzubringen, und mit dem Menschen — sich selbst? Und was bleibt? Gott?

... Er, der Freiheit
Entzückende Erscheinung nicht zu stören,
Er läßt des Übels grauenvolles Heer
In seinem Weltall lieber toben — ihn,
Den Künstler, wird man nicht gewahr, bescheiden
Verhüllt er sich in ewige Gesetze;
Die sieht der Freigeist, doch nicht ihn. Wozu
Ein Gott? sagt er; die Welt ist sich genug.
Und keines Christen Andacht hat ihn mehr
Als dieses Freigeists Lästerung gepriesen.

Erhabener Glaube — der Aufklärung! „Die Welt ist sich genug" — ja: sich zu zerstören. Sie braucht keinen Teufel, sie ist sich selbst Teufel genug. Den Gott, den könnte sie schon brauchen.

Höchstes Glück der Erdenkinder
Ist doch die Persönlichkeit.

Glück? Der Erdenkinder? O liebe Mutter Erde, wärst du die Mutter des Glücks, nicht die Mutter der Schmerzen? Übrigens, Goethe mochte gut reden, er war noch der Sohn des glücklichen Zeitalters der Humanität. Heute ist sie leerer Schall geworden. Es gab noch eine Christenheit — wo ist sie? Es gab ein Europa, eine gemeinsame Kultur des Abendlands; heute trägt der Westen, nicht zufrieden mit seiner eigenen Selbstzerstörung, die unfrohe Botschaft der Zerstörung in den friedlichen Osten, der sie begierig aufnimmt, recht um jede Hoffnung abzuschneiden, daß aus einer Versöhnung zwischen Ost und West einmal eine edlere Menschheit wieder hervorginge. Was einst Menschheit war oder doch werden wollte, in Ost und West, Süd und Nord, heute ist es gespalten in Nationen und Nationchen, deren jede nur sich will, aber, so viel sie kann, sich den anderen aufzwingen. Immerhin, nehme nur jede es ganz ernst mit ihrem Weltberuf, vielleicht wird dann endlich jede erkennen, daß ihr Beruf nur zum gemeinfamen Heile der Menschheit frommen darf, daß jede an ihrem Teil nur gemeinsames geistiges Gut der ganzen Menschheit zu verwalten hat. Aber leider, unvergleichlich stärker als aller Kulturberuf der Völker macht bis dahin das nackte Begehren nach Besitz und Befehlsgewalt der Einzelnen oder solcher Gruppen, die in sich durch gar keine andere Gemeinsamkeit als diese des Raffenwollens zusammengehalten werden, sich geltend und darf mehr und mehr alles, was nicht dem Mehrgewinn der größeren Gewinner, dem ungemessenen Machtzuwachs der schon Mächtigen sich dienstbar macht, in den Staub treten. Jeder einseitige Vorwurf in dieser Hinsicht von Volk gegen Volk, Klasse gegen Klasse, ist Blindheit und Heuchelei.

Dennoch leidet es keinen Zweifel, daß jedes der heute miteinander kämpfenden Völker und Volksklassen ehrlich überzeugt ist, das Beste der Menschheit zu wollen. Und vielleicht genügte es, daß es nur einem von ihnen damit ganzer, unerbittlicher Ernst wäre, so wäre die Rettung möglich. Vielleicht lebt ein solches Volk und ist wirklich auf dem Wege solcher Besinnung, und wird es einmal die Kraft beweisen, sie auch in Tat umzusetzen; vielleicht ist es, halb unbewußt, schon dabei. Gewiß aber ist, daß sie alle, keines ausgenommen, heute in der gleichen, tödlichen Gefahr sind, in beständig wachsender, je schärfer, folgerichtiger alle Konsequenzen des mißverstandenen Freiheitsevangeliums sich durchsetzen. Alle leiden, leiden das kaum mehr Erträgliche; worum und wozu? fragen sie sich immer bringender. Um das Vaterland — so glaubten sie ehrlich, Wonne war es und Ehre, wie die Dichter singen, für es sich zu opfern. Aber immer greller tagt es ihnen: Das ist ja Lüge! Nicht wir, keiner kämpft ums Vaterland, sondern einzig um den Gewinn der schon größten Gewinner, die ungemessene Macht der schon Mächtigen. Wo ist denn noch ein Vaterland? Alles ja hat diese Raffsucht verwüstet, verwüstet es mit jedem Tage mehr: die friedliche Arbeit, die uns lieb, unser Heim, in dem uns wohl war, alles, was wir pflanzten und hegten — wir selbst sind entwurzelt und wie verächtliches Unkraut auf den Weg geworfen, wo wir faulen und verderben mögen.

Nicht der äußere Feind nur, in aller Blindheit des Hasses, der Verachtung, aller Wut der Vernichtung, aller Wollust der Verleumdung — jedes Volk in sich ist sein Verwüster. Es ist gar nicht Haß, denn es ist nicht Wille, es ist Not, ist Verhängnis — wer will es wenden? Wer, der die Tiefe des Elends vor Augen sieht — wer will verdammen? Rast nicht jeder genug gegen sich selbst, gegen das eigene Heil? Wissenschaft war unser Stolz; heute empört sich so vieles auch gegen sie, in dem nicht grundlosen Gefühl: auch sie hat das Ihre getan, uns hineinzuzwingen in dies unselige Baconsche „Königreich des Menschen": eine Naturbeherrschung, die nur alle Natur außer und in uns schändet. Und nun, nachdem das Unheil da ist, steht sie, soweit sie nicht selbst den verderbenden Mächten ihre Dienste leiht, mit verschränkten Armen beiseit, anteillos, ratlos gegenüber einer Lage, die sie selbst mit heraufgeführt hat. Häusliche und Volkssitte, Achtung bodenständiger Kultur, alles ist uns mit rauher Hand verwüstet, so wie Belagerer und Belagerte wetteifern, Baum und Strauch, alles niederzulegen, was etwa dem Werke der Zerstörung im Wege sein könnte. Ohne Zusammenhang von Geschlecht zu Geschlecht, ohne Stetigkeit der Überlieferung, wo wäre da noch ein Volk? Erziehung — wie haben wir uns darum gemüht und mühen uns geduldig fort und fort; aber welche Hoffnung bleibt ihr, wo alle bösen Gewalten mit heilloser Wut bei der Arbeit sind, ihr jeden tragfähigen Boden abzugraben.

Als letzte Trösterin bleibt — Religion. Wo die Not am größten, heißt es ja, ist Gott am nächsten. Nun, die Not ist da, das einzig Unbezweifelbare. Und gewiß schreit jeder nach Gott — aber nach seinem Gott, jeder gegen jeden, gegen sich selbst. Hilf, Gott Mammon! Hilf, Gott Macht! Gott Gewalt! Hilf, heilige Selbstsucht! Hilf, allerheiligster Sprengstoff! Gott? Ein Wort, nach dessen Sinn man so lange schon fragt, und findet ihn so wenig am Himmel der Begriffe wie der Astronom am Himmel droben.

Doch seien wir getrost: Gott bedarf nicht unseres Begriffes und Beweises, er begreift uns, er beweist sich selbst, Gott sei Dank, mit besseren als Wortbeweisen. „Nur ein Wunder" bringt ihn uns nahe. Welches Wunder? Das des unbeirrten Willens, das „mit der Forderung des Unmöglichen die Wirklichkeit aus den Angeln reißt". Da, in unserem Wollen, wenn es nur ganz, fraglos, ungeteilt will, da wollen nicht mehr wir armen Stückmenschen, sondern Gott in uns, der allein ganze, ungeteilte.

So schweige denn Klage und Anklage. Ich, du, wir alle sind schuldig, wir alle, und also — keiner. Denn ich, du, wir alle sind Gottes, wir alle können den nie sterbenden Gotteswillen in uns wieder zum Leben wecken und ihn einsetzen zu unser aller Rettung, dann ist sie möglich, ist schon gewonnen. Nicht warten sollen wir des Gottes, der „von außen stieße", in uns muß er erstehen, wir sollen ihn leben und tun, sonst bleibt er tot auf ewig. — Das ist Rückschritt! ruft man uns zu. — Nein, vor uns liegt das Ziel, gerade hindurch durch die Hölle, wie Siegfried durch das Flammenmeer, gilt es zu schreiten, in unbeirrt folgerechter Durchführung das fröhlich Begonnene zum guten menschlichen, nein göttlichen Ende hinauszuführen; einem Ende, das kein Ende ist, denn enden läßt sich nicht, was unendlich ist. Aber der Atem der neuen, aufbauenden Schöpfung der inneren und äußeren Welt muß doch nicht ewig in diesem wilden Fiebertakt zwischen Maximen und Minimen auf und ab rasen wie bisher, er kann und soll sich endlich sänftigen zum gesunden Lebenstakt. Dann wird, gerade weil die Pfade der Psyche alle ins Unendliche führen, jedes echte, nach den ewigen Polen gelenkte Bestreben frei die eigene Bahn finden, die es, unstörend und ungestört, innehalten mag zu in sich befriedeter Selbstvollendung. Unendlichkeit hat Raum für alle und alles, nur im blinden Haften und Hangen am Endlichen muß wohl alles sich drängen und stoßen. So allein wird auch echte Individualität wieder erwachsen, von der unsere Zeit nur darum so viel Worte macht, weil sie ihr abhanden gekommen ist; Individualität nicht im verneinenden Sinne der Losreißung der beschränkten Sonderheit des Einzelnen von allen Banden der Denkrechenschaft, der Sittlichkeit und echten, menschenverbindenden Kunst, sondern im voll bejahenden der Erschließung der unzerstückten inneren Unendlichkeit von jedem Einzelpunkte des Erlebens aus, durch die, nach der großen Vorstellung Leibnizens, jede der unendlichen Einheiten (Monaden) im immer gleichen Bezug zur einen, unendlichfach unendlichen Ureinheit (der Monade der Monaden: Gott) zwar ihre Innenwelt ganz für sich hat, als sei sie mit sich und Gott allein; doch aber, durch eben diese Gemeinschaft der letzten Einheitsbeziehung, zugleich alle in Wechselaustausch verbunden sind, gegenseitiges Verstehen suchen und finden können, so zu einem ewigen Liebeseinklang frei zusammenstimmen, keine Qual mehr einander antun und voneinander leiden müssen.

Das also wäre der Friedensschluß, der dem ewigen Kriege ein Ende setzte. Nichts braucht es dazu, als daß jeder die „verborgene Harmonie" in sich selber erlauscht, so erst sich in sich selber versteht, in sich selber den Gott, der sonst in schmerzlicher Einsamkeit verharren würde, aus ihr erlöst, in sich selber ihn wieder entdeckt als seines Herzens Herz, seiner Seele Seele.

Und so denn mitten hindurch durch die Nächte des Zweifels, die Abgründe des Fehls, die Öden der Gottverlassenheit, die jetzt noch uns gefangen halten und uns nur das Schwarze vor Augen sehen lassen. Und doch kündet vielleicht schon Morgenröte den neuen Tag, zu dem nur unser Blick noch nicht sich zu erheben wagte:

> Die Geisterwelt ist nicht verschlossen,
> Dein Sinn ist zu, dein Herz ist tot!
> Auf, bade, Schüler, unverdrossen
> Die ird'sche Brust im Morgenrot!

Literaturnachweise

S. 4ff. Jak. Burckhardt, Weltgeschichtliche Betrachtungen. Her. v. J. Oeri. Berlin u. Stuttgart, W. Spemann.

S. 14. u. 60. Ku Hung-Ming, Der Geist des chinesischen Volkes und der Ausweg aus dem Krieg. Jena, Eug. Diederichs.

S. 16. Ernst Tröltsch, Das Ethos der hebräischen Propheten, in der Zeitschr. „Logos", Tübingen, J. C. B. Mohr (Paul Siebeck), Bd. 6, Heft 1, 1916. Die Kritik nimmt Bezug auf Herm. Cohen, Der Begriff der Religion im System der Philosophie. Gießen, A. Töpelmann (vorm. J. Ricker).

S. 20 (u. ö.). Bhagavad-Gītā (Des Erhabenen Sang), übers. v. Leopold von Schroeder. Jena, Eug. Diederichs.

S. 29ff. (Vedismus), 31ff. (Brahmanismus) nach Geldner, S. 35ff. (Buddhismus) nach Winternitz in A. Bertholets Religionsgeschichtlichem Lesebuch. Tübingen, J. C. B. Mohr.

S. 38. Herm. Oldenberg, Die Lehre der Upanishaden und die Anfänge des Buddhismus. Göttingen, Vandenhoeck & Ruprecht.

S. 39ff. Rabindranath Tagore, Sādhanā (bisher nicht deutsch). London, Macmillan & Co. — Die Äußerungen über die Zukunft Ostasiens und die mitgeteilten Verse aus der Frankfurter Zeitung, 6. Aug. und 23. Nov. 1916, 5. Aug. 1917.

S. 59. G. v. Allesch, Die Renaissance in Italien. Weimar, G. Kiepenheuer.

S. 61. Paul Rohrbach, Die Geschichte der Menschheit. Königstein a. T. u. Leipzig, K. R. Langewiesche.

S. 67. Julius Harts Äußerung in der Frankfurter Zeitung, 13. Sept. 1916, gelegentlich einer Antwort auf Bemerkungen von Dr. E. Tr. zu Harts Aufsatz „Hammer und Amboß", Frkf. Ztg. 27. Aug. 1916.

S. 85f. Zur Darstellung des Christentums: P. Natorp, Religion innerhalb der Grenzen der Humanität (2. Aufl.). Tübingen, J. C. B. Mohr. (Im Vorwort derselben Schrift, zuerst 1894, die S. 117 angeführte Äußerung.)

S. 88ff. Zu Augustin: Rud. Euden, Die Lebensanschauungen der großen Denker. Leipzig, Veit & Comp.; Ad. v. Harnack, Lehrbuch der Dogmengeschichte, desselben Grundriß der Dogmengeschichte. Tübingen, J. C. B. Mohr.

S. 93 u. 104. Th. Carlyle über Dante u. Shakespeare in: Helden, Heldenverehrung u. das Heldentümliche in der Geschichte, deutsch von J. Neuberg. Berlin, v. Decker.

S. 94. Dantes Neues Leben, übers. von Carl Federn. Halle, O. Hendel. (In der eigenen Übertragung des Sonetts versuche ich dem Original näher zu bleiben. Sehr kennenswert die Komposition des Sonetts von E. Wolf-Ferrari, in: „Das neue Leben". Klavierauszug. Hamburg u. Leipzig, D. Rahter.)

S. 96. Richard Benz, Blätter für deutsche Art und Kunst. Jena, Eug. Diederichs.

S. 97. Wilh. Worringer, Formprobleme der Gotik. München, R. Piper u. Co.

S. 101. Der Ausspruch von Fr. Alb. Lange in der Geschichte des Materialismus. Iserlohn u. Leipzig, Jul. Baedeker. Von demselben das Wort von der „Forderung des Unmöglichen", S. 126.

S. 108. Carl Neumann, Rembrandt. Berlin u. Stuttgart, W. Spemann.

S. 118. Lothar von Kunowski, Durch Kunst zum Leben. Bd. I Ein Volk von Genies. Jena, Eug. Diederichs.

Namen- und Sachregister*

---

* Hauptstellen fett gedruckt.

9*

(Zersplitterung der K. in der Neuzeit)
122. (K. u. Leben, K. für die K. ebenda.)
Kynismus 72.

Lange, F. A. 101. 126.
Lao-tse 14.
Leben (= Tat) 7. (Selbstwiedererzeugung)
9. (aus sich sterbensunfähig) 23. 41f.
(Alles L. ein L.) 23. (Ewigkeitsgrund)
98. (Religion als Lebensdeutung) 120.
Leibniz 12. 110. 127.
Lessing 12. 80. 89.
Liebe (Tagore) 43. 44. 45. (Christentum)
86. (Dante) 94. (Shakespeare) 107. (Rembrandt) 109ff. Vgl. Eros.
Linné 111.
Lionardo da Vinci 65. 102. 108.
Logik (Schöpfung der Griechen) 63.
Logos (Heraklit) 6. 20. 63. (Philon, Johannes) 32. 68. 86f.
Luther 40. 80. 84. 108.
Lykurg 10. 11.

Māyā 43.
Mensch u. Gott (Judentum) 55. (Menschwerdung) 82. (der Menschensohn) 79. 86.
Menschheit (Herder) 11. (Entdeckung der
M. im Judentum) 19. (Anerkennung im
Christentum) 86. (darf nicht sterben) 22.
(unteilbar) 26. (Ganze M. Aufgabe der
Erziehung) 118. (Mangel daran) 122ff.
(M. u. Volk, auch Vorwort.)
Methode 59. 63. 68. 73. 116. 119.
Micha 19.
Michelangelo 57. 65f. 102.
Mittelalter 77. 90ff. 99f. 107. 109. 114. 116.
Mneme 7ff. 12f. 71. 81. 105.
Moderne 107. 109ff. 117ff.
Mönchtum 89.
Mohammedanismus 39. 90f.
Monarchie 91.
Monotheismus 53ff. 91.
Montaigne 104. 106.
Morus 104.
Mozart 64. 111.
Musik 69.
Mystik 39. 45. 47f. 79. 80. 84f. 92f. 96f.
100f. 115. 123.
Mythus (Urform der Weltanschauung)
13. 28.

Nation 2. 21ff. 124.
Natur, Naturgesetz, Naturwissenschaft 4ff.
7. 11. 41ff. 68f. 92.
Neumann, Carl 108ff.
Neuplatonismus 31. 84. 87. 92.
Newton 111.
Nikolaus v. Cues 40.
Nirwāna 34. 36f. 43. 54. 62. 70. 82. 115.
Nomos 61.

Oldenberg 38.
Orient 12. 27ff. 39. 46f. 49. 51. 52. 114.
Origenes 20.

Papsttum 93.
Paradiesesmythus 43. 46f. 82.
Paulus 12. 19. 20. 85. 87.
Pazifismus 24 (vgl. Friede).
Person 53. 81. Persönliches Verhältnis
zu Gott 54. Persönlichkeit 124.
Pessimismus 42. 54. 104. 121f.
Philon 32.
Philosophie 9. 10. 17. 62. 66. 117. 120.
(Ph. u. Geschichte, auch Vorwort.)
Pico von Mirandola 40.
Platon (Gastmahl, Mneme) 8ff. (Eros
auch:) 19. 32. 62. 110. (Staatsentwürfe)
11. 15f. 72. 99f. (Kosmologie) 12. 100.
(Methode, Hypothesis) 59. (Idee) 61ff.
68. 73. (Werden u. Sein) 62f. 100. (Abstraktion des Menschen) 19. (Inwendiger Mensch) 84. (Innerlichkeit) 108. vgl.
66. (Wagenlenker Vernunft) 61.
Plotin 88.
Prometheus 70f.
Propheten 12. 16ff. 55. 57. 79.
Psalmen 17. 20. 55.
Ptolemäische Sphären 111.
Puritanismus 106.
Pythagoreismus 12. 62. 100.

Quietismus 39. 44.

Rationalismus (geschichtlicher) 7. (Kunst)
67ff.
Rechenschaft geben 58f. 62.
Reformation 106.
Religion 58. 97. (R. u. Moral, Sittlichkeit) 13. 17. (Vorherrschaft im Mittelalter) 77. (Zersplitterung u. Entkräftung
in der Neuzeit) 119ff. 122f. 126.

Die Vorsokratiker. Herausgegeben von Dr. W. Nestle. br. M 5.—, geb. M 6.50

Aristoteles
Herausgegeben von A. Lasson

Metaphysik. br. M 6.—, geb. M 7.20

Nikomachische Ethik. br. M. 5.—, geb. M 6 50

Die Platonischen Dialoge
Übersetzt von R. Kassner, O. Kiefer und K. Preisendanz

Apologie. Kriton. br. M 2.—, geb. M 3.20

Jon. Lysis. Charmides. br. M 2.50, geb. M 4.—

Euthyphron. Laches. Hippias. br. M 2.50, geb. M 4.—

Gorgias. Menon. br. M 4.50, geb. M 6.—

Protagoras. Theaitetos. br. M 5.—, geb. M 6.50

Gastmahl. Phaidros. Phaidon. br. M 5.—, geb. M 6.50. Alle drei Werke sind auch einzeln zu haben. br. je M 2.—, geb. je M 3.20

Staat. br. M 5.—, geb. M 6.50

Parmenides. Philebos. br. M 4.—, geb. M 5 50

Timaios. Kritias. Gesetze X. br. M 4.50, geb. M 6.—

Xenophon, Erinnerungen an Sokrates. Übertragen von O. Kiefer. br. M 4.—, geb. M 5.50

Xenophon, Das Gastmahl. Verdeutscht von B. v. Hagen. br. M 2.—, geb. M 3.20

Plotin, Enneaden. In Auswahl von O. Kiefer. 2 Bde. br. M 14.—, geb. M 18.—

Hippokrates, Erkenntnisse. Im griechischen Text ausgewählt, übersetzt und auf die moderne Heilkunde vielfach bezogen von Theodor Beck. br. M 7.50, geb. M 9.—

Aischylos
Herausgegeben von A. von Gleichen-Rußwurm

Prometheus. br. M 2.—, geb. M 3.20

Die Orestie. Drei Teile. br. M 3.—, geb. M 4.20

Aristophanes, Die Vögel. Eine Komödie. In deutsche Reime gebracht von Dr. Owlglaß. br. M 2.—, geb. M 3.20

Pindar, Siegeslieder. In Auswahl übertragen von C. A. Boethke. br. M 3.50, geb. M 5.—

Max Wundt, Platons Leben und Werk. br. M 4.—, geb. M 5.50

Walter Pater, Plato und der Platonismus. br. M. 6.—, geb. M. 8.—

Walter Pater, Griechische Studien. br. M 6.—, geb. M 8.—

Deutsche Mystiker

Texte aus der deutschen Mystik des 14. u. 15. Jahrhunderts. Herausgegeben von Adolf Spamer. br. M 4.—, geb. M 5.50

Johannes Tauler, Predigten. 2 Bde. br. M 10.—, geb. M 13.—

Meister Eckeharts Schriften und Predigten. 2 Bde. 3. Auflage. br. M 12.—, geb. M 15 —

Heinrich Seuses Deutsche Schriften. 2 Bde. br. M 10.—, geb. M 13.—

Sebastian Franck, Paradoxa. br. M 8.—, geb. M 9.50

Des Angelus Silesius Cherubinischer Wandersmann. br. M 5.—, geb. M 7.—

Johann Amos Comenius, Das Labyrinth der Welt und das Paradies des Herzens. br. M 6.—, geb. M 8.—

Johann Amos Comenius, Das einzig Notwendige. Ein Laien-Brevier. br. M 3.—, geb. M 5.—

Immanuel Swedenborg, Theologische Schriften. br. M 8.—, geb. M 10.—

J. Gottlieb Fichte, Die Anweisung zum seligen Leben. Herausgegeben von Erich Frank. br. M 4.—, geb. M 5.50

Deutsche Frömmigkeit. Stimmen deutscher Gottesfreunde. Mit Bildern von Ph. O. Runge. 15. Tausend. br. M 3.50, Pappbd. M 4.—

Martin Buber, Ekstatische Konfessionen. br. M 6.—, geb. M 8.—

Thomas Carlyle, Helden und Heldenverehrung. Übers. von Ernst Wicklein. Mit 10 Abbild. br. M 2.—, Pappbd. M 2.50

Lothar von Kunowski, Ein Volk von Genies. br. M 4.—, geb. M 5.20

Blätter für deutsche Art und Kunst

Herausgegeben von Dr. Richard Benz-Heidelberg

Heft 1. Richard Benz, Die Renaissance, das Verhängnis der deutschen Kultur / Heft 2. Verkündiger deutscher Kunst / Heft 3. Die Grundlagen der deutschen Kunst / Preis des einzelnen Heftes M 1.—, Subskriptionspreis auf die ersten 6 Hefte M 5.—

Schriften aus der Renaissance

Michelangelo Buonarroti, Dichtungen. br. M 5.50, geb. M 8.50

Der Girolamo Cardano von Mailand eigene Lebensbeschreibung. br. M 4.50, geb. M 6.50

Leonardo da Vinci, der Denker, Forscher und Poet. br. 10.—, geb. M 12.—

Leonardo da Vinci, Traktat von der Malerei. br. 10.—, geb. M 12.—

Leonardo, der Techniker und Erfinder. br. M 7.50, geb. M 10.—

Niccolò Machiavelli, Der Fürstenspiegel / und Friedrich der Große, Der Antimachiavell. br. M 3.—, geb. M 5.—

Alfred Semerau, Die Condottieri. br. M 8.—, geb. M 10.—

Paul Natorp
Deutscher Weltberuf
Geschichtsphilosophische Richtlinien

Zweites Buch

Verlegt bei Eugen Diederichs in Jena 1918

Paul Natorp

Die Seele des Deutschen

Verlegt bei Eugen Diederichs in Jena 1918

Inhalt

Versucht man das Leben der abendländischen Menschheit im letzten Halbjahrtausend mit einem Blick zu umspannen, so ist der vorwaltende Eindruck der eines unerhörten, unbändig leidenschaftlichen Ringens und Schaffens. Ein Volk von Titanen ist wieder einmal am Werk, Berg auf Berg zu türmen, den Himmel zu erklimmen, nein aller Himmel Himmel, die Welt zu erobern. Welche Siege hat es aufzuweisen — welchem Fall arbeitet es entgegen? Welcher Fluch läßt es höher und höher steigen, nur daß desto tiefer der Absturz sei — ein Höllensturz, wie ihn keines Künstlers Pinsel zu malen, keines Propheten Griffel zu schildern vermag?

Ist es nur die blinde Gier zu haben und zu genießen? Die möchte am Nahegelegenen, Erreichbaren sich ersättigen. Zwar vom Handel ging es aus; er führte zur Ausbreitung der Kenntnis unseres Erdkörpers und weckte das Begehren nach dem überschwänglichen Reichtum seiner noch ungehobenen Schätze. Das Bedürfnis der Schiffahrt rief die großen Entdeckungen und Erfindungen hervor; es führte zu den ersten, folgenschweren Siegen der Technik; es ermutigte die Berechnungen der Astronomen, damit die kraftvolle Wiederaufnahme der mathematischen und der mit so geschärfter Waffe neu bewehrten Naturstudien. Die gewaltige Weitung des geistigen Umblicks, der erste befreiende Hinausschritt des Gedankens in die Tiefen der Unendlichkeit war die nächste Folge. Der Eroberungsdrang der Erkenntnis war erwacht. Er wandte sich bald zurück zur schaffenden Tat. Das Leistenwollen, der schrankenlose Wirkensdrang sprengte die Fesseln, in denen, Hand in Hand mit all den geistigen und geistlichen Zwingern, die sozialen Zwangsordnungen des Mittelalters den Menschen zwar nicht seinem subjektiven Gefühl nach in drückender Gefangenschaft, eher wie im trauten Dämmer einer lieben Heimstätte beschlossen, aber wirklich doch wie in Festungshaft gehalten hatten. Nicht Wissen allein, nicht Hab- und Genußgier — fesselloser Schaffenswille ist es, was sich befreien will und wirklich befreit: Wissen um der Macht, Forschen um des Werkes, um des Wirkens willen, wie die Herolde des neuen Weltalters, Bacon und Hobbes, die berückende Losung ausgegeben hatten. Doch auch das ist noch nicht das Letzte, sondern der durch das alles erst recht geweckte ungemessene Drang nach Leben, nach Weltleben. Nicht bloß erkennen, nicht bloß genießen, nicht bloß leisten und schaffen, sondern sein; ganz aus eigner Verantwortung, auf eigne Gefahr sich selber leben, sein eignes, keinem geschuldetes, weder geschenktes noch ge-

borgtes, vor niemand und nichts gebeugtes oder verkrümmtes, aufrechtes
Leben selbst in sich aufzubauen: das ist der heiße Drang dieses neuen Tages
der Menschheit.

Meisterlich, aus einer Tiefe weltgeschichtlicher Schau wie kein Dante
und kein Shakespeare, hat unser großer Dichter den mit unerbittlichem
inneren Zwang vorwärts drängenden Trieb des modernen Titanen, der
in der eignen Seele Berg auf Berg türmt, den inneren Himmel zu er-
stürmen, dargestellt in seinem Doktor Faust, dem „Übermenschen", dessen
Brust „eine Welt in sich erschuf und trug und hegte", „mit Freudenbeben
erschwoll, sich ... den Geistern gleich zu heben". Aber nur im ersten Beginn
ist es Drang nach Wissen:

> Daß ich erkenne, was die Welt
> Im Innersten zusammenhält,
> Schau alle Wirkungskraft und Samen
> Und tu nicht mehr in Worten kramen!

Doch allzubald begreift er, „daß wir nichts wissen können"; daß man stets
nur

> ... in der Dämmrung schwer
> Mit Lust nach Wahrheit jämmerlich geirret.

So wird es nun Tatdrang, Drang nach Leben, nach Natur, nach Welt,
nach Menschheit:

> Des Denkens Faden ist zerrissen,
> Mir ekelt lange vor allem Wissen ...
> Man sehnt sich nach des Lebens Bächen,
> Ach, nach des Lebens Quellen hin ...
> Wo faß ich dich, unendliche Natur,
> Euch, Brüste, wo, ihr Quellen alles Lebens,
> An denen Himmel und Erde hängt? ...
> Aus dieser Erde quillen meine Freuden ...
> Ich fühle junges, heil'ges Lebensglück
> Neu glühend mir durch Herz und Adern rinnen.

Und doch — Freude? Glück?

> Was kann die Welt mir wohl gewähren?
> Entbehren sollst du, sollst entbehren! ...
> Du hörest ja, von Freud ist nicht die Rede,
> Dem Taumel weih ich mich, dem schmerzlichsten Genuß ...
> Mein Busen, der von Wissensdrang geheilt ist,
> Soll keinen Schmerzen künftig sich verschließen,
> Und was der ganzen Menschheit zugeteilt ist,

Will ich in meinem innern Selbst genießen,
Mit meinem Geist ins Höchst und Tiefste greifen,
Ihr Wohl und Weh auf meinen Busen häufen,
Und so mein eigen Selbst zu ihrem Selbst erweitern,
Und, wie sie selbst, am End auch ich zerscheitern . . .
Laß in den Tiefen der Sinnlichkeit
Uns glühende Leidenschaften stillen . . .

Nur keine Rast, kein Stillestehn!

Das Streben meiner ganzen Kraft
Ist grade das, was ich verspreche . . .
Werd ich beruhigt je mich auf ein Faulbett legen,
So sei es gleich um mich getan! . . .
Stürzen wir uns in das Rauschen der Zeit,
Ins Rollen der Begebenheit! . . .
Nur rastlos betätigt sich der Mann.

So verschreibt er sich dem „Geist, der stets verneint“, und doch „reizt und wirkt und muß, als Teufel, schaffen“; der „stets das Böse will und stets das Gute schafft“. Darum wird es dem „Schandgesellen“, an den der Verzweifelnde sich auf Lebenszeit selber angekettet hat, doch nicht gelingen, diesen Geist „von seinem Urquell abzuziehen“; er bleibt doch der „Knecht Gottes“, dient er ihm jetzt auch „auf besondre Weise“. Denn trotz allem ist es der Sieg des Geistes, was er will; es ist das Allheitsbewußtsein, das ihn in die unendliche Zerstreuung und Zerstückung des Welttreibens nicht auf immer versinken lassen wird. Es ist „Menschheit“, was sein innerstes Verlangen sucht, „ganze Menschheit“ und in ihr — Gottheit. Nur untersinken will er auch nicht in ihr, sondern aufrecht bleiben auch vor Gott, als Freier vor ihm stehen, ja den in seiner Brust gefesselten in sich selbst erlösen. Nur dem von außen gebietenden, fremden, fernen, allenfalls väterlich aus Wolken sich neigenden, sonst verklärt in seinem Himmel Thronenden gilt sein Trotz. Ihm ruft der neue, nein, der alte, verjüngt wiedererstandene Prometheus zu:

Hast du nicht alles selbst vollendet,
Heilig glühend Herz?
Und glühtest jung und gut,
Betrogen Rettungsdank
Den Schlafenden da droben? . . .
Hier sitz ich, forme Menschen
Nach meinem Bilde,
Ein Geschlecht, das mir gleich sei,
Zu leiden, zu weinen,

Zu genießen und zu freuen sich,
Und dein nicht zu achten,
Wie ich!

Und doch wiederum:

Hinauf, hinauf strebt's,
Es schweben die Wolken
Abwärts, die Wolken
Neigen sich der sehnenden Liebe —

Mir! Mir! In eurem Schoße aufwärts,
Umfangend umfangen,
Aufwärts an deinen Busen,
Allliebender Vater!

Also will die ewige Kluft sich schließen? Nein, nicht schließen:

Schwer und ferne
Hängt eine Hülle,
Mit Ehrfurcht! Stille
Ruhn oben die Sterne
Und unten die Gräber ...

Doch rufen von drüben
Die Stimmen der Geister,
Die Stimmen der Meister:
Versäumt nicht zu üben
Die Kräfte des Guten!

Hier flechten sich Kronen
In ewiger Stille,
Die sollen mit Fülle
Die Tätigen lohnen,
Wir heißen euch hoffen! —

So sollen, so wollen wir denn hoffen. Wir sehen den gefährlichen Taumel der neuen Himmelsstürmer. Doch halten wir an dem Glauben: es ist nicht Gotteshaß, nicht Haß des Guten, nicht Vernunfthaß, nicht Haß der Menschheit gar, der sie zur schwindelnden Höhe hinantreibt. Das ist nur die eine Seele, die „an die Welt sich hält mit klammernden Organen"; aber auch die andre ist noch nicht veratmet, sie kann nicht sterben. Sie spürt die Untiefen, die sie hinabziehen wollen, und wendet mit Ekel von der Gemeinheit des Genießens, von der wider sich selbst rasenden Wut der Leidenschaft sich ab. Nicht völlig ohne Gewinn. Auch die dunklen Mächte des Untermenschlichen, denen gerade der „Übermensch" zu verfallen drohte, bargen Tiefen, die enthüllt sein wollten. Die Menschheit sollte ihre ganze verderbende Gewalt kennen, um nur desto entschlossener, desto bewußter sich gegen sie zu festigen und die besseren Kräfte in sich gegen sie zu waffnen. Sie mußte auch diese Hölle durchschreiten, um sie zu besiegen und mitten durch sie hindurch zum Himmel eines reineren Menschentums hinanzustreben.

So mag der Sinn der neuen Entwicklung dem befreiten Blick sich darstellen. Ist es ein leerer Traum? Oder vermag das nüchterne Auge der wachen Erkenntnis etwas von probehaltiger Wahrheit darin zu erspähen? Ein auf gut Glück gewagter Querschnitt durch das Leben der modernen Völker soll die Antwort geben.

Bisher war, ohne Unterscheidung, von der neuen Menschheit die Rede. Gerade für sie unterscheidend aber ist, auf gleicher Linie mit allen den andern Spaltungen und auf sie alle sich erstreckend, die Spaltung in Nationen, die, trotz der Gleichheit der letzten Aufgabe, je ihren eignen Anteil an der neuen Art des Menschseins haben, eigne Charaktere ausprägen und dadurch neue, schärfste Gegensätze herausarbeiten. Daher ist nun erst gesondert zu fragen: nach dem Anteil der süd- und westeuropäischen Völker, der Völker des alten römischen Kulturkreises, an der modernen Entwicklung; unter diesen aber zeigt sich noch ein charakteristischer Unterschied zwischen den romanischen Völkern (Italien, Spanien, Frankreich) und dem weiten Bereiche der angelsächsischen Sprache. Von beiden mitbestimmt, doch im letzten Kern eigen und abweichend wird die Kulturgestaltung Deutschlands sich erweisen. Stets soll uns im Vordergrund die sittliche, soziale und politische Entwicklung bleiben, auf deren Untergrund die wissenschaftlich-technische, künstlerische, religiöse, philosophische Kultur sich desto schärfer in ihrer Eigenart wird bestimmen lassen. Sogleich zeigt sich dabei dieser Unterschied: bei den Westvölkern überwiegt bei weitem die weltliche, ethisch-politische, wissenschaftliche, künstlerische Entwicklung, wogegen, was die neue Zeit in Religion und Philosophie überhaupt Neues von selbständigem Gehalt erzeugt hat, fast einzig auf deutschem Boden erwachsen, wenn auch dann in gewissem Maße auf die Andern miteingeflossen ist. So wird endlich der Übergang sich stetig vermitteln zu der wiederum eigen gerichteten Geisteswelt des europäischen Ostens, die uns zugleich zu dem uralten und doch wieder sehr neuen, vielmehr eigentlich jetzt erst recht aktuell gewordenen Problem von Okzident und Orient zurückführen wird. So allein werden wir die gehörige Weite des Umblicks gewinnen, um die letzte, schicksalschwere Frage erheben zu dürfen: wohinaus es denn mit dieser ganzen modernen Kultur des Abendlandes eigentlich will; ob sie zum grausen Sturz führen soll oder zu neuen Höhen des Menschentums, zu einer neuen Menschheit, vielmehr erstmals zu einer solchen, die die hohen Ansprüche dieses Namens wirklich, so wie es unter irdischen Bedingungen möglich ist, erfüllt; und — die wichtigste Frage für uns — welche besondere Aufgabe dabei eben uns, der Seele des Deutschen, vorbehalten ist.

1. Die Zivilisation des Westens

Es versteht sich leicht, daß der Weckruf zu einem neuen, helleren Tage der
Menschheit aus dem traumseligen Schlummer des Mittelalters zuerst in
Italien erscholl. Unter dem doppelten Druck des von Norden hereinge-
brochenen Barbarentums und des kaum weniger mächtig von Osten eingedrungenen, mit dem alten Staatsgeist des Römertums dann verschmol-
zenen, so zum Kirchentum gewordenen Christentums waren die lebens-
kräftigen Keime des antiken Geistes nicht erstorben. Doch bedurfte es,
um sie aus dem Winterschlaf zu wecken, eben jenes Aufschwungs des
Handels und Gewerbes, der seit den Kreuzzügen der für den Verkehr mit
dem Osten hochbegünstigten Apenninenhalbinsel an erster Stelle zufiel.
Er führte zu rasch wachsendem Wohlstand, damit zur Entfaltung einer
höheren, nicht mehr in das Dunkel der Klöster sich versteckenden, sondern
höfischen und städtischen, technischen, künstlerischen, bald auch literarischen und wissenschaftlichen Kultur. Er schuf damit zugleich den denkbar
günstigsten Boden für das Emporkommen selbstsicherer, starker, oft
herrischer Individualitäten. In den reichen Handelsplätzen gebieten stolze
Geschlechter, die Inhaber des Überseehandels, die in marmorstrotzenden
Palastbauten ihrem Herrentum sichtbaren Ausdruck geben. Aus rohen
Bandenführern erstehen starkwillige Dynasten, die in kleinen, nur um so
fester in ihrer Hand liegenden Herrschaften wohl den antiken Tyrannen
sich vergleichen dürfen, unter fortwährenden Fehden mit Städten oder
untereinander höchst persönlich und eigen gefügte kleine Staatswesen
gestalten und, wenn nicht aus eignem lebendigen Trieb, doch um des
Glanzes ihres Herrentums willen mit dem Kulturstreben der Städte
wetteifern. Auch der Gedanke einer neuen römischen, vielmehr italischen
Weltherrschaft lebt wieder auf. Petrarcas Kanzonen möchten den alten
Römergeist aus dem Schlaf der Jahrhunderte wiedererwecken. Auch
Dantes Idealmonarchie, aus ghibellinischer Gesinnung, doch in ganz Ari-
stotelischem Gedankenstil entworfen, läßt die alte Richtung nicht nur überhaupt auf den Staat, sondern auf den Einheitsstaat klar erkennen, ja
seine gigantische Zeichnung des dreigestuften Universums unter dem
höchsten Monarchen ist, wie des Aquinaten theoretischer Aufbau des Welt-
regiments der Kirche, eine Widerspiegelung nicht bloß des Augustinischen
Gottesstaats, sondern (wie auch schon dieser) zugleich des römischen

Imperiums. Das Imperium des Geistes, das Rom durch die vielverzweigte Hierarchie, durch Klöster und Universitäten, durch die Alleinherrschaft der lateinischen Sprache tatsächlich ausübte, galt auch solchen, die seinem geistlichen Sinn entfremdet waren, doch immer noch als Unterpfand der den Erben der ewigen Roma gebührenden Vormacht in der Welt.

So schien das geistige Erwachen Italiens fast mehr noch und früher einen Neuaufbau der sozialen und politischen Ordnungen als der Welten des Geistes zu verheißen. Es legt sich daher die Frage nahe: welches fundamental neue ethische Prinzip darin etwa sich ausgeprägt habe. Ein solches gibt sich nicht sogleich zu erkennen. Zwar wird schon seit Petrarca die Moral als die Wissenschaft vom Menschen, oft unter ziemlich unbedachter Preisgabe aller sonstigen ernsteren Philosophie, für das allein würdige Studium des Menschen erklärt. Doch läßt man sich anscheinend genügen an einigen wenig scharf gefaßten, meist aus Cicero geschöpften Lieblingsmotiven aus der ja reichen und freien ethischen Reflexion der Alten, besonders des Stoizismus. Richtiger aber wird man sagen: Der ethische Grundgedanke des neuen Zeitalters ist kein andrer als der des Menschentums selbst, so wie man es damals begriff: als des durchaus persönlichen Vollmenschentums, Edelmenschentums des Einzelnen, in dem die altrömische „Virtus" wiederauflebt, doch in einer individuellen Zuspitzung, die mehr als bloß antik ist; die den Zusammenhang mit der im sinkenden Mittelalter überall zu spürenden Vertiefung des seelischen Innenlebens nirgends verkennen läßt, wiederum aber über dieses hinaus zugleich nach außen hin sich achtunggebietend auszuprägen das Bedürfnis zeigt. Ein Dante, dem man die seelische Innerlichkeit doch nicht wird abstreiten wollen, wirkt durch die ganze Renaissance fort, bedeutet eine ihrer stärksten Lebensadern. Und vom Christentum hat sie sich doch niemals gelöst. Der Florentiner Kreis um Lorenzo de Medici, die Ficino, Pico, Michelangelo, überhaupt der Platonismus (genauer: Augustinisch umgeprägte Neuplatonismus) der Renaissance bezeugt es unwidersprechlich. Das Christentum nimmt nur auch eine eigene Färbung an, nicht nur durch eine neue Vermählung mit dem Geiste der Antike, sondern durch die bewußte Beziehung auf das neue Ideal der befreiten Persönlichkeit.

Dafür ist immer noch die von Jakob Burckhardt stark hervorgehobene Rede des (jüngeren) Pico von Mirandola „Von der Würde des Menschen"

besonders bezeichnend. Der Mensch (heißt es da) ist vom Schöpfer in die
Mitte der Welt gestellt, damit er leichter rings um sich schaue alles, was
in der Welt ist. Er schuf ihn, ein Wesen weder himmlisch noch irdisch,
weder unsterblich noch sterblich (man erinnert sich an Platons „Gastmahl“),
damit er frei, zur eignen Ehre, sich selber bilde und forme zu der Gestalt,
die er selber wähle. Er vermag bis zur Niedrigkeit des Tieres zu entarten
und zur Höhe der Gottheit sich wiederzugebären. Ihm ist verliehen zu
haben, was er begehrt, zu sein, was er will. Samen jeglicher Art, Keime
eines allartigen Lebens sind in ihn gelegt, damit die in jedem wachsen und
Frucht tragen, die er selbst in sich entfaltet. So vermag er durch alle Unvoll-
kommenheit, allen Zwiespalt mitten hindurch, den Pico wie nur Einer
empfindet, zu Einklang und Vollkommenheit sich durchzukämpfen, in sich
selbst, im eignen Innern die Einheit, den Frieden der Gottgemeinschaft
sich zu erringen. Dem, der so mit sich selbst einig geworden, werden alle
Dinge zu eigen durch die Liebe, in der er all ihr Leben aus freiem Willen
sich zuzueignen vermag.

Aus nicht minderer Tiefe eignen Erlebens, nur leidenschaftlicher noch
und persönlicher, spricht die gleiche Grundüberzeugung von der Unzerstör-
lichkeit des göttlichen Keimes im Menschen in der stark gegensätzlichen Natur
des Cardano sich aus. Kein süßerer Gewinn als der aus dem bittersten
Ungemach geschöpft wird. Wer nur immer im Glück dahinlebte, dem ver-
flösse das Leben wie im Schlaf, die Götter schienen ihn als einen Schwäch-
ling und Weichling keines Kampfes wert zu erachten. Sich in Gott, Gott
in sich erkennen ist höchstes Gut, echteste Weisheit. Wer einmal dieses
Nektars Süße gekostet hat, ist also gotttrunken geworden, daß ihn nichts
ferner anficht und er dem Karfunkel gleich unverletzt im Feuer besteht,
dem Golde gleich nur zu reinerem Glanze dadurch geläutert wird. Wenn
so unser Geist in Gott entbrennt, dann wird unsere Natur über sich selbst
hinausgehoben, und du siehst aus Furchtsamen Mutige werden, aus
Trauernden Fröhliche, aus Unwissenden Weise. Der Menschengeist, dem
höheren vermählt, reißt auch den Leib mit sich empor. Solche Glut läßt
uns Not und Tod vergessen und Gottes fröhliche Streiter werden. —
Aber derselbe Mann, der für die neue Botschaft der Geistesfreiheit solche
Inbrunst aufbringt, kann dann wieder, eben im leidenschaftlichen An-
kämpfen wider die noch ungebrochene Gewalt der Autorität, mit dem
ganzen Radikalismus eines antiken Sophisten die Menschen einteilen in
die Betrogenen, die betrogenen Betrüger und die reinen Betrüger; das

sind die Wissenden, in deren Hand Staat und Kirche nur Mittel sind, die
Masse der Nichtwissenden durch Furcht und Hoffnung in ihre Schranken
gebannt zu halten. Die Volksmasse soll unaufgeklärt bleiben, man soll
keine Wahrheiten in der Volkssprache verbreiten, Laien, die sich Bildung
verschaffen möchten, streng bestrafen. Dagegen der geistige Mensch darf
unbegrenzte Freiheit eigner Überzeugung für sich fordern. Unter diesem
Gesichtspunkt empfiehlt Cardano gegen Tyrannen den Gebrauch jeder
Waffe, bis zum Gift.

Ein wieder ganz anders gearteteter Geist, Pomponazzi, der sich vom
Aristotelismus aus mehr und mehr zur Skepsis neigt, dessen Skeptizismus aber, ähnlich wie der Bayles, seine Grenze findet in einer überraschend
reinen Anerkennung der Autonomie des Sittlichen, kommt gleichwohl,
eben aus dem Motiv der Selbstgenugsamkeit der Tugend und Vernunft,
zu derselben schnöden Verachtung der Menge, derselben sophistischen Deutung von Recht und Religion als bloßen Mitteln in der Hand der Wissenden
zur Niederhaltung der hoffnungslos ungeistigen Masse. Man darf sie wegen des tausendfältigen Betrugs, durch den allein sie ihre Gewalt aufrecht-
zuhalten vermögen, so wenig anklagen wie den Arzt, der dem Kranken,
die Amme, die dem kleinen Kinde zu seinem Besten Falsches aufbindet.
Aber die geistigen Menschen stehen hoch darüber. Die Philosophen sind
die Götter der Erde, so weit verschieden von den übrigen Sterblichen wie
wirkliche Menschen von gemalten. Freilich haben sie auch alle Qual darum
zu leiden. „Das ist, was mich drückt, was mich ängstet, mir Schlaf und Gesundheit raubt: es möchte die Erklärung der Fabel von Prometheus wahr
sein, der, weil er dem Jupiter heimlich das Feuer entwendet hat, von ihm
an den skythischen Felsen geschmiedet ist; nämlich Prometheus sei der
Philosoph, der, während er die Geheimnisse Gottes zu erkennen strebt,
von beständigen Sorgen und Gedanken zernagt wird, nicht schläft, von
allen verlästert, wie ein Tor und Tempelschänder angesehen wird, von
den Inquisitoren verfolgt, dem Pöbel ein Schaustück. Das ist der Gewinn der Philosophie, das ihr Lohn!" — Wiederum Machiavelli spricht
aus nüchterner machtpolitischer Erwägung denselben Gedanken aus. Und
auch Giordano Brunos befremdende Haltung gegenüber der Inquisition
erklärt sich einzig aus dieser Anschauung, die eben die gemeinsame der
„Intellektuellen" des Zeitalters ist. Er kann sich durchaus nicht darein
finden, daß die Kirche von ihm nicht bloß äußere Unterwerfung unter ihre
Autorität, zu der er bedingungslos bereit wäre, sondern Überzeugung

fordert. Darum bringt er es fertig, nachdem er in seinen Schriften die
Lehren seiner Kirche zu ungezählten Malen nicht bloß hart angegriffen,
sondern pietätlos verspottet, sich in Genf zu den Calvinisten gehalten, in
London Elisabeth als Hort des Protestantismus gefeiert, in Wittenberg
auf Luther einen Hymnus angestimmt hat, gerichtlich unter Eid zu versichern und auch im Angesicht des Todes darauf zu beharren, daß er stets
der gehorsame Sohn seiner Kirche geblieben sei, nur als Philosoph sich,
wie er als solcher dürfe und müsse, die unbedingte Freiheit der eignen
Überzeugung gewahrt habe. Wie diese Stellung zur Frage von Wissen
und Glauben von der Luthers, überhaupt des Protestantismus, absticht,
braucht kaum bemerkt zu werden. Sie ist aber wie weniges bezeichnend
für den schroff egozentrischen Sinn, den das neue Ideal der freien Selbst-
bestimmung in diesem seinem ersten Stadium angenommen und auf
italienischem Boden immer bewahrt hat.

Indessen konnten in solcher Luft hohe geistige Kräfte sich entfalten.
Weshalb reichten sie, bei zugleich so entschiedener Richtung auf staat-
liches Leben, gleichwohl nicht hin, ein haltbares Staatswesen zu begründen? Etwa weil infolge der großen überseeischen Entdeckungen der Welt-
handel von den Gestaden des Mittelmeers auf die des Weltmeers sich ver-
pflanzte und so für die Westmächte ungleich günstigere äußere Bedingungen des wirtschaftlichen und damit auch des politischen Aufstiegs schuf?
Aber ein Italien, das die volle Erbschaft des Römergeistes angetreten hätte,
hätte auch solcher Ungunst der äußeren Umstände Herr werden müssen,
wie einst Rom Karthago bewältigte. Aber alle Geisteskraft wurde zuletzt
verbraucht zu einer aufs höchste gesteigerten Selbstkultur des durch Na-
turgaben und Lebensstellung bevorzugten Einzelnen, in dessen Hand
auch der Staat nur ein Mittel mehr zur eignen Emporhebung war. So
konnte es zu einem Staat als einer in sich gegründeten Macht über die
Einzelnen, oder in gegenseitig fördernder Wechselbeziehung mit diesen,
nicht kommen. Nur darin aber gründet sich dauerhaft die Kraft einer
Nationalität; daher gelangt eine solche in Italien eben nicht zur Ausbil-
dung; das wurde gar nicht erstrebt, überhaupt daran gar nicht gedacht.
Und so begreift es sich, daß die neue, herrlich erblühte Kultur, unter den
bald eintretenden äußeren und inneren Hemmungen, alsbald erlag und
nur allgemeine Unfreiheit, nur ein mattes Zurücksinken unter die alte,
fortan alles lähmende Herrschaft der sich wieder auf sich selbst besinnenden
Gewalten des Mittelalters hinterließ.

Der letzte Grund des auffallenden Rückgangs ist aber vielleicht noch tiefer zu suchen. Ein Blick auf die Entwicklung der Wissenschaften und Künste in der italienischen Renaissance belehrt uns über eine sehr enge Berührung ihres Geistes nicht bloß mit dem des Altertums überhaupt, sondern mit dem des Griechentums im besonderen. Italien, darf gesagt werden, hat damals den Gedanken der Methode ganz im Geiste Altgriechenlands aufgenommen und fast nach allen Richtungen der neuen Zeit zurückgewonnen. Schon in Leonbattista Alberti kündigt er sich an, er entfaltet sich höchst mächtig in Lionardo da Vinci, ergießt sich bei ihm in alle Zweige der Naturwissenschaft und Technik wie auch der Kunst, für welches alles zugleich kaum jemals sonst in einem Einzigen die Begabungen in vergleichbarer Stärke nicht bloß wie zufällig sich zusammengefunden hatten, sondern wie aus einem Quellpunkt zu fließen schienen. In Galilei aber erringt der Gedanke der Methode zwar nur in einem, aber dem für diesen Zeitpunkt entscheidenden Punkte, in der Grundlegung exakter Forschung, einen Sieg, der nicht bloß die Bedeutung einer großen, bleibenden Errungenschaft der Menschheit hatte, sondern der Wissenschaft ein für allemal das Gesetz gab und damit ihr die Bahn brach, die ihr den Fortgang in ungemessene Weiten, ja ins Unendliche sichert. Philosophisch bedeutete seine Tat nichts geringeres als den Sturz des Aristotelismus, zwar noch nicht in der ganzen Breite seiner Herrschaft, aber in seinem Zentrum, seinem falschen Begriff der „Wissenschaft", durch den er bis dahin das Abendland beherrscht hatte. Es war der entscheidende Sieg der Methode über das System. Das erst war — nicht bloß für das Gebiet des Intellekts — der echte Hinausschritt in die Unendlichkeit; es war damit die Idee wiederentdeckt als Ursprung und ewiger Leitstern der Erfahrung, einer Erfahrung, die nichts mehr von Fesselung, von Bindung des Denkens an seinen „Gegenstand", sondern gerade seine volle Befreiung zur Unendlichkeit der selbstgestellten Aufgabe bedeutet.

Und wenn die bildende Kunst der italienischen Renaissance gewiß nicht nur „Methode" blieb, sondern, besonders in Michelangelo, Werke von einer Wucht und Größe gerade des ideellen Gehalts wie wenige vor- oder nachher geschaffen hat, so zeigt sich doch überall in ihr eine Kraft der Methodik, wohl vergleichbar nach Art und Tiefe der in der griechischen Kunst waltenden; wie sie denn auch wiederholt sich ganz bewußt bis zur Form der Wissenschaft ausprägt. Dieser Geist der Methode hat aber dann in der ganzen modernen Kunst, nicht minder als in der modernen

Wissenschaft, immer fortgewaltet. Ihm verdankt sie, wie an dem Beispiel
Rembrandts früher gezeigt worden ist, all das Unermeßliche, was sie den
früheren Weltaltern gegenüber Eigenes und Unterscheidendes aufzuweisen hat. Nicht minder auffallend verbreitet sich der Geist der Methodik,
der beherrschenden Form, von Italien aus über die ganze moderne Musik.
Aber, merkwürdig, nachdem Italien all das Große, in einem Sinne
schlechthin Entscheidende für die Menschheit vollbracht hat, sinkt es zurück;
erst einem Rembrandt war es beschieden, in bildender Kunst, einem Bach
und Beethoven, in der Musik, einem Shakespeare und Goethe, in der
Dichtung, bei mindestens gleicher Kraft der schöpferischen Methode, zugleich einen unendlichen Gehalt zu geben, wie er in Dante, Lionardo,
Michelangelo wohl sich ankündigt, aber wie erstarrt bleibt und zu freier,
eben unendlicher Fortwirkung nicht gelangt.

Gerade in diesem tragischen Schicksal: nach einer unvergleichlichen, nur
zu rasch vergangenen Blüte es zur vollreifenden Frucht nicht gebracht zu
haben, gleicht das neue Italien auffallend dem alten Griechenland. Die
Urkraft der Methode, von den Griechen entdeckt, von Italien aus dem
Schlummer wieder geweckt und erst zur vollen Auswirkung gebracht, durch-
waltet fortan das ganze geistige Schaffen der aufwärts strebenden Menschheit und gibt ihm den himmelstürmenden Schwung der geistigen Eroberung. Aber sie erschlafft, sie erlischt beinahe in den Völkern, in denen sie
zuerst erwacht war und in jugendlicher Frische und Schöne sich enthüllt
hatte, um in Völkern männlicherer Energie und Ausdauer fortzuwirken
und zu Höhen sich zu erheben, die jenen unerreicht blieben. Es gehören,
scheint es, verschiedene Begabungen dazu, den Weg zu finden und zu
weisen und ihn bis zu Ende zu gehen. Gewiesen hat ihn in fast allem
— nächst Hellas — Italien, beschritten und kraftvoll verfolgt haben ihn
andre Völker. Zunächst die des Westens.

Auf die begünstigenden äußeren Umstände darf auch hier nicht der
Hauptnachdruck gelegt werden. Die Vorteile des Überseehandels fielen
zunächst nicht Frankreich oder England, sondern Spanien und Portugal
zu. Ersteres namentlich schien durch eine unerhörte Gunst zeitlich zusam-
mentreffender Umstände wie von höherem Willen vorherbestimmt zu
einer unbedingten Vormachtstellung nicht bloß in Europa, sondern auf
dem ganzen Erdkreis. Die Begründung der gesamt-spanischen Monarchie,
ihre Vereinigung mit der schon weit ausgebreiteten Macht des Hauses
Habsburg, der noch nicht verblichene Glanz der Kaiserkrone, ein gleich-

zeitig mächtiger Einfluß auf das durch die Reformation bedrohte, auf
Anlehnung an eine starke Staatsgewalt hingewiesene Papsttum, alle
diese stark begünstigenden Faktoren der Weltmacht vereint in der Hand
einer vielleicht nicht großen, doch staatsmännisch nicht unbegabten noch
schwachen Persönlichkeit — schienen wie ausersehen, um den nie erstor-
benen Gedanken einer Weltmonarchie, gleich, ja überlegen der altrömischen,
der Verwirklichung nahezurücken. Ein Reich, in dem die Sonne nicht unter-
ging, war unter einem Szepter vereinigt. Auch fehlte es der freilich zu-
meist durch äußere glückliche Fügungen gewordenen riesenhaften Macht-
konzentration nicht an inneren Kräften, die geeignet scheinen konnten, sie
zu erhalten. Das damalige Spanien hat gewaltige Heerführer und Staatsmänner gesehen, es hat in Kunst und Literatur, in einigen Zweigen der
Wissenschaft andern Völkern Ebenbürtiges geschaffen. Ein Spanier war
es auch, der eine gewaltige geistige Macht wie den Jesuitenorden ins
Leben rief. Warum reichten diese so realen Kräfte dennoch nicht nur nicht hin,
die spanische Weltmonarchie, von der noch Campanella sich die endliche
Verwirklichung des Platonischen Vernunftstaats versprach, in der Tat
herbeizuführen, sondern auch nur zu verhindern, daß die spanische Macht
zerfiel, sobald Philipp die Augen schloß? Warum steigt dagegen Frankreich, das an den Handelsvorteilen bis dahin weit geringeren Teil hatte,
dessen festländische Ausdehnungsversuche zunächst gescheitert waren, das
im Innern noch starke Widerstände zu bewältigen, vor allem mit der
Reformation noch den schwersten Kampf zu bestehen hatte, ehe es mit
ganz geeinter Kraft an größere, weltgeschichtliche Aufgaben herantreten
konnte? Warum steigt England, welches, durch Frankreichs innere Kräfti-
gung vom Festland abgedrängt, selbst in seinem abgeschlossenen Insel-
bereich, der es nach außen hin so trefflich schützt, die staatliche Einigung
noch nicht einmal voll erreicht hatte? Man sieht wohl, die äußere Gunst
der Umstände, die bevorzugte geographische Lage, die größere Leichtig-
keit der Teilnahme an der Besiedelung ferner Weltteile, alles das und
dem ähnliches genügt nicht zur Begründung einer nachhaltig großen
Nationalkraft, wenn nicht zugleich innere, im Charakter der Nation selbst
tiefgewurzelte Kräfte bereitstehen, solche Gunst der Umstände auch voll
zu nutzen. Ja solche inneren Kräfte vermöchten wohl auch einer verhältnis-
mäßigen Ungunst der äußeren Bedingungen ein volles Gegengewicht zu
bieten.

Kein Zweifel aber, daß zunächst Frankreich hohe geistige und sittliche

Kräfte einzusetzen hatte, denen es mehr als den gewiß auch günstigen
äußeren Bedingungen seinen staatlichen Aufschwung verdankt. Sonst hätte
es nicht unter fortwährenden, mehr als einmal seine Existenz bedrohenden
äußeren Kriegen aus einer inneren Zersplitterung, kaum geringer als die
Deutschlands und Italiens, den nationalen Einheitsstaat nicht bloß früher,
sondern reiner, innerlich gesicherter als irgendein andres Land Europas
zu verwirklichen vermocht. Die letzte und schwerste innere Krise führte der
Glaubensstreit herauf; und man darf nicht sagen, daß es dem hugenot-
tischen Adel und Gelehrtentum mit dem evangelischen Glauben weniger
Ernst gewesen sei als dem deutschen, schweizerischen, niederländischen
Protestantismus oder später dem Puritanismus Englands und Amerikas.
Doch nahm auch der Hugenottismus von Anfang an zugleich eine politische
Richtung. Er wollte nicht weniger als die Gegenpartei die Einheit der
Nation. Gerade darum war ein Nebeneinanderbestehen der streitenden
Bekenntnisse, wie in Deutschland, für Frankreich undenkbar. Aber auch
mit der Niederlage und Ausrottung des Hugenottentums verfiel Frankreich nicht einem Katholizismus gleich dem, der Italien und Spanien
zur Ohnmacht verurteilte, sondern es gelang ihm eine eigne Lösung des
Problems in der Behauptung einer, obgleich katholischen, dennoch nationalen Kirche. Daher fand hier die katholische Restauration an der gerade
durch die Ausschaltung des religiösen Zwiespalts gefestigten Staatsgewalt ihre bestimmte Grenze und konnte, wenn auch anfangs unter Schwan-
kungen, ein vergleichsweise hohes Maß geistiger Freiheit sich entfalten.

So ist auch die Monarchie, wie sie nach der Idee Richelieus am reinsten
in der Person Ludwigs XIV. sich verwirklichte; eine dem Wesen nach
andre als die spanische. Das berüchtigte „Der Staat bin ich" besagt doch
zugleich: Ich bin der Staat. Es trifft den Kern der Sache, wenn gesagt
worden ist, daß die Staatsform des modernen Frankreich von den Staats-
gebilden der italienischen Renaissance, die der Tag schuf und stürzte, sich
scharf unterschieden habe durch die stetige, „fast wäre man versucht zu
sagen: die methodische" Entwicklung, die sie genommen hat. Es ist eben
doch kein Zufall, daß dasselbe Volk, das in Descartes den Gedanken der
Methode in Wissenschaft und Philosophie so bewußt und tief wie damals
und auf lange hin keines der andern aufgenommen und durchgeführt
hat, ihn auch und erst recht auf politischem Boden zur Wahrheit machte.
Richelieu stellt dem französischen Königtum bestimmt die Aufgabe, die
Einheit der französischen Nation in sich darzustellen und zu sichern, „Volks-

und Staatseinheit wechselseitig aufeinander zu beziehen und ineinander zu gründen". Allerdings wird dabei die „Nation" nicht gleich im voll umfassenden Sinn verstanden. Die schlummernden Kräfte der unteren Volksschichten bleiben auch hier vorerst noch unentdeckt. Aber doch ist es nicht zufällig, wenn schon hugenottische Stände um die Mitte des 16. Jahrhunderts allgemeinen Volksunterricht ganz im Geiste Luthers ins Auge fassen. Und wenn dazu freilich damals noch alle Vorbedingungen fehlten, wenn die wissenschaftliche und religiöse Aufklärung Frankreichs noch bis tief ins 18. Jahrhundert hinein auf eine schmale Oberschicht beschränkt blieb, an eine geistige Erweckung der Massen dabei entfernt nicht gedacht war, so hat sie doch dem Gedanken einer allgemeinen „nationalen" Erziehung den Weg gebahnt, der seit etwa 1750 sich deutlich und deutlicher ankündigt, um von der Revolution unter den ersten „Menschenrechten" verkündet zu werden und von da aus die Welt zu erobern. Darin siegt der positivistische Geist des Franzosen, in dem seine außerordentliche Befähigung gerade zur Politik wurzelt. Es ist wieder Richelieu, der dafür den geradezu klassischen Ausdruck gefunden hat: „Der Staat hat keine Existenz nach dieser Zeit, sein Heil ist in der Gegenwart, oder null und nichtig." Aber in diesem klaren Positivismus und Aktualismus wirkt eben — die Methode. Sie wird zur Triebkraft einer folgerechten Weiterentwicklung, die auch in den krampfhaften Zuckungen des späteren französischen Staatslebens die heimliche Kontinuität nicht verkennen läßt.

Es ist ja mehr und mehr von den Historikern klargestellt worden, daß die Revolution von 1789 innerlich und sachlich keineswegs den jähen Umsturz bedeutet hat, dem sie äußerlich gleichsieht; daß sie eine längst schon vorbereitete Wandlung nur zum vollen Durchbruch gebracht hat. Gerade der Kern des französischen Staatsgedankens, der Zentralismus, blieb von dieser und allen nachfolgenden, scheinbar sinnlos hin und her gehenden Wandlungen der äußeren Staatsform unberührt. Rousseaus „Gemeinwille", der sich bis zu dem schroffen Ausdruck des „Gemein-Ichs" zuspitzt, ist eine kaum minder schlagende Ausprägung des staatlichen Einheitsgedankens als Ludwigs „Der Staat bin ich". Die rationalistische Schärfe des Einheitsbewußtseins, der Bewußtseinseinheit im Staatsgedanken hat keine andre Nation so früh erreicht, folgerichtig festgehalten und mit der Tat bewährt. Dem verdankt sie die führende Stellung, die sie in der Politik errungen hat und ihrer Idee nach bis heute behauptet.

Stellt man sich aber die Aufgabe, den politischen Charakter dieser un-

zweifelhaft auf Größe angelegten Nation auf seine letzte ethische Wurzel
zurückzuführen, so lassen uns die ausdrücklichen, etwa philosophisch zu
nennenden Formulierungen freilich im Stich. Frankreich hat, wie Italien,
irgendein großes ethisches System, es hat überhaupt unterscheidend neue
ethische Gedankenprägungen nicht aufzuweisen. Doch darf vielleicht gesagt werden: sein neuer ethischer Gedanke ist eben der Staatsgedanke,
wie er doch auch theoretisch in der reichen und bedeutenden politischen,
sozialwissenschaftlichen und historischen Literatur Frankreichs sich darstellt.
Frankreich zeigt sich in dem allen dem Geiste des alten Rom so nahestehend
wie kein andres der modernen Völker. Es beweist eine hohe Befähigung
zur Gesetzgebung, zur Verwaltungsorganisation, zur Diplomatie. Es
hat sich auch dem sozialen Gedanken nicht verschlossen, sondern ihn vergleichsweise früh und entschieden durchgearbeitet. Es hat aber vor allem
die Grundgedanken der modernen Demokratie in berückender logischer
Klarheit entwickelt und ihnen dadurch eine werbende Kraft mitgeteilt, der
der Reihe nach alle jung aufstrebenden Völker fast um so sicherer erliegen
mußten, je weniger sie für eine wahre Demokratie innerlich reif waren.
Nachdem das politische Frankreich so, ohne äußere Eroberung, einen
geistigen Siegeszug über mindestens den halben Erdkreis vollbracht hat,
darf man es ihm so sehr nicht verdenken, wenn es sich eine Stellung nicht
bloß in unserem Weltteil, sondern in der ganzen „zivilisierten" Welt selber
beimißt, die, auch wenn andre Völker ihm den Rang ablaufen sollten,
ihm doch den Ruf der geistigen Führerschaft auf diesem Gebiet sichert.

Warum aber hat es nun trotzdem die lange genug behauptete Vormachtstellung verlieren müssen und sieht sich heute in ernstester Gefahr, durch
die bedenklichste aller Bundesgenossenschaften in die Rolle eines Schutz-
staats herabgedrückt zu werden? Dies äußere Geschick weist doch wohl auf
einen inneren Mangel, der unter dem vornehmen Glanze seiner gerade
geistig hohen Weltstellung sich dem etwas tiefer dringenden Blick denn
auch nicht lange verbirgt. Der Mangel liegt, scheint es, in einer gewissen
Abstraktheit, die dem französischen Geist, auch in und unmittelbar neben
dem entschiedenen Realismus, von je eigen gewesen und bis heute geblieben ist. Frankreich hat den Sinn der Methode in stark realistischer
Wendung, daher auch mit starker Wirkung erfaßt und durchgeführt, aber
es versteht, eben in seinem Realismus, die Methode durchaus einseitig,
logisch gesprochen, im Sinne bloßer Subsumtion. Im französischen Staatsgedanken, sei es monarchischer Absolutismus oder demokratischer Republi-

kanismus, wird der Einzelne, die Gruppe, der Stand oder Berufskreis, die Familie, die Gemeinde, oder welche soziale Sonderheit auch immer, zum bloßen den nebengeordneten Gliedern gleichstehenden Exemplar der bezüglichen Gattung. So steht alles, recht wie in einer scholastischen Begriffshierarchie, durchsichtig rational wie in Reih und Glied geordnet da, jedes Besondere und Einzelne wird ausschließlich unter allgemeinem „Gesichtspunkt" betrachtet und gewertet.

Kaum eine einzige Ausprägung des eigentümlich französischen Ethos läßt diesen Zug verkennen. Ein Montaigne möchte in scheinbar extremem Individualismus, von aller Öffentlichkeit, auch von allem wissenschaftlichen oder literarischen Gemeinbetrieb zurückgezogen, einzig sich selber leben, nur die „naive Form" des eignen Seins in sich beobachten und sich von ihr Rechenschaft geben. Dennoch hält seine Selbstbetrachtung durchweg die generalisierende Richtung inne. Es ist allgemeines Los, allgemeine Schwäche des Menschseins, was er an sich selbst, wie allenthalben in seiner Umgebung, vorfindet und mit echt französischer Beweglichkeit des Geistes nicht nur, sondern auch Unbefangenheit realistischer Wahrhaftigkeit darstellt. Soll man sagen: er spiegelt sein Selbst in der Allgemeinheit des Menschentums oder diese Allgemeinheit in seinem Selbst, so wie so bleibt sein Denken generell gerichtet. Er zeigt, wie der Mensch, und so auch, wie e r ist und lebt; nichts Menschliches ist ihm fremd, um so mehr ist es das Menschliche, oft das Allzumenschliche, das er zeichnet, indem er sich selbst zeichnet. Denselben Zug wird man, einmal aufmerksam geworden, stets wiederfinden in den ungezählten Sittendarstellungen der französischen Literatur, sei es in Form der Reflexion, des Briefes, der Biographie, besonders der Selbstbiographie, des Romans oder des Schauspiels. Man dringt mit ausgesuchtem Wirklichkeitssinn ins feinste, geheimste, prickelndste, normale, mehr noch unter- und übernormale Einzelne der Menschenseele; aber man lebt nicht naiv darin als in einem Individuellen und macht uns es mitleben, man gibt es nicht individuell, sondern zeichnet es naturalistisch, intellektualistisch oder, wenn selbst in moralischem oder sozialem Interesse, doch wissenschaftlich, man darf schon sagen, „methodisch": als Fall, wenngleich eng und enger spezifizierten Fall — des Allgemeinen; nicht als Einmaliges, schlechthin Eigenes, also letzten Endes in der Tat nicht als Individuelles.

Im Sozialen und Politischen nun erklärt sich aus dieser Eigenheit des französischen Geistes eben der Zug, in dem er die auffallendste Verwandtschaft mit dem altrömischen Geist verrät. Wir erkannten mit Hegel die weltgeschichtliche Tat des alten Rom auf geistigem Gebiet, deren realer Ausdruck das römische Imperium war, in der Herausarbeitung der abstrakten, formalen Allgemeinheit der rechtlichen Person im Staat. Durch diese wurde die echte Individualität in Wahrheit verneint, der Organismus des Ganzen in die Atome der Einzelpersonen aufgelöst, die nur als abstrakte der ebenso abstrakten Allgemeinheit des Staates gegenüberstehen. So tauchten auch die Völkerindividualitäten unter in der abstrakten Allgemeinheit des sie alle gleichmäßig umschließenden äußeren Reichsverbandes. Ganz diese soziale und politische Grundstellung tritt uns in der Neuzeit überall als die unterscheidend französische entgegen. Diese Denkweise grenzt sich gleich scharf ab von dem ungeschminkten Singularismus der italienischen Renaissance, der sich überhaupt nicht zur klaren Überordnung des Gemeininteresses über das Interesse des Einzelnen aufschwingt, die sozialen und politischen Ordnungen einzig vom Standpunkt des herrschwilligen und herrschfähigen Einzelnen ins Auge faßt, wie von dem wieder ganz anders gearteten Individualismus des Briten. Dieser will ernstlich jeder, nicht bloß der überragenden Einzelperson ihr Eigenrecht nicht nur notweise zugestehen, sondern wirklich sichern; er wertet jedoch eben damit die sozialen und politischen Ordnungen ausschließlich unter dem Gesichtspunkt nicht des aber der Einzelnen, nämlich danach, daß durch sie die größtmögliche Leistungskraft und Leistungswilligkeit jedes Einzelnen und damit die höchste Gesamtleistung erzielt werde, die dann wieder jedem Einzelnen nach dem Maße, in dem er an ihr teilzunehmen vermag, zugute kommen soll. Verhältnismäßig gleichgültig, durchaus nur dienend ist dagegen für britisches Denken die Form der Allgemeinheit. Vor ihr flieht das britische Staatswesen, die ganze soziale Schichtung Englands förmlich zurück, wie der Engländer überhaupt der Abstraktion abhold ist. Wiederum ganz etwas andres bedeutet Individualität und andrerseits Sozialität dem Deutschen. Er versteht, im Unterschied von jenen allen, beide nicht als erfahrungsmäßig gegebene, mithin endliche Positivitäten, sondern als „Ideen", d. i. ewige Aufgaben. In der Idee aber bedeuten beide ihm gar nicht mehr einen Gegensatz, der nun, sei es durch das unbedingte Übergewicht des Einen oder des Andern, oder durch ein schwebendes, daher in jedem Augenblick bedrohtes Gleichgewicht zwischen beiden, zum Ausgleich zu bringen sei, sondern beide sollen sich in Bewußtsein und Willen eines jeden durchgängig, ihrem ganzen, unendlichen Gehalt nach, eben als ewige Aufgaben aufeinander wechselseitig beziehen und von innen her in Einklang setzen. Dem Franzosen wie dem Briten und Italiener ist das nichts als abstruse Metaphysik, sie alle kennen und verstehen Individualität als Singularität, Gemeinsamkeit als Pluralität, beide aber als positiv, da und gegeben; in welcher Gegebenheit nun sie sich, nach französischer Denkweise, nur so ausgleichen können, daß der Singular dem Plural, wie logisch, auch tatsächlich untergeordnet sein müsse.

Wie in dem Staatsgedanken Richelieus, nicht minder der Revolution und Napoleons, so spricht in der heutigen Stellung Frankreichs gegen uns — Frankreich aber nimmt darin unter seinen Verbündeten unzweifelhaft die führende Stellung ein — eben diese soziale Grundauffassung, und zwar als das entscheidende Motiv des Kampfes gegen uns, sich aus. Frage man die ernstesten, redlichsten, geistig höchststehenden Franzosen, um welche Palme, ihrer Überzeugung nach, im gegenwärtigen Kampfe gestritten wird, so werden sie alle einmütig zur Antwort geben: es gelte den Sieg der Demokratie, der Freiheit der Person, der Freiheit der Völker, Freiheit auf dem Grund der Gleichheit, Gleichheit auf dem Grunde der Freiheit, und damit zuletzt des Friedens, auf Grund des Ausgleichs alles Völkerzwists, wiederum nach den Grundsätzen der Demokratie, der Freiheit der Gleichen, Gleichheit der Freien. Das ist das Programm des „Pazifismus", der seinem Ursprung und wesentlichen Sinn nach französisch ist. Hieß es früher: das Kaiserreich' — so heißt es jetzt: die Demokratie bedeutet den Frieden. Aber diese Demokratie besagt letzten Endes nicht minder — das Imperium; dem Scheine nach das der Allheit, in Wahrheit aber das der zufälligen Mehrheit, nämlich Scheinmehrheit, hinter der in letzter Wahrheit die über die stärksten Mittel der Beeinflussung gebietende — Minderheit sich verbirgt, ja kaum verbirgt. Diese Folge aber ist so lange unvermeidlich, als alles: Freiheit, Gleichheit, Friede, nicht als Idee, sondern als empirische Realität verstanden wird. Dann gibt es kein unantastbares, ewiges Recht der Individualität sei es des Einzelnen oder der Gemeinschaft, etwa des Volkes. Das aber ist allein die Freiheit, die Gleichheit, der Friede, wie wir sie nach unserer geistigen Art allein verstehen und wollen können. Darum können und dürfen wir, bei aller heißen, weil aus der Tiefe der Idee fließenden Freiheits- und Gleichheits- und Friedensliebe, diese Freiheit und Gleichheit, diesen Frieden nicht annehmen, sondern müssen kämpfen um dies alles, so wie wir es verstehen. Darum gelten

wir den Andern, den Franzosen besonders, als Feinde des Menschengeschlechts, weil als solche, die wohl ihre Freiheit, ihren Frieden, aber nicht
den der Andern wollen. Verständen sie uns, so müßten sie begreifen, daß
gerade unsere Freiheit, nicht die ihre, zugleich die der Andern bedeuten
würde.

Nicht ohne Vorbehalt läßt ein gleiches sich von dem Ganzen auch der
rein geistigen, insbesondere wissenschaftlichen und künstlerischen Leistung
Frankreichs behaupten. Und doch ist die Analogie unverkennbar. Zunächst fällt auf, daß Frankreich keine im eigentlichen Sinne idealistische
Philosophie hervorgebracht hat. Das einzige, große, selbständige System,
das es aufzuweisen hat, das des René Descartes, mag wohl in einem
weiten Sinne auch idealistisch genannt werden; nämlich es hält aus der
gemeineuropäischen Überlieferung des mittelalterlichen Christentums,
aus der Antike, besonders aus Platon, aus Nikolaus von Cues, aus Keppler auch einen letzten Unendlichkeitsbezug alles Endlichen fest. Fragt man
aber, was es nicht aus dem gemeinsamen Schatze der Philosophie der
Menschheit bewahrt, sondern Eignes, Neues aufgestellt hat, so kann man
darin wohl die Begründung des modernen wissenschaftlichen Rationalismus, aber nicht des Idealismus erkennen. Das Rationale aber ist für
Descartes durchaus abgeschlossen, „determiniert“ zwischen den festen
Schranken einer geschlossenen Zahl einfachster unveränderlicher Grundbe-
griffe und Grundsätze einerseits und der aus diesen nach dem Vorbild
eines Euklidischen Deduktionsganges zu demonstrierenden Folgesätze
andrerseits, welche die Wirklichkeit und die erkennbare Möglichkeit der
Dinge erschöpfen und zum System abschließen. Über diese Grenzen hinaus,
nach oben wie nach unten, gibt es entweder nichts mehr oder nur unserer
Erkenntnis absolut Verschlossenes, Jenseitiges, ebenso Überrationales
wie Überendliches. So aber bleibt der geistige Weltbau, obgleich nicht
in Raum und Zeit beschränkt, doch dynamisch, nach oben in einem letzten
Weltgesetz, nach unten in einem geschlossenen Tatsachenbereich, beschränkt;
weder hüben noch drüben erschließen sich wahre Unendlichkeiten, wie für
Leibniz, der aus seinem deutschen Instinkt diese Beschränktheit des Carte-
sianischen Weltbaus sofort empfindet und bald sicher überwindet. Descartes's Weltkonstruktion ist ebenso durchaus statisch wie die Leibnizens —
auf der Grundlage Galileis — dynamisch. Daher die vollständige Fremdheit gegen jeden Gedanken an Geschichte. Die absolute Erhaltung zwar
der Bewegung im Universum, aber als eines fixen, weder zu vermehrenden

noch zu vermindernden Quantums; daneben eine merkwürdige reale
Indeterminiertheit gesetzfreier Willkür der Bewegungsrichtung bei doch
zugleich strengster Ausschließung aller Zweckvorstellung — alles zeigt ein-
stimmig, wie fern hier jeder freie Blick hinaus in eine ewige Zukunft liegt,
wie ganz das Denken zuletzt eingestellt bleibt auf das, was schlechthin da,
oder allenfalls im Daseinszusammenhang möglich, d. h. aus den gegebenen
Faktoren zu errechnen ist. Darum kommt Descartes's ethische Reflexion
nicht hinaus über eine gewisse ritterliche Moral anständiger Lebens- und
Gesinnungsordnung des Intellektuellen, der er nicht mehr als ein paar
abgedrungene Briefe an eine fürstliche Dame zu widmen sich getrieben
fühlt. Sein ganzes Denken bleibt, trotz des scheinbaren Realismus des
„Ich denke", positivistisch eingestellt.

Und kaum so weit wie die seine nähert sich dem Idealismus die ganze
spätere Philosophie Frankreichs; Malebranche vielleicht ausgenommen,
der, sonst Cartesianer, doch weit stärker unter dem Einfluß des Augustinischen Christentums und eines gewissen Mystizismus steht. Das philo-
sophiestolze Jahrhundert der französischen Aufklärung ist in Wahrheit
ganz unphilosophisch. Was es Philosophie nennt, ist nichts als ein oft
erstaunlich abstrakter Systemgeist, oder ein populäres, von Tagesin-
teressen heimlich geleitetes, doktrinäres Absprechen über letzte Fragen
ohne wirkliche Untersuchung. Ernste Anläufe zum „System" unternahmen
dagegen im 19. Jahrhundert wenigstens zwei Franzosen: Auguste Comte
und Charles Renouvier. Beide aber bestätigen, auf übrigens sehr verschiedene Weise, nur von neuem die wesentliche Beschränktheit des französischen Denkens zwischen den sich nah berührenden Extremen eines
rationalisierten Positivismus und eines positiv gewendeten Rationalismus. Comte bringt den Positivismus selbst, dem er den Namen gegeben
hat, in ein quasirationales System, das unter Ablehnung jedes Absoluten
tatsächlich das Positive selbst verabsolutiert, zugleich rationalisiert zu
einer „Hierarchie" der Wissenschaften, die in einem einzigen allbefassenden
nämlich naturwissenschaftlichen Zusammenhange zugleich alles Geistige,
auch das Praktische, Individuum wie Gemeinschaft, desgleichen die Geschichte, zu begreifen meint, um zuletzt in die seltsame Spitze einer ganz
ins Positive übersetzten, der Form nach aber durchaus mittelalterlich
konstruierten „Menschheitsreligion" auszulaufen, deren Hohenpriester
der positivistische Philosoph selber vorstellt. Windelband kennzeichnet den
national-französischen Typ dieses merkwürdigen Systems kurz und schla-

gend durch den Vergleich seines englischen Gegenbildes, Buckle: „Auf
der einen Seite das abstrakte Gesetz, auf der andern der lebendige Eigenwert der einmaligen in sich bestimmten Gestalt." — Dagegen wäre vielleicht mancher geneigt, das System Renouviers, in seinem weitgehenden
Anschluß an Kant, schlechtweg als Idealismus zu bezeichnen. Doch stellt
eben die Vergleichung mit dieser seiner Vorlage sofort das Gegenteil
heraus. In einem naiv dogmatischen Finitismus streicht Renouvier aus
dem sonst der ganzen äußeren Struktur nach übernommenen System
des Kritizismus genau den Zug, der seinen Lebensnerv ausmacht: die
Idee als unendliche Aufgabe. Damit wandeln sich Kants „Ideen":
Gott, Freiheit, Unsterblichkeit in zwar nicht erweisliche, aber — empirisch
wahrscheinliche Positivitäten; der von Kant in ganzer Tiefe begriffene
Unterschied theoretischer und praktischer Vernunft, zumal mit dem Pri-
mate der praktischen, wird zunichte; der Kritizismus wird zum Positivismus, d. h. hört auf, Idealismus zu sein. Auch die vermeinte Übereinstimmung mit Leibniz verkennt in diesem den überall durchwaltenden
Idealismus, klammert sich einzig an solche Momente, in denen Leibniz
hinter seiner tieferen Intention zurückgeblieben war.

Nach solchen Beispielen wird man zweifelhaft, ob ein Franzose, als
Franzose, den Idealismus überhaupt zu verstehen imstande ist. Zwar
schien seit 1870 eine Hinwendung zu ihm sich anzukündigen; aber zu einer
klaren Gestaltung hat sich das wenigstens bisher nicht durchgearbeitet.
Bergson ist nicht nur zufällig nicht Nationalfranzose; seine heute in Frankreich hochmoderne Philosophie ist eine Synthese von russischem Mystizismus und französischem Psychologismus; soweit von einem idealistischen
Einschlag gesprochen werden kann, ist es deutsches Lehngut, geht aber an
dem entscheidenden Gedanken des Idealismus, dem des Schöpfers Logos,
vorbei, möchte, wenn sie könnte, ihn abdanken. Diese Philosophie würde,
wenn sie für Frankreich etwas bewiese, allenfalls beweisen, daß es an
seinem Rationalismus sowohl als an seinem Positivismus irre geworden,
nicht aber, daß es auf dem Wege wäre, über beide nach vorwärts,
zum Idealismus, zu schreiten, sondern eher, in einen matten Inaktivis-
mus zurückzusinken.

In günstigerem Lichte zeigt sich die intellektuelle Art Frankreichs in den
Gebieten, wo eben mit einem positiv gerichteten Rationalismus etwas
auszurichten ist: in der positiven Wissenschaft, nicht nur der exakten, in der
Frankreichs Ruhm und hohe Leistung über allem Zweifel erhaben ist,

sondern besonders auch in der Sozialwissenschaft und sozialwissenschaft-
lich orientierten, eben rationalisierenden Geschichtserforschung; auch in
der analytischen Erforschung und Durchleuchtung der Literatur und Kunst.
Und so ist ja gar nicht auszusagen, was in Literatur und Kunst selbst von
diesem Volke an „Finesse“ des Geschmacks, an Weite und Allgemeinheit
der Gesichtspunkte und wiederum analytischer Erschließung verborgen-
ster Lebenstiefen geleistet worden ist und fort und fort geleistet wird.
Eine kaum überwindliche Anziehung übt nach allen diesen Seiten die
französische Kultur, der ganze Lebensstil des Franzosen gerade auf uns
Deutsche, ich möchte glauben, durch keinen Zug mehr als den der Wahrheit und Offenheit, der über den daneben freilich starken Hang zur Pose
auf der einen, zu prickelndem Reiz, weibischer Koketterie und Pikanterie
auf der andern Seite doch immer wieder den Sieg gewinnt und etwas
von unglücklicher Liebe zum französischen Wesen, nicht anders als zum
weiblichen, in manchen Deutschen zu entzünden scheint. Aber daneben
steht nun doch die unleugbare Tatsache, daß Frankreich weder Platon
noch Aischylos, weder Dante noch Lionardo, weder Shakespeare noch
Rembrandt, weder Goethe noch Bach, Mozart, Beethoven auch nur einen
einzigen Ebenbürtigen an die Seite zu stellen hat; daß ein einziger hebräi-
scher Psalm, ein einziges deutsches Lied die ganze auch empfindungsvollste
französische Lyrik, ein einziger Dickens seine reiche und bedeutende Roman-
literatur wirft. Das muß doch Grund haben. Der hohe Vorzug der Franzosen, der Stil, erhebt sich gewiß über die bloße Konvention, so oft er
auch in sie zurückzusinken in Gefahr kommt. Aber er bleibt stets unter der
Linie echter Genialität, auch wo er sich ihr einen Augenblick nähert. Es
fehlt ihm nicht an Methode, aber an Unendlichkeit. Es ist auffallend, daß
kein einziges französisches Werk die Höhe sei es der echten „das Menschengeschick bezwingenden“ Tragik oder des echten, liebenden Humors,
keines die Gewalt einer unwidersprechlichen Symbolik erreicht, wie sie dagegen keine der ganz großen, weltmächtigen künstlerischen Schöpfungen
der andern Völker vermissen läßt; wogegen auf der mittleren Linie des
analytischen Romans und Schauspiels, des unmittelbar sprechenden,
weltverständlichen, auch gehaltvollen, besonders landschaftlichen Gemäldes,
des monumentalen oder rührenden Bildwerks, des vornehmen, ohne
Überladung machtvoll wirkenden Bauwerks Frankreich gewiß sehr Ein-
drucksvolles geschaffen und für viele, auch für Deutsche, wenn nicht den
Lehrer, doch den Anreger gemacht hat. Nicht haltbar ist der Anspruch, den

Paris erhebt, das moderne Athen zu sein; eher noch dürfte man es mit der alten Roma vergleichen, wenn es ihm nicht zuletzt doch an jener männlichen Stärke gebräche, an die selbst dieser Name erinnert. —

Versuchen wir nun auch die Eigenheit des britischen Geistes zu bestimmen, so ist sie fast schon bezeichnet durch den Gegensatz des französischen und die zugleich doch nahe Analogie zu ihm. So auffallend wie in allem typisch Französischen das Übergewicht des Gattungsmäßigen, ist im typisch Britischen die vorwaltende Richtung auf Besonderung. Wie aber die französische Generalisation ihre Stärke und zugleich ihre Schwäche darin hat, daß sie den Boden des Tatsächlichen, Positiven nie verläßt, aber das Positive stets unter generellem Gesichtspunkt zu fassen sucht, so bedeutet die Besonderung beim Briten nicht zentrifugales Auseinanderstreben, sondern sie bezweckt gerade und erwirkt in der Tat höchste Entfaltung der Gemeinkraft des Ganzen. Nur wird das zusammenhaltende Gemeinsame, Gattungsmäßige stets von der Besonderheit aus, nach seiner Rückwirkung auf sie gewertet, einzig in ihren Dienst gestellt. Grundsätzlich dagegen hält der britische Geist sich fern aller bloßen Abstraktion, allem bloß Ideellen; er denkt nicht bloß und fühlt, sondern lebt im greifbar Positiven und betritt den unvermeidlichen Umweg der Abstraktion nur, um desto entschlossener zum Besonderen und Einzelnen zurückzukehren, desto tiefer, auch denkend und fühlend, vor allem aber wollend und wirkend, sich in es hineinzusenken.

Damit mag nun britisches Wesen scheinen zum deutschen den äußersten Kontrast darzustellen. Dennoch fühlen wir im letzten Grunde keinem andern Volke uns innerlich näher als dem britischen. Woher? Vielleicht weil an die Tiefen des Unendlichen die Besonderung näher heranführt als die entleerende Abstraktion. Auch sind diese Tiefen den Größten der Briten ja nicht verschlossen geblieben. Hätte England nur den einen Tiefblickenden, Shakespeare, hervorgebracht, er allein würde hinreichen, uns dem Besten des englischen Geistes mit Banden, die kein Krieg zerreißt (vielleicht nur fester schlingt), zu verbinden. Und doch steht dies Volk in seiner überwiegenden Realität uns fremder und ferner gegenüber als das französische, überhaupt jedes romanische. Vor allem es selbst scheint, als Ganzes genommen, noch weniger als die andern fähig und gewillt, uns in dieser Eigenart zu verstehen. Werden wir die gewaltige Kraft sicher nicht unterschätzen, die es aus der intensiven Pflege individueller Eigen-

heit saugt, so vermögen wir doch nicht darüber hinwegzusehen, in welchem
Grade es sich blind macht gegen alles, was etwa mit gleichem Anspruch
sich neben es stellen möchte; wie selbstsicher und selbstsüchtig es allein sich
durchsetzen will, wie beinahe grundsätzlich es ablehnt, sich in den Standpunkt des Andern auch nur vorübergehend zu versetzen, ihn auf der Linie
der Gleichheit und Freiheit neben sich nicht bloß zu dulden, sondern zu
achten und anzuerkennen.

Gleichwohl täte man nicht bloß dem feineren, geistigen, sondern auch
dem breiteren, scheinbar ganz materialistisch gesinnten Britentum Unrecht,
wenn man in ihm nichts als Selbstsucht, skrupellose Gewinn- und Machtgier sehen wollte. Zwar kann man nur immer wieder erstaunen, mit welcher Ungeschminktheit etwas, das sich jenseits des Kanals Philosophie
nennen durfte, sich zum Egoismus entweder geradezu grundsätzlich be-
kannte oder ihn allenfalls nur abzumildern wußte durch einen mehr oder
minder starken Beisatz partieller, im letzten Grunde parteiischer Sym-
pathie: „Ein Engländer ist mein Freund in Spanien, ein Europäer in
Japan, ein Mensch wäre mir sehr wert, wenn ich ihn auf dem Mond träfe",
sagt David Hume. Und nur durch sehr fadenscheinige logische Vermitt-
lungen weiß er den doch einmal nicht zu leugnenden Allgemeinheits-
charakter des rechtlichen, geschweige des sittlichen Gesetzes zwar nicht zu
rechtfertigen, aber als Faktum, als das Faktum einer in gewissem Umfang
nützlichen, ja nötigen Konvention, eines zweckdienlichen Als-Ob, dem Verständnis (britischem Verständnis) näher zu bringen. Dennoch ist der
echte, wirklich „positive" Grund der praktischen wie auch der besseren
theoretischen Moral der Briten nicht Egoismus, sondern „Utilismus",
der sehr wohl auch „Altruismus" sein kann und in seinen erträglicheren
Ausgestaltungen ist. Von Bacon bis Mill ist von dem Motiv der Zweckdienlichkeit die ganze Breite der englischen Moral theoretisch wie praktisch
beherrscht. Kein andres Volk hat eine in gleichem Maße für es typische,
sein täglich bewiesenes Wesen mindestens nach einer Seite getreu spie-
gelnde, in seinem ganzen Leben betätigte, daher wirklich populäre praktische „Philosophie" aufzuweisen. Ihr bester Ruhm ist die Folgerichtigkeit,
mit der sie sich auch konkret durchzuführen versucht in den praktischen
Sonderwissenschaften, und zwar mehr der Wirtschafts- als der Rechts-,
Staats- und Erziehungslehre. So wird eine, selbst durchaus konkrete
Einheit von Leben und Lebensdeutung erreicht, wie kaum ein andres
Volk sie aufweist.

Zuletzt ist es die Energie des Schaffens, die sich darin ausdrückt. Diese treibt zwar zum Raffen und Erobern, doch zuletzt um das Schaffen auf breiteren Boden zu stellen und mit reicheren Mitteln auszurüsten. Bacons Heroldruf zur Gewinnung des „Regnum Hominis", Hobbes ergänzende Losung der Methodik des Wirkens, des „Werks", der naturwissenschaftlich bedingten Technik, die mit dem durchaus als Wirkensobjekt verstandenen Naturkörper den sozialen Körper nicht nur in vielfach aufhellenden Vergleich stellt, sondern ganz in eins faßt, die Sozialordnung selbst ganz eigentlich in ein naturwissenschaftlich-technisches Problem verwandelt und so zuletzt überhaupt die menschliche Psyche naturalisiert und technisiert — solche und dem gleich gerichtete Formulierungen geben ein noch schlagenderes theoretisches Gegenbild, als die noch viel zu abstrakten Moraltheorien des Egoismus und Altruismus, zu dem, was das Ganze der gewaltigen Arbeitswucht dieses zähen, starknervigen Volkes nun schon Jahrhunderte durch einheitlich und zielsicher anstrebt und in erstaunlichem Maße verwirklicht hat. Auch zur Welteroberung trieb und treibt dieses Volk nicht Herrsch- und Habgier, geschweige Genußliebe allein, sondern das edlere Verlangen der Leistung. Wenn es einem Götzen dient, so ist es nicht „Mammon", sondern „Succeß", Erfolg. Dieser mag sich äußerlich messen an der Gewinnziffer, er mag auch skrupellos genossen werden, er will doch dem Gewinn und Genuß zuletzt nicht unter-, sondern übergeordnet sein. Dies Volk wird sicherlich niemals sich „beruhigt auf ein Faulbett legen", es wird stets weiter streben, „rastlos sich betätigen" wollen. So hat Tagore, in der Meinung, den Geist des Westens zu zeichnen, wirklich zutreffend den Geist des Briten gekennzeichnet durch die beiden Merkmale des ausschließlichen Lebens im Partikularen und des rastlosen, nie zu Ende kommenden, vielmehr jedes Haltmachen, jedes Getanhaben und Fertigsein bewußt ablehnenden Betätigungsdranges. Mit diesen Eigenschaften ist der Brite besonders uns, seit wir selbst solchem Faustischen Tatdrang freie Bahn in uns und für uns in der Welt zu erkämpfen begonnen haben, kein liebenswürdiger und kein bequemer Mitbewerber (wie auch wir ihm nicht), sondern der unverstellteste, stärkste, daher gefährlichste Feind, und wird es bleiben, solange er nicht entweder von innen heraus ein andrer geworden oder — Realist genug ist, zu erkennen, daß sein unbändiger Tatgeist an dem nicht minder entschlossenen und unnachgiebigen des Deutschen seine nicht zu durchbrechende Schranke findet.

Man sagt, daß die Extreme sich berühren. Es ist ebenso wahr, daß, was sich am engsten berührt, zum härtesten Kampf gezwungen ist, solange die Berührung nicht bis zum Innersten geht und zur zentralen Einigung wird. Bis dahin aber ist es, zwischen britischem und deutschem Wesen, noch weit. Mag der Brite als Einzelner nicht selbstsüchtiger sein als ein andrer, ungeteilt sucht er bis dahin sich selbst als Nation. Sein Altruismus ist, ganz den Theorien seiner Moralphilosophen entsprechend, in Wahrheit nur Kollektivegoismus, sein Kollektivum aber ist seine Nation, oder es ist zwar die Welt, aber sofern sie, nach der klassischen Forderung des Lord Rosebury, künftig „von Angelsachsen bevölkert" sein wird. Er kämpft (nach einem der besten deutschen Kenner Englands, Erich Marcks) für eine universale Geltung, die in Wahrheit das Partikularste und das Selbstischste ist, was die heutige Welt kennt. So entspricht es in der Tat unserer Grundvoraussetzung: Der Universalismus des Briten, seine weltweiteste Gedanken- und Willenserhebung kann, scheint es, gar nicht anders als doch nur ein Partikulares zu universalem Geltungsanspruch hinaufschrauben; natürlich kein andres als sein eignes, das, in dem er selbst lebt, worin er seiner eigensten, aktuellsten Realität sich, nicht träumend oder fühlend, sondern rastlos tätig bewußt ist, bewußt sein darf. Das ist ihm sein Universum, ein ganz und gar nicht abstraktes oder mystisches, seinsollendes, sondern aktuell seiendes „Individuum", das aus innerster „Natur", d. h. Daseinsnotwendigkeit, recht nach Spinoza, dies sein höchst konkretes „Sein" zu erhalten und durchzusetzen bestrebt ist, bestrebt sein muß. Das bedeutet doch etwas mehr als den gemeinen Selbsterhaltungstrieb jedes Lebendigen; sein Sein ist Wirken und, um des Wirkens willen, Herrschen. In aller Aufrichtigkeit strebt er nach Herrschaft, und zwar Weltherrschaft, schlicht überzeugt, daß sie das Heil auch für die Beherrschten, für die ganze von ihm beherrschte Welt bedeuten wird. Sagt er „Menschheit", so meint er das erdkreisbeherrschende England; spricht er kosmopolitisch, so denkt er den Kosmos als seine Politie; oder spricht er von Europa, so ist selbstverständliche Voraussetzung, daß europäische Kultur nur britisch sein kann oder keine.

Ist das nicht auch ganz begreiflich? Scheint nicht das, was ihm letzte Beweisinstanz ist: der Erfolg, ihm ganz rechtzugeben? Der unleugbare Erfolg seiner durch Jahrhunderte zäh verfolgten Eroberungspolitik kann ja nicht ohne sehr realen Grund sein. Hat die Gunst der äußeren Bedingungen starken Anteil daran, so haben eben diese günstigen Bedingungen es ihm ermöglicht, „ungestört die Eigenschaften seiner Rasse auszubilden:

persönliche Tatkraft, erzogen durch die Berührung mit dem Meer; persönliche Freiheit, ergänzt, aber nicht erdrückt durch einen lebendigen Staat" (Marcks). Selbst die beste und am meisten typische Religion der Briten, der Puritanismus, wirkte von Anfang an in gleicher Richtung. Seine innerliche Gesinnung hat England „mit ihrer Strenge, ihrer Selbstzucht, ihrem Zuge zur Arbeit, zur Sparsamkeit, mit ihrem nationalen und religiösen Ehrgeiz tief durchtränkt", hat den Anspruch auf die Rolle des auserwählten Gottesvolks in ihm lebendig werden lassen, den Anspruch, „mit besonderem sittlichen Rechte, der Welt zum Segen, sich hineinzudrängen in die Welt".

Auch der für den Außenstehenden schwer durchdringliche innere soziale und politische Zustand Englands versteht sich aus demselben Gesichtspunkt. Man darf ihn wohl bezeichnen als die Durchführung einer viel echteren Demokratie als die französische. Zwar nicht das „Volk" in seiner Breite, aber alle kraftvoll Arbeitenden sollen teilhaben und haben teil an dem wirksamen Organismus des Ganzen, und darum an den Rechten, die diese Teilnahme allein möglich und fruchtbar machen, zuletzt nicht um ihrer selbst, sondern um der größtmöglichen Gesamtleistung willen, von deren Ertrag jedoch ein verhältnismäßiger Anteil nicht denen allein, die als Träger des materiellen und geistigen Kapitals die Führung der Arbeit in Händen haben, sondern den Mitarbeitenden allen, nicht etwa mechanisch, ohne eignes Bemühen zufallen, doch bei gehörigem Krafteinsatz von ihnen erstritten werden soll und im ganzen auch erstritten wird. England hat große Menschenfreunde und Prediger sozialer Gerechtigkeit gesehen, aber was es solcher Gerechtigkeit Nahekommendes tatsächlich verwirklicht hat, ist nicht Resultat seiner Menschenliebe oder abstrakten Gerechtigkeit, sondern des nüchternen Utilismus, der es sozial denken gelehrt hat, weil es praktisch ist, sozial zu handeln. Darum ist es des Elends der untersten sozialen Schicht, der Schicht, die eben bisher zu tief steht, um sich durch eigne Einsicht und Kraft emporarbeiten zu können, ebensowenig Herr geworden wie der Not Irlands, die in der Unterlegenheit des irischen Volks ihren greifbaren Grund hat. Am Elend müht sich Menschenliebe und Gerechtigkeit ohne durchgreifenden Erfolg, Gewerkschaften aber und Arbeiterparteien besorgen nur die Interessen der leistungskräftigsten, dadurch schon bessergestellten arbeitenden Klasse, die damit fast ganz auf die Seite des — Kapitalismus hinübergetreten ist. Darum ist das klassische Land der Selbsthilfe der arbeitenden Klasse nicht auch das klassische Land des Sozialismus. Sein Demokratismus ist nur in sehr eingeschränktem Sinne sozial, wie die deutsche Sozialdemokratie sicher nicht im englischen Sinne demokratisch. Beide sind einander eher diametral entgegengesetzt: der englische Demokratismus betont den Anspruch des Partikularen gegen eine ihm etwa bedrohliche Allgewalt des Gemeinsamen, Universalen, der deutsche Sozialismus macht die Forderung der Gemeinschaft geltend gegen jeden partikularen Anspruch welcher Stufe auch immer.

So ist auch die Freiheit des „Individuums“, wie der Engländer sie versteht, nichts weniger als identisch mit der Freiheit, die der Deutsche „meint“ und will. Die Unabhängigkeit des Einzelnen gegenüber dem Anspruch der für abstrakt und „ideal“, d. h. unwirklich angesehenen Allgemeinheit verträgt sich nur zu gut mit einem weitgehenden Zwange der Klasse, der gesellschaftlichen Schicht, des engeren Kreises der in gleicher Lage, etwa unter gleichen Arbeitsbedingungen Stehenden und dadurch zweckdienlich Verbundenen; seinem Zwange, der kaum als solcher gefühlt, sondern dank eines durchaus kollektivegoistisch und utilistisch begründeten Korpsgeistes, der uns an dem Engländer jeder gesellschaftlichen Stufe sofort auffällt, von jedem gern getragen und selbst auf alle Weise gestützt wird. Viele Eigenheiten britischen Lebens, die uns wechselnd anziehen und abstoßen, hellen sich von hier aus auf. Was uns anzieht, ist der vielleicht nur scheinbare, von uns, unserer Grundgesinnung gemäß hineingedachte Zug zum Gemeinwillen; was uns dagegen abstößt, die offenbare innere Unfreiheit, die Abwesenheit wahrer Individualität, mitten in der ausgeprägtesten Partikularität. Der Engländer, scheint es, ist stets Partei, und zwar aus Grundsatz, aus seinem obersten Grundsatz der Zweckdienlichkeit: weil man nur durch partikularen Zusammenschluß ausrichtet, was man stets Partikulares, weil unbedingt Konkretes, Positives will. Bei uns gibt es auch Parteiung mehr als genug, aber zuletzt will jeder er selbst sein und bleiben. Tausendfach lähmt dieser Eigenwille, der doch nicht Eigensucht ist, den ganzen Zweck des Parteizusammenschlusses; um so mehr atmet jeder auf, wo er dem Parteizwang einmal entrinnen kann. Zumal wenn, wie wir es 1914 erlebten, in einem großen Augenblick etwas, das über den Parteien ist, ein im letzten Grunde Unendliches die Partei gänzlich ausschaltet, das Individuum unmittelbar der wahren Allheit gegenüberstellt, der Allheit des Volks, des Staats, nicht dessen, der ist, sondern der werden soll, der Allheit schließlich der Menschheit — denn es gilt zuletzt sie; um der Menschheit willen muß Deutschland leben, sie ist zuletzt das Höhere, denn sie ist Geist und ist göttlich — wo das uns erfüllt, da erst fühlen wir uns an der Quelle unserer innersten Kraft; aus dieser Quelle unmittelbar zu schöpfen ist unsere geheime Sehnsucht; alle die Kanäle dagegen, die diesen lebendigen Kraftstrom nur zerstücken, das Unendliche verendlichen, sind im tiefsten Grunde unserer Seele uns fremd. Darum sind wir die schlechtesten Realpolitiker in allem, nach innen und außen. Der Brite dagegen ist es nur zu sehr, mit Willen, weil es Erfolg bringt, erfolgreich, weil mit festem Willen. Sein Wille ist fest, weil nicht belastet durch Hinausstreben über das Erreichbare; während unsere an sich vielleicht größere Kraft allzuoft verpufft im Streben nach dem Unerreichbaren; die Kehrseite unserer Tugend, der Unendlichkeit des Strebens.

Wie aber der Sozialismus, so ist andrerseits der Individualismus des Briten von dem des Deutschen ganz verschieden. Was da als Originalität erscheint, stellt sich fast immer bei näherer Kenntnisnahme als Typus eines partikularen Lebenskreises heraus, als Folge einer für uns kaum faßlichen Vereinzelung der Interessen, die den ganzen Menschen auf eine einzelne gewollte Leistung hin formt, das heißt entformt, als ganzen Menschen geradezu umbringt; Dickens bietet dafür reichlich Beispiele. Da gibt es der Typen unzählige, oft höchst absonderliche, nicht aber, wie in Frankreich, einen durchgehenden Typus der überhaupt mitzählenden „Gesellschaft", den jeder in jeder Lebensstellung, bis zum Straßenkehrer, wenigstens nach außen darzustellen bestrebt ist. So hat der Brite nicht einen allgemeinen Lebensstil; um so mehr partikularen; aber nicht in unserem Sinne individuellen. Den findet man auch bei uns nicht in der breiten Masse, aber es gibt ihn doch, und zwar in allen Lebenskreisen, während wir ihn im Allerweltsstil des Franzosen wie im partikularen des Briten überall vergebens suchen. Beiden erscheinen dagegen wir stillos, ja hoffnungslos stilunfähig. Wir sind es in der Tat, so wie sie es verstehen. Umgekehrt, wo einmal an einem Briten, wie etwa Carlyle, durchaus untypische Individualität uns entgegentritt, da empfinden wir sie sofort als unserem Wesen nah verwandt; während sie vom Briten selbst als abweichend von seiner Art, ja als etwas, das eigentlich nicht sein sollte, empfunden wird.

Bei dem allen darf doch nie unterstellt werden, daß die Kluft zwischen deutschem und britischem Geist durchaus unüberbrückbar sei. Zeigt die Philosophie Britanniens weit überwiegend das gleiche Gesicht wie seine gesellschaftliche und politische Struktur und seine literarische Selbstzeichnung, so gibt es doch beachtenswerte Ausnahmen. Nicht nur ist die englische Dichtung und Literatur von deutsch-idealistischem Geiste doch vielfach bis zu beträchtlicher Tiefe berührt, sondern auch in eigentlicher, strengerer Philosophie hat z. B. Thomas Hill Green verhältnismäßig selbständig und eindringend einen dem deutschen verwandten Idealismus vertreten, und ihm ist eine jüngere Richtung nachgefolgt, aus der besonders F. H. Bradley hervorragt. Der britische, namentlich schottische Gelehrte, Dichter, Literat, Geistliche ist nicht ganz selten auch von einer individuellen Originalität, die der der besten Deutschen nichts nachgibt; wie sollte die Erkenntnis der Ursprünglichkeit und Überendlichkeit des Individuellen dem britischen Geiste ganz und dauernd verschlossen bleiben! Liegt trotzdem die innere Annäherung heute noch fern, so ist es vielleicht hauptsächlich, weil das Bedürfnis danach besonders drüben bisher noch zu wenig empfunden wurde. Vielleicht daß nach diesem Kriege, aus dem dann unabweisbaren Bestreben, das Unbegreifliche, Entsetzliche, von keinem seinem ganzen Ernste nach Vorgeahnte oder gar Gewollte aus seinen tieferen Gründen wenigstens hinterher zu begreifen und seiner Wiederkehr soviel möglich auch von geistiger Seite vorzubeugen, ein lebendigerer Trieb gegenseitigen Kennens und Verstehens erwacht. Dann wird dies Kennen und Verstehen sich am Ende weniger schwer erweisen, als es heute noch scheint. Dafür darf man vertrauen, nicht so sehr auf die doch einmal vorhandene Blutsverwandtschaft, wie auf die ursprüngliche Einheit der nordischen Geistesart überhaupt.

Der einzige Shakespeare, darauf sehen wir uns immer wieder zurückgeführt, bürgt uns dafür, daß ein Volk, welches diesen Einen erzeugt hat, der uns innerlich nah ist, ganz wie wenn er der unsere wäre, nicht dauernd uns fremd und feindlich bleiben kann. Wir geben Carlyle Recht: „Hier ist ein englischer König, den keine Zeit und kein Ungefähr, kein Parlament oder Verband von Parlamenten entthronen kann." Wir haben auch nichts dawider, wenn die englisch redende Menschheit in allen Weltteilen mit Stolz empfindet: „Jawohl, dieser Shakespeare ist unser, wir brachten ihn hervor, wir sprechen und denken durch ihn, wir sind mit ihm eines Geblüts und einer Art." Wir unterschreiben es erst recht, wenn derselbe Carlyle ihn die andre „Weltstimme" neben Dante nennt. Wir erkennen nicht für richtig, daß es eigentlich der mittelalterliche Katholizismus nach seiner äußeren, seiner Sonnenseite, nach der Art seines Wesens und Wirkens, der praktischen Denkweisen und Lebensansichten sei, was in Shakespeare, seltsam verspätet, sich dargestellt habe; aber wir unterschreiben um so mehr, daß er der Priester eines wahren Katholizismus, der wahrhaft allgemeinen Kirche der Zukunft und aller Zeiten sei, darum, weil er etwas von der tausendfältigen verborgenen Schönheit und Göttlichkeit offenbart hat, die in aller Natur wohnt und die alle Menschen, soweit es ihnen gegeben ist, verehren; daß aus ihm ein Weltpsalter aufgestiegen ist, nicht unwürdig, sich unter den noch heiligeren Psalmen vernehmen zu lassen; daß er ein Prophet ist, gerade in der Unbewußtheit seiner Berufung größer als Mohammed, an Wahrhaftigkeit und Universalität vergleichbar den Größten, einem Aischylos und Homer, aufrichtig wie sie, und wie sie tief hinabreichend zum Allgemeinen, Immerwährenden. Zwar ob auf Carlyles Frage: „Wollt ihr euer Indisches Reich oder euren Shakespeare aufgeben, ihr Engländer — nie ein Indisches Reich oder nie einen Shakespeare besessen haben?" alle, ob auch nur sehr viele mit ihm antworten würden: „Indisches Reich oder kein Indisches Reich, den Shakespeare können wir nicht entbehren! Das Indische Reich wird einmal sich von uns scheiden, aber dieser Shakespeare scheidet nimmer von uns, er bleibt ewig bei uns, wir können unseren Shakespeare nicht lassen!" — ich wage es nicht zu entscheiden. Aber das wage ich zu sagen: Kommen wird der Tag, wo England den Traum seiner Weltherrschaft ausgeträumt haben und als heiligere Aufgabe erkennen wird, Hand in Hand mit uns jenen „wahren Katholizismus" herbeizuführen, den Katholizismus „ohne sichtbares Oberhaupt": das wahre Gottesreich auf Erden, vor dem alles Menschenreich in den Staub sinkt. Dann wird, wie Carlyle es geahnt, in reinem Einklang mit den noch heiligeren Psalmen und Prophetien Israels, mit den unsterblichen Psalmen eines Homer und Aischylos, Dante und Goethe der Weltpsalter Shakespeares ertönen, dank der großen Wahrhaftigkeit, dank den Tiefen der Ewigkeit, der Unendlichkeit, die sein hellsehendes Auge der Menschheit erschlossen hat, und für die, das wird man dann erkennen müssen, kein anderes Volk, kaum sein eignes, ein Verständnis bewiesen hat wie das deutsche. Hier wie nirgends sonst liegt unsere Verwandtschaft zutage, eine Verwandtschaft, tief genug, Ozeane politischer und wirtschaftlicher Feindschaft zu überbrücken.

Es braucht kaum noch weiteres gesagt zu werden von britischer Wissenschaft und Kunst. In der Wissenschaft hat das Britentum den Wert des scharfen Durchdringens der Wirklichkeit in dem unerschöpflichen Reichtum ihrer Besonderung aufs schönste bewiesen. Auch seine größten Theoretiker, ein Newton, ein Faraday, legen den stärksten Nachdruck nicht auf die Allgemeinheit der Theorie, sondern auf die Strenge der empirischen Bewahrheitung, auf das unerbittliche „Hypotheses non fingo". Ihre Forschung bleibt stets konkret, auf die Tatsachen gerichtet; alle noch so tief erfaßte ideelle Beziehung ist ihr nur wirksamstes Mittel zu vollerer Tatsachenbewältigung. Damit entfremdet sie sich nicht der Methode, sondern führt sie erst in ihrer letzten Schärfe durch. Diese und alle großen britischen Forscher sind, ohne von Vernunftkritik viel zu wissen oder zu verstehen, doch echteste Kantianer mit der Tat; ihnen ist das „fruchtbare Bathos" (Tiefland) der Erfahrung von Haus aus so vertraut, die „hohen Türme" der Spekulation, um die so „viel Wind" ist, so wenig verlockend, daß sie einer anderen Erziehung zur „Kritik", als welche die Tat der streng empirischen Forschung von selber übt, nicht erst bedürfen. Auch beweisen sie dabei vielfach eine individuelle Originalität der Forschung, wie wir sie nur je bei unseren deutschen Gelehrten erkennen.

Und wer wollte leugnen, daß dem Ähnliches auch von dem Besten der britischen Dichtung und Literatur gilt, die als ganze, gerade dem Gehalt (weniger der Form) nach, uns ohne Vergleich näher liegt als irgendeine andere moderne. Auch in unserer ästhetischen Grundstimmung wissen wir uns, schon von Shaftesbury an, auf dem gemeinsamen Boden des Griechentums dieser Nation verwandt; wie denn auch unser Bildungsideal, obgleich es an Universalität über das britische weit hinausreicht, doch wertvolle Anknüpfungen genug bei diesem gefunden hat. Auch die schlichte Sachlichkeit und der gesunde Stil britischer Lebenseinrichtung ist uns durchaus zugänglich. Fremder bleibt uns die bildende Kunst der Briten, und am wenigsten vermag, was sie von Musik überhaupt Eigenes aufweisen, uns zu bieten; wie auch die feineren Reize ihrer Sprache, die wohl eigentlich ihre Musik ist, uns über die Fremdheit nicht hinweghelfen, die gerade bei der materialen Verwandtschaft nur desto mehr in ihrer Formung und inneren Klangfarbe uns empfindlich ist.

So liegt zwischen uns und dem britischen Geist, wie zwischen unseren Ländern, bis heute ein nicht zu breites, doch stürmisches, klippenreiches Meer. Es zu überbrücken wird eine schwere, wiewohl vielleicht nicht hoffnungslose Aufgabe geistiger und seelischer Ingenieurkunst sein. Vielleicht dürfte man mit mehr Aussicht einen unterseeischen Tunnel zu bauen unternehmen: eine Verständigung vom Geistigsten her, das doch im tiefsten Grunde den gemeinsamen Boden für uns und die drüben abgibt, auch

wenn an der Oberfläche noch alle Stürme rasen und den Versuch eines
friedlichen Verkehrs und Austausches hin- und herüber mit schweren
Gefahren bedrohen. Wird auch Carlyle drüben bisher nicht geachtet, wie
er es wert wäre, dennoch trauen wir hierin auf seine Voraussage. Denn
auch er war ein Prophet.

2. Die deutsche Seele

Die deutsche Seele — was ist sie? Sollen wir sie selbst fragen? Kennt sie sich selbst? — Jedenfalls in keinem Augenblick war sie mehr aufgefordert, sich auf sich selbst zu besinnen; steht sie doch in einem Kampf, wie noch kein Volk der Erde ihn zu kämpfen gehabt, und wohl keines ihn wieder zu kämpfen haben wird. Furchtbar der Kampf, alles an ihm; man verlernt wohl zu fragen, was das Furchtbarste sei. Und doch lastet Eines auf unserer Seele so, daß auf die Dauer die Last nicht zu tragen ist, wenn es nicht etwas gibt, das sie von uns nimmt; dies: nicht zu wissen, worum eigentlich gekämpft wird, wofür so viel Blut fließen muß.

Zwar leicht ließe sich antworten: Unsere Feinde sind übereingekommen, uns auszutilgen aus dem Licht der Sonne, uns zu zertreten wie ein ekles Gewürm, wie ein Gift der Erde. Ist das nicht Grund genug? Welches Lebendige wehrte sich nicht, wenn es seine Vernichtung so dicht vor Augen sieht? Aber diese Antwort träfe nicht den Sinn der Frage. Nicht die drohende Vernichtung ist, wovor uns bangt. Furcht des Todes reicht nicht an die Seele des Deutschen. Davon wissen die am wenigsten, die mitten im harten Ringen stehn. Jeden Augenblick den Tod vor Augen, sind sie auf alles gerüstet, was von außen sie treffen kann. Und sollen Völker hinsterben wie Einzelne, was ist es zuletzt anderes? Stirbt doch in einem Edlen mehr als in tausend Unedlen. Aber die Gesinnung, aus der die Feinde gegen uns wüten, dieser namenlose Haß der deutschen Seele, diese vor nichts zurückscheuende Lüge wider unser Heiligstes, in die sie sich verbeißen, um sich das innere Recht zu unserer Vertilgung zusprechen zu dürfen, das ist es, dawider ringen wir nach dem inneren Halt. Das löscht kein noch so glänzender Sieg, kein noch so ehrenvoller Tod aus. Läge der Feind besiegt uns zu Füßen, so wie nur unsere Verträumtesten es sich träumen mögen — nur um so tiefer würde die Überzeugung von unserer Schlechtigkeit sich in ihm festwurzeln; auch keine Großmut des Siegers würde in seinem gekränkten Gefühl ihn irremachen. Vollends wenn ihm der Sieg bliebe, wenn er alles, was er jetzt in Gedanken an uns verübt, wirklich an uns verüben dürfte — schon zur Beschwichtigung seines Gewissens würde er die Vorstellung in sich zu erhalten bestrebt sein, daß er ein gutes Werk getan habe, die Welt von dieser Pest zu befreien. Käme aber selbst ein Bewußtsein des Unrechts, ein Gefühl von

Reue ihn an, es gäbe ja nichts, womit das, was er gegen unsere Seele verübt hat, gutgemacht werden könnte. So bleibt uns nichts übrig, als in uns selbst uns zu fassen, unsrer Seele, der Seele des Deutschen, in uns selbst gewiß zu werden und zu bleiben, auf unsern Gott, den Gott der Deutschen, zu trauen. Findet der Deutsche diesen Halt in sich selbst? Lebt noch seine Seele? Lebt noch sein Gott? Das allein ist die ernste Frage. Können wir darauf mit einem getrosten Ja! antworten, dann ist alles gut, dann haben wir, worum wir kämpfen, dann kann kein Sieg, kein Fall mehr uns etwas anhaben, dann ist aller Verlust uns voraus schon wettgemacht, alle Schmach, die man uns antun mag, getilgt. Wenn aber nicht — dann ist alles gleich nichtig, nichtig der Sieg, wenn wir siegen, nichtig der Fall, wenn wir fallen. Ein Nichts hätte gesiegt, ein Nichts wäre gefallen — was läge daran?

Nun, das Ja ist uns gewiß. Wir brauchen nicht zu fragen: Lebt noch die deutsche Seele? Lebt noch der Gott der Deutschen? Wohl aber ziemt uns, Rechenschaft davon zu geben: Worin erkennt der Deutsche seine Seele? Worin erkennt er seinen Gott? Das führte uns zu weitausgreifendem Besinnen: Was ist überhaupt ein Volk, ein Weltvolk? Was bedeuten Weltgeschicke der Völker, wie deren eines, das größte wohl von allen bisher, sich vor unseren Augen abspielt und uns selbst in sich mit hineinreißt? — „Jedes Volk hat seinen Tag in der Geschichte", spricht das seit dem Beginn dieses Krieges berühmt gewordene Wort unseres Dichters. Das will sagen: es hat seine, ihm besonders aufgetragene Rolle in der Welt zu spielen, seinen ihm zugemessenen Anteil an der gemeinsamen Aufgabe der Menschheit zu erfüllen. Hat es sie erfüllt, so ist sein Tag vorbei, es mag zurücktreten in die Nacht der Vergessenheit. Aber, lautet es weiter: „der Tag des Deutschen ist die Ernte der ganzen Zeit"; ein Tag, dem keine Nacht droht, solange es für die Menschheit Tag ist. Freilich eben darum kann und soll sein Tag erst anbrechen, nachdem alle die Völker, die der Reihe nach zur Führung in der Welt berufen waren, ihren Tag bereits gehabt haben. Zu so stolzem Glauben vermochte Schiller sich aufzurichten gerade in dem Augenblick, wo Deutschland als Staat niedergeworfen schien zum Niewiederaufstehen. Soll denn heute dieser Jüngste Tag, der Tag des Deutschen anbrechen? Ist all das Furchtbare, das wir erleben, vielleicht nur sein blutroter Sonnenaufgang? Wahrlich ein kühner Traum damals, ein kaum minder kühner heute, wo die ganze Welt ihre letzte physische und geistige Kraft einsetzt, Deutschland gründ-

licher denn je zu zertrümmern. Welches Recht haben wir zu solchem
Glauben?

Wir versuchen darauf Antwort zu geben; nicht mit dem Anspruch des
Wissenden, sondern weil es doch für den Denkenden ein Unmögliches ist,
wie mit verbundenen Augen den Dingen entgegenzuleben. Deutung des
Weltgeschicks — gewiß ein ungeheures Wagnis. Aber es muß gewagt
werden; das Wagnis wäre größer, es nicht zu wagen. Also man prüfe,
prüfe streng; aber suche nicht der Frage auszuweichen unter dem Vorwand,
sie sei zu schwer. Unsere bisherige Untersuchung hat schon einige Voraussetzungen zu ihrer Beantwortung gegeben; ein kurzer Rückblick soll sie
uns in die Erinnerung rufen.

Ex Oriente Lux. Im Osten tagte zuerst das Licht — der Menschheit.
Gott wurde da geboren und die Seele; in ihrem Wechselverhältnis: der
Mensch. Nicht das Gattungswesen; das gab es schon Jahrtausende vordem;
aber die Menschheit, der Mensch der Idee. Wie sah, wie dachte sich der
Mensch, da er sich zuerst dachte, sich selbst gleichsam erst geboren ward,
seine eigne Schöpfung erlebte? Weit aufgeschlossen denken wir ihn uns,
aufnehmend ohne Schranken, hingegeben, überwältigt. Jubel und Schmerz
der rückhaltlosen Hingabe an das All, das unendliche, strömt überschwäng-
lich sich aus in den Mythen der Veden, in den wortreich immer sich selbst
übersteigernden Epen Alt-Indiens. Zuletzt aber, am nachhaltigsten, verbleibt
von allem — die dunkle Gegenseite, der völlige Verzicht der Selbstaufgabe,
das Versinken in das Nirwāna. Das ist es, was, in mannigfacher Abwandlung über ganz Ostasien verbreitet, die beherrschende Form der Weltanschauung des Morgenlandes wurde und es in jahrtausendelangem Schlummer gebannt hielt. Erkennt darin die Seele des Deutschen sich wieder?
Erkennt sie da ihren Gott? Ich glaube nicht. Wie der Mensch des Westens
überhaupt, ohne gegen solche Urweltstimmung unempfänglich zu sein, sich
doch niemals darin gefangen geben wird. Auch in der uns näheren Form
der keineswegs weltverneinenden Gotttrunkenheit des Dostojewskijschen
Heiligen und seines gelehrigen Jüngers, auch in dem feinen Ausgleich
zwischen Ost und West, den Tagore in seinem „Sādhanā" berückend darstellt — auch da tritt doch immer wieder, unverwischbar, jener Grundzug
der morgenländischen Stellung der Seele zu Gott und Welt uns entgegen,
wider den der Mensch des Abendlands sich immer wieder empören wird:
der Zug der passiven Hingegebenheit in die paradiesische Ruhe des Versinkens in Gott. Die freiheitdürstende Seele des westlichen Menschen kann

das nicht mitmachen, sie kann nicht verzichten, in die unendlichen Weiten dieser wunderreichen Welt hinauszudrängen in selbsteignem Streben nach ewig fernen Zielen; in ihr lebt unauslöschlich der Faustische Drang: Hinauf und vorwärts — vor sich den Tag und hinter sich die Nacht!

Das hat sich zuerst durchgerungen in dem wundersamen Volk der Griechen. Wir erinnern uns der Sage von Prometheus, wie der Seherblick des Dichters, die Entwicklung von Jahrtausenden sicher vorzeichnend, sie uns gedeutet hat. Alle Grundzüge, welche die geistige Art des Abendlands unterscheiden, sind da bereits abzulesen: die Befreiung des Menschen zur Selbstschöpfung seiner Welt — freilich um den Preis der täglich erneuten Qual des an den Fels geschmiedeten Befreiers. Meisterung der Dinge und Meisterung seiner selbst durch die Form, oder, um es denn ganz in der eignen Sprache der Griechen auszudrücken: die Methode — das ist der Weg dieser Befreiung, das der göttliche Funke, den Prometheus seinem Geschlecht erobert hat. So in Wissenschaft und Technik, so in den rechtlichen, sittlichen und Erziehungsordnungen, so in der Kunstgestaltung, in der Rhythmisierung des ganzen menschlichen Lebens. Dem muß alles sich fügen; der ganze Kosmos, die Gesetzesordnung des Weltalls, die Gottheit selbst wird mit hineingespannt in diese allseitige Durchformung des Lebens; auch die Beziehung zwischen Gott und Mensch, in aller hehren Innigkeit und unversehrten Reinheit, die der Grieche noch aufbringt, muß in etwas wie eine Rechtsordnung sich schicken, die der gerechten Herrschaft der Götter nichts abzieht, aber auch sie an Pflichten gegen den Menschen bindet.

Für Rom blieb nur wenig hinzuzutun übrig; wenig und doch Gewichtiges: die sichere, kraftvolle Durchführung der rechtlich-staatlichen Friedensordnung des Volks, vielmehr der Völker alle, die in seinen Bereich traten, gehalten durch eine nie vorher so dagewesene Staatskraft, die Kraft des Arms, der folgestrengen Durchführung, nicht die Klarheit der Idee allein. Das forderte eine innere, nationale Stärke, durch die Hellas von Rom ebenso weit übertroffen wurde, wie es an Ursprünglichkeit der Ideenschöpfung ihm bis zuletzt überlegen blieb. Alles, was die abendländische Menschheit Entscheidendes vollbracht hat, die ganze äußere und innere Welteroberung durch den befreiten Menschengeist, die allem Anschein nach jetzt ihrer letzten Reifung entgegengeht, alles das ist von Hellas und Rom ausgegangen, ist nur Entfaltung des dort schon in den Grundlagen deutlich Angelegten; daher die Überzeugung keineswegs grundlos von der vorbildlichen und weg-weisenden Bedeutung des griechisch-römischen Altertums für die ganze bisherige und absehbare Kultur des Abendlandes und, unter seiner Führung, des ganzen Erdkreises.

Aber noch eine dritte Großmacht tritt in derselben Weltperiode in die Geschichte ein: das Christentum. Durch es wird die griechisch-römische Welt, wie sie zuerst aus ihren eigentümlichen Wurzeln hervorgewachsen ist, von innen her aufgelöst, während sie zugleich nach außen dem Andrang der von ihr nicht bezwungenen Völker des Nordens nicht standzuhalten vermag. Es ist etwas dem antiken Wesen innerlich Fremdes, das mit dem Christentum auf es eindringt, ein Überweltliches, und doch ganz in diese Welt eingreifend. Es will sie zur Überwelt hinaufziehen, indem es selbst mitten in ihr Platz greift. „Das Wort ward Fleisch", die Gottheit stieg von ihrem Weltenthron, um Eingang zu begehren in Herz und Willen des Menschen. Indem aber nun Christentum und Antike nach harter Auseinandersetzung innerlich verschmolzen, erfuhren beide eine tiefe Wandlung. Aus ihr entsprang als ein Neues die seltsame Weltvorstellung des abendländischen Mittelalters. Sie trägt von diesem ihrem Ursprung in sich den tiefsten Zwiespalt: Welt und Überwelt bekämpfen sich im Innern der Menschenseele. Zwischen dem dreigestaffelten Jenseits — Himmel, Fegfeuer, Hölle — und dem Diesseits des irdischen Lebens des Menschen entsteht eine gewaltsame Spannung, die bis in die tiefste Seele greift, sie von innen her aufwühlt, sie mit sich selbst entzweit, wider sich selbst empört, aber eben damit erst zu ihrer eigentlichen Selbstentdeckung führt. Doch sollen die Gegensätze zur Einheit zusammengezwungen werden. Auf der einen Seite wird das Weltleben des Menschen, aus sich der Hölle, dem Tod und Teufel verfallen, unter der grellen Beleuchtung des Strahls, der aus dem Jenseits auf es fällt, in ganzer, nichts schonender noch schönender, realistischer Schärfe gesehen; ihm gegenüber die jenseitige Welt in nicht minder realistischer, keineswegs orientalisch ausschweifender, sondern in festen, klaren Bahnen bleibender Phantasie geschaut, durchaus nicht ein Fremdes, Unbekanntes, sondern jedem ganz vertraut, überall mitten in diese Welt unmittelbar eingreifend, selbst ein Stück eigensten Lebens des mittelalterlichen Menschen, wirklicher fast als das irdische. So zwischen beiden Welten wie eingeklemmt, von beiden heiß umworben, fühlt der Mensch nur um so lastender die Kette, die ihn an die Sinnenwelt festgeschmiedet hält; an ihr zerrt er, zermartert sich an der übermenschlichen Forderung, sich ganz ihr zu entwinden und zu himmlischer Reine emporzuläutern. So wütet er wider sich selbst ungleich gewaltsamer, als je der Orientale in seiner verzichtenden Gelassenheit gegen sich gewütet hat, gerade weil die doch einmal unversiegliche Lebensenergie der abendländischen Seele sich gegen die geforderte Weltabkehr innerlich aufbäumen muß, aber sich wirklich zu befreien noch nicht die Kraft aufbringt.

Wir werden es noch besonders zu betrachten haben, wie gerade die deutsche Seele sich in redlichstem Abmühen dahineingequält und es doch immer als ein Fremdes empfunden hat, bis sie endlich sich dahin ermannte, die so lange geduldig getragene Fessel abzuwerfen. Damit trat sie in die neue Zeit ein. In Wahrheit eine neue, nicht die bloße Wiedererweckung einer versunkenen Welt. Der Mensch des Abendlands besinnt sich erst ganz auf sich selbst, er nimmt den gewaltsam abgerissenen Faden der Entwicklung zur Freiheit, der Griechenland und Rom die Richtung gewiesen hatte, in neuem, selbständigem Ringen wieder auf, um nun erst zu ganz eigner Welt- und Lebensgestaltung sich durchzukämpfen.

Bis dahin hatten sich noch nicht allzu scharf die Völkertypen des Abendlands voneinander geschieden. Die Entwicklung, im einzelnen wohl durch die Volkscharaktere erkennbar mitbestimmt, verlief doch in den Hauptzügen gleichheitlich und ungetrennt im ganzen Bereich der Christenheit. Doch liegt es mit in der Befreiung zur Selbstschöpfung eigengearteten Lebens, daß nun mehr und mehr die Völker ihre Sonderheit betonen, eigne Charaktere scharf ausprägen. Zusehends bestimmter wird von da ab jedem Volke seine besondere Aufgabe gestellt, an deren Lösung seine eigentümliche Kraft und Schwäche in lebhaftem, beständig sich steigerndem, bald zu heftigem Kampf entfachtem Wettbewerb sich herausbildet. Es entstehen deutlich unterschiedene Charaktere italienischen, französischen, britischen Geistes, gegen welche alle der deutsche, wenn auch schon früh in seiner Wirksamkeit erkennbar, doch verhältnismäßig spät sich seiner selbst recht bewußt, sich abhebt.

Italien nahm zuerst, in der sogenannten Renaissance, die entschiedene Richtung auf das neue Ziel, es schärfte die Waffen, erarbeitete neu, prägte noch sicherer und haltbarer die Methoden, wie sie Alt-Hellas zuerst, aber nur den allgemeinsten Grundlagen nach, aufgestellt hatte. Doch in der schroffen Gegenstellung des durch Selbstkraft befreiten Einzelgeistes gegen die vom neuen Bestreben vorerst kaum berührten, für überhaupt ungeistig gehaltenen Massen blieb es befangen in einem starren Aristokratismus, dem, bei einer bis dahin nicht erhörten Entfaltung höchster Leistungen in einer erstaunlichen Zahl Einzelner, die reichen Kraftquellen unerschlossen blieben, die in der Volksgesamtheit schlummerten. So aber mußte es, nachdem es für die Menschheit Großes, auf immer Entscheidendes vollbracht hatte, wie jede einseitige Aristokratie, nach einer auch so noch erstaunlichen Folge geistiger Zeugungen, sich erschöpfen, um, wie einst Griechenland durch Rom, durch andere, staatskräftigere Völker abgelöst zu werden.

Spanien für eine Weile, nachhaltiger dann Frankreich bewies umfassendere, weitergreifende Energie in der früh mit Klarheit begriffenen und fortab streng innegehaltenen Richtung auf Entfaltung der Gemeinkraft der Nation; zunächst freilich nur in ihrer oberen, noch unbestritten führenden Schicht. Aber es erstarkte auch dahin, das weit höhere Ziel sich zu stecken: die Entbindung der ganzen Volkskraft, ja die politische und mit ihr die geistige Befreiung der Menschheit wird, in der französischen Revolution, zur ausgesprochenen Losung. Zwar erreicht wird das ungeheure Ziel nicht; gerade darum nicht, weil das Ziel in solcher Höhe der Allgemeinheit und damit in einer abstrakten Leere verbleibt, in der es die Befreiung der ganzen Menschenkraft und selbstwollenden Tat auch jedes Einzelnen nicht bedeuten konnte und ersichtlich nicht bedeutet hat. Die Gleichheit, als Bedingung der Freiheit bestimmt ausgesprochen, begründet nur die Freiheit der Gleichen. Diese erstreckt sich zwar der Idee nach, ja auch in der Tat, soweit es sich um die politische Form handelt, auf alle, wirklich aber nur hinsichtlich dessen, worin sie sich gleich sind, oder, genauer zu reden, unter einer alle gleichmäßig umfassenden Gattungsgemeinsamkeit nur der Stufe nach sich unterscheiden; nicht in dem, was sie als Individuen auszeichnet, worin doch ihr wahrer Selbstwert und ihre Selbstkraft zuletzt liegt. So ist jeder in seiner, nicht wahrhaft individuellen, sondern nur allgemein-persönlichen, wirtschaftlichen, politischen, abstrakt genommen gewiß auch Denk- und Wollensfreiheit zwar gesichert. Ja auch das gilt im Grunde nur für den Franzosen, für den Franzosen der „Gesellschaft", und wer seiner geistigen Führung sich willig unterstellt, wer wie er auf das Gelten in der Allgemeinheit seiner ganzen geistigen Art nach so eingestellt ist, daß der wirklich nur typische Charakter des von ihm für eigen Gehaltenen und so Benannten ihm überhaupt nicht bewußt wird, sondern die bloß gradmäßige Abwandlung, die Nüance, ihm schon für Eigenart gilt. Bei dem allen bleibt die Menschheit dem Frankreich von 1789 zu unauslöschlichem Dank verpflichtet. Auf immer unvergeßlich bleibt die Forderung der Allheit, die unter dem Titel der Menschheit, der Menschenrechte damals zuerst mit dieser Wucht der Überzeugung ihrer notwendig allgemeinen Geltung aufgestellt worden ist. Sie durfte als Forderung der Freiheit, Gleichheit und Brüderlichkeit ausgesprochen werden, sie würde wirklich, wenn erfüllt, den Weltfrieden herbeiführen und dauerhafter begründen, als das altrömische, weltliche Imperium und auch das geistliche des christlichen Rom im Mittelalter es vermocht hatte. Aber die Forderung ist nicht erfüllt, noch je erfüllbar durch jene schließlich äußerlich verbleibende, darum zur Phrase herabfallende Freiheit, Gleichheit, Brüderlichkeit, wie das französische und alle die Völker, die seiner Wegweisung gefolgt sind, sie bis dahin verstehen und wahrmachen — und jetzt auch uns, in der Tat sehr unfrei, ungleichheitlich, unbrüderlich, mit Gewalt aufzwingen möchten. Diese ist vielmehr, eben in der abstrakten Allgemeinheit, in der sie sich ausspricht und wirklich verstanden und ausgeübt wird, mit aller inneren, folgeweise aber auch äußeren Unfreiheit, Ungleichheit, Unbrüderlichkeit der wirklichen Menschen und Völker untereinander, erfahrungsmäßig wie theoretisch, nur zu wohl vereinbar.

Damit aber ist ein dritter Schritt zur Befreiung gefordert, der weit über alles hinausführt, was die romanischen Völker für die Menschheit angestrebt, im Grundsatz auch erreicht haben und, wenn ihnen die Führung bliebe, allgemein zur Durchführung bringen würden. Dies Dritte ist die volle, tatkräftige Verwirklichung der soweit erst allgemein geforderten Freiheit, Gleichberechtigung und damit gegenseitigen Verträglichkeit und Friedlichkeit der Einzelnen selbst, nicht bloß hinsichtlich irgendwelcher abstrakter Gemeinsamkeiten. Das einheitliche Zusammenwirken, dessen Bedürfnis und lebendiger Trieb auf diesen Fehlweg verleitet hatte, muß dabei keineswegs verloren gehen, vielmehr kann und soll gerade die freieste Entfaltung der Sonderenergie jedes Einzelnen die Entfaltung der höchstmöglichen Gemeinkraft des Ganzen, nicht zum bestimmenden Ziel, aber zum von selbst kommenden Ergebnis haben; der Gemeinkraft zunächst engerer Kreise an gleichen Aufgaben Zusammenwirkender, weiterhin der gesellschaftlichen Klasse, weiter der Nation, der Nation zunächst, die diesen Weg zuerst erkennt und mit ganzer Entschiedenheit einschlägt und verfolgt; endlich aber, je mehr sie es damit nun wirklich erreicht, das Ganze der menschlichen Leistungskraft zu umspannen und zur höchsten

Wirksamkeit zu steigern, wird sie sich berufen glauben, als höchste Nationalkraft zugleich die höchste dem Menschen auf diesem Erdball überhaupt
erreichbare Gemeinkraft, die Kraft des zur höchsten Wirkensenergie zusammengefaßten Menschentums, das volle Baconsche „Königreich des
Menschen" darzustellen und durch seine Vormachtstellung auf dem ganzen
Erdrund zum Siege zu führen.

Und fast sieht es ja dem gleich, daß die andern Völker alle, mehr oder
minder bewußt, dem sachlich so stark und tief begründeten, zielsicher durch
Jahrhunderte behaupteten und immer umfassender durchgesetzten Führer-
anspruch des Britentums sich beugen und ihm, wenn nicht ausdrücklich,
doch durch Schweigen, wenn nicht willig und geradezu darauf hinar-
beitend, doch ohne ernsten Widerspruch und Widerstand sich gefallen
lassen.

Alle, nur wir Deutschen nicht. Daß wir die einzigen sind, die vor diesem
Ausspruch sich nicht bücken, sondern mit ihrer ganzen aufgesparten Kraft
sich ihm entgegenwerfen, bis zum letzten Blutstropfen entschlossen seine
Durchsetzung noch in letzter Stunde zu vereiteln, das ist uns selbst unerwartet gekommen; wir alle haben das nicht voraus geahnt, der jetzige
Krieg hat es uns zum Bewußtsein gebracht. Und der ganze Troß der
Erdvölker, die England mit eiserner Gewalt auf seine Seite gezwungen
hat, wußte es vordem nicht, weiß es allem Anschein nach bis heute nicht.
Oder vielleicht in einer begreiflichen Scham verbergen sie es vor sich selbst,
wie vollständig sie, unter dem Scheine der Waffenbrüderschaft, in Wahrheit der Hegemonie des Britentums schon verfallen sind, seine Weltherrschaft, die keineswegs schon vollendet war, der sie sehr wohl vereint noch
hätten widerstehen können, selbst erst zur Vollendung zu bringen sich
schonungslos einsetzen, ja opfern. Denn daß sie sich ganz darüber klar
wären, daß sie mit der Scheinfreiheit des Vasallentums wirklich innerlich
einverstanden wären, das mag man doch noch nicht zu glauben sich entschließen.

Doch ist nicht das jetzt unsere Frage, sondern: was der innere Grund
ist, weshalb wir, wir allein von allen Völkern nicht bloß des europäischen
Kulturkreises, sondern der ganzen Erde dem Siege des Britentums uns
widersetzen und eher das Äußerste leiden, als uns ihm beugen wollen;
weshalb wir der reißenden Flut des britischen sowie einst des römischen,
des gallischen Imperiums als einen lebendigen Wall uns entgegenstem-
men, nicht für uns allein, sondern, unserer Überzeugung nach, für die

Menschheit, nicht zum wenigsten gerade für die Völker, die heute uns diesen Freiheitskampf nicht nur nicht danken, sondern ihn uns zum schwersten Verbrechen anrechnen und lieber der britischen Obergewalt gerade darum sich für alle Zeit unterwerfen, um unter ihrer mächtigen Führung uns zu vernichten, ja wie ein giftiges Unkraut von der Erde zu vertilgen.

Was wollen wir? Was müssen wir wollen? Denn nicht Willkür ist es, die uns diesen gefährlichen Weg gehen heißt, sondern eine unbedingte, unerbittliche innere Nötigung, zu der wohl unser innerstes Bewußtsein, unser deutsches „Gewissen" ja sagt, dem aber auch in uns selbst noch gar vieles widerstrebt; die als ein Gott uns, trotz Tod und Teufel, trotz einer Welt voll Teufel, gehen heißt, wohin nicht unser Fleisch und Blut uns gehen lassen würde, denn der Weg führt über Schädelstätten.

Um es erst einmal verneinend zu fassen: Wollen wir etwa nicht, könnten wir überhaupt nicht wollen, was wir doch als die gemeinsame Forderung der neuen Menschheit anerkennen mußten: die Eroberung der Welt durch den Geist für den Geist? Oder genügt uns nur nicht, woran die Andern, in all ihrer Unersättlichkeit, sich doch genügen lassen: die Welteroberung durch den Geist, die, nach der Vorarbeit so vieler Jahrhunderte, heute der Vollendung nahe gerückt ist? Was denn vermissen wir an ihr, das dagegen wir, wir allein, über alles hinaus, wonach die Andern trachten, zu erstreiten und um jeden Preis, wäre es auch um den des eignen Untergangs (denn so steht heute die Frage), durchzusetzen gewillt sind? Es muß wohl von der Art sein, daß darin alles, worin die Andern schon das letzte Ziel sehen, ebenso eingeschlossen liegt, wie jede höhere Stufe des von jenen Gewollten die niederen alle ihrem bejahenden Gehalt nach in sich schloß. Denn gewiß kein Schritt, den die Menschheit bis dahin vollbracht hat, darf oder kann je wieder zurückgetan werden. Alles, was der Menschengeist einmal positiv erstritten hat, lebt und soll fortleben, fortwirken. Auch rühmt sich der Deutsche nicht ohne Grund, daß er allzeit bestrebt gewesen ist, das von den andern Völkern für die Menschheit Errungene neidlos anzuerkennen und so viel davon, als seine Eigenart irgend zuläßt, in sich aufzunehmen. Nichts Menschliches hat er sich fremd sein lassen, alles in die Einheit des Geistigen, die er meint, miteinzustellen und ihr dadurch ihre größtmögliche Weite und Fülle zu geben gestrebt.

Aber eben weil der deutsche Geist nach seiner innersten Geartung nicht anders kann als aufs Ganze gehen, so ist er nicht zufrieden mit irgend

etwas noch so hoch Geistigem, das nicht den Anspruch erheben darf, das
Geistige in seiner Ganzheit, in seiner letzten zentralen Vereinigung und
damit zugleich allseitigen Umfassung, das heißt aber, in innerer wie
äußerer Unendlichkeit, vielmehr Überendlichkeit darzustellen. Dagegen
glauben wir zu erkennen, daß alles, auch das reichste geistige Gut, das
durch die Völker romanischer wie britischer Familienzugehörigkeit der
Menschheit erkämpft worden ist, zuletzt im Endlichen, Positiven, sei es
Singularen oder Partikularen oder berechenbar, bestimmbar, abgrenzbar
Allgemeinen — nach mathematischer Analogie ausgedrückt: Rationalen —
stehen bleibt. Statt dessen fordern wir die letzte Einheit des Geistigen,
die als solche über-endlich, über-positiv, über-rational, und das heißt:
ideal sei.

Eine solche ideale, überendliche Einheit des Geistigen wird gewiß auch
von den Andern nicht geleugnet. Stehen sie doch alle unter der unvertilgbaren Einwirkung einer Religion, der Religion eben des Geistes.
Aber, wie es scheint, liegt ihnen dies letzte Geistige irgendwo weit draußen, hoch über der Linie des dem Menschen Erreichbaren. „Reich des
Menschen", das heißt jenen nicht, wie uns: „Reich Gottes auf Erden",
sondern Selbstrecht des irdisch Menschlichen, Endlichen, Positiven,
sicher abgegrenzt nach oben in einem positiv bestimmenden Allgemeinen:
Menschenrecht und Menschenwohl, nach unten in einem letzten, erst recht
positiv bestimmten Einzelnen, dem wirklichen Menschen, ganz in seiner
Sonderheit. „Gott" aber, das will sagen, jenes überendliche, überposi-
tive, überrationale, daher für endliches, positives, rationales Verstehen
und Wollen nichtsbedeutende — das heißt ihnen: „ideale" — Geistige:
dies hat man, nicht anders als den Teufel, d. h. das ebenso unsagbare
Un- und Widergeistige, dem der Geist erst abgerungen werden muß, entweder ein für allemal vom Thron gestoßen und enthauptet, oder, nach
der sanfteren britischen Art der Revolution, gleich dem Könige eines
parlamentarisch regierten Reichs, auf einem gar herrlichen und beque-
men Thron Platz nehmen heißen, damit aber in eine ebensowenig angrei-
fende wie angreifbare, ebensowenig bedrohende wie bedrohte, einflußlose,
eben weil überweltliche Höhe erhoben. Man hat ihm, dem Scheine nach,
seine vollen Regierungshandlungen im Sinne einer nützlichen Fiktion,
eines zweckdienlichen Als-ob, gleichsam in der Form einer obligatorischen
Gegenzeichnung belassen. Das heißt, man läßt ruhig weiter Gott und
die Wahrheit die Welt regieren, nur daß man sie dem Höchsten, was man

kennt — weil Allerzweckdienlichsten: menschlichem Gedeihen, als vollziehende Organe dem Worte nach über-, der Sache nach unterordnete. Als „Ideen" — so etwa ist der innerste Gedankengang — leben doch beide nur von der Meinung der Menschen. Meinung aber läßt sich drehen und biegen, kaufen und verkaufen, und sie ist es wohl wert gedreht und gebogen, gekauft und verkauft zu werden nach Maßgabe des allein reellen Menscheninteresses. Das nennt sich, wo es ganz offenherzig als Theorie auftritt: „Pragmatismus", neuerdings noch deutlicher „Humanismus". Man muß wissen, daß das nichts weniger als ein bloßes geistreiches Spiel der Theorie, sondern in den Ländern, wo es in Blüte steht, eine sehr ernste, reale Tatsache ist, eine Tatsache, an die Gott und die Wahrheit sich entschließen müssen zu glauben, oder sie haben für diese Welt verspielt. Dagegen ein wirklicher, ein lebendiger Gott, hier in der Welt, wohl gar ihr Gebieter, ihr Schöpfer und ewiges Ziel, ein Geistiges über dem ganzen leib-seelischen Wesen des Menschen und doch in heimlich-unheimlicher, unwirklich-wirklicher Gegenwart in ihm — innerlicher (sagen die Mystiker) als er sich selbst ist, wahrhaft wirklicher als all sein physisches oder psychisches Sein und Befinden, wirksam, ja allwirkend in ihm — dem der Mensch nach Leib und Seele verfallen ist, dem er auf Gnade und Ungnade sich ergeben muß, an dem allein aber auch er, nachdem er sich ganz ihm gebeugt, sich ganz wieder emporrichten kann, — eine Wahrheit, die unnahbar, unerbittlich ist, die sie ist, und ewig unnachsichtig den Menschen richtet, losspricht oder verdammt: das ist für jene ein längst abgeschüttelter Angsttraum einer vorweltlichen, höchst unzweckgemäßen Phantasie- und Gefühlserdichtung, an der nur ein in Barbarei steckengebliebenes Träumervolk wie das deutsche noch hängen kann. Das ist ihnen „Idee" im einzigen Sinn, den das Wort für sie hat, im Sinne der Nichtrealität.

. Nennen wir „Idealismus" die dieser entgegengesetzte Überzeugung: daß gerade das Ideale das echteste Reale, alles dagegen, was nicht Idee, wenn überhaupt, dann nicht aus sich, sondern allein von Gnaden der Idee real, das Ideale also der alleinige Realitätsquell ist, dann läßt sich der Grundgegensatz der inneren Weltstellung, auf den unsere Erwägung führt, mit einem Wort bezeichnen als der von Positivismus und Idealismus.

Diesen Streit nun theoretisch zum Austrag zu bringen, wäre Sache einer tiefgefaßten Logik. Aber zuletzt entscheidet nicht sie, sondern der Mensch — das ist das Fünkchen Wahrheit im Pragmatismus. Die Logik

ist selbst mit dem Idealismus so verflochten, daß, wer diesen nicht anerkennt, auch dem Richterspruch der Logik sich gar nicht zu fügen braucht.
Die „Idee" ist nur der aktive Ausdruck derselben geistigen „Schau" oder
„Erschauung", deren Ergebnis der Logos — der Einheitszusammenhang
des gedanklich Erschauten ist. Was braucht aber eine „Sache", ein Pragma,
etwas „das man tut", lange danach zu fragen, ob es auch gedacht werden
kann? Der Positivismus mißversteht sich selbst, wenn er sich auf Logik,
auf Theorie überhaupt einläßt, es sei denn, um (wie der allein folgerechte
Pragmatismus, nämlich der Skeptizismus der Alten) die Logik durch
die Logik selbst zu schlagen und sich zerstören zu lassen, ohne damit aber
für sich irgend etwas behauptet oder bewiesen haben zu wollen, da er
irgendein logisches Gericht über sich eben nicht anerkennt. Der Idealismus
dagegen ist verpflichtet, sich in strengster logischer Prüfung vor sich selbst
zu rechtfertigen. Nicht zur Widerlegung des Gegners, den widerlegt er
nie; er braucht ihm keine einzige seiner Voraussetzungen zuzugeben, denn
sie sind alle idealistisch. Sondern einzig seiner selbst wegen: Idealismus
ist, nach einer Seite, gleichbedeutend mit logischem Gewissen. Da wir
indessen hier eine Selbstrechtfertigung des Idealismus, ihrer vollen
Strenge nach, uns nicht zur Aufgabe stellen dürfen, irgendeine Art Rechtfertigung unserer Behauptungen aber doch nicht unterlassen möchten, so
mag zu einigem Ersatz eine kurze Erwägung dienen, die sich füglich anknüpfen läßt an den wohlbekannten Spruch unseres Goethe:

> „Willst du ins Unendliche schreiten,
> Geh nur im Endlichen nach allen Seiten."

Man liebt Goethe als den großen Realisten darzustellen. Will er also
etwa auch mit diesem Spruch dem Idealismus widersprechen? Ich glaube
nicht. Denn nach allen Seiten im Endlichen fortschreiten kann nur, wer
die Allheit der Richtungen des Bewußtseins als gegeben voraussetzt. Das
Fortschreiten kann nur in der unendlichen Ebene gedacht sein, die allerdings (das will das Wort bekräftigen) nur die Ebene stets endlicher
Setzung (Kants „möglicher Erfahrung") ist. — Aber doch nur vom Endlichen läßt sich zum Unendlichen fortgehen? Das wäre nicht genau; so
sagt auch Goethe nicht. Nicht „zum" Unendlichen, als läge es draußen,
jenseits des Endlichen, oder himmelhoch über ihm; sondern „ins" Unendliche: wir selbst sind in ihm; alles Endliche ist in ihm. Es ist ein Endliches
nur, indem es, gewiß immer gegen andres Endliches, sich abgrenzt in
der Ebene, aus dem Umkreis des Unendlichen. Dieser also liegt immer

schon zugrunde, er ist zuerst, vor allem, logisch voraus, hinaus über alles,
was sich logisch abgrenzen läßt, allgegenwärtig, ewig, so nah wie fern, so
hier und jetzt wie hinter uns zurückliegend als ewig zeugender Urgrund,
vor uns voraus als ewiges Ziel. Aus ihm entspringt, in ihn mündet alles,
d. h. nicht, es verlischt in ihm, sondern kehrt von der Unruhe des Werdens
heim, besinnt sich — ein sehr besinnliches Wort: gibt sich Sinn — in der
Rückwendung zur Stille des ewigen Seins des überendlichen Ganzen.
So lebt, was lebt, des Ewigen, von und aus ihm, und ihm — und stirbt
d. h. vollendet sich ihm, auf es hin, in es zurück. So schließt sich die
Kluft zwischen den Sternen droben, den Gräbern drunten. Es ist ganz
wahr gesagt: Es gibt kein Drüben, sondern was man drüben gesucht,
es ist hier und überall, in alleiniger, all-einiger Gegenwart. Hier ist der
Himmel, diese unsere liebe Erde, sie ist selbst Stern unter Sternen, auch
all ihr hartes Nein ist im ewigen Ja, auch ihre Gräber und Schädelstätten
sind im Himmel — ganz und gar begraben und verwest, entwest nur
jenes ewige Nein, dem zuvor, unter der falschen, sondernden Endlichkeits-
ansicht des Positivismus, der den Idealismus entthronen wollte, jedes
bedingte Ja, vollends das (positiv freilich nicht faßbare) unbedingte Ja
verfiel; in der Tat mit Grund verfiel, solange man es „absolut", d. h.
abgelöst vom Endlichen, außer- und überweltlich dachte.

Diesem Mißverstand ist unser deutscher Idealismus nicht ferner ausge-
setzt. Er ist, ebenso wie vor dem Wirklichkeitsfanatismus der Westvölker,
auch gesichert vor dem Rückfall in die unterschiedslose Allheit des Orientalen, mit ihrer unentrinnbaren Folge des Quietismus. Zwar lag darin
nicht bloß die Ahnung, sondern auf der Höhe der orientalischen Weltanschauung die volle lebendige Gewißheit des Überendlichen, Überpositiven,
Überrationalen. Aber es war das Paradies vor dem Sündenfall, vor dem
Abfall der Sonderung. Sünde besagt Sonderung, Losriß. Der Losriß
aber war notwendig. Mitten durch die Entzweiung hindurch sollte die
Einheit, und konnte sie nur, im höheren Sinne, gewonnen werden. „Das
du säest, wird nicht lebendig, es sterbe denn." Das ist der tiefste Sinn
des Christentums, der Religion des in die Welt herabgekommenen, gekreuzigten, gestorbenen, begrabenen, doch wieder auferstandenen —
Gottes. Nur sollen wir das nicht als ein einmaliges, sondern ewiges
Geschehnis, das ewige Geschehnis des Weltlebens aus Gott in Gott,
aus dem Geist in den Geist verstehen. Das hatten die besten Mystiker, das
hatte, tiefer als sie alle, Meister Eckehart begriffen, das ist besonders

durch Luther uns fest eingeprägt: Gott ist hier, mitten in der Welt, nicht
irgendwo hoch droben ob ihr. Und sei es eine Welt voll Teufel, sei es die
Hölle selbst, so sind Hölle und Teufel selbst, wie sehr auch in ihrem eignen
höllischen und teuflischen Bewußtsein außer und wider Gott, dennoch, im
göttlichen Bewußtsein, Gottes. Auch sie sind nur von seinen Gnaden,
leben nur ihren Tod, um ihn zu sterben, unsterblich zu sterben in ihn.
So sei immerhin Welt Welt, Sünde Sünde, Teufel Teufel, nur seien
sie es ganz, dann werden sie auch ganz in sich selbst, das heißt in ihrer
Nichtigkeit, zunichte, so wie der Irrtum, je gründlicher durchdacht, um so
reiner zuletzt sich selber verneint und damit sich in Wahrheit wandelt,
in ihr sich zur Vollendung und damit zu Ende bringt.

Dieser Idealismus ist es, der in der Unbedingtheit deutschen Glaubens,
so wie Eckehart und Luther geglaubt haben, in der Unbedingtheit deutscher
Liebe, vom schlichtesten Volkslied bis zum Tiefsten unseres Goethe atmet,
in der Unbedingtheit des deutschen Gedankens, in der idealistischen Philosophie unserer Großen aller, ohne eine einzige Ausnahme, sich von sich
selber Rechenschaft gibt, in irgendeinem verborgenen letzten Seelengrunde
aber, ich wage zu sagen in jedem Deutschen, der nicht dieses Namens
ganz unwert ist, dem Deutschsein noch etwas bedeutet, wo nicht unmittelbar lebendig ist, doch schlummert und aus dem Schlummer geweckt werden
kann. Damit soll ja nicht gesagt sein, daß eine solche innere Stellung zur
Welt den andern Völkern etwa ganz fremd sei. Keiner ihrer wahrhaft
Großen läßt das ganz vermissen, jede der mächtigen Tragödien und selbst
Komödien Shakespeares läßt etwas davon durchschimmern; Dante,
Michelangelo leben ganz darin; im Tiefsten Rembrandtscher Kunst leuchtet wortlos sprechend wie fast noch nie zuvor dieser letzte geistreligiöse Sinn
der höchsten Kunst hervor. Doch ist es ganz etwas andres als was man
sonst unter Religion verstanden hat: ein Schauen oder Träumen oder
Fühlen über diese Welt hinweg in eine andre, vor der sie sich bücken
müßte, der sie eine Schuld abzubitten und sie, die mit Grund ihr zürnende,
zu versöhnen hätte. Nochmals gesagt, es gibt kein solches Drüben, keine
solche Über- oder Hinterwelt. Aber es gibt eine andre, letztgültige, aller-
positivste, allerrealste innere Stellung des in der Welt, ganz in ihr
Stehenden zu ihr als Ganzem, Unendlichem d. i. Überendlichem —
Unwirklichem d. i. Überwirklichem. In dieser Stellung freilich, indem es
sich auf ihr Ganzes und auf nichts Einzelnes, auf ihren überendlichen
Grund und auf nichts Endliches in ihr richtet, erhebt sich das dahin

eingestellte Bewußtsein wiederum ganz über sie, tritt gleichsam von ihr
zurück, um so, ganz nur in sich, im letzten, ungetrennten Einheitspunkte
des Bewußtseins sich zusammenfassend, zugleich ihrer (der unendlichen
Welt) unzerstückten totalen Einheit, über alle Besonderung hinweg, sicher
zu werden, sich in ihr, sie in sich zu bejahen mit jenem letzten, ungeteilten
Ja, mit dem diese Welt in jenem überendlichen Grunde, den die Ahnung
der Völker Gott nennt, sich selber bejaht. So aber ist nun für diese ver-
änderte Bewußtseinsstellung alles Äußere, Endliche, Geteilte nicht etwa
weggeworfen, sondern gerade geborgen im Inneren, Überendlichen, Ungeteilten, und in seiner echten Realität erst gesichert. Und da liegt nun der
gründliche Unterschied der letzten geistigen Geartung: ob man im Äußeren
lebt, nur allenfalls ein unter der Hülle hier und da verborgenes
Inneres durchschimmern sieht, solchen Schimmer vielleicht mit Inbrunst
aufsucht, um an ihm des tiefst Verborgenen schauernd, anbetend, aber
als eines Fremden, Fernen, innezuwerden; oder ob man ganz in diesem
Innern seinen Standort nimmt und nun einzig von ihm aus, nicht dieses
oder jenes, sondern alles Äußere erhellt sieht, so daß nichts mehr Schatten
und Schein, alles Liebe und Wahrheit, nur natürliche Ausstrahlung des
Innern, nur das Wort ist, durch das es zu uns und zu sich selber spricht.

Solches Leben von innen nach außen, aus der Mitte zum Umkreis, aus
der Gottheit in die Welt hinein, und nicht aus ihr allenfalls nur ganz
zuletzt zu ihm zurück — das hieße nur in vereinzelter Ahnung, in zerstückter
Ansicht von etwas Göttlichem — solches Leben ist es, was die großen
Deutschen alle in sich gelebt und von sich bekannt haben, was aber auch
in dem ganz schlichten Deutschen wenigstens schlummert und im Verborgenen wirkt und ihm die schier unbegreifliche Unbedingtheit mitteilt, in der er sich für sein Werk, für seine Lieben, für sein Vaterland,
für was es nur sei, rückhaltlos einsetzt. Er nennt es — wenn er es überhaupt nennt und nicht einfach nur tut — sein Gewissen. Darin ist
aber nichts von Furcht vor einer drohenden äußeren Rechenschaft, sondern
nur schlichte Klarheit des bei sich Wissens: So ist es das Rechte, also hast
du fraglos, ohne Markten und Rechten, so zu handeln, wenn du bestehen
willst nicht vor irgendeinem äußeren Verdachter und Richter, sondern vor
dir selbst, vor dem Ewigen, das nicht irgendwo von außen, sondern in
dir selbst zu dir selbst spricht und dir selbst vor dir selbst Zeugnis gibt.

Daraus aber entspringt nun das Zweifache, was den Andern allen am
auffälligsten fehlt: die echte Individuität (so sage ich lieber statt „In-

dividualität", weil diesem Wort immer noch der Schatten der Relativität anhängt), und, ihre genaue Gegenspiegelung: die echte Universität (wörtlich: In-eins-gewendetheit, Kants unbedingte Totalität, Ganzheit), die ebenso alle bloß relative, abgegrenzte Allgemeinheit (Generalität) hinter sich läßt, wie die volle Individuität die bloß bedingte Sonderheit (Partikularität) überwindet. Das ist ein wahres Überbieten; es ist nicht bloße Richtungsänderung, gleichsam Vertauschung der Vorzeichen, als ob nur derselbe Schrittgang, stets vom Endlichen zum Endlichen, das eine Mal vom Umkreis zur Mitte, das andre Mal von der Mitte zum Umkreis hin vollführt würde. Dann gälte der Einwand, daß doch beides nur beziehentlich zueinander, mit dem Einen stets zugleich das Andre gegeben sei. Sondern das Ganze dieses Schrittgangs im Endlichen wird erst bezogen und endgültig orientiert auf sein letztes, ideales Zentrum, seinen letzten, idealen Umkreis, in zwiefacher, innerer und äußerer Unendlichkeit. So mag Mathematik „deduktiv" aus Grundsätzen Folgesätze ableiten, oder von gegebenen Folgesätzen nach den Vorbersätzen zurückfragen, solange bleibt ihr Tun und bleibt die logische Beziehung von Satz zu Satz immer der Art und dem ganzen Sinn nach die nämliche. Aber als sie über das „Rationale" (d. i. Ausrechenbare) ganz hinaus, das den Alten alles, das allein Zulässige war, zum Irrationalen d. i. Überrationalen, und ebenso vom Reellen zum Imaginären, d. h. nicht Un- sondern Überreellen, vom Endlichen, oder vom bloßen Fortgang ins (unbestimmt) Unendliche zum wahrhaft und durchaus bestimmt Überendlichen sich erhob, da erschlossen sich ganz neue Objekte und neuartige Methoden der Forschung, die mit den alten Mitteln „Synthesis" und „Analysis" sich keineswegs mehr darstellen ließen. Dementsprechend verstehen wir den Hinausschritt zum Idealen als dem Überrealen, mit den beiden Polen der absoluten Individuität des Bewußtseins und der absoluten Totalität des ihm Bewußten. Das ist es, was alle gotterfüllten Menschen, so Platon wie Christus, so Kant wie die Mystiker beschreiben: nicht als ein bloßes Wenden des Blicks, sondern eine völlige innere Umkehr des ganzen Menschens, eine innere Revolution ja Wiedergeburt, eine innere Neuschöpfung Himmels und der Erden, die den ganzen Menschen nach Leib, Seele und Geist ergreift und herumkehrt von der Finsternis zum Licht, vom Tod zum Leben, vom Irrpfad der Knechtschaft unter der Peitsche der Sinnlichkeit zum Pfade der Freiheit; als Erlösung von der ewigen Verdammnis der Schuld und Gottferne zur ewigen Rechtfertigung, Reinheit vor Gott und wiedergewonnenen vertrauten Gottesnähe, Gottesgefolgschaft, Gotteskindschaft.

Folgeweise aber wandelt sich damit das ganze Denken über Welt und Menschheit, tiefer noch das ganze wollende und handelnde Verhalten gegen beide. Es gibt Kraft zum fraglosen Ausharren im scheinbar hoffnungslosen Ringen nach den ewigen Zielen, vielmehr dem ewig einen Ziel, einzig seiner selbst, keines außer ihm zu suchenden Zwecks oder Nutzens halber. An solchem, aus diesem tiefsten Quell fließenden reinen Wollen muß zuletzt alle noch so wohlberechnete, sicher zielende Energie der Anbeter der Zweckdienlichkeit scheitern, denn die hat ihre Schranke an dem begrenzten endlichen Zweck, für den sie sich einsetzt, jene echtere geistige Energie dagegen stammt aus dem unversieglichen Quell überendlichen Lebens.

Vielleicht mag mancher sich wundern, wenn wir nun das unsere Welteroberung nennen und sie den sehr bestimmt endlich gemeinten, also in ihrem Sinne „reellen" Welteroberungsabsichten der andern Völker entgegen und über sie stellen. Predigen wir mit dem vorhin Gesagten, unter Verzicht auf diese Welt, am Ende etwas wie mittelalterliche Weltflucht, Weltverachtung, Weltverneinung? — Die Antwort ist schon gegeben. Gerade in dieser tief veränderten Stellung zur Welt spricht unser Bewußtsein vielmehr ein Ja zu ihr, wie es noch nie zuvor gesprochen worden ist. Je freier in meiner Seele von der Welt, um so freier werde ich in ihr auf dem Posten stehen, „auf den, so glaube ich, Gott mich gestellt hat" — sagt Sokrates in seiner Verteidigung vor den Richtern. Je sicherer ich hier und jetzt, und überall und immer, im Ewigen, Göttlichen mich geborgen weiß, um so unverzagter werde ich, fraglos, bedingungslos, dem was der Ort und Augenblick gebietet, mich hingeben. „Nur, wo du bist, sei alles, immer kindlich, So bist du alles, bist unüberwindlich", sagt Goethe in eben jenem wundersamen Gedicht, wo er, aus dem unmittelbaren Erlebnis einer rührenden späten Frauenliebe heraus, sich klar macht, was das eigentlich ist, was „wir" — wir Deutschen — fromm sein heißen. Solche Kindlichkeit spricht aus dem treuherzigen Auge jedes echten Deutschen zu uns, aus ihr handelt er und tut Wunder, harte Wunder, die alle nur endlich eingestellte Welt nicht bloß wundernehmen, sondern entsetzen. Denn auch der lähmende Zweifel, ob das nicht Sünde sei, was das harte Gebot des Orts und des Augenblicks, etwa jetzt im furchtbaren Kriegshandwerk, ihm auferlegt, kommt ihm gar nicht und vermöchte auch nicht seinen reinen, glaubenden Willen zum Guten zu beirren. Bist du nur des reinen Grundwillens dir bewußt, der in der gegebenen Lage nicht anders als in harter, unter sonstigen Umständen vielleicht unmoralischer Tat sich behaupten kann, so darf kein Skrupel bloß endlich begründeter Moralforderung dich zurückhalten, zu tun, was auf dem Posten, da du nun hingestellt bist, dir zu tun auferlegt ist. Nichts ist Sünde, was aus reinem Grundwillen fließt, vielmehr alles, auch was im gemeinen Lauf der Dinge höchste Tugend ist, wird Sünde, nicht bloß, wenn es aus unreinem, sondern schon, wenn es nicht aus dem restlos reinen Willen des in sich und nicht um irgendeines äußeren Zweckes willen Guten fließt.

Solcher reine Wille aber wird vor allem und am bedenkenfreisten dem Volke und Vaterland sich widmen. Denn er weiß, er dient der Menschheit und also Gott, wenn er dem Volk und Vaterland dient. Auf keinem Wege schafft so gewiß wie auf diesem auch der Geringste mit am Weltheil. Auch die wundervolle fraglose Treue gegen den Einzelnen, es sei Weib, Kind, Vater, Mutter, Freund, Weggenosse, Herr oder Knecht, Führer oder Geführter, gilt doch, wissend oder nicht, der „Menschheit in der Person" des Andern, mag sie auch in dürftiger, entstellter, ja zerstörter Gestalt erscheinen, mag die Treue verschwendet scheinen an einen, der nach gemeinen Begriffen ihrer unwert ist. Echte Treue fragt danach nicht. Ist einer mein Nächster, das heißt, so wie wir in der Welt zueinander gestellt sind, auf mich gewiesen, meiner an dieser Stelle bedürftig, so habe ich mich ihm zu widmen, so wie die Lage es erheischt; sollte er meiner Treue nicht wert sein, vielleicht gar sie zurückstoßen, dann um so mehr, denn um so mehr bedarf er dann des moralischen Gegen- und Übergewichts, das ihn vielleicht noch zurechtbringt. Übrigens wird gerade solche Treue auch die Härte nicht scheuen, wo sie zum Heile dient. Sie beweist sich nicht im Streicheln und Schonen allein, sondern, gleich der Treue des Arztes, wo die Wunde klafft, auch im Schneiden und Brennen. So auch wird die echte, tiefgründige Treue gegen Volk und Vaterland keineswegs alles an ihm, so wie es ist, gut und in der Ordnung finden und bedingungslos gelten lassen. Aber sie wird auch in jedem Unheil, jeder Erniedrigung, mag es sie sich immerhin durch eigne Schuld zugezogen haben, zu ihm stehen und, soviel an ihr ist, helfen es zu retten und zu halten, aber auch, soviel an ihr ist, es von Fehlwegen zurückzuhalten oder zurückzubringen bestrebt sein. So haben die Propheten Israels das ewige Beispiel gegeben, indem sie gerade aus der Tiefe der Treue gegen ihr Volk es warnten und straften, schonungslos den Spiegel seiner Verfehlungen und das jähe, mehr noch innere als äußere Verderben, in das es sich dadurch stürzte, ihm vor Augen hielten, aber auch die schwersten Schicksale mit ihm trugen, schwerer als es selbst, weil aus tieferer Erkenntnis, tieferer Liebe und darum tieferem Leid, als es selbst dessen fähig war. Nicht anders haben einst unsere Größten die Tage der Schmach, der äußeren Knechtschaft und inneren Versumpfung treulich mit ihrem Volke durchgehalten, aber auch ihr Alles daran gesetzt, von innen her es wieder zu erheben und zurechtzubringen, daß es aus der Tiefe seiner Erniedrigung sich wieder emporrichten und freikämpfen und aus der nie versiegenden Kraft des Idealismus die ihm gebührende Stellung in der Welt sich wieder erstreiten konnte.

So begriffen die Vaterlandstreue unsre Altvordern, aus der Klarheit ihres Individualismus und ihres Universalismus. Wahrlich nicht aus dem Wahnglauben an die Herrlichkeit eines „deutschen Wesens“, das schon da, das nicht erst zu erringen die Aufgabe, die ewige Aufgabe sei; oder an eine Deutschheit in der Sonne irdischer Glorie. Wie weit war es, wie weit ist es auch heute davon entfernt! Aber auch nicht im Sternenglanze irgendwelcher im falschen Sinne „idealen“ Kronen eines bloß geistigen Ruhmes. Ihr Idealismus war kräftig genug, dem Deutschtum seine hohe, ja unvergleichliche Aufgabe ganz in dieser Welt zu stellen. Ihr Individualismus konnte sie nicht der Sorge um Volk und Vaterland entfremden, weil sie in Volk und Vaterland selbst ein Individuelles, ein in der Unendlichkeit seiner Aufgabe, nicht in der Endlichkeit seiner meßbaren Leistung Einziges, Unersetzliches erkannten. Ihr Universalismus aber ließ sie in der Sache des Volks und Vaterlands zugleich die Sache der Menschheit erkennen, zu der doch gerade für den, dem es ganzer Ernst mit ihr ist, der Weg nur durch Volk und Vaterland geht. Indem sie so die ideale Aufgabe des Staates in ihrer Tiefe begriffen, kamen sie zugleich nicht in Gefahr, den Menschen etwa ganz unter das Joch des Staates zu beugen, sie strebten im Gegenteil bewußt dahin, den Staat einzig in den Dienst des Menschen zu stellen. In solcher Gesinnung stellten sie gegen das westeuropäische Ziel der „Zivilisation“ das eigentümlich deutsche der „Kultur“. Zivilisation heißt Verbürgerlichung, also Verstaatlichung des Menschen, sie aber wollten Pflege, Anbau des Menschentums selber aus den inneren Wurzeln eigenkräftigen Wachstums, auf dem angestammten, heilig gewahrten, treu bearbeiteten Boden der Volksindividuität. So sollte aus dem echten deutschen, dem vermenschlichten Staat der Menschenstaat, als der der „Kultur" der Menschheit, wo nur Menschen auf Erden wohnen, erwachsen. Das wäre also, wonach wir fragten: der Weltberuf des Deutschen.

Verstehen wir aber mit Recht so das seinsollende Wesen des Deutschen, dann muß es, wenigstens dem Keime, der Anlage nach, auch als sein seiendes Wesen nachgewiesen werden können. Das ist es, was jetzt unsere weitere Aufgabe sein wird. Zwar begegnen sich gerade im Größten die Großen aller Völker und Zeiten. Es wäre daher noch kein zulänglicher Beweis der unterschiedlichen Deutschheit des gezeichneten Charakters, wenn sich erwiese, daß wirklich in unseren Größten dieser Charakter sich einmütig und unwidersprechlich dargestellt hat. Sondern es müßte auch gezeigt werden können, daß er in erkennbarer Weise das ganze Leben unseres Volkes durchdringt und durch den ganzen Verlauf seiner Geschichte sich als bestimmende Macht in ihm bewiesen hat. Auch dann gilt keineswegs selbstverständlich der Schluß von der Vergangenheit auf die Zukunft. Unsere Zeit kann leicht scheinen von allem, was hinter uns liegt, sich lossagen zu wollen; sie verrät überall ein mächtiges Drängen vom Historischen zum Aktuellen. Aber gerade dem ist die Idee des Deutschen, wie sie uns aufgegangen ist, gewachsen wie keine andre. Sie stellt ja überhaupt kein in bestimmter meßbarer Zeitferne zu erreichendes Ziel auf; also wird der Deutsche, gerade wenn er dieser seiner Idee, d. h. wenn er sich selber treu bleibt, am wenigsten in Gefahr sein, am bis dahin Erreichten und von da aus absehbar zu Erreichenden haften zu bleiben, oder gar sich in Sicherheit zu wiegen und die Bereitschaft zu unablässig neuem Ringen und Kämpfen zu verlernen. Je Größeres er will, um so härter wird er kämpfen müssen, um so unmöglicher aber wird auch ein Zurückgehen für ihn sein. Die Feindschaft selbst, der er überall draußen begegnet, nicht minder die inneren Widerstände, gegen die er sein „Wesen" zu behaupten hat, werden ihm täglich, stündlich gegenwärtig halten, worum und wogegen er zu streiten hat.

Oder ist zu besorgen, daß uns am Ende doch der Atem ausgehen und, nach nun schon so viele Jahrhunderte währendem schwersten geistigen und physischen Ringen, endlich die Ermattung des Alters uns überkommen werde? Allzuvieles könnte scheinen solcher Besorgnis rechtzugeben. Scheint doch die allgemeine Erfahrung zu lehren, daß Völker altern und absterben wie Einzelne. So hat Hegel, so haben sozusagen alle bisher es angesehen. Dann wäre freilich nicht abzusehen, wie man der Folgerung auf den allgemeinen Tod der Menschheit, ja des Lebenswillens überhaupt entrinnen wollte. Die Entwicklung der Menschheit müßte dann, nachdem ihr Kreislauf vollendet ist, zu Ende gehen, und es wäre nachher, als sei sie gar nie gewesen. Das aber ist wider allen Glauben an den Geist und an Gott; logisch gesprochen: wider den Sinn der ewigen Aufgabe, wider den echten Sinn der „Wirklichkeit", denn in dem liegt ewiges Wirken. Aber auch die Erfahrungen der Geschichte sind für eine solche traurige Wahrheit keineswegs beweisend. Sie lehren allerdings, daß Völker, die für eine Zeitlang in der Welt führend waren, dann die Führung an andre abtreten mußten. Aber von dem, was sie Positives der Menschheit errungen hatten, ging nichts verloren, es wirkte, eingefügt in das größere Ganze, auf tausend Wegen weiter in der Geschichte und wirkt bis heute; es trat nur zurück, mußte zurücktreten, sofern es selbst bloß ein begrenztes, vorläufiges Ziel bedeutete, nun aber das größere jenseit seiner sichtbar geworden war. Das endliche Ziel kann erreicht und dann überboten werden; es genügt ein endlicher Krafteinsatz, um es zu erreichen; damit ist dann die Aufgabe, und mit ihr die zu ihrer Lösung eingesetzte Kraft, erschöpft. Eine ewige Aufgabe aber erschöpft sich selbst nicht und erschöpft (mag das immerhin mechanischer Analogie widersprechend scheinen) nicht die für sie sich einsetzende Kraft. Vielmehr jeder neue Sieg der Idee wird zum neuen Kraftquell: selbst aus unversieglichem Born stammend, erschließt sie diesen im Menschen, der sich ihr widmet. Beweisen, so wie man einen Satz der Mechanik beweist, läßt sich das freilich nicht. Aber es beweist sich so, wie Gott sich beweist: indem es sich lebt. Wer in der Freiluft der Idee selber atmet und nicht in den Kerker des Endlichen sich selber eingeschlossen und wie eingemauert hat, erfährt es so; aus solcher Erfahrung aber wird er niemals solchen Zweifel sich anfechten lassen, sondern er traut den ewigen Sternen, die fortfahren würden ihm zu leuchten, auch wenn wir wüßten und astronomisch ausrechnen könnten, daß morgen oder übermorgen die Lichter droben und mit ihnen der armselige Stern, der uns trägt, erloschen sein wird. Nicht das Gestern ist, wonach wir fragen, noch das Heut und Morgen. Also wollen wir auch nicht bloß im Gestern die treibenden Kräfte aufspüren, die mit dem Gestern und aus ihm das Heute geboren haben und das Morgen zu gebären im Begriff stehen. Sondern wir möchten die ewige Kraft erkennen, die, statt je sich zu verbrauchen, je Größeres sie vollbringt, nur um so machtvoller

sich entfalten muß. Wir möchten sie erkennen, nicht als ein uns gegen-
überstehendes Fremdes, sondern indem sie, durch Berührung mit unserem
Innersten, in uns selber lebendig wird. Wir möchten uns selber darin
erkennen, erkennen, wie wir erkannt sind; um aus solcher Erkenntnis
dann diese hohe Kraft einzusetzen für das klar begriffene ewige Ziel.

3. Deutſcher Glaube: Eckehart

Soll in der Kürze, wie es hier nur angängig ist, ein Bild der inneren, seelischen Haltung des Deutschen auf Grund ihrer geschichtlichen Bezeugungen entworfen werden, so versteht sich, daß etwas mehr als einige Schlaglichter nicht gegeben werden kann. Vorerst ganz soll hier abgesehen werden von den wirtschaftlichen, den politischen Zusammenhängen, den wissenschaftlichen, den technischen Schöpfungen des Deutschen, obgleich gewiß auch an dem allen seine Seele teilhat. Näher liegen uns die Gebiete der Kunst und Dichtung; hauptsächlich aber soll unser Blick gesammelt bleiben auf das, was man „Weltanschauung" nennt, die sich besonders nach zwei Seiten ausspricht: als religiöser Glaube und als philosophischer Gedanke. Da aber dürfen wir uns nicht begnügen, an einigen wenigen Hauptgestalten, wie Eckehart, Luther, Kant, die deutsche Art uns klarzumachen, sondern es soll versucht werden, wenigstens einen Durchschnitt der ganzen Entwicklung zu geben. Namentlich darf an den Ursprüngen nicht vorbeigegangen werden, schon weil einzig die altgermanische Weltanschauung ganz auf dem eignen Boden des Deutschtums erwachsen ist, alles Spätere dagegen schon in engem Zusammenhang mit der Gesamtentwicklung des Abendlands steht.

Die Göttervorstellungen unserer heidnischen Vorfahren beruhten unverkennbar, wie die aller andren Völker, zunächst auf schlichter Naturanschauung. Auch das ist nicht ihnen eigentümlich, daß sie zugleich vom frühsten Stadium an einen ethischen Einschlag zeigen. Viel deutlicher aber, als etwa die der Veden, sind die germanischen Götter Wesen nach Menschenart, doch gewaltig, langlebig (nicht unsterblich), dem Menschen übermächtig, seine gebietenden Herren. Sie sind dabei sehr individuell, in eignen Charakteren ausgeprägt, nicht selten mit inneren Widersprüchen behaftet, problematisch gleich tragischen Helden, daher auch tragischen Schicksalen unterworfen. Sie stehen darin den Göttern der Griechen, vielleicht nur diesen, nah und gegen sie kaum zurück. Einer der ersten Darsteller der altgermanischen Religionsgeschichte, Richard M. Meyer, erkennt den „wahren Idealismus" der Göttervorstellungen unsrer Altvordern in dem „leidenschaftlichen Ernst, den Odin im Suchen und Denken, Thor im Handeln darstellt"; einem Ernst, der doch einen übermütigen Spaß nicht ausschließt; aber gerade das Lachen der germanischen

Götter ist eigen, vom „Homerischen Gelächter" merklich verschieden; es ruht, wie das Shakespearesche Lachen, auf tragischem Hintergrund. So vergleicht Gustav Freytag das unheimliche Lachen Gelimers über den eignen tiefsten Sturz dem des Lear. „Selbst Zeus", sagt Meyer, „wirkt frivol, Jupiter flach neben diesen Gestalten, auf denen das volle Bewußtsein des menschlichen Schicksals und das ganze Pflichtgefühl des Deutschen lastet." Er fühlt sich dabei erinnert an Dürers „Ritter zwischen Tod und Teufel". Die Verwandtschaft ist in der Tat auffallend, so in dem gefaßten Ernst des Ritters wie in dem grimmen Humor der Darstellung der beiden Unholde. In seinen Göttervorstellungen spiegelt das germanische Volk, wie jedes, treulich die eigne Art. „So wurden diese Männer erzogen. Sie konnten in ihrem leidenschaftlichen Eifer grausam sein wie der heilige Olaf, furchtbar wie Karl der Große, aber auch mild zugleich wie der Angelsachse Alfred und der Däne Kanut. Frivolität aber, leichtsinniges Spiel mit ernsten Dingen hatte sein Abbild in Loki, an dem germanische Strenge furchtbare Rache nahm für seine Gesinnung, nicht für seine Taten." Von selbst versteht sich, daß die altgermanischen Götter vor allem streitbare Recken sind, im Kampfe hart wie die rauhen germanischen Scharen selbst. Überhaupt sind die Götter menschlichen Leidenschaften und Bedürfnissen unterworfen, keineswegs als solche gut, aber noch viel weniger „jenseits von Gut und Böse", sondern dem sittlichen Gericht verantwortlich nicht anders als der Mensch. Aber mit ihm fügen sie sich auch in eine Art Staat, natürlich ganz in den Formen, wie sie dem Germanen geläufig sind. Gegen ihre rechtliche Ordnung steht Loki, ursprünglich der Gott der ebenso wohltätigen wie furchtbaren Macht des Feuers, als Oberster eines Heeres höllischer Geister, das Urbild des mittelalterlichen Teufels, auch in den fratzenhaften, gutmütig oder bitter humorvollen Zügen. Der tragische Hintergrund aber vertieft sich mehr und mehr. Neben schwächeren Spuren eines Weltschöpfungsmythus tritt weit bestimmter und eindrucksvoller (ganz deutlich zwar nur in nordischer Ausprägung erhalten) die düstere Vorstellung der Weltverbrennung und des Göttersturzes hervor. Er ist tragisch verschuldet durch Rechts- und Treubruch der Götter selbst, den gerade der Feind Loki ihnen vorhalten darf. Rechts- und Treubruch: denn wie der Heerführer der Gefolgschaft, nicht bloß diese ihm, Treue schuldet, so entspricht dem Führerrecht des göttlichen Heergewaltigen die eigene Treupflicht gegen die, die ihm treu sind. Wotan, der stürmende Herr der Heerscharen, darf seine Helden nicht gleich ruhmlosen Knechten gen Hel fahren lassen; er sammelt die Gefallenen um sich als seine ständige Begleitschar, die Schar der Einherier. Der menschliche Held weiht sich solch edlem Los durch Zeichnung mit dem Speer, mit dem einst der Gott selbst sich durchbohrt hat, und gewinnt so durch die Todesweihe Unsterblichkeit. Der ursprüngliche Todesgott wird damit zum Lebensgott — ein Motiv, das man für christlich zu halten geneigt wäre, läge es nicht mit hoher Wahrscheinlichkeit christlichem Einfluß zeitlich weit voraus. Auch der Monotheismus bereitet sich in dieser bestimmteren Ausprägung der Gestalt des obersten der Götter deutlich vor: allein Wotan vermag auf solche Weise Rettung vom Tode zu gewähren; dadurch hebt er sich aus dem Chor der Götter einzig heraus, erscheint oft geradezu als der Gott der Germanen, gegen den die andern alle verblassen. Nah verwandt dem christlichen Gedanken, dennoch auch echtgermanisch ist das Motiv des gestorbenen und wiederkehrenden Gottes Balder, wiederum zugleich als Bürgschaft der möglichen Todesrettung des Sterblichen. Dies etwa die bemerkenswertesten, eigenartig deutschen Züge unserer Göttersage, zu der uns leicht die verwandten Züge der Heldensagen einfallen werden.

Nun tritt diesem Germanen, überall wohin das große allgemeine Drängen und Hinundherwogen der Völkerwanderung ihn verschlägt, bald auch durch Sendboten, die ihn im eignen Lande aufsuchen, das Christentum nahe, mit der ergreifenden Verkündigung des schon vorweltlichen, hoch über der Welt thronenden einigen Weltherrn, der diese arge Welt doch wert erachtet hat den eigenen Sohn hinzugeben, daß er, ihr das verwirkte Leben zurückzuschenken, sich selbst freiwillig in den Tod gebe. Das griff hoch hinaus über die heimischen Mythen, es war gleichwohl manchem davon, gerade ihrem tiefsten Gehalt, nah verwandt, am verwandtesten dem starken, lebendigen Sinn für die Unbedingtheit einer Treue, die bis zur Selbsthingabe nicht sowohl von außen her sich verpflichtet glaubt als aus eigenem freien Willen sich selber verpflichtet, und zwar gegenseitiger Treue, des Herrn wie seiner Gefolgschaft. Es entsprach überhaupt als Ganzes dem dem Deutschen natürlichen Zug der Hingabe an ein Überpersönliches, Unsichtbares. Ohne Zweifel war der Germane von damals, so wenig das Grübeln über große und kleine Dinge ihm fremd war, doch noch ganz außerstande, das Christentum als Lehre, nach dem Wortverstand seiner steilen Abstraktionen, in sich aufzunehmen und zu verarbeiten. Aber seinem innersten Lebenskern erwies gerade das an ihm sich am zugänglichsten, was in der Tat sein innerster Kern ist: eben der Sinn der unbedingten

Hingabe der Person an die Idee, die Erhöhung des durchaus menschlichen
Verhältnisses einer Liebe, die vor allem persönliche Treue und Glauben
von mir zu dir, von dir zu mir bedeutet, zum idealen Treuverhältnis des Menschen, bis in den innersten Grund seines nur ihm eigenen
seelischen Wesens, gegen den schlechthin alle menschliche Persönlichkeit
überragenden einigen Herrn und Schöpfer, den wahren Allvater Gott.
Etwas davon fühlt sich heraus schon aus dem ältesten erhaltenen Selbstzeugnis des deutschen Menschen von dem Eindruck der christlichen Lehre,
dem Wessobrunner Gebet: „Das erfuhr ich unter den Menschen als
der Wunder größtes, daß Erde nicht war noch Überhimmel noch Baum
noch Berg, daß Sonne nicht schien noch Mond leuchtete noch das gewaltige Meer: als da nichts war von Enden noch Wenden, da war der eine
allmächtige Gott, der Männer mildester. Und da waren auch mit ihm
viele göttliche Geister. Und Gott ist heilig . . .“ Dieser merkwürdige Eingang des Gebets, in den heimischen Rhythmen und Stabreimen an ur-
heidnische Weltschöpfungsdichtung unverkennbar anklingend, läßt lebendiger als irgendein andres redendes Zeugnis den Eindruck nachfühlen, den
die Predigt des einen, allem überlegenen, heiligen und zugleich „milde-
sten“ Gottes auf den der heidnischen Anschauungen noch ganz bewußten
Deutschen der Zeit des Übergangs zum Christentum machte. Nicht minder
läßt die reinste epische Darstellung der evangelischen Geschichte, der
Heliand, das Hineinwirken des altgermanischen Grundethos in die mit
Wärme übernommene Gefolgschaft des göttlichen Helden und Königs
Krist erkennen: „Gott ist der hehre Himmelskönig, der Siegesfürst,
der mächtige Schutzherr, der von der Himmelsaue her über alles waltet,
das Land und die Leute. Ihm soll man dienen um seine Huld, lautere
Treue ihm tragen, dann gewinnt man Anteil am himmlischen Reich,
Heim in dem Besitz da droben auf der grünen Gottesaue; dann kommt
man in seine Gewalt, genießt mit seinem Herrn das köstliche Treiben, hat
seine Huld und lebenslangen Ruhm.“ Ganz unbefangen „wird auf Christus
und seine Jünger das Verhältnis des Fürsten zu seinem Gefolge übertragen. Krist ist der mächtige, der berühmte Herrscher, der kräftigste der
Könige, der liebe Landeswart, der gern viele Mannen empfängt und
ihnen Schutzherrschaft verheißt auf lange Zeit, wie er es wohl zu leisten
vermag. Seine Jünger sind seine Degen und sein Gesinde, treuhafte
Mannen, kraftberühmte, edelgeborne Männer“. Die Ethik der Bergpredigt:
Demut, Sanftmut, Liebe, selbst Feindesliebe wird rückhaltlos warm auf-

genommen. Nur verrät sich nirgends irgendwelche Hinneigung zur Weltverneinung; der Wert des irdisch-menschlichen Lebens wird noch in voller
Unbefangenheit bejaht. Auch waltet nach wie vor das unabwendliche
Todeslos, das gelassen auf sich zu nehmen dem Tapferen geziemt. Wäre
das etwa widerchristlich? Gewiß ist es die Anschauung des germanischen
Heidentums; aber etwa weniger des germanischen Christentums? Ganz
so tapfer denkt Luther, denkt jeder rechte Deutsche auch als Christ über den
Tod und alles, was sonst von außen her den Menschen treffen mag. Er
weiß, daß „dieser Dinge keines bis an die Seele reicht" (Luther), er läßt
sich gesagt sein: „Alle Dinge sind euer, es sei Leben oder Tod, Gegenwärtiges oder Zukünftiges." So aber brauchte der Deutsche seine alten Götter
nicht ganz zu den Toten zu werfen; dafür hatten sie ihm sittlich zu viel
bedeutet. Wotan der stürmende lebt fort als Erzengel Michael mit dem
Flammenschwert, noch uns als der „deutsche Michel" nicht ganz fremd;
der gutmütige Thor als Sankt Peter usf.

So hatte der Deutsche Eigenes genug in das neu Aufgenommene hineinzuverarbeiten. Seine ganze Eigenheit trug er in es hinein. Ist doch sein
Eigenstes nichts andres als — die Eigenheit selbst, dies Sich-ganz-Einsetzen
und Ernst machen mit jedem, in das er sich einmal einläßt. Die Griechen
haben die spekulative, die Lateiner die aktive Seite des Christentums
vorzugsweise aufgenommen. Bei jenen wird es zur neuen, alles vollendenden, alle Rätsel lösenden Philosophie, bei diesen zu einer neuen,
nur wirksameren, nicht minder als abschließend gedachten Form des Weltimperiums. Der Reichsgedanke, mit der monarchischen Spitze, wie schon
Aristoteles, der Lehrer Alexanders, sie für das Weltall fordert, der Gottesstaat, die Civitas Dei, und damit die Geschichtsbedeutung des Christentums
für das Ganze der Menschheit, das wird dem doch stark persönlich gerichteten, zugleich philosophisch gestimmten Augustin fast zur Hauptsache,
zum beherrschenden Mittelpunkt der christlichen Lehre, die damit erst
zum Dogma von allgesetzlicher Verbindlichkeit sich verfestigt. So muß
alles Innerste sich der gewaltigen Organisation des geistlichen Regiments
fügen, dem alle weltliche Befehlsgewalt, auch alle menschliche Wissenschaft und Philosophie, nicht minder alle künstlerische Kultur rücksichtslos unterjocht wird. Diesem Geiste des lateinischen Christentums widerstrebt der Deutsche von Anfang an. Aber er wird von ihm bezwungen,
er geht für eine Zeitlang ganz darin ein; er fühlt sehr wohl, es ist nicht
sein Eignes, kann es nie ganz werden, aber, dem Sinn des Christenglau

bens einmal gewonnen, zögert er nicht, auch das auf sich zu nehmen; es war einmal damit verwachsen, und in gewisser Weise empfand er wohl auch diese Zucht als ihm heilsam. Die sich eng damit verbindende, in der lateinischen Kirche früh zum Durchbruch gekommene Grundstimmung der Weltverneinung, der Weltverdammung war seinem letzten Wesen vollends fremd und entgegengesetzt; dennoch zwang er sich bald auch da hinein. Fast als wollte er für den wilden Einbruch in die fremde Kulturwelt, der ihn selbst noch weit mehr als sie aus seinen Wurzeln gerissen, ihn innerlich weit mehr als äußerlich zerrüttet hatte, sich selbst eine Buße auferlegen, fügte er sich für Jahrhunderte fast strenger, innerlicher jedenfalls und aufrichtiger noch als die Völker selbst, die diese seltsame Losung ausgegeben hatten, unter das harte Joch einer Weltanschauung, die zu seiner freien und frohen, tapferen, weil unbefangenen, ohne Arg und Trug in die Welt stürmenden Jugend fast den äußersten Gegenpol bildete. Aus diesem Keim entwickelte sich in grausamer Folgerichtigkeit die furchtbare Tragödie des deutschen Früh-Mittelalters.

Die Grenze bezeichnet Karl der Große. Er wollte noch, und vermochte, solange er lebte, in wunderbarer Klarheit die drei Urgewalten, deren innerer Streit so viele gewaltsame Zuckungen hervorrufen sollte, auseinanderzuhalten und jedem seinen eignen Bezirk zuzuweisen: dem Christentum und seiner Organisation, der Kirche; dem antiken Reichsgedanken, mit der ganzen von ihm getragenen Kultur und Bildung, und dem in ihm noch ungeschwächt lebendigen Germanentum. In seinen erstaunlich den Jahrhunderten vorgreifenden Plänen zur Volksbildung traf er zugleich wie in vorschauendem Hellblick den Weg, auf dem allein, wenn überhaupt, ein innerer Ausgleich der im Wetteifer um die Seele des Deutschen ringenden Mächte möglich gewesen wäre. Aber es hätte einer ganzen Folge ihm gleichgesinnter und gleich fähiger deutscher Herrscher bedurft, um seinen Gedanken zu verwirklichen, vielmehr er hätte wohl auch unter den günstigsten Bedingungen sich nicht verwirklichen lassen. Jedenfalls, er hat den gewaltigen Mann nicht überdauert. Seine Schöpfung zerfiel alsbald nach seinem Tode, Deutschland und Frankreich gingen fortan getrennte Wege, der verführende Gedanke der Einheit der abendländischen Christenheit unter einem weltlichen und einem geistlichen Regiment lebte nur fort, um als Fehlziel den Deutschen von seiner wahren Aufgabe abzulenken, ihn in sich selbst zu entzweien und im Ringen nach Unerreichbarem sich fast verbluten zu lassen.

Die Geschichte des deutschen Königtums von Karls Tode bis zum
Interregnum wird so zu einer fast ununterbrochenen Folge von Tragödien, deren wahrer Träger nicht die Personen, die da auf der Bühne der
Welthistorie der Reihe nach auftreten, sondern — die Seele des Deutschen
ist; heldenhaft ringend, heldenhaft sich opfernd für eine Idee, die nur
inwendig in ihm lebt, draußen in der Welt keinen Boden findet und finden
kann. Wie stets wieder, so setzt damals der Deutsche sich ganz ein für ein
Ganzes — und scheitert, muß scheitern an all dem Stückwerk inmitten
zwischen den gegebenen Bedingungen und dem Unsichtbaren, Ungreif-
baren, nach dem er so unbelehrbar wie erfolglos ringt. Es war nicht die
innere Uneinigkeit und Unfügsamkeit allein, die freilich auch die tüchtigsten,
auch einige wahrhaft große deutsche Herrscher bei jedem neuen Anlauf
hemmen mußte und nach den verheißendsten Siegen wieder scheitern ließ,
es war die Unwirklichkeit des Zieles selbst, um das sie rangen, es war
der Zwiespalt in der eignen Brust. Ein schiedlich friedliches Verhältnis
zwischen weltlicher und geistlicher Gewalt, scheinbar ein einfaches, durch-
sichtiges, ganz wohl lösbares Problem, wurde mehr und mehr zur
hoffnungslos unlösbaren Aufgabe, zum innerlich zerstörenden Krankheits-
keim, weil das, wogegen es zu streiten zwang, den Streitenden selbst
innerlich band. Das Rom, das der Deutsche im Sinn hatte, dessen äußere
Darstellung er doch nur im wirklichen Rom suchen konnte, war in der
Tat ein ganz andres, nur in seiner Idee lebendes. An dieses mit seiner
ganzen Seele gebunden, ließ er allemal im entscheidenden Augenblick sich
die Waffe aus der Hand gleiten gegen das Rom der äußeren Wirklichkeit,
das seinerseits nur zu genau wußte, was es wollte, und unerbittlich ein
klar umrissenes, bestimmt ausgesprochenes Ziel verfolgte. Nur den äußerlich eindrucksvollsten Beleg dafür bietet die harte Demütigung Kaiser
Heinrichs IV. vor dem Papst Gregor. Wir empfinden sie bis heute als
nie wieder abzuwischende Schmach, als Wegwerfung aller Würde des
königlichen nicht nur, sondern des deutschen Namens. Die Zeit, Heinrich
selbst empfand es nicht so, konnte es gar nicht so empfinden. Die von
Cluny ausgegangene finstere Lehre der absoluten Weltverdammung
übte damals diese unheimliche Gewalt über die Seelen der Völker
und ihrer Herren; ihre unabweisbare logische Folge war die unbedingte
Obgewalt des geistlichen Imperiums, das die Sache des ewigen Heils
vertrat, über das aus der Sünde der Zeit geborne, mit ihr dem nahen
Untergang verfallene weltliche Regiment. Dawider mochte der Deutsche,

unter dem unmittelbar gefühlten, unerträglichen Druck, die klaren Forderungen des Tages vor Augen, sich wild aufbäumen wie ein freiheitdürstendes edles Roß, aber er blieb unter dem Joch, weil er die Grundvoraussetzungen des Gegners doch eben selbst innerlich bejahte.

Aber der Bogen war bereits allzu straff gespannt. Das Papsttum, des Kaisertums in diesem Zeitpunkt fast bedingungslos Herr, damit zum Gipfel seiner Macht emporgestiegen, wagte die ganze unter seinem Szepter nunmehr geeinte Christenheit aufzubieten zum Heerzug gegen die Sarazenen, ihnen das Heilige Land, das sie in Besitz genommen, wieder zu entreißen. Die eben aufblühende Romantik des Rittertums, in ihrer Unwirklichkeit das rechte Gegenstück der asketischen Abkehr von der Welt, die von den Klöstern her tief in alle Lebenskreise hineinwirkte, folgte wie magisch gezogen dem neuartigen phantastischen Aufruf, getrieben ebensowohl von aufrichtig frommer Gesinnung wie vom lockenden Abenteuer, zwei Dingen, die zu seiner ganzen Art gleich wunderbar zusammenstimmten. Indessen, war schon Rom ein allzu unwirkliches Ziel gewesen, so erst recht das Heilige Grab. Was man wirklich erstritt, wurde ganz etwas andres, als worum man ausgezogen war, fast sein volles Gegenteil. Für ein traumhaft unwirkliches Ziel war die weltliche Heerkraft aufgeboten worden; im Ernste des Kampfs, auf fremdem, gefahrenreichem Boden, mit einem ganz ebenbürtigen, gleich ritterlich kampfgerüsteten Gegner lernte der abenteuernde Ritter, der Mann und Held, sich wieder fühlen. Der weltweite Ausblick, der sich ihm öffnete, befreite ihn zugleich aus der kleinlichen Enge der unablässigen Fehden daheim mit dem Nachbar vor der Tür oder des bloßen Spielgefechts in den Schranken des Turniers. Ungeahnte Horizonte taten vor seinem erstaunten Blick sich auf. Er machte die unerwartete Entdeckung, daß es jenseits der Christenwelt, statt der heidnischen Wildheit, die er sich geträumt, eine hoch ausgebildete Kulturwelt gab, in der recht viel von der für das Abendland verschütteten Kultur des Altertums gerettet und in eignen Formen wiedererstanden war; eine reich, wennschon einseitig entfaltete Wissenschaft, Technik, vornehme und phantasievolle Kunst, Dichtung, allgemeine Lebensgestaltung, eine rechtliche und staatliche Verfassung, in der so kriegerische Tüchtigkeit wie Edelsinn gedieh, nicht bloß gewachsen, sondern in vielem überlegen der christlichen. Das ideal geplante Unternehmen scheiterte kläglich, mit jedem neuen Anlauf nur desto kläglicher, verlief sich endlich im Sande vereinzelter kraftloser Vorstöße, die kaum

noch etwas von dem Geist, in dem es begonnen war, erkennen ließen.
Dadurch aber mußte die ganze Weltanschauung, aus der das seltsame
Abenteuer als scheinbar reifste Frucht hervorgewachsen war, einen Stoß
bekommen, ja in den Grundfesten wankend werden. In fast jähem Umschwung erhebt sich aus dem Zusammenbruch eine völlig andre Welt:
weltliche Literatur, Ansätze weltlicher Wissenschaft, weltlicher Staatsauffassung, eine neue Weltfreude überhaupt, Freude an all dem Irdischen,
das man solange schnöde verleugnet und geschmäht hatte, Lust am Leben,
an natürlichem Lebensgenuß, kraftvoll freiem, nicht mehr von innen her
geknechtetem Wirken und Schaffen um greifbar irdische Ziele, Natursinn
und Formenfreude, Frauenliebe, Behagen an heimischem Wesen, Sprache,
Sang, Gedicht, Ansätze nationalen Empfindens auch im politischen Sinn.
Denn auch die unwahre Fiktion der Einheit der Christenheit hatte, gerade
da sie im Einsetzen für ein großes gemeinsames Ziel sich bewähren sollte,
die Probe schlecht bestanden; schärfer als je scheiden sich gerade von da
ab die nationalen Charaktere; die Stadtstaaten und Kleinfürsten Italiens,
die mehr zusammengefaßten staatlichen Einheiten Spaniens, Frankreichs,
Englands machen sich unabhängig und wissen fortan, in verschiedenen
Graden, ihre Eigenheit sicher zu behaupten. So erlebt auch Deutschland
unter Friedrich Barbarossa das erste Vorgefühl eines deutschen Ein-
heitszugs, wie er besonders in Walter von der Vogelweide sich ausspricht.
Das Kaisertum besinnt sich auf den altrömischen Staatsbegriff; Friedrich II.
begründet zum erstenmal ein völlig modernes Staatswesen, leider fern
von Deutschland, auf einem verlornen Außenposten. Doch bleibt auch
für das arg zerrüttete deutsche Stammland das Errungene nicht ganz verloren. Zwar das Reich verfällt mit dem Sturz der Hohenstaufen der
äußersten Verwahrlosung, aber aus dem Chaos arbeiten neue politische
Gebilde sich empor, gegen die die Königsgewalt mehr und mehr zurücktritt:
Fürsten- und Bistümer, Markgrafschaften usw., besonders aber die Städte,
rasch aufgeblüht durch die Steigerung des Handels und Gewerbes, welche
die engere Fühlung mit dem Osten als lebensfähigste Frucht der Kreuzzüge hinterließ. Mit dem allen bleibt Deutschland zwar weit zurück gegen
die Staatenbildung Westeuropas, die darauf abzielte, die Gesamtkraft der
Nation zur Einheit zusammenzuschließen. Aber doch konnten Einzelkräfte
sich in großem Reichtum entfalten, die ungewollt und meist unbewußt doch
auch der Erstarkung der ganzen Nation zugute kamen. Ganz entsprach es
der deutschen Art, selbsteigne Kraft in engem, übersehbarem Bereich ent-

schlossen einzusetzen und so eine reiche Mannigfaltigkeit höchst individueller
Gestaltungen zu erzeugen.

Aber noch keineswegs gebrochen ist damit die Weltanschauung des
Mittelalters. Sie faßt vielmehr erst jetzt in der Philosophie der Scholastik sich
großartig zusammen. Den Alten entnimmt sie nichts, als was den feststehenden Lehren der Kirche sich anpassen läßt und ihnen zur Rechtfertigung dient.
Den Worten nach wird der Vernunft die Entscheidung zugewiesen, in Wahrheit wird sie, strenger als je, dem ewig wandellosen Dogma der Kirche dienstbar gemacht. Auch was von freier Naturforschung sich langsam anzubahnen
beginnt, muß sich gefallen lassen, in das mit eiserner Folgerichtigkeit for-
menstreng aufgeführte Lehrgebäude miteingefügt zu werden. An seinem
Ausbau sind die Nationen des christlichen Abendlands fast zu gleichen
Teilen beteiligt, doch ist es ein Deutscher, Albert von Bollstädt (Albertus
Magnus), dessen umfassender Geist und Riesenfleiß dem Vollender des
Baus, Thomas von Aquino, nicht nur die gewaltigen Bauquadern, sondern auch die mächtigen Linien des Grundrisses zu dem starken philosophischen Bollwerk lieferte, durch das das geistlich-weltliche Imperium Roms
sich gegen den von allen Seiten drohenden Ansturm der „Welt" zu sichern
gedachte. Gewiß ganz deutsch ist der gründliche Ernst, die selbstlose Hingabe,
mit der die Aufgabe erfaßt wurde, aber wahrlich nicht deutsch diese Aufgabe. Freilich auch nicht deutsch wäre es gewesen, das, was das deutsche
Gemüt unter unsäglichen inneren und äußeren Kämpfen und Opfern in
sich aufgenommen hatte, nun auf einmal unbesehen wegzuwerfen. Es galt,
es erst einmal bis aufs letzte zu durchdringen, um es dann etwa vom innersten
Kerne her zu überwinden und Neues daraus zu entwickeln; aber bis dahin
war es noch weit. Eher mochte in der Freiheit der Dichtung und Literatur
der Geist der neuen Zeit sich regen. Wirklich gebärden sich Epos und
Minnelied jener Zeit mitunter fast übermütig frei. Indessen sie stehen,
in Stoff und Form, unter fremdem Einfluß; wo aber, wie in Wolfram
von Eschenbach, eigendeutsche Züge durchleuchten, verrät sich die noch
ungeschwächte innere Herrschaft des wenn auch eigen erfaßten, doch
immer noch typisch mittelalterlichen Christentums, zu dem ein Hartmann
von Aue, nach stark weltlichen Anfängen, dann, als Dichter des Gregorius
und des Armen Heinrich, reuig zurückkehrt. Freier davon, bodenständiger
ist das nationale Heldenepos, vor allem das Nibelungenlied. Es hat uns
immerhin etwas noch gerettet von der Urkraft germanischen Heidentums.
Und doch, wie erscheint auch das übertüncht vom neuen höfischen und —

wenn auch nur oberflächlich — christlichen Geist. Aber auch in seinem Besten, in dem Ernst seiner Tragik, bleibt es schließlich rückwärts gewandt.

Man spricht jetzt viel vom „gotischen Menschen". Diese Benennung wenigstens sollte man endlich abtun. Warum durchaus das Schimpfwort des Romanen übernehmen wider den Barbaren, der, seiner geschichtlich unwahren, sachlich verständnislosen Vorstellung nach, die herrliche alte Kultur durch seinen Einbruch verwüstet hatte, um etwas hinterwäldisch Unverständliches, feinerem Empfinden Ungenießbares an ihre Stelle zu setzen! Man hat sich, unter jener Benennung, eine innere Einheit zu konstruieren versucht zwischen der nun einmal „gotisch" genannten Kunstweise, scholastischer Gedankenfügung und — der Mystik Eckeharts. Es mochte verlockend scheinen, unter diesen drei zeitlich nahezu zusammentreffenden Schöpfungen eine Art seelisches Band zu suchen und daraus auf die innere Verfassung der deutschen Seele etwa vom ausgehenden 12. Jahrhundert bis zu den Vorboten der Neuzeit zurückzuschließen. Doch sind da tiefe Unterschiede. Von Eckehart hernach. Die Gotik aber, als Stil, ist nicht mehr, vielleicht nicht in gleichem Maße eigentümlich deutsch wie die romanische Kunstweise, mit der sie anfangs ganz die antike und katholische Richtung auf geschlossene Einheit und Totalität teilt, wie sie eben dem „katholischen" (d. h. auf Allgemeinheit gerichteten) Geiste des Mittelalters überhaupt, aber nicht unterschiedlich deutschem Geist entspricht. Deutsch ist vor allem nicht dieser Stil als Stil, deutsch allein, was der Deutsche, nur er, daraus gemacht hat; deutsch das Sichlosringen zu einer über jede in sich geschlossene Einheit ins Unendliche hinaus bringenden Entwicklung; deutsch daher jener konstruktive, synthetische Zug, der wie aus der Wurzel Stamm, Äste, Zweige, Blätter, Blüten frei und eigenständig, unerschöpflich individuell lebendig hervorquellen läßt. Deutsch aber gerade nicht das Abschließen im ruhenden Ganzen, das wie in einer steinernen Demonstration den Zusammenschluß von Gott und Welt, in unbedingter, knechtender Unterjochung dieser unter jenen, zu sinnfälliger Darstellung bringt. Diese Aufgabe war ihr von außen, durch die herrschende Kirche gestellt, in deren Auftrag die Bauhütte und der einzelne Handwerker dann bei der Ausführung allerdings vielfach mit großer Freiheit von dem Seinigen hinzutun durfte. Darin mag man diese Bauweise der Scholastik vergleichen und dann umgekehrt in dieser auch einen gewissen Anklang entdecken an das ganz unbewußte Arbeiten individueller Gedankengestaltung, wie es andrerseits, nicht die Gotik überhaupt, als Stil,

aber die eigenartig deutsche Auswirkung der Gotik erkennen läßt. Diese
verfährt erzeugend, genetisch, aber noch beugt die Erzeugung der Formen,
der Lichtwirkung und alles, was sonst zum Gesamteindruck der großen
deutschgotischen Bauwerke beiträgt, sich unter die grundkatholische und
das heißt nichtdeutsche Forderung des Abschlusses — deren unbedingte,
gebieterische Vorherrschaft uns bei allem, was von schöpferischer Freiheit
und echter Individuität in Einzelheiten nicht bloß (ja fast durchweg),
sondern auch im Ganzen der Gestaltungsweise zu erkennen sein mag, doch
dem vor uns stehenden fertigen Bau gegenüber den vollen Eindruck des
Befreienden und Befreiten nicht aufkommen läßt. Die Analogie mit der
Scholastik ist auffallend, wenn auch immerhin in jener Kunstweise weit
mehr von Hinstreben zur Freiheit, gegen die weit vorwaltende Gebundenheit der wissenschaftlichen Arbeitsweise der Scholastik, sich zu erkennen
gibt. Aber, ob mehr oder weniger: gebunden bleibt die deutsche Seele
hier wie dort. Sie regt sich, regt sich mächtig, ringt nach Freiheit, aber
erringt sie noch nicht. Sie mußte erst sich selbst erkennen, um sich ganz
auf sich selbst zu stellen.

Dazu aber tat den ersten großen Schritt in jenem für den Bestand
eines deutschen Wesens entscheidenden Zeitpunkt Einer allein. Er hat
damit den Grund gelegt zu einer neuen, der eigentümlich deutschen
Weltanschauung, welche beide, die antike und die christliche, so wie
sie bis dahin nur verstanden worden waren, hinter sich ließ — nicht darum
zunichte machte, vielmehr als wesentliche Organe in sich mitaufnahm, sie
miteinfügte in den Aufbau einer neuen inneren Welt, in der erst die
deutsche Seele ihre echte Heimat nicht bloß wiederfinden, sondern erst
sich schaffen sollte. Sie war hinausgewandert nach allen Himmelsrich-
tungen, um im Grunde nichts zu suchen als — sich selbst. Nun endlich,
nach soviel Irrfahrten, kehrt sie heim, hält Einkehr bei sich selbst.
„Warum gehet ihr aus? Warum bleibt ihr nicht bei euch selbst und greift
in euer eigen Gut? Ihr tragt doch alle Wahrheit wesentlich in
euch." Und: „Wenn so die Seele sich selber verliert... so findet sie,
daß sie das selber ist, was sie solange vergebens gesucht hatte...
daß sie also zuletzt, ohne zu suchen, gefunden hat... Hier empfängt die
Seele nichts mehr, weder von Gott noch von allen Kreaturen. Denn sie
ist selber, was sie hält und nimmt alles nur aus ihrem Eigenen.
Hier ist Seele und Gottheit eins. Hier endlich hat sie gefunden, daß
das Reich Gottes ist: sie selbst." — Schiller hat vom Meister Eckehart,

soviel mir bekannt, nicht viel gewußt; und doch lauten die Worte des Mönchs wie ein voller und reicher Kommentar zu dem uns allen in Herz und Geist übergegangenen Ausspruch des an Kant zur Klarheit gelangten philosophischen Dichters: „Es ist nicht draußen, da sucht es der Tor — Es ist in dir, du bringst es ewig hervor!" Über mehr als ein Halbjahrtausend hinweg wirft diese schlagende Übereinstimmung Licht auf die unzerstörbare Einheit des deutschen Wesens.

So darf man wohl reden von Eckeharts Tat als der der Selbstentdeckung der deutschen Seele, einer Entdeckung, wichtiger in ihren Folgen für das Schicksal der Menschheit als die Erschließung der Erde, der Meere und Lüfte samt Himmelsbau und allen Gesetzen der äußeren Natur. Daher verlohnt es wohl, dieser Entdeckung genaue Aufmerksamkeit zu schenken.

Eckehart spricht durchaus die Sprache des Entdeckers. Er ist sich bewußt, nie Erhörtes auszusprechen. Aber er muß reden; wäre keiner, der ihn hörte, er müßte dem Opferstock predigen! Wer seine Rede nicht versteht, der bekümmere sein Herz nicht darum, denn es ist eine „unbedachte" Wahrheit, „die da kommen ist aus dem Herzen Gottes ohne Mittel". So „ohne Mittel" auch will sie aufgenommen und innerlich wahr befunden sein. Seine Predigt und Lehre arbeitet auf nichts als freieste Zustimmung auch des schlichtesten Hörers und Lesers. Seine Rede ist „niemand gesagt, denn der sie schon sein nennt als sein eignes Leben, oder sie wenigstens besitzt als eine Sehnsucht seines Herzens". Ihn bindet keinerlei Dogma, überhaupt kein geschriebenes oder gesprochenes Wort. Er bezweifelt gar nicht, daß Gott sich seinen Heiligen auf besondere Weise offenbart hat, aber was er ihm nicht offenbarte, wozu nicht er aus eignem innersten Gotterleben Ja sagen kann, daran hält er sich nicht gebunden, geschweige daß irgendein „Meister der hohen Schule" ihm maßgeblich wäre. Auch mit dem Schriftwort verfährt er äußerst frei, man muß schon sagen achtlos; eben weil nichts Geschriebenes darum, weil es geschrieben steht, ihm gilt. Es ist ihm stets nur Anhalt, Anregung zu völlig freiem Forschen im eigenen Gemüt, es ist ihm Gottes Wort genau nur so weit und wie er es bei sich selbst als wahr zu befinden vermag. Dem Banne seiner Kirche entging der gefeierte Lehrer und Ordensmeister nur dadurch, daß sein rechtzeitiger Tod den schon anhängig gemachten Prozeß nicht zum Austrag kommen ließ; so mußte man sich schon begnügen, seinen Anhang zu verfolgen und seine Schriften zu verbieten, die indes in zahlreichen Abschriften, leider meist in nicht völlig reiner Gestalt, sich erhielten.

Eckehart geht, wie Augustin, aus von dem ausschließlichen Gegenüber von Gott und Seele. Nach dem alten Satz, daß das Erkennende sich in die „Form" (das Wesen) des Erkannten wandeln, das, was es erkennt, gewissermaßen selbst werden muß, ergibt sich ihm sozusagen mit einem Schritt, daß die Seele, indem sie Gott erkennt, selber „gottförmig", von Gott „überformt", ganz mit ihm eins werden muß. So aber ist es im letzten Grunde — Gott selbst, der sich in ihr erkennt. Das „Licht" in der Seele, das so Gott unvermittelt, ohne Hülle, „bloß, wie er an ihm selber ist", empfängt, kann nicht erschaffen oder überhaupt erschaffbar sein, sondern ist nur verständlich als wirkliche „Eingebärung" Gottes in der Seele. Und er muß, so wahr er Gott ist, in die Seele des Menschen, der sich ganz „zu Grunde gelassen", sich „vernichtet hat in ihm selbst, in Gott und in allen Kreaturen", sich wie befruchtend ergießen, so wie der Himmel in die Erde, der er doch am fernsten ist, ebendarum sich herabsenken muß, sie zu befruchten. Dies Einswerden der Seele mit Gott in seiner Erkenntnis ist die ewige Menschwerdung Gottes. Diese ist also zugleich Gottwerdung des Menschen, die „Geburt des ewigen Sohnes" in einer jeden Menschenseele, die diesem heiligen Erlebnis sich nur nicht selbst verschließt.

Nichts weiter ist dafür Voraussetzung, als das gänzliche „Lassen" von sich selbst, von allem Erschaffenen, allem Wollen und Verlangen, sei es selbst nach dem Guten, ja nach Gott selbst. Das bedeutet ihm die „Armut, Gelassenheit, Abgeschiedenheit": das Zurückgehen in die reine Empfänglichkeit des Göttlichen. „Soll Gott eingehen, muß überein (d. h. zugleich und in gleichem Maße) Kreatur ausgehen." „Leer sein aller Kreatur ist Gottes voll sein, Vollsein aller Kreatur ist Gottes leer sein." Denn Gott ist stets bereit in uns einzugehen, wenn nur wir bereit sind ihn zu empfangen: „gleicherweise als, so die Luft lauter und rein ist, die Sonne sich ergießen muß und sich dessen nicht enthalten mag. Du darfst (brauchst) ihn nicht suchen weder hier noch da, er ist nicht ferner denn vor der Tür des Herzens, da steht er und harrt und wartet, wen er bereit finde, der ihm auftue und ihn einlasse. Du darfst ihm nicht von fern rufen, er mag es nicht kaumer erwarten als du (d. h. mehr noch als du, vermag er es kaum zu erwarten), daß du ihm auftust, ihm ist tausendmal nöter nach dir denn dir nach ihm." Denn Gott ist zwar allem, in besonderer Weise aber der Seele nah, näher als sie sich selbst. „Alle Kreaturen sind eine Fußstapfe Gottes, aber die Seele ist natürlich (schon in ihrer ursprünglichen

Natur) nach Gott gebildet; das (diese ihre Ebenbildlichkeit mit Gott) muß durch die Eingeburt Gottes geziert (gekrönt) und vollbracht werden. Für diese Gottgeburt ist keine Kreatur empfänglich denn die Seele allein ... Das allein gibt Wesen, alle andern Dinge verderben." Diese Gottgeburt aber vollzieht sich nur im Inwendigsten der Seele, in dem „Fünklein" (ganster), das als die unaustilgbare Spur der Gottheit in jeder Menschenseele glimmt; in dem letzten Seelengrunde, „wo nie ein Bild hineinleuchtet noch eine Kraft (Sonderkraft) hinein lugte". Auch nicht die Kraft des Wissens, der Erkenntnis? In der Tat nicht des Wissens, mit dem wir sonst irgend etwas wissen; sondern wir sollen wissend werden mit dem göttlichen Unwissen, dann wird geadelt und gezieret unser Unwissen mit dem übernatürlichen Wissen. Darin sind wir vollkommner im Leiden, als wenn wir wirkten. Unsere Seligkeit liegt nicht an unserem Wirken, sondern daran, daß wir Gott leiden ... So ist, wie Gott ohne Maß im Geben, die Seele ohne Maß im Empfangen, und wie Gott allmächtig am Wirken, so die Seele abgründig am Leiden. Darum wird sie überformt mit Gott und in Gott. Gott soll wirken und die Seele leiden, er soll sich selbst erkennen und lieben in ihr, sie soll erkennen mit seiner Erkenntnis, lieben mit seiner Liebe. So ist also dein Unwissen nicht ein Gebrechen, sondern die höchste Vollkommenheit, dein Leiden dein höchstes Werk!

Schon hier leuchtet durch, daß die Gotteserkenntnis, in Wahrheit Gottwerdung der Seele, nichts so gar Passives ist; sie ist nur über allem begrenzten Wirken wie über allem begrenzten Wissen. Wie das Un-wissen gerade höchstes Wissen, so ist das Leiden höchstes Wirken, nämlich des Ewigen, Gottes selbst in uns. Das „Lassen" von aller Kreatur, von sich selbst, ja von „Gott", nämlich sofern er irgend noch der Kreatur und dem Ich fremd und äußerlich gegenüber gedacht wird, bedeutet nicht ein Wegwerfen, sondern, zunächst logisch angesehen, eine radikale Abstraktion, die nichts anderes beabsichtigt als auf den letzten Innenpunkt zurückzugehen, von dem aus, wie alle und jede Spaltung, so selbst das letzte Gegenüber von Gott und Seele sich überhaupt erst versteht. Gewiß nicht der bloße Vollzug solcher Abstraktion ist das religiöse Erlebnis, das als Geburt Gottes in der Seele von Eckehart beschrieben wird; aber, um sich aussprechen, besonders um irgend dem Andern sich mitteilen zu können, bedarf es dieser Abstraktion in ihrer ganzen Höhe und Reinheit. So aber liegt sie in Eckeharts Ausführungen, so gewiß auch seine Absicht religiös, nicht philosophisch ist.

Das ließe sich an seiner höchst kühnen Deutung der drei göttlichen Personen besonders schön zeigen. Uns geht indessen hier noch näher an die vollständige Befreiung von dem seelischen Zwang der mittelalterlichen Weltverneinung und damit des Mittleramts der Kirche, die aus seinen Voraussetzungen sich nun wie spielend ergibt und als ihr eigentlicher Kern sich herausschält. Fallen mußte vor allem jeder Gedanke an ein einmaliges Geschehnis der Menschwerdung Gottes, als Bedingung dafür, daß nun auch jeder Mensch, als Christi Bruder, durch den „Glauben" an ihn, d. h. nach günstigster Deutung, durch die reine innere Aneignung dieses vorbildlichen Geschehens an einem Menschen, die seit Urzeiten, durch den ersten Menschen, verlorene Gotteskindschaft wieder erwerben könne. Das verwirft Eckehart ganz und gar. Nicht hat Christus uns nur offenbaret „auf den Weg, soviel uns notdürftig wäre zu unserer Seligkeit. Dafür halt ich nicht, denn es ist keine Wahrheit. Warum ist Gott Mensch geworden? Darum daß ich Gott geboren werde, derselbe (wie er) ... Alles das der Vater hat und das er ist, die Abgründigkeit göttliches Wesens und göttlicher Natur, das gebiert er zumal in seinem eingebornen Sohne — daß wir derselbe eingeborne Sohn seien." Und dasselbe gilt vom „heiligen Geist". Allerdings geht das nicht das natürliche, geschaffene Wesen der Seele an, aber in dem ist überhaupt keine Wahrheit. „Ich spreche, daß etwas über der Seele geschaffener Natur ist." „Etliche Pfaffen freilich verstehen das nicht, daß etwas sei, das Gott also sippe (verwandt) ist und also (mit ihm) eins ist." Daß Christus unser Bruder ist, würde mir nichts helfen. Aber Christus ist nur ein Bote von Gott zu uns gewesen und hat uns zugetragen unsere Seligkeit. Die Seligkeit, die er uns zutrug, die war unser ... „Hier (im letzten Seelengrund) ist Gottes Grund mein Grund und mein Grund Gottes Grund, hier lebe ich aus meinem Eigenen, wie Gott lebet aus seinem Eigenen. Aus diesem innersten Grunde sollst du wirken alle deine Werke sonder Warum" ... auch nicht um das Himmelreich, um Gott oder die ewige Seligkeit! — „Wenn man das Leben fragte tausend Jahr: Warum lebest du? sollt es antworten, es spräche nichts andres denn: Ich lebe darum, daß ich lebe. Das ist davon, weil Leben lebet aus seinem eigenen Grunde und quillet aus seinem Eigenen, darum lebet es ohne Warum, indem daß es sich selber lebet. Und wer einen wahrhaften Menschen, der aus seinem eigenen Grunde wirket, fragen würde: Warum wirkest du deine Werke? sollt er recht antworten, er spräche nichts andres denn: Ich wirke darum, daß ich wirke." (Es sei nur nebenbei angemerkt, wie vollständig hier jeder Schein der Passivität überwunden ist.) So bedenkt sich Eckehart auch keinen Augenblick, die Geburt des Gottessohns in der Zeit und Kreatur ganz auf Seite zu schieben: „Es ist eine gewisse Wahrheit, wo diese Geburt geschehen soll, da muß alle Zeit weg sein ... Es ist eine Notwahrheit, daß die Zeit weder Gott noch die Seele berühren mag. Möchte Zeit die Seele berühren, so wäre sie nicht Seele; möchte Gott von der Zeit berührt werden, so wäre er nicht Gott. Möchte aber Zeit die Seele berühren, so möchte Gott in ihr nicht geboren werden." Man kann nicht bündiger schließen!

So aber kann von keinem „Mittler", der zwischen Gott und Seele träte, ferner die Rede sein. Des Mittlers bedarf es, wo zwei feindliche Mächte, unmittelbarer Verständigung unfähig, sich gegenüberstehen. So hatte man sich des Menschen Stellung gegen Gott gedacht. Aber diese ganze Fremdstellung mit allen ihren Folgen fällt für Eckehart; er erkennt sie als Ausfluß menschlicher Selbstsucht. An das sinnliche Bild der Menschheit Christi klammern sich Menschen, die von ihrer eignen Menschlichkeit nicht loskommen. Dann haschen sie nach Visionen, daß sie bildlich sehen Dinge in ihrem Geiste, es seien Menschen oder Engel oder unseres Herrn Jesu Christi Menschheit, „und wollen das durch knechtischen Gehorsam oder durch allerlei Bußwerke und äußere Übungen erringen". Für solche Christus-Seligkeit hat Eckehart nur ironische, bisweilen schon beinah lutherisch derbe Zurechtweisungen bereit. „Daran sind sie gründlich betrogen. Gott tut nichts um einer Kreatur willen. Solchen ist gesagt: Es ist euch gut, daß ich (Christus) von euch gehe, denn dem, der ihm so folgen will, ist seine Menschheit ein Hindernis, wenn sie mit Lust daran haften." Er will nicht gerade sagen, daß sie verloren seien, aber ohne großes Fegefeuer werden sie nicht zu Gott kommen, denn „sie folgen Gott nicht, da sie von sich nicht lassen, sie folgen ihrem Dünkel, indem sie sich behalten". „Ihr könnt sicher sein, solange der Mensch als ein Leibeigener seiner selbst sein Ich noch festhält (sei's auch) in Gestalt seiner Tugend, solange wird er nimmermehr schmecken noch ernten die Frucht der Tugend ... die unverhüllte Schau, mit dem Einheitsblick, des göttlichen Wesens." Soll man also lieber die Tugend aufgeben? Nein, man soll sie üben, nur nicht besitzen. Das erst ist vollendete Tugend: „daß man ihrer ledig stehe"; wie Christus gesagt hat: Wenn ihr alles getan habt, was ihr vermögt, so sprecht denn: wir sind unnütze Knechte! — Das möchte etwa erinnern an die bud-

dhistische Vorschrift: zu tun, als täte man nicht. Aber es hat ganz andern
Sinn: Nicht das aufweisbare getane Werk ist es, das zu Gott führt, sondern die Liebesgesinnung, aus der das Werk fließt. Liebe „wandelt den
Menschen in das, was er liebt. Darum soll der Mensch also sein, daß
all sein Leben Liebe sei". So etwas hat kein Buddhist gesagt. Dagegen ist es ganz, was Luther und was Kant einschärft. In der Behauptung
der Unverdienstlichkeit des getanen Werks stimmen diese drei großen
Deutschen, Eckehart, Luther, Kant, klar überein.

Aber noch viel weiter und tiefer geht die Übereinstimmung mit dem
Idealismus Kants und Fichtes. Ein so guter Kenner Eckeharts wie
Hermann Schwarz hat angenommen, daß für Eckehart die Erkenntnis
des Göttlichen zuletzt doch passive Entgegennahme bleibe. Aber das bloß
entgegennehmende, nachbildliche Erkennen geht nur das zeit-räumliche
Verhältnis des Menschen zum zeit-räumlichen Dasein der Dinge an; in
dem aber ist ja keine Wahrheit. In Gott ist nichts verlaufen und nichts
künftig, nichts neu und nichts alt, sondern alle Zeit zieht sich ihm zusammen in ein gegenwärtiges Nu. In ihm ist „Weite und Breite, die
nicht weit ist noch breit". Kein neuer Wille stand je auf in Gott, die Kreatur war schon „ehwelten" in Gott und in seiner Vernunft. Gott schuf
nicht Himmelreich und Erdreich, wie wir vergänglicherweise sprechen, daß
sie wurden, sondern alle Kreaturen sind in dem ewigen Worte gesprochen.
Denn Gott ist „der der ist", d. h. der unwandelbar ist an ihm selber.
So ist auch der wahre, der innere Mensch, der sich der Sinne nur zur
Not bedienet, sich ihnen nur zukehrt und ihrer hütet als ein Weiser
(Wegweiser) und ein Leiter. „Er verhält sich zu den äußeren Sinnen wie
die Angel zum Türbrett: mag das sich hin und her wandeln, die Angel
bleibt an einer Statt unbeweglich und wird darum in keiner Weise verwandelt." „Soll meine Seele Gott erkennen, so muß sie himmlisch
sein... Der Himmel vermag keinen fremden Eindruck zu empfangen:
also muß die Seele gefestet und bestätet sein in Gott... Ihn berührt
nicht Zeit noch Statt, er ist nicht in der Zeit, sein Lauf ist sonder Zeit,
aber von seinem Laufe kommt die Zeit... Zeit und Statt sind Stücke,
Gott ist einer, darum, soll die Seele Gott erkennen, so muß sie ihn
erkennen ob Zeit und ob Statt... Also sind alle Dinge Gottes voll
nach seinem göttlichen Wesen ohne Unterlaß." — Wie hat denn die
„Erstigkeit" (Ursprung) alles in sich beschlossen? „Alle Dinge sind ausge-
flossen in der Zeit mit Maße, aber in der Ewigkeit sind sie sonder

Maße geblieben. Da sind sie Gott in Gotte. Des nehmet ein Gleichnis:
Wäre ein Meister, der alle Kunst in ihm hätte; wenn er aus jeglicher
Kunst ein Werk wirkte, dennoch hätte er alle seine Kunst in ihm beschlossen.
Die Künste sind Meister in dem Meister: also hat die Erstigkeit
aller Dinge Bilde (Gebilde, Formen) in ihr beschlossen: das ist Gott
in Gotte." Wie aber fließen denn alle Dinge in ihren ersten Ursprung?
„In menschlicher Natur kommen sie in den Ursprung... Da erstehen alle Dinge, nicht an sich selber, sondern an dem, der sie in sich
gewandelt hat. Er selbst aber wird da entgeistet (überwindet die Sonderheit seines Geistes) und wird ein Geist und fließet mit dem (einen)
Geiste in den ersten Ursprung. Daran ist zu prüfen (bewährt sich), daß
eine jegliche Kreatur etwas Ewiges hat in menschlicher Natur." So
gilt alles vom Schaffen Gottes Gesagte gleicherweise und geradezu von
der menschlichen Seele. „Das Gottesreich ist die Seele, sie ist gleich
beschaffen mit der Gottheit", und so gilt alles von dieser Gesagte auch von
jener: „Alles ist durch ihn (den „Logos") geworden: das ist von der Seele zu
verstehen, denn die Seele ist das All... Dermaßen, sagt ein Meister,
ist Gott in der Seele, daß sein ganzes Gottsein auf ihr beruht. Es ist ein
höherer Stand, daß Gott in der Seele ist, denn daß die Seele in Gott ist...
Gott ist selber selig in der Seele, er bringt seinen Gottesschatz, sein göttliches Reich allzumal in sie hinein. In ihr verborgen liegt der Schatz des
Gottesreichs, darum ist Gott und alle Kreatur selig in der Seele."

Es braucht kaum erst ausgesprochen zu werden, eine wie vorbehaltlose
Bejahung der Welt in diesen Sätzen liegt. Daraus folgt eine Erhöhung des Menschengeistes, wie sie nie zuvor ausgesprochen ist
und auch durch nichts Späteres überboten werden konnte. Zwar die
äußere Unendlichkeit der Welt liegt, wie alles Interesse der Erfahrungswissenschaft, dem ausschließlich religiös eingestellten Denken Eckeharts
fern; aber für die Seele gilt keine Raum- oder Zeitschranke mehr.
Durchlaufen hat die Seele den Kreis (vom Ursprung aller Dinge zum
Wiederrückgang in den Ursprung), wenn sie gedenket alles, das er geschaffen hat, daß er des tausendmal mehr schaffen möchte, wenn er wollte.
Also hat die Seele den Zirkel umgelaufen und kann sein nicht zu Ende
kommen ... so wirft sie sich in das Punkt des Zirkels: die Vermögenheit
der Dreifaltigkeit, in der sie all ihr Werk gewirkt hat unbeweglich; darin
wird die Seele „allvermögend".

So in der merkwürdigen Predigt vom getreuen Knecht: „Gott hatte

diesen Knecht (die Seele, die durch Befreiung von aller Selbstheit Gottes
Leben und Wesen ganz in sich aufgenommen hat) zwischen Zeit und
Ewigkeit gesetzt, zu keinem geeignet (als eigen zugesprochen), sondern
(beiden gegenüber) frei mit Vernunft und mit Willen in allen
Dingen. Vernünftiglich durchging er alle Dinge, die Gott geschaffen hat,
williglich ließ er alle Dinge und auch sich selbst und alles was Gott geschaffen hat, was Gott selber nicht ist ... Das heißt, er ist darüber —
über dies Kleine — getreu gewesen. Und dagegen hat er die große
Freude Gottes eingetauscht, er lebt in ihm und mit ihm fröhlich und
vernünftiglich als in ihm (d. h. sich) selbst und mit ihm selbst; darum ist
er selig und gut. Und erschrecket nicht, denn diese Freude die ist euch nah
und ist in euch, dies mag der gröbste und geringste von euch allen empfangen von Gott, wenn er nur weislich sucht. All sein Gut wird ihm zuteil, die Güte, die gespreitet ist und geteilt in allen Dingen, in allen
Kreaturen, über alle dies Gut ist er Herr, und noch darüber: auch über
das ungeteilte, ungestückte Gut: Gott selbst!"

Die ganze, in der Fassung ungemein ursprüngliche Rede ist nur ein
Jubel über solche Erhöhung auch der schlichtesten Menschenseele, heute
und hier, zu solcher „Freude des Herrn", d. h. die der Herr aller Dinge
selbst, — in der, wem sie zuteil wird, er selbst ist! — Steht daneben
immer die Forderung, Welt und Zeit und sich selbst, ja das Gute mit
Gott, Himmelreich, Seligkeit — alles zu „lassen", so bedeutet dies Lassen
und Leiden nichts als jenes völlige „sich zu Grunde lassen", d. h. den Rückgang in die reine Unbefangenheit der Aufnahme, die nur die Bedingung
der reinen, reichsten, ja unendlichen Erfüllung ist. Alles soll die Seele
lassen, nur um alles reiner, weil eben ganz, zurückgeschenkt zu nehmen. Verneint wird nichts als die Verneinung, und zwar alle und jede: „Es ist eine
Frage, was in der Hölle brenne? Die Meister sprechen gemeiniglich: das
tut Eigenwille. Aber ich spreche wahrlich, daß das Nicht in der Hölle
brennet." Das allein (durchaus nichts Positives) muß fallen, weil es von
Gott, der alles in allem ist, trennt; alles nicht Nichtige dagegen wird
uns in ihm zu eigen, nichts davon sollen wir „lassen". Das gerade bedeutet
ihm der Satz (den, glaube ich, Schwarz mißverstanden hat) von der
„Wiederbringung aller Dinge" in Gott.

In leuchtender Klarheit tritt der weltbejahende Grundzug seiner Lehre
zutage in seinen ethischen Überzeugungen, auf die wir nun, auch im
Vorblick auf Luther, noch einen Blick zu werfen haben.

Nicht aufs Tun, aufs Verrichten kommt es an, sondern auf die Gesinnung — auf Liebe. Sie ist „stark wie der Tod, fest wie die Hölle“. „Der an diesem Strick gefangen ist und in diesem Wege wandelt, was Werkes er je gewirket, das wirket die Minne; der ist es allzumal (gleichviel), er tue etwas oder nichts, da liegt zumal nichts an. Doch ist des Menschen mindestes Werk oder Übung nützer und fruchtbarer ihm selbst und allen Menschen und ist Gott behaglicher (wohlgefälliger) denn aller Menschen Übung ... Sein Ruhen ist nützer denn eines Anderen Wirken.“ Das allein ist auch echte Menschengüte. Zwar niemand und nichts ist gut denn Gott allein. Aber durch die Liebe ist der Mensch eins mit Gott, und ist also gut „in keiner andern Güte denn da Gott gut ist“. Er ist in ihm „lustbarlich“ und lebet in ihm und mit ihm fröhlich und vernünftiglich als in ihm selbst und mit ihm selbst, darum ist er selig und (aus Seligkeit) gut. Doch ist Güte noch nicht das Höchste, weil Wille nicht das Höchste ist; Vernunft ist höher. Der Wille nimmt Gott unter dem Kleide der Güte, Vernünftigkeit nimmt Gott bloß. Davon bin ich nicht selig, daß Gott gut, sondern daß er vernünftig ist und ich das erkenne, denn Gott ist Wort (Logos) und Wahrheit. „Ich bin gut, Gott ist nicht gut“, wagt er zu sagen, nämlich über allem Maße des Wollens, wie auch über allem Maße des Erkennens: darum schweig und klaffe (schwätze) nicht von Gott, denn damit lügst du und tust Sünde! Gott ist selbst über alle (am Maße des Willens gemessene) Minne, er ist in diesem Sinne „unminniglich“ (nicht liebend, nach menschlichem Begriff). Damit ist einer törichten, Gott ins Menschliche herabziehenden Liebesspielerei mit Gott ebenso wie dem „Klaffen“ von ihm gewehrt. Aber auch „Geistigkeit“ nach menschlichem Maße ist noch nicht das Höchste, alles das fällt von Gott ab, nach seinem letzten Wesen, nach dem er nichts mehr ist als das eine, überseiende Sein. Aber der Mensch wird durch das göttliche „Minnegespringe“ (Entquellen der Liebe aus dem „Verständnis“ Gottes) auch bis zu seinen niedersten Kräften emporgehoben, daß er nichts mag wirken denn Geistliches, und wie der Geist wirket nach göttlichen Werken, so der äußerliche Mensch wirken muß nach dem Geiste.

Damit ist nun alle Werkgerechtigkeit in einer auch von Luther nicht überbotenen Schärfe abgelehnt. „Der Gerechte suchet nichts in seinen Werken. Die etwas in ihren Werken suchen, die sind Knechte und Mietlinge, oder die um ein Worum (einen Zweck) wirken. Darum meine (begehre) nichts in deinen Werken und bilde kein Ding in dich (d. h. stelle es dir in

der Einbildung vor als zu erreichendes maßgebliches Ziel) in Zeit noch
Ewigkeit, weder Lohn noch Seligkeit, weder dies noch das, denn
diese Werke sind wahrhaft tot. Ja ich spreche: und bildest du Gott
in dich, was du Werke darum bewirkest, die sind alle tot, ja du verdirbst
gute Werke... Gehe in deinen eigenen Grund und wirke da,
die Werke, die du da wirkest, die sind alle lebendig. Und darum spricht er:
der Gerechte lebet, denn darum daß er gerecht ist, darum wirket er, und
seine Werke die leben. Die Menschen brauchen gar nicht viel daran zu
denken, was sie tun wollen, sie sollen gedenken, was sie sind: Wären sie
und ihre Werke gut, so möchten ihre Werke sehr leuchten. Bist du gerecht,
so sind auch deine Werke gerecht. Nicht gedenke Heiligkeit zu setzen auf ein
Tun, man soll Heiligkeit setzen auf ein Sein. Denn die Werke heiligen uns
nicht, wir sollen die Werke heiligen... Also soll man allen Fleiß darauf
legen, daß man gut sei; nicht so viel was man tue oder welcherlei Geschlecht (Gattung) die Werke seien, sondern wie der Grund der Werke
sei." Der Kerngedanke der Lutherschen und Kantischen Ethik ist damit so
scharf ausgesprochen wie kaum besser von diesen beiden.

Daraus folgt nun wiederum klar die völlige Ablehnung jeder Weltflucht.
Die „Abgeschiedenheit" bedeutet nicht, daß man sich in die Einsamkeit
zurückziehen solle oder in die Kirche. „Wer Gott recht in der Wahrheit
hat, der hat ihn in allen Stätten und in der Straße und bei allen Leuten
ebensowohl als in der Kirche oder in der Einöde oder in der Zelle. Wer
das nötig hat, wen die Gesellschaft der Menschen stört, der hat Gott in
Wahrheit noch gar nicht. Hätte er ihn, so dürfte nichts ihn hindern bei
Gott zu sein. Das wahre Haben Gottes liegt an dem Gemüte und an
einem inniglichen vernünftigen Zukehren und Meinen Gottes; nicht an
einem steten Andenken (an ihn denken, Andacht) in einer gleichen Weise;
das wäre unmöglich oder sehr schwer und auch nicht das Allerbeste: der
Mensch soll nicht haben und sich genügen lassen mit einem gedachten Gotte,
denn vergeht der Gedanke, so vergeht auch Gott... Wer Gott vielmehr
im Wesen hat, der nimmt Gott göttlich, dem leuchtet er in allen Dingen,
alle Dinge schmecken ihm göttlich und Gott erbildet sich ihm aus allen
Dingen. Er sucht nicht Ruhe, denn ihn hindert keine Unruhe... Solches
mag der Mensch nicht lernen mit Fliehen, daß er die Dinge flieht und sich
an die Einöde kehret von Auswendigkeit, sondern er muß eine innerliche
Einöde lernen, wo oder bei wem er ist. Er muß lernen die Dinge
durchbrechen und seinen Gott darin nehmen und dann kräftiglich in sich

können erbilden (sein Wesen in sich ausprägen), so wie einer, der recht schreiben gelernt hat, nicht mehr an jeden Buchstaben besonders zu denken und ihn in sich vorzubilden braucht, so erst schreibt er lediglich und frei; es sei Geringes oder Großes. — Aber wir sollen durch die Dinge nicht bloß nicht gehindert werden, sondern alle Dinge größlicher tun zu Frommen, daß sie seien, was wir sind; was wir nur sehen oder hören, wie fremd das sei oder wie ungleich; dann allererst ist uns recht und nicht ehe. Und nimmer soll der Mensch hieran zu Ende kommen, er möge hieran ohne Unterlaß wachsen und mehr gewinnen in einem wahren Zunehmen. Dazu muß Fleiß gehören und muß kosten alles, das man leisten mag an Sinnen und an Kräften: dann leuchtet uns Gott so bloß in dem Weltlichsten wie in dem Allergöttlichsten. Wer dahin kommt, der weiß allein von wahrem Frieden und der hat ein recht Himmelreich. Darum so lerne der Mensch seinen Gott haben in allen Dingen und ungehindert bleiben in allen Werken und Stätten."

Also wird echte Gottesliebe sich allerdings im Wirken beweisen, nicht aber ist „Innigkeit, Andacht und Jubilieren" das beste. Das kann „sinnlich eingetragen" sein. Sei es aber auch von Gott, so ist es nur wie ein Vorschmack zum Anreiz. Aber wer in der Liebe weiter gekommen ist, hat leicht nicht so viel Gefühlens und Empfindens, und daran scheinet (d. h. erweist sich) wohl, daß sie Minne haben, ob sie ohne solchen Enthalt (Fernhaltung von allem Weltlichen) Gott ganz und stät Treue halten. Sei auch das Erstere immerhin Minne, so ist es doch nicht das Allerbeste an ihr, sondern man soll solchen Jubilus unterweilen lassen durch ein Besseres von Minne, und unterweilen durch ein Minnewerk zu üben, wozu man dessen nicht not hat, es sei ein geistliches oder weltliches oder leibliches. Wie ich mehr gesprochen habe: Wäre der Mensch also in einer Entzückung wie St. Paulus war, und wüßte einen siechen Menschen, der eines Süpplins von ihm bedürfte, ich achte weit besser, daß du ließest aus Minne von dem Zucke und dientest dem Dürftigen in mehrerer Minne.

Keineswegs also gibt Eckehart dem „beschaulichen" Leben den Vorzug vor dem tätigen; mit jenem dienst du nur dir selber, mit diesem den Vielen (der menige). Die ganze eigens diesem Thema gewidmete Predigt über Maria und Martha (d. h. das beschauliche und tätige Leben) schärft dies ein: Da Maria zu des Herrn Füßen saß, ging sie erst zur Schule und lernte leben, hernach, als sie ausgelernt hatte, diente sie; Martha dagegen war damals schon „so wesenlich, daß sie ihr Gewerb (äußeres

Schaffen, Beruf) nicht hinderte, daß Werk und Gewerb sie zum ewigen
Heil leitete". Sie schafft, weil ihr „ein wohlgeübter Grund auf das
Allernächste" eigen ist und ein „weises Verständnis, das das äußere
Werk wohl zu richten wußte, in das Nächste, das Liebe gebietet".
Gerade daß sie sich zeitlichem Werk nicht entzieht, sondern es „ordent-
lich, redlich und wissenlich" zu vollführen sucht, ist ihr hoher Vorzug:
„ordentlich", d. h. so daß man „an allen seinen Orten antwortet dem
Nächsten" (je an seiner Stelle der nächsten Pflicht entspricht); „redlich": daß
man zur Zeit nichts Besseres erkenne; „wissenlich": so daß man darin
„lebeliche (dem Leben gemäße) Wahrheit befinde mit lustiger (mit
Lust und Liebe erfaßter) Gegenwärtigkeit in guten Werken" — eine
grundsätzliche Anweisung zum vollinhaltlichen Erfassen der sittlichen
Aufgabe des Augenblicks und der Stelle, wo man steht, wie sie auch
Schleiermacher nicht besser zu geben vermocht hat. Auch Goethes „Nur
wo du bist, sei alles" mag uns dabei einfallen.

Endlich, das Letzte und Größte, was den Menschen auf einmal aus
allem Düster der versinkenden Zeit herausheben mußte: auch die volle
innere Freiheit gegen den ärgsten Seelenpeiniger des mittelalterlichen
Menschen, das Sündenbewußtsein, ist schon bei Eckehart ganz und
klar gewonnen. Dem Guten müssen alle Dinge zugute kommen —
selbst die Sünde. Sünde getan haben ist nicht Sünde, falls sie uns
leid ist. Gott ist ein Gott der Gegenwärtigkeit; wie er dich findet, so nimmt er dich und empfängt dich; nicht, was du gewesen
bist, sondern was du jetzt bist. Liebe zu Gott schließt nimmer wankende
Zuversicht und Vertrauen ein, vielmehr zweifelsfreie Sicherheit des
Wissens. Liebe kann nicht mißtrauen, sie getraut sich von Gott alles
Guten, denn sie weiß, er selbst ist die Treue. Des soll man in ihm sicher
sein und sind alle die sicher, die ihn lieben; nicht weil es gesagt ist, das
Sagen möchte trügen. Sondern Liebe vertreibet alle Furcht und
bedecket alle Sünde, sie weiß nichts von Sünde. Nicht daß man
nichts gesündigt habe, sondern daß die Sünden „zumal verderben und
vergehen, als ob sie nicht gewesen wären". „Wem Gott vergibt, dem
vergibt er auf einmal ganz. Das beste Bußwerk ist das, welches zu solcher
Zuversicht der Sündentilgung am sichersten hilft. Gott sieht dabei nicht
an, was die Werke sind, sondern allein, was die Liebe sei und die Andacht
und das Gemüt in den Werken. Allen deinen Werken soll damit gelohnet
sein, daß sie dein Gott weiß und daß du ihn darin meinest." —

Ich glaube, man zieht dem Verdienste Luthers nichts ab, wenn
man feststellt, daß mit dem allen wesentliche, vielleicht die wesentlichsten
Stücke, für die wir ihm Dank schulden, dem Grundsatz nach von Eckehart
schon erreicht waren. Ein „Reformator vor der Reformation" ist er gleichwohl schon darum nicht zu nennen, weil weder die Lehre noch die innere
Autorität noch vollends die äußeren Ordnungen der Kirche an ihn überhaupt heranreichten oder ihm so wichtig waren, daß er den Kampf gegen
sie für die Christenheit im ganzen auf sich genommen hätte. Er wollte
weder stürzen noch erneuern, er schöpfte unmittelbar aus erster Quelle,
aus dem Gotterleben im eigenen Gemüt. So soll jeder tun, dann brauchte
es keine Reformation. Gewiß ist das nun auch wieder ein Mangel. Die
Reformation tat sehr not, sonst konnte auch, was Eckehart errungen hatte,
über ihn hinaus nicht dauern. Und dazu bedurfte es eines viel tieferen
Eingehens auf die Welt, wie sie nun war, in all ihrem Jammer und
ihrer Wirrnis. Wie Eckehart, bei aller Innigkeit der Weltliebe und inneren
Helle weltzugekehrter „Vernünftigkeit", auf weltliche Wissenschaft sich nicht
eingelassen, daher, gleich seinem großen Zeitgenossen Dante, an dem
geschlossenen Weltbau der mittelalterlichen Vorstellung bedenkenlos festgehalten hat, so kommt auch eine Umschaffung der äußeren sittlichen
Lebensordnungen und Berufe, wie sie Luther sich zur Aufgabe stellt,
ihm gar nicht zu Sinn. Jeder große Mensch, wie jedes Volk, hat eben
seine eigentümliche, durch Zeit und Lage wie eigene Anlage gerade ihm
gewiesene nächste Aufgabe zu lösen. Eckeharts eigentümlicher, von keinem
Andern und in keinem andern Zeitpunkte der Geschichte erfüllbarer
Beruf war die Bloßlegung des letzten Grundes und damit des innersten
Kernpunktes des Menschenlebens im höchsten Sinne; wir nennen's „Erleben". Daß er aber an diesem, noch in besonderem Sinne „Nächsten, das
Liebe gebot", „ordentlich, redlich und wissenlich" gearbeitet hat, das
dürfen wir ihm dankbar bezeugen. Ebendamit hat er das Größte, hat er
genau das vollbracht, was dem deutschen Gemüt vor allem not war,
daß es, von allen Irrfahrten sei es des „tätigen" oder des „beschaulichen"
Lebens heimgekehrt, bei sich selber zu finden vermochte, was es so rastlos
wie vergebens draußen gesucht hatte: den Grund.

4. Deutscher Glaube: Luther

Von Eckehart ließe sich sogleich zu Luther übergehen, so eng sind sie sich verwandt. Aber so würden wir der Eigenheit Luthers nicht ganz gerecht werden. Sie versteht nur, wer auch den Boden kennt, aus dem diese knorrige Eiche hervorgewachsen ist. Überhaupt bedarf aber das Urteil über die Jahrhunderte des ausgehenden Mittelalters — die Zeit zwischen Eckehart und Luther — der Berichtigung. Sie ist wesentlich nicht bloß zum besseren Verständnis Luthers und der Wirkung seines Auftretens, sondern ebenso zu einem gerechteren Urteil über den deutschen Katholizismus. An diesem darf nicht vorbeigehen, wer von der deutschen Seele reden will. Deutscher Katholizismus ist nicht ganz dasselbe wie Katholizismus überhaupt, der als solcher freilich nicht deutsch und nicht fremdländisch, sondern seinem Begriff nach international ist. Der deutsche Katholizismus hat doch wahrlich — Eckehart allein würde es beweisen — auch teil an der deutschen Seele. Zu ihm Stellung zu nehmen ist unerläßlich, auch weil heute unverkennbar wieder eine starke und wachsende Strömung zu ihm zurückdrängt. Dagegen darf man sich nicht verschließen, am wenigsten dadurch, daß man sich ein Zerrbild von ihm macht, das vor der Wahrheit der Geschichte, vor der Wahrhaftigkeit des deutschen Gemüts nicht standhält.

Es ist zunächst ein trübes Bild, welches der Gesamtblick auf die Geschichte Deutschlands vom Sturz der Hohenstaufen bis nah an die Reformationszeit heran hinterläßt. Die innere Landkarte des deutschen Geisteslebens während dieser Periode stellt sich kaum weniger zerrissen, aller klaren Übersicht spottend dar, als die Landkarte des „Heiligen Römischen Reiches Deutscher Nation" zur selben Zeit.

Was ist an diesem Reich, sofern es römisch ist, wohl heilig? Wie ist es überhaupt ein Reich, da in ihm als Ganzem offenbar keiner zu gebieten hat? Vollends, wo schimmert auch nur ein Gedanke an etwas wie „deutsche Nation" durch? Alles sieht vielmehr nur aus nach gänzlicher Herrenlosigkeit, nach einer von allen Fesseln gelösten eigenwilligen Selbstsucht unumschriebener, nur im Wechsel beständiger Einzelgewalten. Da stehen alle gegen alle, Faust gegen Faust, jeder jeden Augenblick gerüstet, nach allgemeiner Vorstellung auch befugt, jedem Fehde zu künden, oder ungekündet zu eröffnen, seinen Willen ihm aufzuzwingen, sein Hab und Gut ohne viel Fragen an sich zu reißen. Kaum im Dreißigjährigen Krieg erscheint der deutsche „Individualismus" so verzerrt bis zur Abwerfung jeder äußeren oder inneren Bindung an etwas wie übergreifende Gemeinschaft.

Und kaum scheint es, auch wenn man die ernstesten Darsteller fragt, mit dem inneren Leben der Deutschen in dieser Zeit besser zu stehen. Selbst Dilthey sieht diese Zeit, im großen Zusammenhang der Geistesgeschichte europäischer Menschheit, fast einzig im Lichte der gänzlichen Lösung des Einzelnen aus aller bindenden Gemeinschaft. Selbst die Befreiungstat Luthers, die, merkwürdig genug, als einschneidendstes, die ganze Folgezeit zutiefst bestimmendes Ereignis aus all der Wirrsal hervorging, erscheint dann nur als ein weiterer Schritt in dem großen allgemeinen Prozesse der Verselbständigung nicht sowohl des Individuums als der Einzelperson gegenüber jedem Verband — demselben Prozeß, dessen politisches Ergebnis das alles auflösende Staatsrecht des Vertrags, dessen wirtschaftliche Folge der Kapitalismus war — jene „Bestie mit tausend Augen und Fangarmen und ohne Gewissen (sagt Dilthey), welche sich wenden kann wohin, fallen lassen und ergreifen, was sie will". Also hätte wohl Luther nur noch nicht folgerecht genug diese gegebene Richtlinie innegehalten, da er doch etwas wie — Pflicht und Gewissen, Bindung an Gemeinschaft (dächte ich) noch bestehen ließ?

Natürlich weiß es aber Dilthey so gut wie wir, daß Luthers Tat mit all den äußeren Dingen, mit dem Kampf um Recht und Besitz der Einzelperson nichts, oder nur in sehr abgeleiteter Weise und in einem sehr kritischen Sinne, zu tun hatte; daß das, wovon er befreien wollte, die Angst vor Gott, vor dem furchtbaren ewigen Gericht des „Ich bin heilig und ihr sollt auch heilig sein", vor dem inneren Ankläger und Richter in der eigenen Brust, vor dem Gewissen war. Ist das nun sonnenklar, und war eben diese Befreiungstat — der erste Lichtblitz, der in das fürchterliche Dunkel jener seelisch für das deutsche Volk wohl schwersten Zeit fiel — trotzdem aus ihr geboren, dann bedarf das Urteil über die Jahrhunderte des abklingenden Mittelalters einer gründlichen Nachprüfung. Man wird versuchen müssen, jene Zeit etwas mehr in ihrer seelischen Tiefe zu verstehen.

Geht man vom äußerlich Faßbarsten aus, so zeigen gewiß die alten Verbände: Kirche und Feudalismus, sich in heller Auflösung. Aber gegen sie setzen nun doch neue soziale Gebilde sich allmählich durch. Fürsten und Städte schaffen neue Bindungen von wesentlich anderem Typus als die absterbenden; Bindungen, scheinbar zu lediglich eigensüchtigen Zwecken, zu denen man sich mitunter in trotziger Offenherzigkeit selber bekennt; gegenseitige Hilfen zur Wahrung des eignen, schließlich des allerpersönlichsten Vorteils des Einzelnen. Er muß wohl durch solche Verbände sich schützen, sonst wäre ihm selbst alle Lebensmöglichkeit abgeschnitten; aber er fügt sich ihnen genau nur so weit, als er eben muß, zu eignem Gewinn oder Meidung eignen Schadens. Fast aber scheint kein Verband zu etwas anderm geschlossen, als um mit andern, sei es Gleiches oder Entgegengesetztes erstrebenden, auf Tod und Leben zu kämpfen: Stadt gegen Stadt, Ritter gegen Ritter, Städte vereint gegen Ritter, Ritter gegen Städte, beide, je für sich oder in zeitweiligem Einvernehmen, gegen den geplagtesten von allen, den Bauern; oder gegen Äbte, Bischöfe, Fürsten, bis zum Kaiser hinauf. Engere Kampfgenossenschaften bilden innerhalb der Städte die Geschlechter oder die Zünfte, die wiederum gegeneinander in unablässigen Händeln liegen. So unter den Rittern engere Zusammenrottungen zu gemeinsamer Übung des edlen Handwerks des Straßenraubs, deren Gebet lautet: „Sankt Jörg, du edler Ritter, Rottmeister sollst du sein! Bescher uns schönes Wetter, bewähr die Hilfe Dein ... Errett uns arme Knecht von allem strengen Recht!" Gegen sie erstreiten allmählich die Städte eine gewisse begrenzte Freiheit der Straße, doch nicht zum gemeinen Besten, sondern zur Sicherung ausschließlich ihres kaufmännischen Gewinns, von dem sie fürs gemeine Beste nie einen Heller mehr abgeben, als man ihnen abzwingt. So der starke Hansabund, der im gefahrvollen Seeleben wohl auch gegenseitig Treue zu Schutz und Trutz zu bewähren nötigt, aber als Ganzes auf Alleinausbeutung der unermeßlichen Schätze gerichtet ist, die die Übersee-Erzeugnisse oder der reiche Fischfang der Ostsee dem in den Schoß warf, der sie am besten zu erraffen und festzuhalten verstand. Ist es zu verwundern, daß in solcher Zeit auch die Kaiser immer unverblümter die Reichsverwaltung nur als willkommenes Mittel zur Mehrung ihrer Hausmacht ansehen, daß die Kaiserwahl, wie jede Leistung für das Reich, durch offene Bestechung, Vergebung von Sondervorteilen besonders an die bevorrechteten Wahlfürsten erkauft werden muß? Zu verwundern, wenn auch die Kirche mit ihrem ganzen gewaltigen Heer von Untergebenen auf eignen gar sehr weltlichen Gewinn bedacht ist? Ist es zu verwundern, daß die Dichtung und Schriftstellerei, weniges abgerechnet, ein klägliches Bild zeigt? Der farbenprächtige Firniß der höfischen Epik und Lyrik fiel ab, sobald es mit dem trügerischen Glanze des vornehmen Rittertums vorbei war. Vollends verstummten die Klänge des alten Heldenlieds. Was hatte die Zeit damit noch gemein? Die Dichtung, soweit von solcher überhaupt die Rede sein kann, verbürgerlicht, verzünftigt sich, sie steigt in die Niederungen eines wie nie poesiearmen platten Lebens herab. Ungeschlachte Bauern- und Vagantenschwänke kommen hoch, das geistliche Schauspiel selbst nimmt derb parodistische Züge an. Alles zeigt den durchgehenden Grundzug eines ungeschminkten Realismus, der in seiner Formlosigkeit und ausschließlichen Beherrschtheit durch den Stoff noch als bestes die Aufrichtigkeit ungeschönter Wirklichkeitswiedergabe, nicht selten bittern Humor und grausamen Spott hervortreibt, wie auch der fromme Zweck der großen Kirchenbauten im bildnerischen und malerischen Schmuck ihn keineswegs verbietet.

Indessen entfalten sich in solch losgelassener Freiheit doch Kräfte in reicher Mannigfaltigkeit. Das Leben wird farbenreicher, vielgestaltiger. Dem ungemessenen Lebensdrang reicht der aus dem weiterschlossenen Weltverkehr mehr und mehr zuwachsende Reichtum Mittel in bis dahin nicht gekannter Fülle dar. Das kommt mittelbar doch auch wieder dem Ganzen zugut, wie wenig auch dem Einzelnen darum zu tun sein mag. Die durch Hunger, Krieg und Pestilenz oftmals heimgesuchte, trotzdem wachsende Bevölkerung drängt von neuem über die Grenzen hinaus. Im Osten wird, in gesunder Kolonisation, Schlesien, in harter Unterjochung Preußen dem Deutschtum gewonnen; deutsche Gemeinwesen entstehen an den Ostküsten des Baltischen Meeres; die Hansa setzt sich kraftvoll durch gegen den Wettbewerb der Nordmächte. Das sind beachtliche Gewinnposten in der Gesamtbilanz des Zeitalters.

Doch ist soweit noch nichts, was das deutsche Leben dieser Zeit merklich unterschiede von dem der Nachbarländer; außer daß politischer Sinn ungleich weniger entwickelt war, das Formbewußtsein in jeder Richtung auf niederem Stande, der ganze Zuschnitt des Lebens, Denkens, Redens lange in einer Stumpfheit verbleibt, wie auch in Deutschland selbst zu keiner anderen Zeit weder vorher noch nachher. Indessen wird es damit allmählich doch anders. So wenig die Konzilien in ihrem Bemühen um Besserung der kirchlichen Zustände Erfolg hatten, sie brachten wenigstens einen regeren Austausch der geistigen Kräfte aller Nationen der Christenheit mit sich, aus dem auch Deutschland Vorteil zog. Universitäten, nach

dem Muster von Paris und Prag, erstanden zahlreich auch im deutschen
Land; in ihren zünftigen Formen, ihrem nie endenden Schulgezänk
recht ein Gegenbild des wirtschaftlichen und politischen Zustands der Zeit,
lassen sie von einem Regen geistiger Freiheit vorerst wenig erkennen,
doch sammelt sich an ihnen ein gewaltiger Schatz als Ganzes zwar uner-
sprießlicher Gelehrsamkeit; eine gewisse Verstandesschärfung in Rede und
Schrift wird doch erreicht, ein Verkehr der Gelehrten von Volk zu Volk
ständig unterhalten. Wirksamer greift, in den ersten Anfängen schon seit
dem Konstanzer Konzil, die humanistische Bewegung ein. Es erblüht
allmählich, in voller Kraft zwar erst am Ende dieses Zeitraums, eine
weltliche Bildung, vorherrschend antikisierender Richtung, aber von Anfang
an nicht ohne eigendeutschen Einschlag; zuerst abseits der Universitäten
unter dem Schirm der Städte oder einzelner bildungsfreundlicher geistlicher oder weltlicher Fürsten. Nach und nach aber werden auch Universitäten in humanistischem Sinne neugegründet, an den alten wenigstens
die Artistenfakultät (die jeder Studierende vor dem Antritt des Berufs-
studiums zu durchlaufen hatte) in modernem Sinne umgewandelt.
Von Anfang an aber zeigt der deutsche, wie überhaupt der nordische
Humanismus mehr sachlichen Ernst als das vielfach lockere Literatenvolk,
das in Italien sein Wesen trieb. Weniger rasch bei der Hand, Überliefertes
unbesehen wegzuwerfen, war man bei uns um so ernstlicher bestrebt,
sich in gründlicher Kritik Rechenschaft davon zu geben und Besseres an
seine Stelle zu setzen. Und keineswegs war es dabei bloß auf Pflege des
lateinischen Stils in Rede und Schrift, oder allgemein auf Verfeinerung
des Lebensstils für eine schmale Schicht Höchstgebildeter abgesehen.
Alle führenden Humanisten legen auf den Sachgehalt der Bildung beinahe ebensoviel Gewicht wie auf die freilich sehr hoch getriebene Kultur
der Sprache. Auch diese haftet nicht sklavisch an den Mustern des Altertums; Erasmus namentlich entfaltet eine reiche, bei ernstester Schulung
an den Alten doch formal und inhaltlich freie, eigne, auf die Gegenwart
gerichtete Schriftstellertätigkeit, die, in die Zeitbewegung kraftvoll eingreifend, in weiten Kreisen der Laienwelt Eingang findet und als ganze
eine schon beachtenswerte Vorblüte einer rationalistischen Aufklärung
wohl vergleichbar der des 18. Jahrhunderts bedeutete. Völlig falsch ist es,
den Humanismus allgemein in Gegensatz zu stellen zur freien Forschung
modern gerichteter Wissenschaft. Nicht nur treiben die großen Humanisten philologische Forschung größten Stils und ganz modernen Zu-

schnitts und erreichen erstaunliche Fortschritte in der Erkenntnis der sprachlichen Gesetze wie des Sachinhalts des reichen antiken Schrifttums, in literarischer und historischer Kritik; nicht nur verdankten ihnen eine sehr bedeutsame Pflege die Rechts- und Staatswissenschaften, sowie die unbefangene Darstellung und psychologische Zergliederung der Sitten, eine Wissenschaft vom Menschen, wie sie seit dem Altertum nicht wieder aufgetreten war; sondern auch die zwar langsamer sich erhebende, ganz von den Fesseln des Altertums befreite mathematische und naturwissenschaftliche Forschung erwächst überall in engem Bunde mit dem Humanismus. Kopernikus selbst, als Thorner zwar nicht vorbehaltlos der damaligen „deutschen Nation" zuzurechnen, fußt auf deutschen Vorgängern, Peurbach und Regiomontan, findet in Deutschland zuerst Boden; sein Werk wird von Nürnberger Gelehrten herausgegeben, von Osiander dem Freunde der Reformatoren bevorwortet; Melanchthon, selbst zwar aus astrologischem Wahn, wie Luther aus Gründen der Bibeltreue, Gegner der Erdumdrehung, ist gleichwohl unbefangen genug, die namhaftesten Anhänger der neuen Lehre nach Wittenberg zu ziehen; aus Tübingen, wo ein andrer Kopernikaner lehrt, geht dann der gewaltige Fortsetzer und Vollender der umwälzenden Tat, Johann Keppler hervor. Das alles gehört erst dem 16. Jahrhundert an, aber die Anfänge dieser folgenreichen Entwicklung gehen tief ins 15. zurück; sie ist als ganze eine Frucht des Humanismus. Dieser tritt, besonders in Nürnberg, zugleich in enge Verbindung mit der dort herrlich emporblühenden gewerblichen, kunstgewerblichen und rein künstlerischen Kultur. In allem Technischen steht damals Deutschland in vorderster Linie. Albrecht Dürer aber unterhält freundschaftliche Verbindung mit den führenden Humanisten in Flandern und Italien wie in Nürnberg selbst, und Melanchthon überträgt den Humanismus auf den Boden der Reformation. Kein schöpferischer Geist, war er dagegen ein Verarbeiter und Organisator in großem Stil. An seiner und durch seinen Einfluß an den meisten Universitäten Deutschlands bringt er die Sachstudien jedes Zweiges nicht weniger als Sprachen und Religion in Aufnahme; er nimmt das im deutschen Humanismus von Anfang an rege und ernste pädagogische Bestreben im umfassendsten Maße auf; durch ihn besonders wird Deutschland von da ab das klassische Land der Schulen. Aber auch das reicht tief ins 15. Jahrhundert zurück. Überall geht das Vordringen des Humanismus Hand in Hand mit dem Aufschwung des Schulwesens. Nicht Luther allein, sondern ebensowohl

Erasmus und der in Paris gebildete, in Flandern wirkende spanische Humanist Vives fordern und planen umfassende Organisationen staatlicher Unterrichtspflege.

Das alles zusammen, und vieles von verwandter Art, was hier übergangen werden muß, bedeutet nichts Geringeres als die Aufnahme und volle innere Verarbeitung der entscheidenden Leistung des Altertums: der Formung, der methodischen Durchbildung des geistigen Lebens nach allen Richtungen, in Wissenschaft, sittlichen und sozialen Ordnungen, Kunstschaffen, Sprache und Rede. Das hat sich unter dem nun ausbrechenden, alles wieder verwüstenden Glaubensstreit nicht sofort frei entfalten können; aber die Richtung dahin ist seitdem bestimmt eingeschlagen; und so hat Deutschland später nach dieser Seite fast das Größte erreicht, das Werk der Alten nicht bloß in sich wiedergeboren, sondern — was der einzig gültige Erweis wirklicher innerer Wiedergeburt ist — in freier eigner Richtung fortgebildet. Das wäre nicht möglich gewesen, wenn nicht ein Zug dahin im Volkscharakter des Deutschen von Anfang an gelegen hätte. Übereinstimmend zeigt diesen Grundzug des ernsten methodischen Durcharbeitens die deutsche Scholastik, die deutsche Mystik, nicht minder wie später die deutsche Musik, die deutsche Philosophie und Wissenschaft. In Rembrandt, aus dem wir stammverwandte Art stark herausfühlen, zeigt sich das Gleiche — wie doch eben auch schon in der Kunstweise des deutschen Mittelalters. Was anders unterscheidet denn die deutsche Gotik, als die Steigerung ihres Stilprinzips bis zum Letzten, was es hergeben mochte, die nie sich genugtuende, bis an die äußersten Grenzen strebende, alle Möglichkeiten ausschöpfende Durcharbeitung? Das hat mit dieser besonderen Stilart gar nichts zu tun; denselben Grundzug verrät die romanische Baukunst der Deutschen, verrät die Nürnberger, die Hildesheimer Kunst der sogenannten deutschen Renaissance, die mit der italienischen Renaissance kaum etwas gemein hat, vielmehr aus dem deutschen Holzbaustil, wieder nur in strenger Durcharbeitung des einmal sicher erfaßten Stilprinzips, entwickelt ist und eine Klarheit der Formsprache erreicht, die der Renaissancekunst Italiens parallel, aber von ihr doch im Kerne verschieden ist.

Was ist diese eigne deutsche Art künstlerischen Gestaltens? Darüber ist mit dem Wort „Methode“ gewiß nicht alles, nicht das Letzte gesagt. Das wird ein wesentliches Element auch des deutschen Geistes, aber es ist nicht überhaupt und gar ausschließlich deutsch; deutsch nur, hier wie in

allem, der gründliche Ernst, mit dem auch das aufgenommen und bis
zum Letzten seelisch, nicht bloß geistig und daher technisch, durchgearbeitet wird. Das aber greift in der Tat tiefer, über die bloße „Methode"
hinaus. Den Kampf zwischen Freiheit und Form — Hinausdrängen
ins Grenzenlose und sicherem Begrenzen im deutschen Wesen, hat in
sinn- und lehrreicher Weise Ernst Cassirer an der gesamten geistigen Entwicklung Deutschlands von Leibniz bis zu den großen Idealisten nachgewiesen. Formlosigkeit, Formwidrigkeit schien das durchgehende Kennzeichen des deutschen Mittelalters besonders in seinen letzten Jahrhunderten. In manchem haben wir unleugbar bis heute damit zu kämpfen.
Um so mehr war darauf hinzuweisen, daß doch ein ernstes Ringen nach
Form mitten aus dem Chaos jener unserer dunkelsten Zeit erwuchs, und
an ihrem Ende zwar nicht Abschließendes, aber doch sehr Achtbares gerade
darin erreicht war. Doch ist das echte Ziel ja nicht eins von beiden:
Freiheit oder Form, sondern die volle Durchdringung der Freiheit mit
der Form, der Form mit der Freiheit. Freiheit bedeutet aber dem Deutschen nicht Losgebundenheit von allem bindenden Gesetz sei es des Gedankens, der Tat oder der künstlerischen Gestaltung. Der Jubel der Freiheit
in Eckehart, in Luther ist davon himmelweit entfernt. Unendlichkeit aber
widerstrebt nicht an sich der Form, sondern sucht sie, muß sie suchen. Wie
könnten wir sicher „ins Unendliche schreiten", als indem wir, nach Goethes
Spruch, im Endlichen nach allen Seiten gehn? Wohl kann der Drang
ins Unendliche sich schon stark bewußt, ja beherrschend aussprechen, ohne
noch von bewußtem Formwillen gebändigt und in die sichere Bahn einer
auch des rechten Wegs sich bewußten Fortschreitung gelenkt zu sein;
instinktiv wird er die klaren Richtlinien des Fortschreitens doch suchen.
Eben diesen Charakter einer noch nicht gebändigten, daher in allem
maßlos scheinenden, dennoch aber zu Maß und Form unbewußt hinstre-
benden Freiheit d. i. Un- und Überendlichkeit glaube ich in jener, darum
hochwichtigen Zeitepoche zu erkennen.

Zuerst jenen harten Realismus, der im Gesamtbild dieser Zeit so ab-
stoßend wirkt, suche ich zu verstehen als begreiflichen Rückschlag gegen das,
wovon loszukommen damals das Erstnotwendige war: gegen die ungeheure, allzu vertrauensvoll von fremdher übernommene Unfreiheit
und schließlich Unwahrheit der Weltverneinung, der Verleugnung alles
gesunden natürlichen Genießens nicht nur, sondern auch Wirkens und
Schaffens. Man muß sich nur einmal in die Abgründe der „mittelalter-

lichen Weltanschauung" (etwa nach v. Eickens Buch) ernstlich hineingedacht, muß sich die heillose Donquichotterie der Kreuzzüge, die seelenvergiftende innere Lüge des Klosterlebens, die Wegwerfung aller nicht kirchlich abgestempelten Tugend, der natürlichen Grundlagen der Familie, der gesellschaftlichen Ordnungen, des ganzen irdischen Lebensaufbaus des Menschen überhaupt, den Fluch, dem auch die gesündeste Sinnlichkeit und damit die ganze Naturgrundlage auch des seelisch-geistigen Daseins des Menschen hier auf Erden verfallen war, gründlich klargemacht haben, um den Rückschlag dagegen auch in seinen Übertreibungen verstehen zu können. Es war vor allem das Aufbäumen deutschen Wahrheitssinns gegen eine ungeheure, dabei sich selbst als höhere Wahrheit aufzwingende Lüge, die den Menschen bis ins Innerste hinein zu vergiften und selbst zur Lüge zu machen drohte. So nimmt schon der wackere Reinmar von Zweter gegen „Barvuozer, Bredigäre, Kriuzerorden" mit ernstem Wort die Ehe in Schutz: „Swer der ê ze rehte pfliget, der hât hie und dort gesiget, swerz widerredet, des volget niht: er liuget." So geht Sebastian Brant dem „Duckmäuser" zuleib, der in Beten, Fasten, Zellenbauen „wagt weder Gott noch der Welt zu trauen. Gott hat uns darum nicht geschaffen, daß wir Mönche werden oder Pfaffen, und zumal daß wir uns entschlagen der Welt ... Es ist Gottes Wille und Meinung nicht, daß man der Welt so tue Verzicht und auf sich ganz allein hab acht!" Es ist besonders bemerkenswert, daß hier die Weltflucht, ganz wie bei Eckehart und Luther, als Selbstsucht, die Hinwendung zur Welt als der echte, gottgewollte Weg zum Heil der Seele erkannt ist. Das ist, ebenso wie ähnliche Aussprüche Ulrichs von Hutten, vor der Reformation, nicht etwa von Luther erst angeregt. Wenn nun anfangs recht wie zum Trotz die Weltlichkeit betont, des geistlichen Wesens oft verwegen gespottet wurde, so war es doch nicht bloß die drückende Last der Vergangenheit, die immer noch tiefe innere Unmündigkeit, welche die große Masse des Volks gleichwohl bei der Kirche festhielt und und immer wieder ihren Frieden mit ihr machen ließ; es war auch nicht bloß die eben auch seltsam realistische, fast geschäftsmäßige Auffassung des Rechtsverhältnisses zu Gott und der irdischen Stellvertreterin seiner Schuldforderungen, der Kirche. Vielmehr ihre Verweltlichung, der Widerspruch zwischen ihrer hochgeistigen Idee und ihrer oft sehr ungeistigen Erscheinung war es, worüber gerade, wem es mit der Religion ernst war, eine Empörung empfinden mußte, wie Luther sie empfand, als er, noch ganz als treuer Sohn seiner Kirche

nach Rom gekommen, das dortige schamlose Treiben unmittelbar vor
Augen sah.

Wie aber steht es mit der wilden Selbstsucht des wirtschaftlichen und
staatlichen Lebens von damals? — So wirr die Lage war, die alte deutsche
Treue von Person zu Person konnte gerade in solcher Lage sich stark beweisen und hat sich vielfach bewiesen. Davon wird nur nicht viel Rühmens
gemacht, das verstand sich von selbst; während des freilich vielen und argen
Unrechts, schon des erzählerischen Reizes wegen, in gelassener Gegenständlichkeit, ohne zwecklose Entrüstung wie ohne Beschönigung gedacht
wird. Wäre aber nicht bei allem ein sicherer Grund zuverlässigen Zusammen-
stehens doch gewahrt geblieben, so hätte nicht soviel von innerer Stärke
und anhaltendem Aufstieg aus all der Wirrnis doch wieder hervorgehen
können; so könnte nicht am Ende dieses Zeitraums, eben damals als
Luther auftrat, eine hohe und reiche Blüte einer sittlich ehrenfesten,
auch nationaler Einigung sichtlich zustrebenden, eigendeutschen bürgerlichen Kultur stehen, deren Möglichkeit, gerade je trüber die Anfangslage
gewesen war, um so sicherer ein sehr ernstes Zusammenraffen sittlicher
Kraft, und zwar der ganzen Nation in allen Schichten, voraussetzt. Gustav
Freytag hat das in lehrreichen Einzelheiten dargetan; berührt sei nur, daß
die Zünfte doch nicht bloß Monopolisierung des Gewerbes bezweckten,
sondern Pflegestätten beruflicher Tüchtigkeit waren; daß sie auch eine
sittliche Zucht über ihre Mitglieder übten, nicht nur wetteifernd mit der
der Kirche, sondern ungleich wirksamer als sie, weil unmittelbar in die
Lebensordnung jedes Einzelnen eingreifend. Von da aus versteht sich
die entschiedene Wendung der Ethik in Luther zur vollen Anerkennung
und Beanspruchung der erziehenden Kraft des Berufs, der sozialen,
wirtschaftlichen und politischen Ordnungen überhaupt, die sich dem tief
erfaßten christlichen Glauben deshalb widerstandslos einfügte, weil
dieser selbst vor allem sittlich und menschlich erfaßt wurde. Auch die herrlichen technischen und künstlerischen Schöpfungen der Zeit erwachsen auf
diesem Grunde und beweisen nichts so klar, wie diese innere bürgerliche
Tüchtigkeit. Die Prachtgestalten der Nürnberger Meister sind nur ein
zufällig uns etwas genauer bekanntes Beispiel, welches aber durchaus aufs
Allgemeine zurückschließen läßt. Man gehe nach Augsburg, Regensburg,
Bamberg, Hildesheim, Magdeburg, Danzig — überall findet man dasselbe bestätigt. Alles damals nach dieser Richtung Geschaffene ist ja nicht
fabrikmäßige Warenproduktion, sondern freieste, persönlichste Arbeits-

leiſtung. Und ſo ließe ſich leicht an Beiſpielen aus allen Lebenskreiſen
dartun, daß der „Individualismus“ jener Zeit keineswegs bloße Selbſt-
ſucht, ſondern in weitem und wachſendem Maße jene geſunde Selbſtſorge
jedes Standes war, die Peſtalozzi einmal als Frucht der Reformation
preiſt, die aber vielmehr die Frucht jener ganzen Zeit war und nur
darum auch in der ganz aus ihr erwachſenen Ethik der Reformatoren
ſich ſchön und lebenswahr ausprägen konnte und ausgeprägt hat. Es war
ein redliches Wirken und Schaffen, und nicht bloßes Raffen und Feſthalten,
worauf die neu entſtandenen ſozialen Ordnungen zielten; ſo konnte ſich
darin entwickeln und entwickelte ſich wirklich ein erſtaunlich hoher Grad
einer Sachlichkeit, in der doch zugleich Perſönlichkeit ſich ausſprach, weit
mehr als in Zeiten ſichtbarerer äußerer Ordnung und ſogenannter
„Organiſation“.

Lehrreich dafür iſt ganz beſonders die Kunſt jener Tage. Zwar auch da
iſt der erſte, auffälligſte Zug die ſchier unglaubliche Sachlichkeit der Dar-
ſtellung, die Schärfe und Tiefe der Charakteriſierung, die zuſammengefaßte Willensenergie. Aber mit ihr eint ſich eine mit nichts Außerdeutſchem
vergleichbare Herzlichkeit und Innigkeit der Erzählung von den Gemüts-
lagen und Gemütsbewegungen der dargeſtellten Perſonen, ja man möchte
ſagen auch der dargeſtellten Dinge, es ſei Landſchaft, Pflanze, Tier oder
Baulichkeit, Gerät, Kleidung; in alles und jedes legt dasſelbe, eben deutſche Gemüt des Schaffenden ſich hinein. Alles das lebt, denn er lebt und
erlebt es, und ſpricht es aus, ſo wie er es in ſich erlebt hat. Darin erkennt
ein gründlicher Forſcher auf dieſem Gebiet, Heidrich, „die eigentümliche
Idealität der Weltanſchauung“, die in der Malerei dieſer Zeit (und
das Gleiche gilt erſt recht von der Bildnerei) ſich ausdrückt: eine „Gerechtigkeit des Sinns, eine ehrliche und beſcheidene Anerkennung der unendlich
vielfachen Möglichkeiten des Daſeins, damit untrennbar verbunden eine
offene Freudigkeit und herzliche Zuſtimmung, zugleich aber die ſtärkſte
Spannung eines nach innen gewandten Sinnes.. nüchterne
Beobachtung und kühnſte Phantaſie, beides verbunden in einem männlichen, tiefen Ernſt der Weltauffaſſung, die ſehen will, nicht nur wie die
Dinge ſind, ſondern wie ſie ſein ſollen... Nur iſt das Erlebnis nach
außen wie nach innen nicht fertig, es birgt ſich noch in der Hülle der
mittelalterlichen Formen — denn es iſt eine Zeit des Suchens, der
Unruhe und des Kampfs, keine in ſich vollendete Kultur“. Kaum
braucht darauf aufmerkſam gemacht zu werden, wie faſt jedes Wort in

dieser Äußerung eines philosophischen Gedankengängen sonst fernstehenden Kunstforschers genau das vorher von uns Gesagte bestätigt.

Wäre es anders, so wäre Luther, wäre das Ganze der Reformation, wäre der Widerhall, den sie sofort in allen noch so sehr unter sich zersplitterten Ständen und Lebenskreisen des Volkes fand, wäre ihre mächtige nationale Wirkung nicht zu verstehen. Das ist nicht „Individualismus", so wie dies Wort in der Regel verstanden wird: Vereinzelung, Durchsetzung nur der eignen Sonderart; sondern es ist echte Individuität, in sich gesammelte Innerlichkeit, die den Menschen gerade nicht von der Gemeinschaft löst, sondern von seinem eignen Zentrum aus in nur um so reichere ja unendliche Beziehung setzt zu allem, was mit ihm in Berührung kommt; von Einzelseele zu Einzelseele nicht bloß, sondern zur Gemeinschaft, der nächsten wie der ferneren, bis hinauf zum Unsichtbaren, Übersinnlichen, Überseelischen, Ewigen, zu Gott. Solche Unendlichkeit ist, wie ganz ausgesprochen in Eckehart, so wortlos und doch ausgesprochen in der stummen Sprache der Kunst; hier übrigens wie dort eingekleidet in die unbefangen festgehaltenen Formen der christlichen Überlieferung, eingehüllt in das traute Gewand der evangelischen Geschichte, an dem so Eckehart wie Luther wie auch die freieste deutsche Kunst bis dahin treuherzig hingegeben hängt, wie das Kind, nein auch der Heranwachsende, wenn er ein treuherziger Deutscher ist, am Mutterauge und Mutterwort hängt, das ihn bis dahin geleitet hat. „Wölbt sich der Himmel nicht da droben? Liegt nicht die Erde hier unten fest?" ... So läßt Goethe seinen Doktor Faust empfinden — den Unmenschen, den doch in all seinem Unglauben die Osterglocken vor der Verzweiflungstat, zu der schon die Hand sich erhoben hat, zurückreißen. So empfanden jene alle, obgleich sie gewiß in ihrer Seele frei genug waren, daß sie an keiner äußeren kosmischen Konstruktion, keiner noch so liebgewordenen Legende mehr unbedingt zu kleben oder durch die schon nahe Erschütterung ihrer Alleingeltung sich auch nur einen Augenblick beirren zu lassen brauchten, denn sie hatten ihren Gott inwendig in sich, es bedurfte für sie nicht mehr jener äußeren Beglaubigungen durch Natur oder Geschichte.

Hier gilt nicht der Einwand: ein Eckehart, ein Luther, das sind weit überragende Einzelne, von denen nicht auf einen gemeinsamen Charakter der Nation zu schließen ist. Kein noch so hohes Genie kann auftreten, ohne daß der Boden dazu bereitet ist durch die Gesamtentwicklung des Volkes, dem es entsprießt. Und ein Luther, selbst ein Mann aus dem Volk,

wurde doch vom ganzen Volke als eignes Erlebnis empfunden; in diesem
Einzigen faßte wirklich die Seele des ganzen Volkes damals sich zusammen,
wie nie zuvor oder nachher bei uns Ähnliches erlebt worden ist. Aber auch
Eckeharts Predigten und Traktate wandten sich an die Laienwelt und
fanden in ihr starken Widerhall. Nun halte man nur einmal die Laien-
predigten und Traktate dieser zwei Männer gegen das, was, gleichviel
ob von geistlichen oder weltlichen Predigern und Traktatschreibern,
mit aller Absicht und allem Anspruch, dem Empfinden, Wollen, Denken der
Nation Sprache zu geben, heute Tag um Tag in gar nicht zu bewältigen-
der Fülle geboten, immerhin auch nicht ganz danklos hingenommen wird
— wo ist da Sammlung in einen Punkt, wo echte Individuität und
wieder echte Universalität, wo dagegen Zerstreuung, nach allen Richtungen
der Windrose auseinanderstrebende, daher sich immer gegenseitig auf-
hebende Sonderheit; vielleicht bedeutende, ausgesucht geistvolle, aber
trennende Sonderheit? Die Antwort kann keinen Augenblick zweifelhaft
sein. Was Eckehart oder Luther, oder auch die weicheren Seuse, Tauler oder
der Frankfurter ihren Hörern und Lesern d. h. dem ungelehrten Volke
zumuten durften an abgründlicher seelischer Vertiefung, dürfte kein Redner
und Schreiber heute seinen soviel „gebildeteren", aber hin und her gezerr-
ten, tausendfältig sich verzettelnden und zerstreuenden Lesern und Hörern
bieten, auch wenn er es in sich hätte. Man würde ihn damit stehen lassen.
Und ob er dann, wie Eckehart, „dem Opferstock predigen" würde —
ich getraue mir nicht, es zu bejahen. Woher kommt das? Nun, jene
hatten noch Religion; wir lassen uns an Religionsersatz genügen, und
was man als solchen uns bietet und wir uns bieten lassen, ist religiöse
Kriegsware; während jene, unter allem Kriegswust, so viel Frieden
inwendig hatten, um in diesem Allerheiligsten der Seele noch an unver-
fälschter Friedensnahrung sich erquicken zu können. Jene Zeiten durften
der unheiligen Erscheinung des Heiligen spotten, gerade weil jenseits aller
Unheiligkeit der äußeren Erscheinung das Heilige selbst ihnen heilig blieb.
Ihr Spott will stets nur sagen: das Heilige sollte in würdigerer Gestalt
erscheinen, niemals: es sollte überhaupt nicht sein.

So entdeckt sich, je näher man hinsieht, um so klarer die scheinbare
Selbstsucht jener Zeit als ehrliche Selbstsuche. Es ist aber gesagt: Suchet,
so werdet ihr finden. Jene Zeit hat gesucht und hat gefunden. Schon in
Eckehart. Aber er fand es erst für wenige damals schon Empfängliche und
nur dem (allerdings entscheidenden) ersten Grunde nach, noch nicht in

ganzer Durchführung nach allen Seiten, in alle Kreise des Lebens hinein; Luther voll und reich, mit sicherer Richtung wenigstens auf allseitige Erfassung aller Lebenslagen und Lebensstufen. So wurde seine Reformation eine Volkssache, wie weder unser noch irgendein Volk des Westens sie bis dahin oder je nachher wieder gekannt hat. Luther spricht, darf sprechen zum ganzen Volke, und wird von ihm vernommen. Nicht bloß das neu und deutsch erfaßte Evangelium, das Ganze der von ihm gedachten sittlichen Erneuerung war, wie einst die Predigt Jesu, „allem Volke" zugedacht und wurde von ihm aufgenommen, wenn auch unter tausend hemmenden Einflüssen nicht voll verwirklicht. Das setzt aber voraus, daß im voraufgegangenen Zeitalter eben dies im ganzen Volke vorbereitet, daß das ganze Volk schon längst dahin in der Schule war; in der Schule des Lebens, gesunder Berufsbildung, treuer Arbeit, es sei an Kleinem oder Großem.

So sind wir nun vorbereitet, die Bedeutung Luthers für unser Volk klar zu verstehen. Nicht werden wir sie jetzt suchen in dem Glaubenssystem der von ihm neugegründeten Kirche. Daß dieses nur oder kaum eine Abart des von Augustin errichteten Glaubenssystems des Katholizismus war, hat die ehrliche protestantische dogmengeschichtliche Forschung bewiesen. Ganz etwas andres aber ist es, was Luthern selbst das Wort „Glaube" besagt. Es bedeutet auch nicht bloß ein Zurückgreifen auf die geschichtliche Urgestalt des Christentums, sondern eine große Vereinfachung und damit Reinigung desselben, ein Zurückgehen auf seinen für immer unverlierbaren Grundgehalt, zuletzt keinen andern, als auf den Eckehart zurückging.

Doch scheint diese tiefinnere Beziehung zwischen beiden bisher nicht recht erkannt zu sein. Ich selbst habe früher wohl zu einseitig den nur sittlichen Sinn und Grund des Lutherschen „Glaubens" behauptet. An der Schroffheit, mit der Dilthey in Luther einzig die Willensseite betont, wurde mir klar, daß man ihm so nicht gerecht wird, ihn nicht nur nicht erschöpfend versteht, sondern überhaupt nicht recht bei der Wurzel faßt. Luthers Befreiungstat würde so viel zu sehr in eine Linie rücken mit der allgemeinen Befreiung des persönlich-menschlichen Intellekts und Willens, die den Schritt vom Mittelalter zur Neuzeit bezeichnet; sie würde zu einem bloßen Moment jener Gewinnung der „Herrschaft des Menschen," die ja nicht bloß die äußere Bewältigung der Naturkräfte, der sozialen Ordnungen, der Kunstmittel jeder Art, mit einem Wort aller

Mittel und Wege der äußeren Daseinsbehauptung und Daseinserhöhung des Menschen auf Erden, sondern auch die innere Autonomie des Erkennenden, Wollenden und Schaffenden einschließt. Das bloße ergänzende Gegenstück dazu wäre dann die Befreiung auch der menschlich-persönlichen Religiosität von der Fremdherrschaft des Dogmas und der Kirche, die Erringung der Selbständigkeit und vollen Selbstverantwortlichkeit auch des persönlichen „Gewissens“ des Einzelnen, der fortan auf seinem eignen Wege, durch eigne Kraft und Arbeit (Kraft und Arbeit des „Gemüts“) sein Verhältnis zum Unsichtbaren sich gestaltet. Luthers „Freiheit eines Christenmenschen“ rückt dann ganz nahe der stoischen Freiheit, der sie doch allenfalls nur im Ergebnis sich vergleichen läßt, dem Grunde nach ganz unvergleichbar ist. Vielmehr das ist erst das Größte und Tiefste in Luther, daß er, eine so starke „Persönlichkeit“, ein so starker Willens- und fast gleich starker Intellektmensch und wenn auch unbewußter Künstler und Dichter er war, beides, Willen und Intellekt, überhaupt alles nur Persönliche überwindet und hinter sich läßt, den Anspruch des menschlich freien Willens wie der menschlich freien Verstandeseinsicht in göttlichen Dingen, allen Wahn, überhaupt irgend durch eigen Werk und eigene Kraft selig sein und vor Gott bestehen zu wollen oder zu können, rückhaltlos aufgibt. „In diesem Wahn, ja Irrwahn“, schreibt er sehr bezeichnend i. J. 1516, noch als Augustinermönch, an seinen Mitmönch Spenglein, „stecktest du, als du bei uns warst, und ich steckte darin. Aber auch jetzt noch kämpfe ich wider diesen Irrwahn und habe noch nicht ausgekämpft.“ Er hat wohl zeitlebens dagegen auch in sich selbst noch zu kämpfen gehabt, aber er hat gegen nichts so entschieden, ja heftig angekämpft. „Lerne“, schreibt er jenem weiter, „an dir selbst verzweifelnd zu Christus dem gekreuzigten sprechen: Du bist meine Gerechtigkeit, ich aber bin deine Sünde, du hast das Meine an dich genommen und mir das Deine gegeben, du hast genommen, was du nicht warst, und mir gegeben, was ich nicht war ... Wenn wir durch eigene Mühe und Anstrengung zur Ruhe des Gewissens durchdringen sollen, wozu ist Christus dann gestorben? Darum wirst du nur in ihm, durch getroste Verzweiflung an dir und an deinen Werken Frieden finden.“ Das lautet sehr anders als die Rede vom erwachenden Bewußtsein des „Selbstwertes“ und der „Selbstkraft“ der freien, der genialen Persönlichkeit, in dem Dilthey die Bedeutung Luthers sieht. Luther steht vielmehr, wie schon dieser einzige Brief beweist, voll auf dem Boden der Eckehartschen Forderung, sein Selbst, allen eigenen

Willen und alles eigene Spekulieren zu „lassen“, an aller Eigenkraft, allem Eigenwert der lieben Person „getrost zu verzweifeln“ und allein göttlichem Wirken, dem göttlichen Licht, das in uns hineinleuchtet und -brennt, uns zu vertrauen und stillezuhalten. Von dieser Gesinnung ist gerade Luther ganz erfüllt. Es ist ganz unhaltbar, hier einen Gegensatz zwischen ihm und Eckehart zu behaupten. Beide stimmen vielmehr eben darin genau überein, daß ihnen Religion aus einem Letzten, Überpersönlichen quillt. Gewiß finden sie dieses in der eigenen Seele, im innersten Seelengrunde, jenseits oder richtiger diesseits Intellekt und Willen, in etwas, das als ihr eigenstes Eigen ihnen bewußt wird; aber es ist himmelhoch hinaus über alle Sonderheit, alle Sonderkraft, allen Sonderwert der Person, ihr schlechterdings übermächtig, ihrer Herr, ihr schlechthin überpersönlicher Ursprung, ihr Licht, ihr Heil, ihre Kraft; es ist, nach Eckeharts schlicht deutlichem Wort, vielmehr die „Geburt Gottes“ in der Seele und Mitteilung des ganzen „Schatzes“ der Gottheit an sie. Drückt aber nicht Luther dasselbe aus, wenn er sagt: Du hast mir das Deine, hast mir gegeben, was ich nicht war?

Luther redet zwar (im ganzen) eine andre Sprache (denn so nahe Anklänge auch an die Redeweise Eckeharts, wie hier, sind immerhin bei ihm selten), aber der Sinn ist zuletzt der gleiche. „Glaube“ heißt das bei Luther: er ist der „Selbsttäter“ und „Werkmeister“, der nicht getan wird, sondern tut, der das Werk, den nicht erst dieses gut macht. Aus dem Glauben handeln ist die „Freiheit des Christenmenschen“, nicht aber ist das Glauben selbst frei; das würde eine andre Kraft, ein freies Wollen vor und über dem Glauben voraussetzen, das ihn wirkte, an sich aber frei wäre zu glauben oder auch nicht; es würde den Glauben zum Werk des Menschen selbst machen. Aber nichts verwirft Luther so bestimmt wie eben dies. Sondern „wie das Wort ist, so wird auch die Seele von ihm, gleich als das Eisen glutrot wird wie das Feuer aus der Vereinigung mit dem Feuer“. Der Glaube ist „eine lebendige geistliche Flamme, damit die Herzen durch den heiligen Geist entzündet, neu geboren und bekehrt werden“, „nicht Lehre sondern Leben, nicht Wort sondern das Wesen, nicht Zeichen sondern die Fülle selbst“. Nicht ein Gedanke im Herzen, den die Menschen sich aus eignen Kräften machen, der spricht: Ich glaube; das wäre ein Gedicht und Gedanke, den „des Herzens Grund nimmer erfährt“, sondern „ein göttliches Werk in uns, das uns wandelt und neu gebiert aus Gott“. Allerdings ein „tätig, mächtiges Ding, daß unmöglich ist, daß er nicht ohne Unterlaß sollte Gutes wirken, auch nicht fragt, ob gute Werke zu tun sind, sondern ehe man fragt, hat er sie getan und ist immer im Tun. In diesem Werk müssen alle Werke gehen und ihre Gutheit muß daraus fließen". — Also ein „Werk" ist er ganz gewiß, und zwar des „allerinwendigsten Grundes des Herzens" — aber nicht Werk des Menschen, sondern Gottes — „kommt auch nicht aus eigner Bereitung, sondern so man das Wort Gottes öffentlich und klar predigt, dann hebt sich an aufzusteigen ein solcher Glaube...". Damit steht es keineswegs im Widerspruch, wenn andrerseits die absolute Selbstverantwortlichkeit des Glaubens betont wird. Jeder muß „für sich selbst sehen, daß er recht glaube. Denn so wenig als ein Andrer für mich in die Hölle oder Himmel fahren kann, so wenig kann er auch für mich glauben oder nicht glauben... Es ist ein freies Werk um den Glauben, dazu man niemand zwingen kann ... Wie hart sie gebieten und wie fast sie toben, so könnten sie die Leute je nicht weiter bringen, denn daß sie mit dem Mund und der Hand ihnen folgen, das Herz mögen sie ja nicht zwingen, sollten sie sich zerreißen". Warum aber? „Es ist ein göttliches Werk im Geist — geschweige denn, daß es äußerliche Gewalt sollte zwingen und schaffen." Die Seele ist nicht unter Kaisers Gewalt — aber unter der Gewalt Gottes. Das besagt: es ist ein Letztes, schlechthin Unmittelbares, Wurzel- und Grundhaftes im tiefsten Seelengrunde, das nicht, schlechterdings gar nicht von menschlichem Mühen und Ringen, vom Arbeiten sei es des Verstandes oder des Willens oder sonst einer menschlichen „Kraft" abhängig, ebendarum aber auch nicht in das Stückwerk des Weltlebens des Menschen verstrickt ist, sondern über dem allen, ihm schlechthin voraus, die ursprünglich unzerstückte Ganzheit des Seelenwesens vertritt. Es ist die echte Individuität (Ungeteiltheit) und damit Über-Endlichkeit des seelischen Wesens, die darin, nur darin sich selbst erfährt. Also wahrlich nicht die stolze „Individualität" der unterschiedlichen Einzelperson in ihrer Eigenkraft, ihrem Eigenwerte. In diesem letzten Grunde sind vielmehr, wie Eckehart einmal sagt, „alle Menschen ein Mensch"; denn gerade in diesem ihrem allereigensten letzten Grunde ist jede Menschenseele gleich untrennbar zurückbezogen in den einigen, allen gemeinen und somit allen übergeordneten Unendlichkeitsgrund, der in der Sprache der Völker „Gott" benannt ist. Da ist der Mensch freilich (wie Dilthey sagt) „einsam mit Gott", allein mit den Sternen und dem Unsichtbaren, aber dennoch, nein eben damit, eins mit allen Seelen. Solches Alleinsein der Seele mit Gott bedeutet nichts weniger als ein Lossein von der Gemeinschaft, ein Aufsichstehen des „Individuums", im falschen Sinne der Sonderung und Gegenstellung gegen den Andern, wohl gar der trotzigen Selbstbehauptung, Selbstdurchsetzung der Person als unterschiedlicher einzelner gegen alle Welt. Die freie Stellung auch der ganz auf sich gestellten Einzelperson zur „Welt", die der so verstandene „Glaube" allerdings begründet und unmittelbar einschließt, ist weder Abkehr von ihr, Zurückziehung in selbstische Kontemplation und Gefühlsschwelgerei, noch vollends Eroberungsdrang des willensgewaltigen Einzelnen wider sie, sondern Selbstsicherheit im Blick auf Ewiges, den nichts Zeitliches beirrt, der aber zugleich es liebend umfaßt, ja sich ihm hingibt, aus dem Bewußtsein des tiefsten Einsseins mit Allem im letzten, tiefsten Wesen, in Gott. Von ihm mag die Seele gar nicht „frei", ihm will sie unterworfen sein und von ihm ganz bestimmt; das besagt die „getroste Verzweiflung" an sich selbst, Gott gegenüber. So verständigen sich untereinander die zwei „widerständigen Reden" von der Freiheit und Dienstbarkeit. Frei ist der Mensch durch den „Glauben des Herzens", der, von Gott in ihm gewirkt, doch sein Eigenstes ist und sein Gewissestes, denn von ihm ist gesagt: „Glaubst du, so hast du, glaubst du nicht, so hast du nicht." Das allein ist der Seele L e b e n , an die dagegen all der andern, für sich t o t e n Dinge oder Werke keines heranreicht, sie zu befreien oder zu fangen. Damit ist sie aller D i n g e frei und über sie Herr. Und so, frei, fröhlich und umsonst fließen aus dem Glauben des Herzens die Werke, der treue Dienst am Andern und an der Sache. Aber nicht sie machen den Frommen, sondern der Fromme macht sie, ihn aber macht niemand anders als der Gott in ihm. Durch ihn gebunden, ihm ganz untertan zu sein, das ist höchste Freiheit. Wie das Licht der Wahrheit der sich nur nicht willkürlich gegen es verschließenden Seele einleuchtet, einleuchten muß, sie könnte gar nicht ihm wehren sie zu erhellen, so glüht die Glut des ewigen Lebens sich ihr ein, ohne alles eigne Zutun, ohne Dulden, ja ohne jede Möglichkeit des Widerstands.

Die „Versammlung der Herzen" aber in der Einheit solchen Glaubens schafft zugleich eine Einigkeit „im Geist" unter a l l e n in solchem tiefsten Sinne Gottgläubigen, und ob sie voneinander tausend Meilen geteilt sind; wie wir doch vom Heiligen Geist singen: „der du hast allerlei Sprachen in die Einigkeit des Glaubens versammelt." Diese Einigkeit ist allein genug eine Christenheit zu machen, ohne welche dagegen keine Einigkeit es sei der Stätte, der Zeit, Person, Werk oder was es sein mag, eine

Christenheit macht; die an keinen „geistlichen Stand“ gebunden ist. Das alles ist nur menschliche Ordnung, die als „Leib“ von jener, als der Seele, freilich, sofern es sich um das leibliche Leben handelt, nicht getrennt werden kann. Diese hat ihre Ämter, ihre Unter- und Überordnungen; mit denen soll man es halten wie mit allem äußeren Regiment: „befehlen und wagen“, aber nicht „vertrauen und sich verlassen“, sondern selber „zusehen und nicht schlafen“, damit die Herren gezwungen werden, aus Not ihres Amtes zu warten, wie ein jeglicher seines Berufs und alle Kreatur ihres Werkes pflegen muß.

Auf diesem Grunde also steht Luthers kräftige Betonung der Selbstsorge des Einzelnen auch in jedem äußeren Verband. Und darin erst erkennen wir seinen Zusammenhang mit dem allgemein modernen Zug auf Befreiung der Eigenkraft, nicht sowohl des Individuums, als der Person im echten Sinne: des Einzelnen in der Unterschiedlichkeit der ihm aufgetragenen Rolle, in der Besonderheit der gerade ihm gestellten Aufgabe, des Postens, an den er gestellt ist, den er zu verteidigen hat um des Ganzen und um Gottes willen. Diese ist bedingt durch die Besonderheit seiner Leistungskraft und seiner inneren Berufung; diese bestimmt erst sein Eigenrecht wie seine Eigenpflicht im gegebenen Verband, im freien Dienste der Gemeinschaft, nicht gegen sie, nicht über sie hinweg, nicht in eigenwilliger Lossagung von ihr. Nicht etwa hierin wurzelt oder das vertieft etwa nur Luthers Auffassung des religiösen Glaubens, sondern es ist nur eine, allerdings eine im Zeitzusammenhang besonders bedeutsame Frucht seiner Glaubensauffassung. Darin, nicht in der letzten Wurzel seiner Religionsanschauung, unterscheidet sich Luther auch von Eckehart und geht über ihn wesentlich hinaus, obgleich auf dem Wege, der schon von jenem aus offenstand und vorgezeichnet war. Mit der vollen Reife und Mündigkeit des religiösen Wahrheitsgewissens, die Luthers Satz vom „allgemeinen Priestertum“ so klar ausdrückt, war zugleich die volle Reife und Mündigkeit der Weltauffassung und Weltstellung im Grundsatz gewonnen. Damit tritt das deutsche Volk voll ein in die Reihe der modernen Völker. Aber das ist nicht bloß das allgemein Moderne, sondern das unterscheidend Deutsche im Modernen: daß erst aus diesem letzten, innersten Quell, nirgend anderswoher, nicht aus einem bloßen, sei's auch hochgeistigen Überlegenheitsbewußtsein des Einzelnen oder auch des einzelnen Volkes, auch nicht aus der universalen Kraft der Wissenschaft, aus der praktischen Energie der sozialen und nationalen Organisation oder der künstlerischen Phantasie und Schaffensfreude allein, das „Reich des Menschen" in ihm sich begründet; daß, so kräftig er in das alles miteingreift und daran mitarbeitet, doch als letzter, entscheidender Grund auch der neuen inneren Weltstellung ihm bewußt wird und bleibt die Versicherung des Ewigkeitsgrundes des ganzen, unzerstückten, allerinnersten seelischen Wesens und Lebens. Es ist der alte Gedanke des Gottesreichs, aber in neuer, tiefster Wendung; nicht mehr ist es der irdische Reichsgedanke, der in der römisch-christlichen, nicht der Gedanke der kosmischen Einheit, der in der griechisch-christlichen Auffassung — gewiß über die Linie des bloß Diesseitigen hoch hinausgehoben — seine Grenzen in einen jenseitigen Bereich, aber doch ganz nach irdischer Analogie ausdehnt und erhöht; vor dem dann das Irdische folgerecht in den Fluch der Verdammnis sinken oder zwischen Seligkeit und Verdammnis in drangvoller, ewig bedrohter, mit gleicher Gewalt nach unten wie nach oben gezerrter Mitte schweben bleiben mußte; sondern das Reich Gottes ist nun wirklich „nahe herbeigekommen", es ist da, dem Menschen im Herzen, näher als er sich selbst, seinem ganzen Erdenselbst ist, und von diesem einzigen Festpunkt aus ist nun alles Irdische nicht nur in seiner unerbittlichen Wirklichkeit anzuerkennen, nicht bloß mit völliger Geistesfreiheit, vielleicht mit Ironie, obgleich innerlich verneint, doch praktisch zu dulden und zu tragen, sondern, als Aufgabe, voll zu bejahen, als Arbeitsfeld tapfer in Bearbeitung zu nehmen, von Grund aus zu erneuern, zu einem Leibe, würdig des neuen gewissen Geistes, dessen Hülle nicht bloß, sondern Werkzeug, Wehr und Waffe es allein sein darf und soll. Das heißt es, man soll darauf nicht „vertrauen und sich verlassen", sondern „befehlen und wagen", vor allem aber selber „zusehen und wachen".

Darin nun erkennen wir — innerhalb, nicht neben der religiösen — die uns Deutsche besonders angehende, nationale Bedeutung Luthers. Bloß als religiöser Mensch hätte er, wie Eckehart, Recht und Freude und innere Freiheit des irdischen Berufs wohl hochhalten, aber auf eine völlige Lebenserneuerung verzichten können, oder wenigstens nicht seine Gedanken mit solchem Ernst darauf richten müssen. Aber indem er, aus unwiderstehlichem Drang zum armen vernachlässigten Volke, aus dem er selbst hervorgewachsen war, die Freiheit von der Vormundschaft der Kirche im Glauben und folglich auch in den Werken ihm, dem ganzen Volke, erstreiten wollte; indem von der anderen Seite die nun ein-

mal bestehende vormundschaftliche Gewalt dieser Kirche solcher Antastung
des so lange ihr zugestandenen Rechtes begreiflich sich mit der ganzen
Wucht ihrer noch großen Gewalt über die Gemüter entgegenwarf, in
solcher Gegenwehr aber ihr gar sehr weltlicher Sinn, gerade gemessen an
der neuen Forderung der rein geistlichen Gemeinschaft, nur erst recht vor
aller Augen offenbar wurde, so schärfte sie das Bewußtsein des längst
innerlich vorbereiteten Gegensatzes gegen sie nicht in Luther allein,
sondern entfesselte das Volksbewußtsein des Deutschen gegen sich.
So sah sich der Mönch, der nur um das Seelenheil zu streiten gemeint
war, auf einmal getragen von der stürmenden Flut einer Volksbewe-
gung, die, zugleich von vielen andern Seiten erregt, durch sein uner-
schrockenes Auftreten wider Rom und durch die Art, wie ihm von dort
begegnet wurde, sich erst ganz ihrer selbst bewußt wurde und zur hellen
Flamme emporloderte. Unter der Kutte des Mönches aber schlug ein
deutsches Herz. Jetzt riß es ihn fort, weit über seine anfängliche, bloß
religiöse Absicht hinaus, zu dem fröhlichen Wagnis einer allgemeinen
deutschen Erneuerung, auf evangelischem Grunde ruhend, aber bis
in alle äußeren Lebensordnungen hinein sich erstreckend. In keinem
Augenblicke seiner Geschichte ist das deutsche Volk näher daran gewesen
eine Nation zu werden, was ihm noch so unsäglich schwer werden
sollte, ja bis heute noch keineswegs gelungen ist. Denn eine Nation sind
wir nicht damit, daß wir, seit noch nicht lange, einen Kaiser und ein Reich
haben, und Heer und Flotte, und gegen jeden Feind, gegen die ganze
Welt, wenn es denn sein muß — ach dürfte man noch sagen, wie ein
Mann — zusammenstehen. Mit dem allen, stände es auch weit besser damit,
als es wirklich steht, sind wir noch keine Nation, wenn nach wie vor, trotz
allem was uns einigen sollte, Deutscher und Deutscher sich innerlich
fremder und ferner gegenüberstehen als, in vielem, Deutscher und
Fremder; solange der eine Teil nur will, daß fortan der Deutsche als
Deutscher tue, was bis dahin der Brite als Brite, der Franke als Franke
tat: Handelsvorteile, Länderbesitz erraffen, soviel er nur schlucken kann,
sich durchsetzen auf Kosten der Andern; in der jetzt so hoch gepriesenen
nationalen Selbstsucht des Habens und Genießens, Geltens und Be-
herrschens in Wahrheit nur die fluchwürdigste Habsucht, Ehrsucht,
Herrschsucht derer, die gerade die Hand am Ruder haben, auf alle Weise
großfüttern bis zum Platzen; während ein andrer, ungeheurer Teil
stumpf am Gängelbande der Gewohnheit nur an seinem nächsten kleinen

Vorteil hängt und darin vor allem nicht gestört oder aus seiner lieben
Trägheit herausgerissen sein will; und nur eine schmale, täglich schmäler
werdende mittlere Schicht derer übrigbleibt, denen Deutschsein heißt
Freisein, frei in selbsteigner, selbstgewählter, selbstverantwortlicher Pflicht-
übung, sicherer Sachlichkeit, echter innerer Berufstreue, zum Heile,
gewiß auch zur gesicherten Weltstellung, aber zuerst doch einmal zur
inneren Wohlordnung und damit Wohlfahrt des näheren Ganzen, zur
wahren Gemeinschaft der Gesinnung und der Tat, in gegenseitigem
reinen Verstehen und treuen inneren Zusammenhalten; zum Heile der
Nation, durch sie aber und in ihr zuletzt der Menschheit, denn das heißt
eine Nation: ein Weltvolk, ein Volk, das in der Welt seine sichere Stellung allein dadurch behauptet, daß es der Welt, daß es der Menschheit
etwas Eigenes, ihr unumgänglich Nötiges und Heilvolles zu leisten
willens und vermögend ist. Nur eine solche Gemeinschaft, eine Gemeinschaft des letzten Lebensinhalts ist es, die in Wahrheit eine Nation
wie eine Menschheit ausmacht. Eine solche Gemeinschaft war, wenn je,
dann damals unser Volk zu erringen auf dem Wege. Luthers deutsche
Bibel, sein deutsches Lied, seine dem Verlangen der Zeit voll genugtuenden deutschen Katechismen und Postillen, die kräftige, kerndeutsche,
ganz volkstümliche Sprache in dem allen, die so schön zusammenklang
mit der damals wie je volksechten, aus dem Innersten der deutschen Seele
quellenden Sangesweise; das alles, in inniger Einheit mit dem aus derselben deutschen Seele neu und innerlicher denn je wiedererweckten
Christenglauben, schuf eine Gemeinschaft, die unter dem bitteren kirchlichen und folgeweise auch politischen Hader der Folgezeit leider nicht
standgehalten hat, deren innerste Fortwirkung aber, so vertrauen wir
fest, nicht erloschen ist und nimmer erlöschen kann.

Es kann hier nicht weiter ausgeführt werden, bedarf auch wohl keiner
breiten Ausführung, wie aus dieser grunddeutschen Art der Reformation
Luthers die ganze weitere Gestaltung des religiösen Lebens bei uns,
nicht bloß auf protestantischer Seite, sich versteht; wie der bei aller Verengung und Verdüsterung doch im Kerne nicht unfreie deutsche Pietismus, aus dem Kant den Ernst seiner sittlichen Gesinnung sog — wie die
ganze scharf unterscheidende religiöse Haltung der deutschen Aufklärung,
verglichen mit der englischen und französischen, sich von da aus begreift.
Einzig das neugewonnene Verständnis für den schlicht menschlichen
Gehalt und Grund des Christenglaubens, das wir Luther verdanken,

hat es den Lessing, Herder, Schiller, Goethe, Kant, Fichte, Pestalozzi und allen den Andern möglich gemacht, eine bejahende Stellung zur Gottesfrage in aller noch so großen Freiheit vom Buchstaben des überlieferten Worts einzunehmen und festzuhalten.

Es ist nicht ganz leicht zu sagen, wie es heute damit bei uns bestellt ist. Aber soviel darf gesagt werden: Kein tiefer Mensch sieht mehr einen Segen oder eine Tapferkeit in der öden Verneinung. Jedem ist wenigstens das bewußt, daß, wenn selbst der Name „Gott", keinesfalls das, was er zuletzt besagt, „Schall und Rauch", sondern der Ausdruck zum wenigsten einer echten, ewigen Frage, aber auch nicht ganz nur einer Frage, sondern einer Idee ist, die einen unzerstörlichen Wahrheitskern jedenfalls birgt; den reiner und reiner herauszuschälen immer Aufgabe bleibt, der aber nimmermehr als gar nicht vorhanden, als selbst nur Schale zuletzt von nichts sich herausstellen kann. Wenn sonst nichts, wenn nicht unser ganzes edleres Schrifttum, wenn nicht die ernste Arbeit unserer Religionswissenschaft, Religionspsychologie, Religionsphilosophie, so bewiese unsere Kunst, besonders unsere Musik, bewiesen Messias und Matthäuspassion, Missa und 9. Symphonie und Deutsches Requiem, daß Religion dem Deutschen eine innerste Lebensmacht stets gewesen und bis heute geblieben ist. Freilich ebenso unverlierbar bleibt ihm die ganz freie und ehrliche kritische Haltung auch gegen sie. Die ehrlichste Kritik übt stets die Liebe an dem Geliebten.

Wie es bei den andern Völkern damit steht, bleibe hier ungefragt. Aber wie es bei uns künftig stehen soll, dieser Frage dürfen wir nicht ausweichen wollen. Der Zustand, wie er ist, darf nicht bleiben, er kann nicht bleiben, er trägt nicht die Bedingungen des Bestandes in sich. Der Gegensatz zwischen Katholizismus und Protestantismus läßt sich in die überlieferten Formen schon längst nicht mehr pressen, er ist gerade bei denen, denen es mit Religion ganzer Ernst ist, keinesfalls mehr ganz der alte; aber darum vielleicht nicht weniger tief. Man wird ihn sehen dürfen in der vorwaltenden Betonung des Rechtes und der Pflicht der Individualität auf der einen, der Universalität auf der andern Seite. Individualismus gilt allgemein als das unterscheidende Merkmal der protestantischen Religiosität. Die Selbsteigenheit der Stellung zu Gott, bei der die Gemeinschaft wohl grundsätzlich immer festgehalten wird, aber in keiner äußerlich faßbaren Gestalt mehr sich auszuprägen die Kraft beweist, erweckt mindestens den Schein, als ob man sich ihr, in jedem ernsten Sinn, in Leben und Tat eigentlich entschlage. Es ist aber einmal nicht so, daß wir reine Geister wären; der Geist fordert sich einen Leib nicht bloß zum Symbol, sondern zum Werkzeug, zur Unterlage der Bewährung im Schaffen und Wirken. So etwas läßt sich freilich nicht künstlich machen, erst muß „das Innere rein", die sittliche und zwar aus tiefster religiöser Gesinnung sittliche Erneuerung aller Lebensordnungen vollbracht sein, so wird sie von selbst auch einen Ausdruck der inneren Gemeinschaft, auf der allein sie beruhen kann, sich schaffen. Dieser wird ohne Zweifel recht viel von der vertrauten Symbolsprache der christlichen Überlieferungen in neuer Belebung und Durchdringung sich aneignen können; denn nichts davon ist gehaltlos, ja es ist darin nur weniges, worin nicht etwas von ewigem Gehalt sich auszudrücken vermöchte. Solange aber eine solche, von allen verstandene und wesentlich gleich verstandene Symbolsprache nicht da ist, ist das Ungenügen am Protestantismus als Kirche nicht nur begreiflich, sondern in allem Recht. Dem Katholizismus dagegen läßt sich nicht abstreiten, daß er dem Bedürfnis eines solchen symbolischen Ausdrucks noch immer etwas, ja recht viel zu bieten hat. In der starken Hervorkehrung des Allheitsbewußtseins gegen alle verengende Individualität hat er zugleich ein inneres Übergewicht, das seinen reichen äußeren Formen genug Tiefe des Gehalts auch für den noch mitzuteilen imstande ist, der dem Buchstaben des katholischen Bekenntnisses ebensowenig wie dem irgendeines andern sich zu beugen vermag. Und wenn die Gefahr einer Veräußerlichung dabei immer droht, so wäre es doch sehr ungerecht, dem Katholizismus an sich die Innerlichkeit abzusprechen. Wäre das begründet, so gäbe es schon längst keinen deutschen Katholizismus mehr, denn der Deutsche ist so formselig nicht, daß er die Form ohne Inhalt, ohne vollgültigen Innengehalt, sich auf die Dauer gefallen ließe. Aber nicht ebenso grundlos ist die Sorge, die der Protestant dem Katholizismus gegenüber nun einmal nicht los wird, daß über der Betonung der Universalität Recht und Pflicht der freien eignen Überzeugung und Aneignung verkürzt und der Forderung der Beugung unter Gesetz und System der Allgemeinheit und damit dann auch unter Dogma, Kult und Kirchenregiment geopfert, daß die Individualität, deren Verflachung zum bloßen Anspruch der Sonderheit allerdings bekämpft werden muß, auch um ihr unveräußerliches echtes Recht betrogen werde. Luthers „Freiheit des Christenmenschen", Kants Autonomie des Sittlichen: das darf nimmer preisgegeben werden. Es gibt aber bisher keinen Katholizismus, der diese Forderung rein und ganz anerkännte, und so lange ist an eine volle, innere Verständigung freilich nicht zu denken.

Nicht wenige wollen uns heute nicht bloß über Luther, sondern ebenso über Kant und Goethe hinweg, in eine neue Romantik, und durch diese, sanft und unvermerkt, ins Mittelalter zurücklocken. Da fänden wir, versichern sie, die echte deutsche Art, die wir doch suchen und an der wir halten möchten. Nun, wir haben dem Mittelalter alle Tiefe deutschen Gemüts gerne zugestanden. Aber wir konnten sie nicht ungetrübt erkennen in der erzwungenen Weltverneinung des frühen Mittelalters, sondern erst in Meister Eckeharts Freilegung des letzten Kernes der deutschen, der christlichen, der menschlichen Frömmigkeit überhaupt. Entschlösse man sich, dahin zunächst zurückzugehen, so möchte von diesem gemeinsamen Ausgangspunkte einer Verständigung näher zu kommen sein. Das ist, auf dem urprotestantischen Boden der kritischen Philosophie Kants, uns wieder errungen durch die Protestanten Fichte und Schleiermacher. Aber ohne diese kritische Grundlage, die eben aus der protestantischen Gewissensforderung der Versicherung des inneren Rechtsgrundes auch des Glaubens stammt, ist das für den, der die Moderne ernstlich in sich durchgearbeitet hat, nicht annehmbar; es entbehrte dann eben der Rechtfertigung vor dem unbestechlichen Gericht des Wahrheitsgewissens des innerlich befreiten Menschen, von der keine Katholizität den ganzen Deutschen entbinden kann. Das ist ja uns nicht bloß ein Recht, sondern die ernsteste aller Pflichten, ohne deren reine Anerkennung und Befriedigung keine Höhe und Tiefe der ergreifendsten, der Sehnsucht des Herzens vielleicht innigst sich einschmeichelnden Religiosität dem ernsthaft Fragenden, Suchenden genugtun kann.

Erzwingen läßt sich die Einigung nicht; so vieles auch dazu auffordert nach ihr zu streben. Halte man denn wenigstens auf beiden Seiten sich bereit zu verstehen und zu dulden, und nicht bloß zu dulden, sondern mehr und mehr, nach Goethes schöner Forderung, die Duldung zur Anerkennung zu vertiefen. Es ist doch des Gemeinsamen genug da, und dies Gemeinsame, es ist — das Deutsche; nicht in einem ausschließenden Sinne, sondern als das Menschliche, doch in deutscher Prägung. Der Deutsche rühmt sich und darf sich der Gründlichkeit rühmen; sei er nur recht gründlich in diesem zuletzt doch Abgründlichsten, darum ihm Heiligsten: dem Verständnis des Heiligen selbst; so muß er auf den Einheits-

punkt kommen, der als Urpunkt aller bis zum Seelengrund zurück-
reichenden Religion allen ihren Sonderformen vorausliegt.

Helfen aber können und werden dazu alle geistigen Kräfte, die der
Deutsche bisher schon entwickelt hat: die Kräfte seiner idealistischen Philosophie und Wissenschaft, seiner von dieser tief durchtränkten Literatur und Kunst, auch seines sozialen Lebensaufbaus und seiner
Erziehung. Keine soziale Ordnung, keine Kunst oder Dichtung, keine
Wissenschaft, auch keine Philosophie kann aus sich Religion erzeugen
oder ersetzen, keine Erziehung sie ihm von außen anbilden, aber das eigne
letzte Bedürfnis ihrer aller kann und muß auf das Bedürfnis der Religion den zurückführen, der nicht nur ein Stückmensch bleiben, sondern
die ungeteilte Ganzheit des seelischen Lebens in sich erhalten oder wiedergewinnen will. Denn nichts als diese Ungeteiltheit des letzten seelischen
Wesens, diese echte Individuität, die zugleich die Wurzel der echten
Universalität ist, vertritt Religion. Alle jene Sonderrichtungen des
Menschentums aber, der „Humanität", suchen ihr Zentrum in der Philosophie; darum darf an diese, in der die deutsche Seele wiederum ihre
Eigenheit ganz besonders ausgeprägt hat, alles, was außer der Religion
in ihr lebendig ist, angeschlossen und darin konzentriert werden.

5. Der deutsche Gedanke

Wir suchten die Eigenheit der deutschen Seele zu erkennen in ihrem Tiefsten, in ihrer Religion, der Religion Eckeharts und Luthers, deren wesentlicher Grundzug, keimweise seit Urzeiten erkennbar, in der ganzen ferneren Gestaltung seines religiösen Lebens unserem Volke lebendig geblieben ist. Wir fragen jetzt nach der Bezeugung dieser selben deutschen Seele in der Welt des Gedankens: in Philosophie und Wissenschaft. Gewissermaßen faßt sich uns darin alles Andre zusammen, denn der Deutsche philosophiert eigentlich in allem. Unsere Künstler und Dichter, unsere führenden Forscher, selbst einige unserer größten Staatsmänner, die Führenden unseres sozialen und politischen Lebens, alle philosophieren, sie wissen oft selbst nicht, wie sehr. Nicht minder ist der Deutsche religiös in dem allen. Und wie seine Religion stets philosophische, so zeigt seine Philosophie stets religiöse Züge. Kein Wunder, denn beide, Philosophie und Religion leben ganz und gar von der Spannung des Gegensatzes des Endlichen und Unendlichen, der in jeder ganz ihrer selbst bewußten Seele nach Ausgleich ringt. Ohne diese Spannung aber gibt es keine volle Freiheit, sondern gälte allein die Kausalberechnung der Naturwissenschaft oder das blinde Spiel der Begehrungen. Nur aber, wenn es Freiheit gibt, gibt es Deutschheit, gibt es, im deutschen Sinne, ein Vaterland, eine innerlich begründete, selbst freie Gemeinschaft der Freien. Und nur unter der gleichen Voraussetzung gibt es Jugend, gibt es Zukunft, ewigen Fortschritt, hat es Sinn, heute und hier einen neuen Anfang machen zu wollen mit Herz, Willen und Tat; aus der Ursprünglichkeit des eignen Gemüts die Aufgabe sich zu stellen, als Einzelner und als Volk. Das kann instinktiv bleiben, es muß zuletzt aus Urtrieb ursprünglich erwachsen. Aber es kann nicht nur instinktiv bleiben, denn es steht in Widerspruch mit der ganzen Umwelt, es hat hart zu kämpfen in uns selbst, unter uns und mit der Welt draußen, denn sie will keine Freiheit, kein freies Einsetzen, kein Neuanfangen. Der gegenwärtige Krieg ist zuletzt nichts andres als der Versuch der Unfreiheit, Undeutschheit, Unjugendlichkeit, Zukunftslosigkeit, Freiheit, Jugend und Zukunft des Deutschen, die sie mit Recht als ihren gefährlichsten Feind erkennt, nicht aufkommen zu lassen und, da sie sich auf friedlichem Wege nicht umbringen lassen wollten, sie mit Gewalt niederzudrücken. Und sie wird aus diesem Kampfe nicht so bald entlassen werden. Auch wenn die Waffen endlich ruhen werden, wird doch der Feind, wie bisher, innen und außen, auf tausend Schleichwegen sie zu bewältigen trachten. Darum muß sie sich waffnen mit klarem, sicherem Bewußtsein. Aus solcher heiligen Not muß und wird der Deutsche auch ferner philosophieren, so wie er aus der gleichen Not sein religiöses Leben vertiefen mußte und weiter zu vertiefen immer aufgefordert bleiben wird, bis aus letzten Tiefen er die Kraft gewonnen haben wird, die Welt innerlich zu besiegen und zum Frieden mit ihr zu kommen in der Einheit der befreienden Wahrheit und des in ihr allein sicher gegründeten seelischen Heils. Dazu will dies Buch, soviel an ihm ist, beitragen, und in solchem Sinne fragen wir nun nach den Bezeugungen der deutschen Seele in der Welt des „deutschen Gedankens".

Es entspricht dem eben Gesagten, daß diese Bezeugungen im Anfang rein instinktiv blieben. Nicht Philosophie lag dem deutschen Volke in seiner Kindheit besonders nah, obgleich ein Fragen und Grübeln, so wie ein sinnvolles Kind fragt und grübelt, ihm schon von Anfang an nicht fremd war. Wie aber doch ein Trieb zu tiefem Besinnen, nach den letzten Dingen forschender, ebenso abgründiger Tragik wie befreiender Komik offener Geistigkeit schon früh in ihm rege war, bekundet die deutsche Götter- und Heldensage und bestätigen die geschichtlichen Heldengestalten des deutschen Altertums. Der Bau unserer Sprache selbst verrät in jeder ihrer unterscheidenden Eigenheiten (nach dem Urteil eines hierauf besonders aufmerksamen Sprachforschers) so „willenstählende wie gedankengebärende", so ernst sachlich wie stark persönlich gerichtete Art. Unmittelbarer beweisen den Beruf des Deutschen zur Philosophie auf der Höhe des Mittelalters zwei solche Gestalten wie Albertus Magnus, als gründlicher Verarbeiter des ganzen überlieferten Stoffs in Absicht auf die Stützung der Kirchenlehre, und der schöpferisch größere Eckehart, der aus der Energie urdeutschen Gotterlebens die romanische Mystik umschafft in deutsche, so logisch durchgearbeitete wie gehalttiefe Philosophie. Von ihm aber führt eine gerade Linie der Entwicklung über Nikolaus von Cues und Johann Keppler zu Leibniz und von diesem zum Gipfel, Kant, auf dem die großen deutschen Idealisten alle, auf dem auch die in reicher Verzweigung wesentlich einheitlich gerichtete heutige Arbeit der deutschen systematischen Philosophie fußt.

Nikolaus, eines schlichten Winzers Sohn, von Cues an der Mosel, der es zum Kardinal und Erzbischof brachte, der ernsteste, selbständigste Philoſoph des 15. Jahrhunderts, kommt noch, wie Eckehart, und in verwandtem Geiſte, von den Fragen der mittelalterlichen Theologie zu einer ganz freien, bei gewiſſenhafter Nutzung aller ihm zugänglichen Überlieferung doch nicht mehr ausſchließlich von ihr beherrſchten Philoſophie. Am Sokratiſchen Wiſſen des Nichtwiſſens — „docta ignorantia" heißt es ihm — und an dem ewigen Muſterbeiſpiel der Mathematik, an dem Platon zuerſt der Sinn der „Methode" und damit der „Wiſſenſchaft" klar geworden war, entſteht auch ihm die Frage nach dem Urpunkt des Logiſchen, dem Logos ſelbſt (nach Platon), in dem alles Begründbare, in dem der Sinn des Begründens ſelbſt zuletzt ſich gründe, als in der Einheit von reinem Denken und reinem Denkgegenſtand, von Intellekt und Intelligibelem, welche Einheit der Gottheit gleichzuſetzen von Ariſtoteles her geläufig war. Damit hätte ihm nun die Ureinheit des Seins wie des Denkens in die Leere einer kahlen letzten Abſtraktion ſich verflüchtigen können. Aber gerade hier beweiſt ſich die echte Tiefe ſeines Denkens darin, daß er dieſe Einheit vielmehr unbedingt inhalterfüllt, als „Verflechtung aller Verflechtungen" zu verſtehen ſucht. Das führt dann in gerader Linie zu ſeinem großen Hauptſatz: vom Zuſammenfallen der Gegenteile. Das Kleinſte ſchließt, als unendlich Kleines, die Unendlichkeit, ja eine Unendlichkeit abgeſtufter Unendlichkeiten ein; umgekehrt: das Unendliche kehrt, gerade im Hinausgehen über alle Abgrenzung und damit über alle Zahl, wie in eine punktuelle Einheit zurück. Das Nu wird zur Ewigkeit, die Ewigkeit zum Nu. Damit wird Werden, Seele, Leben logiſch durchdringbar, das Werden ſelber zum Sein, das Sein zum Werden. Der Seele, der Unmittelbarkeit des Nu-Erlebens, wird volle Individuität geſichert: Ungeteiltheit in zugleich innerer Unendlichkeit, durch die ſie zum letzten Ungeteilten, Urkonkreten, dem Unendlichen aller Unendlichkeiten, Gott, die innerſte denkbare Beziehung gewinnt. Jede Seele, ja jedes Nu des Erlebens, wird ſo gleichſam eine Gottheit im kleinen, zieht alles, indem ſie es erlebt, in ſich zuſammen, „ſo daß es ſie ſelbſt wird". Er erläutert es durch die Einheit des Sinns, in die beim Leſen eines Buches ſein Gedankengehalt ſich zuſammenzieht. Darin wird Sehen und Geſehenwerden ganz eins; es iſt, als wenn Gott „ſich ſelber ſchüfe". Immer iſt Gottes Antlitz auf uns gerichtet; antwortet nun ſeinem Sehen ein Geſehenwerden, ſo gibt uns damit Gott ſich ſelbſt und Himmel und Erde und alles, was darin iſt. Die Schöpfung wird ſo zur abbildlichen Erſcheinung, zur Abſpiegelung der gleichſam künſtleriſch geſtaltenden Kraft

Gottes in so vielen Spiegeln, als Erkennende, ja Erkennens-, Erlebens-
momente sind. Allerdings nur Spiegelung. Das Antlitz aller Antlitze,
die letzte, göttliche Wesenheit wird von allen auf unterschiedliche Art An-
schauenden nur verhüllt geschaut, enthüllt erst, wenn die Seele in eine
gewisse geheime und verborgene Stille eingeht, in der sie nichts mehr
vom Wissen und Begriff des Antlitzes, eines Gegenüber von Gott und
Seele als Sehendem und Gesehenem, findet.

Geahnt, aber nicht bis zur letzten Klarheit gebracht ist, daß durch
Mathematik auch die Sinnlichkeit zu echter Erkenntnis gereinigt wird.
Hier ist es nun Keppler, der, als nicht bloß Mathematiker und Astronom,
sondern Naturforscher im großen Stil, befähigt und berufen war, den
entscheidenden Schritt vorwärts zu tun. Seine Forschung hat es durchweg
mit Proportionen zu tun; solche, wie allgemein alle Ordnung und Beziehung, setzt aber ein vergleichendes, ordnendes, beziehendes Bewußtsein, einen der Wissenschaft fähigen Geist, und zwar die wirkliche Betätigung eines solchen Geistes, voraus. Mathematik, als „wißbar", hängt
vom wißfähigen Geist ab, ja wurzelt a priori in ihm, nicht ohne ihn in
den Dingen. Ohne den inneren Urantrieb in ihm („Instinkt" nennt er es)
würde das körperliche Auge die mathematischen Verhältnisse des Sichtbaren nicht nur nicht auffassen, sondern wir würden gar keine Augen haben,
denn der Geist ist es, der sein Organ sich fordert und sein Gesetz ihm
vorschreibt. Das bleibt bei Keppler nicht ein bloßer genialer Einfall,
sondern wird in gründlichen Forschungen zur Theorie des Sehens durchgeführt. Die reinen mathematischen Proportionen sind nicht vom Sinnlichen nur abgelernt, abstrahiert, sondern niemals in es eingegangen;
aber instinktiv, ohne gedankliche Auseinanderlegung, wirken sie in den
Prozessen der Sinneswahrnehmung selbst, als ein „Sinn für Proportionen ohne Sinn", d. h. Bedeutungserfassung unabhängig vom körperlichen Organ. Daraus erklärt sich die künstlerische Auffassung der Ton-
harmonie, der Rhythmik auch der sichtbaren Gestalt. Damit ist Kants
Einsicht vorgegriffen: daß in der Mathematisierung des Sinnlichen,
wie mit eiserner Folgerichtigkeit die Wissenschaft, wie aber auch schon
der schlichte Bildungsprozeß der Sinneswahrnehmungen, und wie die
bildende Kunst sie durchführt, die Gegenstände nach unseren Begriffen,
nach der Funktionsweise unseres Begreifens sich richten müssen, nicht
umgekehrt. Damit wird zum erstenmal die sinnliche Erkenntnis in ihrer
vollen Positivität gewertet. Auf diesem Grunde ruhen die großen In-

duktionen der Kepplerschen Astronomie, auf denen, in Verbindung mit
der sinnverwandten Galileischen Grundlegung einer reinen Mechanik
in streng mathematischem Aufbau, die ebenso grundsätzlich mathematische
Grundlegung der gesamten Naturwissenschaft durch und seit Newton
fußen konnte. Die Darstellung der Naturprozesse in algebraischen Gleichungen (Funktionen), die von Platon geforderte Arithmetik des Himmels, ist damit zum erstenmal zur Wahrheit geworden, die genaue Ineinsbeziehung der beiden Erkenntnisfaktoren, die noch Kant als Sinnlichkeit und Verstand, Anschauung und Begriff auseinanderstellt, nur
um sie desto strenger aufeinander zu beziehen, ist klar erkannt, die Sinnlichkeit zu präziser Erkenntnis gereinigt, der Verstand durch solche unmittelbare Betätigung am und im Sinnlichen erst ganz konkret geworden,
so beiden ihre unantastbare Erkenntnisgeltung, zugleich mit ihrer nicht
zu überschreitenden Grenze, eben in der Forderung ihres unverbrüchlichen Zusammenwirkens, gesichert.

War Nikolaus von der Theorie, Keppler von der Naturwissenschaft
her in die Gründe des Erkennens tief eingedrungen, so durfte Leibniz,
von beiden tief berührt und wie sie an der ganzen bisherigen Arbeit
der Wissenschaft und Philosophie genährt, sich die umfassende Aufgabe
der schlechthin allgemeinen Grundlegung eines wissenschaftlichen Rationalismus stellen. In diesem genaueren Sinne ist er der erste große Philosoph der Deutschen. Unsere Zeit ist auf den Rationalismus nicht gut zu
sprechen. Vernimmt man, daß Leibnizens Philosophie zum Zentrum
eine absolut reine Denklehre hat, losgelöst von aller Psychologie, von allem
konkreten Inhalt der Wissenschaft, vollends von allem nichtwissenschaft-
lichen Bewußtseinsinhalt, eine Logik, deren Ideal ein Alphabet der reinen
Denkelemente ist, aus dem durch, wenn es sein könnte, erschöpfende
Kombination, nach einer auf Qualitäten erweiterten Mathematik, alle
Denkmöglichkeiten (ohne Rücksicht auf Wirklichkeit) sich darstellen lassen
müßten, so wird mancher vor einer solchen Philosophie zurückscheuen
wie vor einer Welt abgeschiedener Schatten der Dinge. Aber diese ganze
rein ideale Konstruktion der Möglichkeiten, ganzer „möglicher Welten“,
beansprucht durchaus keine andre als instrumentale Bedeutung, gleich
der Mathematik, deren bloße Erweiterung sie darstellt und die selbst
nur als eine Provinz in ihr eingeschlossen liegt. Sie findet ihre bestimmte
Grenze an der unmittelbar faktischen, durch keine bloße Logik zu errech-
nenden, in diesem Sinne irrationalen Gewißheit des Ich-Erlebens. An

114

dieser aber hängt, eben für das Ich, und zwar für jedes in einer ihm allein eignen Ordnung und Gestaltung, alle faktische, alle Tatwahrheit, deren volle logische Durchleuchtung zwar die Aufgabe, aber die ewige Aufgabe der Erkenntnis, nie abschließend von ihr zu leisten ist. Denn alles Faktische ist als solches, in seiner absoluten Einzigkeit und Einmaligkeit, ein nicht bloß Rationales — vielleicht wohl an sich, für einen unendlichen, aber nicht für uns, für den endlichen Verstand. Aller aufweisbare rationale, d. h. nach Gesetzen bestimmbare, berechenbare Zusammenhang des Faktischen ist daher nur hypothetisch, d. h. nicht etwa wahrheitsloser Schein oder auf gut Glück gewagter Ansatz, aber von nur bedingter Wahrheit, wie ein „geregelter Traum“. So viel Gesetz und damit Einstimmung, so viel ist darin Wahrheit, nicht mehr. Indessen ist auch das Sinnlichste nicht irrational an sich; seine Irrationalität für uns beruht nur auf der unendlichen, darum für uns freilich nie völlig auflösbaren Verflechtung an sich nur rationaler Faktoren. Daher muß, je tiefer wir dringen, um so mehr darin Rationales sich zu erkennen geben, aber freilich um so mehr auch Irrationales, d. h. erst zu Rationalisierendes.

Damit werden nun alle Tatwahrheiten „synthetische Urteile“ im Sinne Kants, d. h. solche, die mehr im Prädikat setzen, als im Subjekt gesetzt war; ohne das sie ja auch nicht einen Erkenntnisfortschritt bedeuten würden. Diese Tatwahrheiten allein sind aber volle, konkrete Wahrheiten, nicht bloß wahr von etwas Anderm. Übrigens auch die uns erreichbaren Vernunftwahrheiten, d. i. reinen Grundsätze — wenige letzte, bloß formale, wie den Satz des Widerspruchs, abgerechnet — schließen noch Begriffe ein, deren Auflösung ins Unendliche führt, also für uns abschlußlos bleibt; insofern enthalten auch sie stets einen für uns unauflöslichen, also irrationalen, in Kants Sprache „synthetischen“ Faktor. Alle unsere Erkenntnis mündet somit zuletzt in Unendlichkeiten. Darum gibt es für uns vom Konkreten, Tatsächlichen nur voraussetzliche, hypothetische Erkenntnis, also nicht absolute, sondern stets nur bedingte logische Bestimmung des Erfahrbaren. Besonders beweist Leibniz, wesentlich mit den gleichen Gründen wie Kant, den nur bedingten Charakter aller räumlich-zeitlichen und damit aller Daseinsbestimmung in „möglicher Erfahrung“, also gerade jener ganzen Mathematisierung des Sinnlichen, welche die exakte Wissenschaft sich zur Aufgabe stellt und soweit als nur immer möglich durchführt, und wie in loserer Form, rein instinktiv, schon die Sinneswahrnehmung sie anbahnt. Zwar zielt auch alle diese Erkenntnis mit ihren Abgrenzungen auf Herstellung durchgängiger Kontinuität gesetzmäßigen Zusammenhangs und findet auch, je tiefer sie dringt, alles um so zusammenhängender. Sie erarbeitet sich die Methoden — das mächtigste Instrument dazu hatte Leibniz selbst in der Methode des Infinitesimalen geschaffen —, die sich dieser durchgängigen Kontinuität des gesetzmäßigen Zusammenhanges der Naturvorgänge immer enger anzuschmiegen ermöglichen. Aber dieser ganze Prozeß der Rationalisierung des Irrationalen verläuft unentrinnbar zuletzt ins Unendliche, erschließt nur immer neue Unendlichkeiten, also Irrationalitäten, im Kleinsten wie im Größten. Endlichkeit der Schöpfung wäre des unendlichen Schöpfers unwert; wäre, für Leibniz, teleologisch unannehmbar. Auch muß die Welt belebt, also organisiert sein ins Unendliche. Es gibt keine voneinander abgeschnittenen Arten und Gattungen belebter und überhaupt keine leblosen Wesen. Was leblos, ist nicht Wesen, was Wesen, muß auch Leben sein. Alle Lücken, Diskontinuitäten der Dinge wie ihrer Gesetzlichkeiten müßten einer alldurchdringenden Erkenntnis sich schließen; eine durchgängige Wechselbezüglichkeit müßte alles mit allem zur Einheit eines lückenlosen, lebendigen Zusammenhangs verknüpfen.

Was aber sind die letzten „Substanzen", die als das Grund-Seiende, dem Eigenschaften, Größen-, Zeit-, Orts-, Relationsbestimmungen nur anhängen, zuletzt doch vorausgesetzt werden müssen? Sie verschwinden nicht, denn das All muß in all seiner Unendlichkeit, ja Unendlichkeit von Unendlichkeiten doch durch und durch gegliedert, individuiert sein. Das „Prinzip der Individuation" ist für Leibniz das schwerste, aber auch das letztentscheidende Problem der Philosophie. Die Lösung, die er anzubieten hat, ist sein berühmtes System der „Monaden". Was nicht wahrhaft ein Wesen (eine absolute numerische Einheit, Monas), ist nicht wahrhaft ein Wesen. Alle jene Beziehungen dagegen und Beziehungen von Beziehungen, ins Unendliche, sind zuletzt nur „Phänomene", d. h. Erscheinendes, jeweils unter einem bestimmten Gesichtspunkt sich so Darstellendes, welches nur je in einem Ich, für ein bestimmtes Bewußtsein eines solchen da ist, oder auch, ohne gerade als solches bewußt zu werden, doch auf es sich bezieht, etwa als nur nicht selbständig zur Geltung kommendes Element, als Teilinhalt in sein Erlebnis miteingeht und zu ihm beiträgt. Nur so kennen wir überhaupt solche Beziehungen, indem sie eben uns sich knüpfen; indem wir, die selbst individuelle Einheiten sind, sie, als in diesen mitbegriffen, uns zum Bewußtsein bringen; indem sie als unsere Phänomene uns bewußt werden. Die Einheit unseres eignen Bewußtseins (eben sofern sie uns bewußt wird) ist nur eine Einheit solcher Beziehungen, aber, wie wir bald erkennen, unendlicher, ins Unendliche weitergehender; sie geht niemals auf in einer angebbaren, ausrechenbaren Summe rationaler Beziehungen, ist also selbst irrational.

Diese ganze Konstruktion gibt sich übrigens nur als eine Idealansicht, die nicht etwa in empirischer Erkenntnis zu realisieren ist, sondern nur als unendlich fernes Ziel ihr die ewige Aufgabe stellt. Unmittelbar hat es Erfahrungswissenschaft nur mit phänomenalen Substanzen und Kräften zu tun, deren wiewohl streng gesetzmäßige Beziehungen durchaus nur inkomplete Darstellungen, gleichsam Ausschnitte des zugrunde liegenden, in seiner Unendlichkeit durch keine mögliche Erfahrung je erschöpfbaren, letztgültigen Gesetzeszusammenhanges sind. Nach dieser idealen Konstruktion aber müssen alle individuellen Substanzen auch in solch streng gesetzmäßigen Beziehungen zueinander gedacht werden, daß sie sich alle gegenseitig „ausdrücken“, d. h. so wie die möglichen perspektivischen Ansichten eines und desselben Objekts sich gesetzmäßig entsprechen und aufeinander beziehen. Eine solche gesetzmäßige Entsprechung besteht zugleich vor- und rückwärts in der ganzen Folge der Phänomene nicht bloß jeder einzelnen Substanz, sondern ihrer aller, aus dem Unendlichen ins Unendliche. Jedes individuelle Ich findet ja in sich, in seinen Phänomenen, ohne aus sich herauszugehen (was ja unmöglich ist), alles, was es von sich selbst und Anderm, von Gott und Welt erkennt. So ist es, als ob jede individuelle Substanz (Seele) mit sich und Gott (der überindividuellen Einheit aller individuellen Einheiten) allein wäre, während zugleich die Phänomene aller individuellen Substanzen so gesetzmäßig zusammenstimmen müssen, daß eine wechselseitige Verständigung stets möglich ist. So „stecket in unserem Selbstwesen eine Unendlichkeit, ein Fußstapf, ein Ebenbild der Allwissenheit und Allmacht Gottes“, sagt Leibniz, der Rationalist — ganz wie ein Mystiker. Und so ist alles Leben ein Leben, das Leben Gottes selbst. Gott ist über der Welt, doch nur als oberste, ich sagte überindividuelle, nämlich über alle Sonderindividualität hinausgehende Einheit aller individuell verschiedenen Einheiten, aber teillose Einheit, in diesem buchstäblichen Sinne „Individuum“, nicht weniger, sondern unendlich mehr als jede in sich zwar ungeteilte, aber gegen Andres doch qualitativ abgeteilte Individuität des Einzelwesens.

Somit ist alles in Gott, aber darum nicht selbst Gott. Und, das darf als Letztes nicht ausgelassen werden: Alles ist zuletzt lebendige Tat, Akt, nichts verbleibt an sich in leerer, nicht aktuierter Potenz, leerer, unverwirklichter Möglichkeit. Damit wird vollends aller öde Mechanismus toten Geschehens überwunden, allem Scheine eines blinden Fatalismus der Boden entzogen. Alles geschieht nach Gesetzen, aber nicht abstrakt allgemeinen; solche haben nur Geltung in äußerer, selbst nur abstrakter Ansicht der Dinge; sondern nach individuellen Gesetzen jedes selbständigen Wesens, insofern frei. Und es gibt nur selbständige, gar keine gegeneinander abhängige Wesen; alle solche gegenseitige Abhängigkeit unter Wesen, nicht bloßen Phänomenen, ist Schein; Wesen ist nur, was das Prinzip seiner Veränderungen in sich hat. Also gibt es gar kein Wesen ohne ein Prinzip der Selbstheit, und zwar S e l b s t t ä t i g k e i t , Spontaneität.

Durch diese Selbsttätigkeit aber, die in dem Ewigkeitsgrunde jeder echten Substanz wurzelt, strebt nun alles zu einer ewig wachsenden Vollkommenheit. Zwar erscheint es in mehr populär gehaltenen Darstellungen der Leibnizischen Grundansicht — so in dem berühmten Traumbild, welches den Schluß der „Theodizee" macht —, als solle die Weltentwicklung gleichsam kegelgestaltig von einer unendlichen Basis in eine Spitze absoluter Vollendung auslaufen. Aber aus dem Ganzen der Leibnizschen Voraussetzungen ergibt sich vielmehr die Forderung einer ewigen Selbststeigerung durch eine unendliche Stufenreihe. Und in einem erhaltenen Bruchstück stellt Leibniz geradezu ein Axiom der Perfektion, d. h. (nach dem Zusammenhang) nicht abschließender Vollkommenheit, sondern ewiger Vervollkommnung auf. Danach stellt die Welt in jedem herausgegriffenen Stadium zwar die größte in diesem Stadium mögliche Vollkommenheit dar, so aber, daß sie über jedes dieser Stadien hinaus zu größerer Vollkommenheit strebt und streben muß; und nur in dieser ewigen Vervollkommnung ist sie, als Ganzes, das Vollkommenste, was sein, d. h. leben kann; in fertiger, absoluter Vollendung wäre sie ja nicht lebendig, sondern tot. Dem widerspricht nicht die notwendige Einheit der Welt; sie ist darum nicht weniger, wird vielmehr erst recht lebendige, konkrete, numerische und nicht bloße Begriffseinheit, sie hört nur auf, Exemplar einer Gattung und damit (wie es bei Leibniz in manchen weniger guten Wendungen scheinen könnte) bloßer Sonderfall einer Unendlichkeit „möglicher" Welten zu sein. Damit berichtigt sich zugleich die falsche und flache Auffassung des Leibnizischen „Optimismus", nach welcher diese Welt, so wie wir sie kennen, obzwar die „beste der möglichen", doch immer noch als ganze herzlich schlecht, vielleicht die schlechteste der ideal denkbaren sein könnte.

Ist hier eine letzte Trübung seiner sonst leuchtend hellen und freien Weltansicht vielleicht nicht ganz in Abrede zu stellen — wie gesagt, nicht alle seine Formulierungen geben darüber volle Klarheit —, so rührt das her von einer gewissen Einseitigkeit des Intellektualismus, die sich auch in andern Richtungen, so besonders in der auffallenden Unzulänglichkeit seiner ethischen und vollends seiner ästhetischen Ansicht verrät. Das Gute ist ihm das Vollkommene nur im Sinne des höheren Seinsgehalts des Existierenden, nach Reichtum, Mannigfaltigkeit, Ordnung. Darüber verschwindet fast ganz der Gesinnungsgrund des Guten. Der Wille erscheint nur als Instrument, etwas ins Werk zu setzen, als ausführendes Organ einer im Grunde blind wirkenden geheimen Urtendenz. Sein so tätig, ich möchte sagen, technisch angelegter Geist eilt stets sofort zum Werkschaffen, verweilt darum nicht beim Wollen, das doch selbst der Schöpfer alles werktätigen Schaffens ist, das im Werk zuletzt nur sich ausspricht und darum stets über ihm bleibt. Vollends verschwindet bei Leibniz der Eigenwert des Ästhetischen. Das Schöne ist ihm nur ein „Vorschmack und eine kleine Probe" der vom Verstand allein zu erfassenden Gesetzesordnung; Musik ein unbewußtes Zählen der Rhythmen, die die Naturwissenschaft klar und deutlich aufweist; die wahren Realpoeten, die „zur Ehre Gottes gleichsam ipsis factis (durch ihre Taten selbst, nämlich Forschungstaten) perorieren und poetisieren", sind ihm die Wissenschafter. So schön dies Einbegreifen der wissenschaftlichen Forschung selbst in ästhetischen Bereich, so bedeutet es doch nicht bloß eine unberechtigte Verengung, sondern eine schwere Verkennung des Eigenwertes und Eigengrundes der ästhetischen Auffassung, wenn man sie zu einer bloßen niederen Stufe der Betätigung wissenschaftlichen Verstandes macht. Leibnizens Sprachphilosophie leidet an demselben Mangel; sie will, nach der Stoiker Weise, die Sprache ganz rationalisieren, verkennt den ethischen und noch mehr den ästhetischen Faktor in ihr. Und in die gleiche Gefahr kommt, sehr begreiflich, die Religion, die ebenso sicher nicht bloß etwas mehr, sondern etwas ganz Andres ist als eine nur verhüllte und verhüllende Form verstehender Erfassung dessen, was ist. Aber alle diese Fehlgriffe sind nicht notwendige Folgen seiner letzten Voraussetzungen. In diesen war vielmehr die reine Aktbedeutung des letzten seelischen Wesens (und es gibt ja kein andres) so entschieden ausgesprochen, daß gerade alle Vereinseitigung im Sinne eines stillstellenden, das, was da ist oder wird, bloß betrachtenden Verstandes ausgeschlossen sein sollte. Aus der Lebendigkeit des Akts, der Energie hätte gerade die unbedingte Spontaneität, Selbsttätigkeit des sittlichen Wollens, hätte die volle Freiheit und Selbsteigenheit des Kunstschaffens, hätte endlich auch der Eigenwert und Eigengehalt der Religion sich wohl behaupten und gewiß machen lassen.

Was aber auch die Grenzen dieses so grenzenlos scheinenden Geistes gewesen sein mögen, es ist gar nicht auszusagen, was er seinem Jahrhundert, was er seinem Volke bedeutet hat. Beide scheinen sich dessen nicht recht bewußt zu sein, und doch trinken alle die Fülle des Lichts, das von ihm ausgegangen ist, nähren sich durch tausend Adern von dem belebenden Strom des Gedankens, der aus diesem Quell durch den ganzen Organismus des deutschen Geisteslebens rinnt und ihm die frische Farbe des menschheitgläubigen Idealismus mitteilt. Ein Kant denkt sich aus, wie man wohl Leibniz „besser verstehen könne, als er sich selbst verstand“, und versteht ihn richtig. Ein Goethe erbaut sich an Spinoza, aber liest ihn Leibnizisch, liest, als ob sich das von selbst verstände, Leibnizens Monade oder Entelechie in die dunklen Texte des noch stark mittelalterlichen portugiesisch-holländischen Juden hinein. Wie hoch aber der nachkantische deutsche Idealismus Leibniz verpflichtet ist, scheint bis heute den Wenigsten klar zu sein. Man schöpfte eben nicht unmittelbar aus ihm, desto mehr aber aus dem, was, aus seinem Geiste geboren, der Geist des Jahrhunderts, was deutscher philosophischer Geist geworden war.

Dennoch ist die Vorstellung nicht irrig, daß erst Kant mit seinen drei Kritiken das neue Zeitalter der Philosophie heraufgeführt und zur eigentümlich deutschen Weltanschauung des Idealismus den Wissenschaftsgrund gelegt habe. Das nun, und wie von diesem neuen Anfang diese eigentümlich deutsche Weltanschauung sich nur immer tiefer durchgerungen hat, einigermaßen zulänglich historisch zu entwickeln, würde statt eines Kapitels ein Buch, vielmehr eine Folge von Büchern fordern. Aber diese Entwicklung strebt zu einem Ganzen, und für unsere Absicht kommt es auf dies Ganze, nicht auf den sehr verschlungenen Lauf der Einzellinien dieses reichen und vielgestaltigen historischen Bildes an. Ich will darum lieber versuchen, dies Ganze, so wie es mir vor Augen steht, so weit es hier tunlich ist und die Rücksicht der Gemeinverständlichkeit es gestattet, zu zeichnen. Das wird möglich sein, weil doch viele Einzelzüge uns jetzt

schon so weit vertraut sind, daß sich Anknüpfungen auf Schritt und Tritt
von selbst ergeben und so das vielfach Zerstreute sich in einem Gesamtblick vereinigen kann.

In vier Hauptpunkten läßt der Kerngehalt der deutschen idealistischen
Philosophie, der Philosophie Kants und seit Kant, sich füglich zusammenfassen. Die beiden ersten betreffen das Formale, die Art, wie man
philosophiert; der erste unmittelbar die Weise des Arbeitens, die „Pfad-
findung", wie man „Methode" verdeutschen könnte; der zweite die
Gesamtvorstellung der philosophischen Aufgabe, die sich daraus ergibt,
die bewußte Beziehung aller ihrer Richtlinien, gleichsam ihres Gradnetzes,
auf die Urpole hin, nach welchen sie orientiert sein müssen: die Idee des
philosophischen Systems. Die beiden andern Punkte betreffen den
Inhalt der Philosophie, mit entsprechender Unterscheidung: der dritte
seine tatsächliche Gestaltung, wie sie, oft ohne daß man es weiß und will,
in der inneren Fortarbeit des philosophischen Gedankens, dank der Leitung der Methode, ungemein reich und mannigfaltig, daher oft
scheinbar ins Ziellose auseinanderstrebend, dennoch in geheimer Eintracht
und gegenseitiger Förderung sich entfaltet; der vierte und letzte die
ideale Einheit des Gehalts, in der die Philosophie sich vollenden würde
und die da, wo sie sich am klarsten des Ganzen ihres Tuns bewußt wird,
am bestimmtesten ihr als Ziel vor Augen steht. Es wird sich zeigen: die
deutsche Philosophie, als ganze, hat zuletzt ein Ziel, und es ist als Ziel
ihr lebendig bewußt, ist in einem höchsten Sinne in ihr wirklich geworden. Dies Ziel aber ragt erkennbar hinaus über das, was andern
Völkern, alter wie neuer Zeit, bis dahin, bewußt oder nicht, vor Augen
gestanden hat und oft bis zu einem hohen Grade der Vollendung gebracht
worden ist. Es schließt ihre Sonderziele alle in sich, vereinigt sie, indem
es ihnen zugleich ihre genauen Grenzen bestimmt. Nichts davon wird
weggeworfen, verneint nur, was in sich verneinend, aufgelöst nur der
Widerspruch, durch den sie sich gegenseitig zu vernichten schienen, beendet
ihr logischer Krieg in einem wahren Pazifismus des Gedankens. So ist
unsere philosophische Weltanschauung beherrschend nur, indem sie, als
ein gerechter Herrscher, Frieden stiftet, Ruhe gibt und Recht schirmt, nur
dem Unrecht wehrt, dem Unrecht des Widerstreits und gegenseitigen
Abbruchs. So gilt jedenfalls auf diesem geistigsten Gebiet: „Jedes Volk
hat einen Tag in der Geschichte, der Tag des Deutschen ist die Ernte der
ganzen Zeit." Diese „ganze Zeit" „ist" freilich nur im Werden, sie ist, als

ewige Aufgabe, nie fertig, ein Fertigsein widerspräche ihrem ganzen Sinn. Aber das Sein dieses Werdens, dies Werden zum Sein, ist gerade der höchste und letzte Sinn des Seins, ist echteres, standhalteneres Sein als jedes fertig gewordene. Fertig geworden, wäre es abgetan, es wäre nicht mehr, im echtesten Sinne des Seins, der kein „Getanes" mehr bedeutet, sondern ewiges Tun. Das ahnt Eckehart, wenn er von der ewigen Gottgeburt im Menschen spricht, das spricht Luther wunderbar klar und in seiner köstlichen Weise eindringlich aus, indem er das evangelische Gleichnis vom Sauerteig also auslegt: „Derselb neu Saurteig ist der Glaub und Gnade des Geistes. Aber er machts nit auf einmal durch saur, sondern fein und säuberlich mit der Weile macht er uns gar ihm gleich, neu und ein Brod Gottis. Daß also ditz Leben nit ist ein Frummkeit sondern ein Frumbwerden; nit ein Gesundheit, sondern ein Gesundwerden; nit ein Wesen, sunderen ein Werden; nit ein Ruge, sondern ein Ubunge. Wir seins noch nit, wir werdens aber; es ist noch nit gethan und geschehen, es ist aber im Gang und Schwank. Es ist nit das End, es ist aber der Weg; es gluwet und glinzt noch nit alles, es fegt sich aber alles." Und Hölderlin: „Wir sind nichts, was wir suchen, ist alles." Bei Leibniz begegnete es uns als das Axiom der ewigen Vervollkommnung; Kant definiert geradezu die „Idee" durch die „unendliche Aufgabe", er trifft dasselbe in der „Spontaneität" („Selbsttäter" sagte Luther), in der intelligibeln „Freiheit", die keine andere als die der ewigen Aufgabenstellung ist. Fichte aber ganz besonders ist durchglüht von diesem Einen und nur von da aus zu verstehen. Und wenn in dem Gedankenstrudel Nietzsches ein Festpunkt ist, so ist es dieser: das Überwinden aller starren, festliegenden Wahrheit, Güte, Schönheit durch die Unmittelbarkeit der Tat. So verstehen wir Goethes „Stirb und werde!", so verstehen wir seinen Faust, wenn er das „Im Anfang war der Logos" übersetzt: „Im Anfang war die Tat", oder wenn es von ihm heißt: „Wer immer strebend sich bemüht, den können wir erlösen"; so verstehen wir Schillers „Du bringst es ewig hervor" — kurz, wo wollten wir anfangen, wo enden, um dies Eine als deutschen Gedankens, deutschen Lebens Kern und Grundtrieb durch Zeugnisse zu erhärten. Wie das arbeitet in der deutschen Gotik, in der Malweise und Graphik Rembrandts, und erst in unserer größten, eigensten Kunst: in dem strömenden Meer Bachscher Polyphonie, in den drängenden Rhythmen Beethovenscher Symphonik — das ist ja nicht auszusingen noch zu

fagen. Das ift nicht Willensüberfchwang, den beweift eher der Brite, er
überwiegt auch in ihrem Größten, uns Verftändlichften, Shakefpeare,
dem vielleicht kein Deutfcher darin gleichkommt, der aber eben damit
hinter der letzten Unendlichkeit zurückbleibt, denn die liegt auch über allem
bloßen Willen. Wir fahen, wie fchon Eckehart in aller Klarheit zurückging
auf ein Letztes oberhalb der bloßen Betrachtung und der verwirklichenden
Tat, aus dem beide erft entfpringen und in dem fie noch ungefchieden
find, wie Luther, felbft ein fo gewaltiger Willens- wie Gedankenmenfch,
doch gegen beides, den menfchlich „freien“, eigenwilligen Willen wie den
menfchlich anfpruchsvollen, fich zum Maße aufwerfenden, eigenfinnigen
Intellekt fich gleich entfchloffen kehrt, um zurückzugehen auf den wahren
„Selbfttäter“, das „Wort“, den Johanneifchen Logos, der nicht bloß
denkender Gedanke, tuende Tat, fondern Schöpfergedanke, gedan-
kendurchwirkte Tat, Schöpfer aus dem unerfchöpflichen Urgrunde ift.
So wird Philofophie Leben, Leben Philofophie, nicht als ob das Tun in
die Betrachtung oder das Betrachten ins Tun zerginge, fondern indem
vom Lichte des Gedankens auch das ganze Tatleben durchleuchtet, von
der Fülle des Lebens das Licht erfüllt fein, Leben nicht anders leben
will als vom Licht erhellt, Licht nicht leuchten, wo es nicht Leben wäre,
das in ihm aufleuchtet.

Damit ift im Grunde alles, das Letzte gefagt. Doch wollen wir es uns
nun nach den genannten vier Momenten auseinanderlegen, um uns noch
deutlicher und lebendiger werden zu laffen, wie dies in der Philofophie
der Deutfchen in und feit Kant fich ftreng und ficher herausgearbeitet
und zu vollem Bewußtfein durchklärt hat.

Kants Philofophie bekennt fich, der Form nach, als Kritik. Sie legt
das ftärkfte Gewicht darauf, daß anders als auf dem Wege der Rechenfchaft
von den Gründen und Grenzen des Erkennens ein ficherer „Gang“
des Philofophierens nicht zu gewinnen, des ungewiffen „Herumtappens“
und „Umkippens“ kein Ende, Philofophie nimmer zur Wiffenfchaft
zu erheben fein würde; während fie doch, mehr als jede andre Wiffenfchaft, verpflichtet ift, nach Wiffenfchaft, nach letztgültiger Begründung,
weil nach Begründung alles Begründens zu ftreben. Das kann nie wieder
in Vergeffenheit geraten. Man hat es eine Zeitlang vergeffen oder in
den Hintergrund fchieben können, indem man in diefer Kantifchen
„Kritik“ eine bloße Vorftufe zu dem Höheren, dem „Syftem“ fehen
wollte. Aber man hat fich zu dem echten, voll lebendigen Sinn der

Forderung kritischer Grundlegung wieder zurückgefunden. Keiner mehr
dürfte heute dem Ernste dieser Forderung sich entziehen. So wie sie Kant
versteht, würde in ihrer strengsten Erfüllung das Verlangen des Systems
am reinsten erfüllt sein: das System der Philosophie kann nur System
der Kritik sein. Denn gerade sie bedeutet die radikale Grundlegung und
damit Rechenschaft zugleich und vollständige Durchführung bis zur
Grenze des Erkennbaren. Daß die Grundlegung bis zum letzten Grunde
durchgedrungen ist, kann sich ja nur darin erwahren, daß der gelegte
Grund sich zulänglich erweist, den ganzen Bau der Erkenntnis zu tragen
und seiner idealen Geschlossenheit sich zu versichern; wie Kant es stets
mit Nachdruck gefordert hat von der Philosophie, die „als Wissenschaft
wird auftreten können“. Solche „Gründlichkeit“ deutschen Philosophierens hat selbst eine zweifache Wurzel, die strenge Gewissenhaftigkeit
des Wahrheitsbedürfnisses, die auf das alte Sokratisch-Platonische Verlangen der „Rechenschaft“ sich wieder besonnen hat, und den Trieb aufs
unzerstückte Ganze, auf ein ungeteiltes Umfassen des Vollgehalts des
Lebens, dem nur genügt werden kann im Rückgang auf den notwendig
einen, letzten und reinen Ursprung, aus dem aller Gehalt des Erlebens
sich erzeugt. Intellektuell wie ethisch wie ästhetisch ist beides gleichsehr und
untrennbar miteinander gefordert: nicht „rein“ verstanden, nicht „rein“
gewollt, nicht „rein“ gestaltet kann sein, was nicht in radikaler Erzeugung
aus dem Ursprung erfaßt ist. Nur so ist es ganz Licht und ganz Leben,
Leben aber will Licht, Licht will Leben. Das, nichts Geringeres, bedeutet
uns Philosophie als Methode, als Kritik, der Grundsatz des „Kritizismus“.

Dem so auf Licht und Leben eingestellten Blick aber erschließt sich —
das ist das Zweite — die ganze und zwar doppelte, innere wie äußere
Unendlichkeit des Arbeitens des Geistes. Unter der sicheren Leitung
der Methode, der Kritik vertieft sich unablässig die Frage: zurück zum
zentralen Grund und Ursprung, hinaus zum unendlich sich weitenden
Umkreis. Da gilt kein Halt! Vor jedem (vermeinten) Anfang entdeckt
sich (nach einem merkwürdig vorahnenden Wort Platons) ein noch
früherer Anfang, über jedes (vermeinte) Ende hinaus ein noch ferneres
Ende, in jedem zum Zentrum gewählten Punkt ein wiederum Zentraleres.
So hat es der Fortgang der Wissenschaften überall herausgestellt und
stellt es sozusagen mit jedem Tage heller heraus; so bewährt es sich in
allem praktischen Bestreben, das immer Aufgabe aus Aufgabe gebiert;
so im künstlerischen Schaffen; so erschloß sich der tiefsten Religion die

124

werdende Gottheit im gottwerdenden Menschen. So klärt das Leibnizsche Axiom der Vollendung sich methodisch auf und streift jeden Schein eines verstiegenen Anspruchs ab. Denn eben so sind wir nie am Ende, sondern stets auf dem Wege, der Weg wird alles, das Ziel nichts. Ein Ziel, in dem der ewige Prozeß beendet wäre, ein solches Ziel kann und darf es gar nicht geben; das Ziel darf nur den „unendlich fernen" Punkt bedeuten; nicht einen Punkt, der erreicht werden müßte, sondern dessen ganzer Sinn nur ist, dem Wege die Richtung zu geben; die Richtung aus dem Unendlichen ins Unendliche, die ebendamit Einheitsrichtung ist, denn nur Unendlichkeit begründet letztgültige Einheit, irgendwelche endliche Abgrenzung setzt niemals ein Ziel als einziges, sondern hebt nur je eines willkürlich heraus aus vielen gleichmöglichen. Das hat Bedeutung innerhalb der Fortschreitung, aber nicht sofern es sich um sie als ganze handelt. Diesen Sinn des einen Blickpunktes hatte schon Platons „Idee"; das heißt wörtlich Sicht oder Sehe, Ausschau, Hinausschau ins Unendliche. So bestimmt Kant in aller Schärfe die Idee als „unendliche Aufgabe". Daher ist deutsche Philosophie, nach dieser Seite betrachtet, Philosophie der Idee, „Idealismus". Von dieser Philosophie lebt etwas in jedem geistigen Deutschen. Wenn sonst nicht, ist sie durch Schillers Gedankendichtung ihm eingeprägt. Schon er vollzieht die Vereinigung der Idee Kants mit dem „Glauben": Du mußt glauben, du mußt wagen... Und gerade der Luthersche Sinn des „Glaubst du, so hast du" geht dabei nicht verloren: der ganze unerschrockene Mut des Trauens auf die Idee wurzelt in der Sicherheit des Habens des Geglaubten in der Reinheit der „Sicht" des Unsichtbaren. Wie vermögen wir denn das: nicht sehen und doch glauben? Nur, indem wir wissen: Es ist nicht draußen, es ist in dir; es beweist, daß es in dir ist, indem es in dir sich ewig hervorbringt. Wie sollte das Sehen sich selber sehen? Aber damit, daß es sieht, ist es, ungesehen, ewig (auch sich selbst) unsichtbar, seiner selbst gewiß, gewisser als alles nur äußerlich Ersehene. Das ist das offenkundige Geheimnis der Sicht des Unsichtbaren, der unangreifbaren „Realität" des „Idealen", der echtesten Tatwahrheit des im gemeinen Sinn niemals Tatsächlichen.

Und daraus fließt (wenn wir nun von der „Form" zum „Inhalt" der Philosophie übergehen) das Dritte: Daß alle Klüfte sich schließen müssen, die ein inkompletes, nicht bis zum echten Grunde und nicht bis zur letzten Grenze dringendes Philosophieren allenthalben aufreißt: zwischen Seele

und Gott, Welt und Überwelt, Zeit und Ewigkeit, Subjektivem und
Objektivem, Idealem und Realem, und wie die feindlichen Trennungen
und Gegensetzungen alle lauten, die das Einheitsstreben der Philosophie
zum Spott machen. Man kann es sich klarmachen an der alten Scheidung
der drei Sphären der Erkenntnis: Sinn, Vernunft (Ratio, d. i. rech-
nende, von Punkt zu Punkt sich fortarbeitende „Wissenschaft"), und (unmittelbar das übersinnliche wie überrationale Sein erfassender) „Intellekt":
angeblich nur denkendes und somit abschließendes geistiges Erschauen des
Ansichseins. Dieser dreigestaffelte Aufbau der Erkenntnis entsprach dem
dreigestaffelten Bau des Universums: Die Sinnlichkeit zog herab, trog
nur, widerstand jedenfalls der Erhebung des Geistes, sie mußte unbedingt
überwunden werden als einer unteren, einer Gegenwelt gegen die göttliche Überwelt, ja einer Teufelswelt zugekehrt; der abgrenzende, zerlegende
Rechnungsverstand blieb zwar brauchbar, unentbehrlich für das Mittel-
reich des traumhaften halbwahren zeitlichen Lebens in der diesseitigen
Welt der Dornen und Disteln, die nur Vorübung, nur Schule zur höheren
war; aber erst die reine Einsicht des Intellekts, das Werk nicht des denkenden
Verstandes selbst, sondern einer höheren, vom Jenseits kommenden
Offenbarung, die nur durch Gnade, in rechenschaftsloser, arbeitloser, unmittelbarer Schau („Intuition") nicht jedem, sondern nur dem auserwählten Begnadeten zuteil wird, erschloß das schlechthin jenseitige Reich
des allein vollkommenen wahren, wachen Seins. Wir sahen nun schon,
wie zuerst durch Keppler die Sinnlichkeit von dem Makel des trügenden
Scheins befreit, wie sie durch ihre eigne, immanente Mathematik gereinigt wurde zur „instinktiven", d. h. aus einem Urantrieb der Erkenntniskraft
spontan sich erzeugenden Auffassung der Proportionen, die eben der
mathematische Verstand dann zu bewußter Klarheit mitten aus dem
Sinnlichsten des Sinnlichen herausarbeitet. So wurden Sinnlichkeit und
Verstand nicht unterschiedslos eins, aber streng aufeinander bezüglich,
aneinander sich haltend und sichernd: nichts Sinnliches, das nicht zu Verstande zu bringen, nichts verstandmäßig Gedachtes, das nicht im Sinnlichen selbst zu realisieren wäre. So hat Leibniz, so Kant, so in irgendeiner
Wendung jeder der großen Idealisten es angesehen. Ebenso aber schließen
„Ratio" und „Intellectus" — seit Kant zwar in umgekehrter Wortdeutung:
die alte Ratio jetzt unter dem Namen „Verstand", der Intellekt unter
dem der „Vernunft" — sich zu einer Einheit zusammen, indem wiederum
der Unterschied, nämlich des methodischen Fortgangs vom Bedingten

zu den Bedingungen (und umgekehrt) auf der einen Seite, der Einheitserfassung der ganzen Reihe in ihrer Unendlichkeit auf der andern, nicht preisgegeben, aber beides als nur zwei Momente schließlich desselben, einheitlichen Prozesses streng aufeinander bezogen, die fälschlich zwischen ihnen aufgerissene Kluft geschlossen, in ihrem festen Zusammenschluß eins am andern bewährt, in ihm realisiert, seiner Geltung nach gesichert wird. Ist der Gegenstand der Vernunft die Idee als unendliche Aufgabe, so ist die Arbeit des „diskursiven", d. h. von Haltpunkt zu Haltpunkt fortschreitenden Verstandes die Verfolgung der Aufgabe, die Ausführung der Rechnung. Indem aber durch diese zuletzt das Sinnliche, zwar nie abschließend, aber fortschreitend genauer errechnet und zu Verstande gebracht wird, treten auch die beiden äußersten Enden zueinander in bestimmte Gegenbeziehung. Nichts mehr fällt heraus aus dem gegliederten, doch unzerstückten, organischen Gesamtprozeß der Erkenntnis und damit aus der Einheit des echten „Seins", des Seins der Erkenntnis selbst. Ein letztes, unverstandenes Sinnliches bleibt als untere, ein letztes überverständliches Übersinnliches als obere Grenze, welche beide aber nun nicht mehr ein schlechthin Irrationales, sondern weiter und weiter, nur nie zu Ende zu Rationalisierendes = X bezeichnen, und dieses in letztem Betracht nicht als ein Doppeltes, sondern als das in sich e i n e Überendliche, das nur einerseits unmittelbar von Moment zu Moment gelebt wird, andrerseits, vom Lichte des Denkens durchleuchtet, vor einem ewigen Auge durch und durch licht in e i n e m Lichte geeint, wie in einem, alles vereinenden, somit ewigen Blick in Eins geschaut wäre. Ist das auch eine bloße Grenzansicht, so ist sie darum, als solche, nicht weniger wahr; vielmehr in dieser letzten Grenzbeziehung erhebt sich erst zur ganzen Wahrheit, was ohne sie im Schatten einer Halbwahrheit, die ebensowohl halber Trug wäre, verbleiben würde. Nichts noch so Vorübergehendes, „Zufälliges", Augenblickliches kann diesem letzten Grenzbezug zum Ewigen entrinnen, alles lebt im Ewigen, das Ewige in allem, und gewinnt in ihm den vollen Wahrheitswert, der nur in der Ablösung von ihm ihm entschwand; in religiöser Sprache: Die Welt wird Gottes, Gott geht in die Welt ein, daß sie fortan sein Leben lebe, er sein Leben ganz an sie hingebe in der — sie in ihm, ihn in ihr erkennenden — Seele. In ihr, der Welt, das heißt aber jetzt: in sich, denn sie, die Seele, vermag ja, was es auch sei, nur in sich, nicht außer sich, zu erkennen. So dachte Eckehart, nicht anders Leibniz, der sich wiederholt auf die geklärteste Mystik beruft; und nicht anders denkt, im Hintergrund aller noch so vorsichtig abwägenden Kritik, auch Kant, der wenigstens einmal seine Hinneigung zu der gereinigten Mystik des Malebranche, „daß wir alle Dinge in Gott schauen", offen bekannt hat. Und gleiches gilt für Fichte, für Schleiermacher, auch für Goethe; es sei nochmals erinnert an das jubelnde: „Allah braucht nicht mehr zu schaffen, Wir erschaffen seine Welt!" Das heißt: Gott selbst schafft sich in uns und in allen.

Eine solche Grenzansicht widerstreitet nicht nur nicht der Forderung kritischer Methode, sie ist vielmehr durch sie selbst gefordert. Denn gerade sie lehrt die notwendigen methodischen Scheidungen nicht als sachliche Trennungen verstehen, sondern die verschiedenen Momente der Methode auf Grund ihrer, selbst methodisch begründeten, Wechselbeziehungen zur Einheit der Methode zurücklenken. Die Begrenzung des Schrittganges der Erfahrung, der im engeren Sinne „Methode" heißen mag, im Vorrationalen des unmittelbaren Erlebens, im Überrationalen des Einheitszusammenhangs alles Lebenden, ist selbst methodisch gefordert. Das ist der Sinn des Transzendentalen, welches, im Unterschied vom alten Jenseitigkeitsstandpunkt, der Transzendenz, die Erhebung des Blickpunktes der Erkenntnis über die ganze Ebene der Erfahrung, über allen ihren bloßen Schrittgang hinaus, aber nur zu dessen idealer Begrenzung und ebendamit Sicherung und Richtung bedeutet. Allah braucht nicht mehr zu schaffen, d. h. nicht von einer jenseitigen, fremden Macht weiß sich die Schöpfung ferner abhängig, sondern in ihr selbst schafft sich das nun nicht mehr jenseitige Ewige. Das Wort (der Logos) ward Fleisch, wir sahen seine Herrlichkeit, es ward Tat, die Selbsttat, durch die fort und fort die Schöpfung sich weiter schafft, nämlich in uns, den Menschen; anders wissen wir ja nicht von ihr.

Damit aber ergibt sich, als Letztes, jene reine Altansicht der geistigen Weltschöpfung, die wir uns voraus schon klargemacht hatten und die daher einer nochmaligen Kennzeichnung nicht bedarf.

Es bleibt nur noch ein kurzer Blick zu tun auf die Ausstrahlung (gleichsam) dieser zentralen Ansicht nach allen Richtungen und Dimensionen des geistigen Schaffens, in Wissenschaft und Technik, in den sittlichen und sozialen Ordnungen, im Kunstgestalten jeder Art. Ist es wahr, daß jene zentrale Bewußtseinseinstellung die dem deutschen Geist eigentümliche, wesenhaft in ihm gegründete ist, so muß sie sich nach allen diesen Richtungen mehr oder minder kenntlich ausgeprägt haben, nicht gerade so,

daß sie in allem und jedem, aber doch daß sie in allen solchen Zügen sich
ausspricht, durch die eben deutsche Wissenschaft, Sittlichkeit, Kunst sich
von der der andern Völker, wenn nicht der Art, doch dem Grade nach
merklich abhebt. Gewiß sind alle diese Betätigungen des Geistes an sich
allen Völkern gemein und sind ihre allgemeinsten Bedingungen und
Gesetze für sie alle gleichermaßen bindend. Zugleich begründet die Zu-
sammenarbeit an der trotz aller nationalen Sonderheiten doch einheitlichen Aufgabe der humanen Kultur ein mannigfaches Hin- und Herüber-
wirken. Ein beziehungsloses Nebeneinanderhergehen ist schon längst zur
vollen Unmöglichkeit geworden. Mit dieser aus der Sache selbst verständlichen und notwendigen Einschränkung aber wird unsere These sich
begründen lassen. Und zwar nicht bloß, sofern jede jener Richtungen des
Kulturschaffens sich mit Bewußtsein auf philosophischen oder religiösen
Grund stellt, sondern gerade sofern ein solcher Weltanschauungsgrund ihnen
selbst immanent ist, auch ohne, oder mit nur schwachem Bewußtsein.

In der Arbeit deutscher Wissenschaft liegt der philosophische Zug
offen zutage und unterscheidet unsere Weise des Forschens sehr bestimmt
von der der andern Völker, so große und förderliche Leistungen diese
sonst, je in ihrer eigenen Art und Richtung, aufzuweisen haben. Aber
nicht auf die abstrakte Wissenschaft bleibt das beschränkt, es erstreckt sich
tief hinein in das Ganze unserer schaffenden Arbeit, der wiederum
nichts so eigen ist, als eben dies, daß sie fast bis zum Letzten, Geringsten
wie Größten, auf gewissenhaft geprüfter wissenschaftlicher Grundlage sich
aufbaut. Durch solchen Idealismus der Wissenschaftlichkeit aber wollen
alle Sonderrichtungen des Erkennens und darin gegründeten Schaffens
sich uns in die Individuität wie Universalität eines durch und durch geistigen Lebens zusammenschließen. Alles wird geistig, nichts bleibt als tote
Natur, als Mechanismus, als Ungeistiges uns äußerlich. Deutsche Forschung hat, vielleicht als ihr Größtes, Eigenstes, eine umfassende Wissenschaft vom Geistigen selbst, vorzugsweise, doch nicht ausschließlich, als
Geschichtliches begründet, die, schon von Hegel an, uns immer mehr
die Wissenschaft geworden ist und alle, auch die Naturwissenschaft in
sich aufgenommen hat. Damit erfüllt sich das in aller unserer wissenschaftlichen Arbeit nie erstorbene Streben, die Vielheit der immer weiter sich
verästelnden und verzweigenden Wissenschaften in die eine Wissenschaft
zusammenzufassen, die nur die Wissenschaft des Geistes sein kann. Nur
so gewinnen sie alle autonomen Grund und damit ganze innere Freiheit.

Freiheit der Forschung hat kein Volk mit solcher Energie der Tat, nicht bloß in prahlender Rede behauptet. Sie bedeutet ihm nicht bloß mehr, sondern noch ganz etwas Andres, ohne Vergleich Tieferes als nur die Nichteinschränkung durch irgendein gebietendes außerwissenschaftliches religiöses oder soziales Dogma, durch Schultyrannei oder Parteischeuklappen irgendwelcher Art; sie bedeutet strengste Verantwortlichkeit, aber vor keinem andern Gericht und nach keinem andern Gesetz als dem des eigenen Gewissens wissenschaftlicher Rechenschaft und zwar radikaler Rechenschaft.

Die gleichen Züge zeigt alles eigentümlich deutsche Schaffen und Wirken aber auch nach der andern, der Willensseite. Der Sachlichkeit unseres Arbeitens entspricht unser Zug zur Ordnung und Gesetzlichkeit im Zusammenwirken alles Sonder-Tuns, und zwar freier, selbstgewollter und selbstverantwortlicher, autonomer Ordnung. Ist das Problem der Sozialisierung der Wirtschaft zwar allen modernen Völkern gemein, weil eben das Problem der Weltwirtschaft, so hat doch ersichtlich kein Volk das Problem in so radikaler Schärfe erfaßt und, im Ideal des Sozialismus, so grundsätzlich tief beantwortet wie das deutsche. Seine restlose Erfüllung wäre freilich nur möglich, wenn alle Völker in ihrem Willen, ihrer Tatenergie sich zu so strenger, radikal begründeter, idealer Sachlichkeit, zugleich klarer Individuität und Originalität der inneren Begründung wie Universalität der Umfassung durcharbeiten würden, wie es wenigstens als Aufgabe bei uns klar erkannt, wenn auch freilich von voller Verwirklichung immer noch fern genug ist. Jedenfalls die Näherung zu diesem hohen Ziele ist bei uns größer als anderswo. Und das Zurückbleiben dahinter hat zum Teil sehr achtenswerte Gründe. Gerade die Geduld des „Glaubens" an das ewig ferne Ziel, ja die Religiosität der Hingabe an es, hat bei uns den Fortschritt manchmal eher gehemmt als beflügelt. Der Deutsche denkt radikal, aber handelt kaum jemals revolutionär; er empfindet stark, daß mit dem Umstülpen und Auf-den-Kopf-Stellen gar nichts geschafft wäre. „Der Weg ist alles, das Ziel nichts": dies Wort eines bekannten Sozialisten ist allgemein bezeichnend für deutsche Art; leider auch im verneinenden Sinn, daß man so auch zum erreichbaren Ziel nicht oder erst spät gelangt. Es ist eben das Bewußtsein der Unendlichkeit der Aufgabe, das uns in unserer Lammsgeduld oft reaktionär erscheinen läßt und den wirklichen Reaktionären immer wieder den Mut gibt, des deutschen Idealismus zu spotten und ihn mit Füßen

zu treten. Das greifbar endliche Ziel im augenblicklichen Ansturm zu
erstreiten verschmäht der Deutsche, darum scheint und ist wirklich oft seine
Politik zaudernd und schleichend, im auffallenden Kontrast zur vorwärts-
drängenden, oft zu blind den absehbaren Möglichkeiten vorgreifenden
Kühnheit der Theorie. Der Deutsche glaubt, aber wägt leicht allzu lange,
ehe er zum entschlossenen Wagen kommt. Das hat tiefliegenden Grund: er
sieht auch Wirtschaft, Recht, Staat nicht als für sich stehende Aufgaben.
Wie alle Wissenschaften zur Einheit der Wissenschaft, so strebt alle Mannigfaltigkeit des praktischen Wirkens bei ihm zu einer idealen Wirkensein-
heit, die nur die des Wirkens aus geistigem Grunde sein kann. „Demokratie“
bedeutet darum uns ganz etwas andres als den Andern allen; hier liegt
(wie in letzter Zeit oft bemerkt worden ist) einer der greifbarsten Gründe,
weshalb wir den Andern so unverständlich sind, während wir sie ganz
wohl verstehen, aber eben darum nicht mit ihnen gehen können. Volk,
Demos, ist uns nicht die Vielheit, die durch mechanische Summierung
ihrer sozialen Energien sich sozial durchzusetzen und ihren jeweils vorherrschenden Willen maßgeblich zu machen versteht; sondern wir denken
darunter ganz ernstlich die Allheit der Volksgenossen, der wir in un-
verwüstlichem Optimismus, wie töricht sie sich auch vielfach gebärden
mag, dennoch alles, das Größte zutrauen und darum auch zumuten.
Diese Allheit ist uns eben gar keine gegebene Größe, sondern sie soll erst
werden; sie „ist“ nur, sofern sie dieses ewigen Soll sich klar bewußt ist;
und das ist sie ja längst nicht in Allen, vorerst vielleicht nur in Wenigen.
Wir sollen — nur in den seltenen großen Augenblicken allgemeiner
nationaler Erhebung wird uns ganz bewußt: Ja, wir wollen ein Volk
sein, ein „einig Volk von Brüdern“; was, glaube ich, trotz der hehren
Losung „Freiheit, Gleichheit, Brüderlichkeit“, ganz etwas andres ist als
eine Demokratie nach gallischem, britischem oder vollends nordamerikani-
schem Begriff. Ein solches „Volk“ aber, das dann mit Klarheit und Kraft
sich selbst regieren, seiner selbst Herr, und so allein eine echte „Demokratie“
sein würde, ein solches werden wir nicht und wird kein Volk der Erde je
anders werden als erstens auf dem festen Erdgrund sozialer Wirtschaft, und zweitens in der idealsten Richtung auf soziale Erziehung.
Darum gipfelt dem Deutschen die Idee des Staats — im Grunde
kennt er den Staat und gilt er ihm nur als Idee — in einer sozialen
Pädagogik, wie sie, auf dem Grunde sozialer Wirtschaft und sozialen
Rechts, der ganz wesensdeutsche Schweizer Pestalozzi aus den Tiefen

der Philosophie und Religion des deutschen Idealismus gefordert hat. Nicht „Zivilisation", Verbürgerlichung, sondern „Kultur", Pflege eigenwüchsiger „Bildung" jedes Einzelnen und durch sie der Gemeinschaft; nicht Verstaatlichung des Menschen, sondern Vermenschlichung des Staats ist es, was uns seitdem klar als Ziel vor Augen steht. „Bildung" wollen wir, im kräftigen Aktsinn des Wortes, dem der Gestaltung von innen her, so daß alles Äußere nur Sprache eines eigengebildeten Inneren sei. Freiheit ist uns auch hier das Letzte; Freiheit nicht als Ungebundenheit, sondern als innere Selbstbindung; Bindung so wenig in innere wie äußere Schranken, sondern allein durch das Göttliche in uns, das uns über alle endlichen Schranken hinaushebt; das dem gereinigten Willen ebenso die universale Richtung wie das volle Eigenrecht der Individuität auch des Ortes und Augenblicks sichert, denn das Ewige, Göttliche ist so hier und jetzt wie überall und immerdar.

So strebt deutscher Geist auch im Kunstschaffen und Kunsterfassen ebenso zum letzten Elementaren, daher zum schlicht Volks- und Jugendtümlichen als seiner Urwurzel zurück, wie zum unendlichen Umfassen alles Höchsten und Tiefsten hinauf; ebenso zur Idealität, das heißt, aus den tausend gebrochenen Strahlen kunstmäßiger Besonderheit und Einzelheit zur notwendig ja nur idealen Einheit eines künstlerischen Universums, wie zur erfülltesten Individuität, in der jedes geringste Werk eine in sich selige Welt darstellen möchte, einen Mikrokosmos, ein Abbild der Gottheit, eine echteste Leibnizische Monade. Auch hier ist es nicht das in sich geschlossene, fertige Gebild, worauf es ihm zuletzt ankommt, sondern die immer lebendig schöpferisch, aktiv gemeinte Bildung, das Sichbilden in dem das Gebild gestaltenden Tun. Eine Wonne müßte es sein, das am ganzen Kunstschaffen und Dichten unseres Volkes, oder auch nur an unseren Größten zu zeigen; an Goethe vor allen (von dem im nächsten Kapitel wenigstens Einiges gesagt werden soll), der überhaupt fast zu allem hier Gesagten als Beispiel dienen könnte, so groß in der Gewissenhaftigkeit geistigen Arbeitens auch bis ins Kleinste hinein, wie in der universalen Weite, durch die auch das Kleinste, das er treiben mochte, zum Ganzen ja Unendlichen in Beziehung trat; so stark in der Eigenheit, der Wandlung alles Fremden in die Individuität seiner „Entelechie", wie er es ganz Leibnizisch nannte, wie in der sicheren Zurück- und Hinaufbeziehung zur Allheit, zum Göttlichen, das in allem ihm stets so gegenwärtig ist, daß nichts ihn drängt es zu nennen; denn „Wer darf ihn

nennen ...?" Nur deshalb sucht man vergebens bei ihm nach einem
„Bekenntnis", das nach geltendem Begriff ein „religiöses" heißen könnte.
Nur einmal, meines Wissens, spricht er ausdrücklich von einem Bekenntnis,
ich meine natürlich das der „Wanderjahre" von den „drei Ehrfurchten";
deren höchste — ein „Letztes, wozu die Menschheit gelangen konnte und
mußte" — die Ehrfurcht vor dem ist, was unter uns ist. „Was gehörte
dazu, die Erde nicht allein unter sich liegen zu lassen und sich auf einen
höheren Geburtsort zu berufen, sondern auch Niedrigkeit und Armut,
Spott und Verachtung, Schmach und Elend, Leiden und Tod als göttlich
anzuerkennen, ja Sünde selbst und Verbrechen nicht als Hindernisse,
sondern als Förbernisse des Heiligen zu verehren und liebzugewinnen."
Ein Wort, das uns jetzt, nach Eckehart und Luther, nichts Neues sagt,
aber wahrlich merkwürdig ist im Munde eines Goethe, und nur um so
stärker beweisend für die Eckehart und Luther ganz verwandte Sicherheit
seines Gotterlebens, seines Bewußtseins von dem Gott, der nicht der
Toten, sondern der Lebendigen Gott ist; der Lebendigen, das heißt ja,
der Werdenden, also Fehlenden, nicht der Fertigen, die sich ohne Fehl
dünken mögen.

Nur der verdient sich Freiheit und das Leben,
Der täglich sie· erobern muß —

sagt derselbe Goethe. Dies Wort mag uns heute wohl besonders bewegen. Worum kämpfen wir? war unsere Frage. Um unser Leben —
ein Leben, das uns keines wäre, ohne das eine Große, worauf alle echten
Deutschen wie mit einem Munde immer zurückkommen: Freiheit.
Die wird uns eben nicht geschenkt, sie will erobert, täglich neu erobert
sein; nur so verdienen wir sie uns, das verstehe ich nicht: so sind wir ihrer
wert, sondern, nur so wird sie uns wirklich zu eigen. Man ist nicht, man
kämpft sich frei. Solange dies Kampfziel uns fest bleibt — mag kommen
was will, wir werden feststehen und werden frohlocken auch im Fall;
es ist es wert dafür auch zu fallen, auch solcher Fall ist Sieg. Aber nur
erobernd können wir es behaupten: so wollen wir Eroberer sein, so und
nicht anders; so aber müssen wir es sein wollen, wenn es mit unserem
Ziele uns Ernst ist.

Was? Wir ein Eroberervolk? fragt man erstaunt. Ich antworte: Ja.
Sollten wir es nicht sein? Alle wollen erobern, jedes edle Volk glaubt
sich berufen und ausersehen, die Welt zum Heil zu führen; warum wir
allein nicht? Aber unsere Welteroberung ist geistig wie keine; wenn wir

auch, um das geistige Erbe, das uns zu hüten aufgetragen ist — um „die Ernte der ganzen Zeit" zu wahren und für den Erdkreis fruchtbar zu machen, auch die äußeren Bedingungen freien Hinauswirkens in die Welt uns erstreiten müssen. Gutwillig hat man sie uns ja nicht zugestehen, nicht gleiches Recht uns gewähren wollen; darum stehen wir jetzt in diesem schwersten der Kriege. Aber Furcht des Todes ist nicht des Deutschen Sache. Unsere Seele können sie ja nicht töten. Die einzige ernste Gefahr ist, daß diese Seele in uns selber stirbt. Das mag jetzt wohl die Ernstesten unter uns quälen bei Tag und bei Nacht, daß das Ungeheuer Macht, die Seele zu töten, heute sich aufreckt wie nie zuvor. Ist es nicht am Ende nur ein gutgläubiger Wahn, daß jetzt die Völker miteinander ringen um ihr Volkstum? Gewiß, so glauben sie, das Ungeheuer selbst rechnet mit diesem Glauben, es nährt ihn, es strebt tückisch, und hofft sicher, gerade ihn sich dienstbar zu machen, um an der unsichtbaren Kette dieses ihres heiligsten Glaubens, des Glaubens an sich selbst, die Völker nur um so sicherer in seine Dienstbarkeit zu zwingen, sie nur um so blindwütender sich gegenseitig vernichten zu lassen — allein für seinen, nicht ihren Sieg! Sind es noch die Völker, ist es nicht vielmehr nur die Macht der Höchstmögenden, der erfolgreichsten Gewinnmacher, der Beherrscher aller ausgesuchtesten Technik der Gewaltübung, der geschicktesten Handhaber aller List und Lüge dessen, was sich Politik nennt, der zaubermächtigen Vergewaltiger auch des Geistes und der Seele der Massen — ist es nicht, frage ich, dies Ungeheuer Macht, das jetzt, nicht Land gegen Land, Volk gegen Volk, sondern in allen Landen gegen alles Volk den fürchterlichen, Leib, Seele und Geist mordenden Krieg führt? Wird dieser „alt böse" Feind nicht bezwungen — aller andre Sieg wäre vergeblich. Der aber tritt uns jetzt, mitten im Scheinfrieden der trauten Heimat, im erlogenen Burgfrieden unserer belagerten Festung allüberall mit grinsendem Hohnlachen entgegen, vielmehr beschleicht uns hinterrücks mit dräuender Grimasse wie der Teufel auf Dürers Holzschnitt den bewehrten Ritter, die wunde Stelle zu erspähen, an der er ihn sicher zu treffen gedenkt.

Aber, sind wir nur sicher in unserer deutschen Seele, dann dürfen wir getrost singen:

Der Fürst dieser Welt,
Wie saur er sich stellt,
Tut er uns doch nicht,
Das macht, er ist gericht,
Ein Wörtlein kann ihn fällen.

Welches Wörtlein? Das Wort, der Logos, jenes Wort, das die Seele in ihrem innersten Grunde vernimmt: Etwas ist über der Macht, etwas — sagt unser Friedrich Albert Lange — das „mit der Forderung des Unmöglichen die Wirklichkeit aus den Angeln reißt".

Was ist denn Macht? Genau was das Wort besagt: Möglichkeit, Vermögen. Tat aber ist über Vermögen. Es vermag nichts aus sich selbst, es vermag nur, wenn ein in sich gewisser Tatwille, wenn der schöpferische Logos seiner sich bemächtigt, um in ihm sich mächtig zu beweisen. Sonst ist nichts ohnmächtiger als Macht. Ist etwas durch diesen Krieg bewiesen, so ist es dies, daß alle Macht, so gewaltige Mittel sie aufbieten mag an Material und Kräften, auch an den gewaltigsten, an Menschenkräften, den schon ins Furchtbare gewachsenen, unabsehlich weiter wachsenden Kräften menschlichen Verstandes, menschlicher Technik, menschlicher List, Lüge, Verführung und seelenmordender Verleumdung, aus sich nichts vermag als die eigene Selbstzerstörung. Bloße Macht ist selbstmörderisch wie Wahnsinn; stark ist ja auch der. Sie muß, was sie nicht will; sie wirkt, aber wirkt nur, was sie muß. Sie ruft in ihrem blinden Selbsteinsatz stets nur die gleiche Gegenmacht hervor. Indem aber so stets nur Macht wider Macht rast, so können sie nicht anders als aneinander sich zerreiben und zunicht machen. Was wird denn mit diesem nie dagewesenen Einsatz an Mitteln, an Material und Kräften, Menschenkräften besonders, Kräften der Intelligenz und technischen Klugheit, List und seelischen noch mehr als physischen Grausamkeit zuletzt erreicht? Nichts, ganz und gar nichts als Zerstörung, ohne andres Ziel als das der immer weitergehenden Zerstörung, solange überhaupt noch etwas zu zerstören übrig bleibt. Selbst die Mechanik lehrt, daß Kräfte gegen Kräfte im letzten Rechnungsabschluß ein reines Zero hinterlassen. Nur wenn eine Macht über der Macht die Kräfte lenkt und zu gegenseitiger Hilfe zusammenführt, wenn ein vernünftiger Wille sie zur Einheit eines Zieles zusammenzwingt, erwirken sie ein Plus, und wächst ihre Wirkung mit dem höher und höher hinauf, zu immer umfassenderer, nie abschließender Einheit sich erhebendem Ziel.

So aber haben wir guten Grund zu trauen auf den Sieg des Guten, auf den Sieg des Gottes, der für uns, mit uns, in uns den gerechten Streit führt, von dem wir wissen: Das Feld muß er behalten! Und so singen wir, als Deutsche, die ihren Gott fürchten, den Gott in ihrer Brust, aber nichts draußen in der Welt — singen aus freier Seele

unseres Luthers andres Kampflied, das so recht auf uns gemünzt
scheint:

> Wär Gott nicht mit uns diese Zeit, so soll Israel sagen —
> Wär Gott nicht mit uns diese Zeit, wir hätten mußt verzagen,
> Die so ein armes Häuflein sind, veracht von so viel Menschenkind,
>   Die an uns setzen alle.
>
> Auf uns ist so zornig ihr Sinn, wo Gott hätt das zugeben,
> Verschlungen hätten sie uns hin mit ganzem Leib und Leben.
> Wir wärn als die ein Flut ersäuft und über die groß Wasser läuft
>   Und mit Gewalt verschwemmet.
>
> Gott Lob und Dank, der nicht zugab, daß ihr Schlund uns möcht fangen.
> Wie ein Vogel des Stricks kommt ab, ist unsre Seel entgangen.
> Strick ist entzwei und wir sind frei, des Herren Namen steht uns bei,
>   Des Gotts Himmels und Erden!

So hat der Deutsche geglaubt, lange ehe er philosophierte. Aus der
Gewissenhaftigkeit der Selbstrechenschaft ist sein Glaube nun sehend geworden, und im Lichte des Gedankens nur um so selbstsicherer. Darum
streitet im rechten Deutschen nicht Philosophie gegen Glauben, noch
Glauben gegen Philosophie, sondern helfen ihm beide in festem Bunde
zur unermüdet hinauf und vorwärts dringenden fruchtbaren Tat, zur
Erfüllung seines Weltberufs.

Aber, ehe wir davon zu reden haben, bleibt noch Eins zu erwägen,
das zum fruchtbringenden Schaffen selbst schon gehört, doch aber noch
ganz in dem uns vertrauten Bereiche des „Idealen“ verbleibt: die Kunst,
im umfassenden Sinne, als Bildkunst — Wortkunst — Tonkunst.

6. Deutsche Kunst / Dichtung / Musik

Vom deutschen Glauben, vom deutschen Gedanken war die Rede. Beide wollen, jedes von seiner Seite, das Ganze des Menschentums umspannen. Es gibt aber noch ein Drittes, einen dritten Weg, eine dritte Weise der Bewußtwerdung und Bewußtmachung desselben einen, von einem Zentrum nach einer Peripherie hin sich unendlich erweiternden Universums des Geistes: die Kunst. Wie verhalten sich zueinander diese drei Weisen der „Weltanschauung": Religion, Philosophie, Kunst? — Gedanke — in seiner letzten Vertiefung und Vereinheitlichung: Philosophie — ist nicht selbst das Leben, doch Deutung des Lebens, Licht auf den Weg; das Leben selbst und der „Glaube", ohne den es nicht möglich ist — in seiner letzten Vertiefung und Vereinheitlichung: Religion — geht selbst den Weg, im Lichte des Gedankens; wenn es sein muß, ohne es. Doch streben beide eins zu werden; Leben möchte ganz licht werden, Licht ganz ins Leben eingehn. Restlos werden sie nicht eins, weil die Aufgabe, nach beiden Richtungen, ins Unendliche wächst. So aber wie die Einigung möglich ist, geschieht sie durch Formung, Einbringung des für sich gestaltlos hinflutenden Lebens in eine nicht voraus bereitstehende, sondern damit erst selbst sich erzeugende gesetzliche Gestalt. Das ist, im weitesten Sinne, Kunst; benannt vom Können, nämlich vollbringen, darstellen, in Vollendung hinstellen können, was in jenen beiden Elementen, die sie eben zu solcher Vollendung zusammenzwingen möchte, nach dieser Vollendung nur ewig ringt. Kunst ist also nicht Gedanke, Wissenschaft, Philosophie, und ist auch nicht Religion, unmittelbares Leben, aber Formung des Lebens in Richtung der durch den Gedanken sich methodisch vollziehenden Vereinheitlichung unter dem Gesetz, damit zugleich Einführung der Einheitsform in die Fülle des Lebens. Darum ist ihre Gestaltung, im Unterschied von beiden, gesetzlich und doch individual, individual und doch gesetzlich. — Indessen scheint dieser Begriff von Kunst viel zu weit (oder, je nach dem Standpunkt, zu eng) gegen den allgemein angenommenen. Unter diesen Begriff fiele das Ganze der menschlichen, menschentümlichen Lebensgestaltung, alle „Bildung" des Einzel- wie des Gemeinlebens: der „Staat" im idealsten Sinne, zuletzt der Staaten-Staat. Wir behaupten auch alles Ernstes, daß im Ideal dies beides zusammenfallen müßte. Auch ist das keine neue Behauptung. Nicht bloß Platon hat es so gefordert; der geistig gerichtete Staat des chriftlichen Mittelalters hat es verwirklichen wollen, in gewiffen Grenzen es in der Tat verwirklicht. Da gab es keine Kunft abfeits des Staats (der Kirche), keinen Staat abfeits der Kunft. Es ift ein Beweis tiefer Erkrankung beider, wenn beide auseinanderftehen, die Kunft ein eigenes Lebensgebiet abfeits des Staats mühfam behauptet, der Staat auf nichts weniger bedacht fcheint, als fich felbft zum Kunftwerk, in der Tat, wie er follte, zum Kunftwerk aller Kunftwerke zu bilden. Ein lebender Kunftpädagog hat kühnlich das Ideal eines „Volks von Genies" wieder aufgeftellt. Ein Volk müßte, um wahrhaft Volk zu fein, wahrhaft Künftler fein, alle befondere Kunfttätigkeit, an der keiner unbeteiligt fein dürfte, müßte zu einer einzigen Kunftfchöpfung, der künftlerifchen Geftaltung des Gemeinlebens in allen feinen Richtungen zufammenfließen. Nichts Geringeres haben alle unfere Großen im Sinne gehabt, und diefe ideale Forderung darf nimmer in Vergeffenheit geraten. Nur folange das nicht ift, muß freilich Kunft als eine Sonderaufgabe erfcheinen, an der, fchaffend oder aufnehmend (das letztere allein ift fchon Krankheit) jeder teilnehmen oder nicht teilnehmen mag, wie es ihm beliebt. So aber wie fo bleibt die Stellung der Kunft zu Philofophie und Religion diefelbe; fie ift weder das Eine noch das Andre, auch nicht ihr bloßer Zufammenfluß in ein gemeinfames Strombett; fondern die lebendige Frucht ihrer Umarmung, die fortan in felbfteigenem Leben beiden zur Seite fteht, um in der Drei-einheit des Menfchenwefens wie in heiliger Familie als Gotteskind den Vater Geift und die Mutter Lebensflut in feligem Verein zufammenzu-fchließen. Sie ftammt aus beiden: der Gedanke, der Weltgedanke arbeitet in ihr, und arbeitet fich hinein in das Ganze des Seelenlebens aus Gott. Sie könnte gar nicht beftehen ohne den Unterbau der gedanklichen Welt und nicht ohne den Überbau der übergedanklichen Glaubenswelt; fo zwifchen Erde und Himmel baut fie ihr Luftreich, das in diefer Mittelftellung, fo fehr auch zu beiden hinab- und hinaufreichend, immer feine volle Eigenheit be-wahrt. Von den drei großen Provinzen der Kunft aber: der Bildkunft, Wort-kunft, Tonkunft, reicht die erfte am tiefften hinab in den Erdgrund, die dritte am höchften hinauf in die himmlifche und überhimmlifche Sphäre, wo fie unmittelbar mit der Religion fich berührt; die Dichtkunft fteht in der Mitte, empfängt die Strahlen von beiden Enden und fendet fie zurück, konzentriert in fich das Ganze der „Bildung" des Menfchen zum Menfchentum, vertritt in beherrfchender Weife die Aufgabe der Kunft als Menfchenbildung, des Volks- und Menfchentums felbft als fich felbft geftaltenden Kunftwerks.

Deutsche Weltanschauung nun hat sich, in künstlerischer Form, bis dahin am vollsten und reinsten ausgesprochen in der Musik; nicht gleich erschöpfend und in gleicher Vollendung in der Dichtung; weniger noch in der im engeren Sinn so benannten, der bildenden Kunst. Warum? Ist der Deutsche weniger sinnlich, weniger naturhaft als andere? Hätte er keine Augen, keine Hände? Schwerlich wird das sich behaupten lassen. Sondern er lebt unendlicheres Leben, und hat es darum schwerer, es in sinnliche Form zu zwingen. Gelungen ist es ihm in der Kunst, die dem Unendlichen am nächsten, dem Gemeinsinnlichen am fernsten liegt. Ewiges und Großes ist ihm auch schon gelungen in der Dichtung; was aber die bildende Kunst betrifft, läßt gerade die jüngste Zeit erkennen, daß hier fast das Ganze seiner eigentümlichen Aufgabe noch vor ihm liegt. Was andere Völker darin erreicht haben, er hat es alles mit Wärme aufgenommen; warum doch läßt es ihn zuletzt unbefriedigt? Es spricht doch so deutlich und beredt. Aber der Deutsche empfindet dabei immer: „Spricht die Seele, so spricht, ach, schon die Seele nicht mehr." So ist auch unsere Natur: „unsere", das heißt, Natur, wie wir sie — sie uns ansieht. Sie spricht uns auch, mehr vielleicht als dem Süd- und Westeuropäer die seine; aber es ist nicht Aussprache, nicht Vortrag. Sondern, gleich der Sibylle Heraklits, läßt sie „mit rasendem Munde Nichtzubelachendes, Ungeschminktes und Ungesalbtes ertönen, und reicht mit ihrer Stimme über tausend Jahr kraft des Gottes"; gleich dem delphischen Orakel „spricht sie nicht aus noch verhehlt sie, sondern deutet an", was unaussprechlich, dennoch vernehmlich zu uns spricht. Fremde Kunst scheint uns dagegen geschminkt, gesalbt, nicht ganz ernst zu nehmen, wie eine Schauspielerin, deren Rede nicht über den Theaterabend und Theaterraum hinausdringt.

Einer allein ist, dessen Kunst zu uns vernehmlich spricht: Rembrandt. Heiße er Deutscher oder nicht, das hat uns hier gar nicht zu kümmern; es fragt sich einzig nach der Art des künstlerischen Redens und Verstehens. Die aber ist uns nicht bloß verwandt, sondern es ist die unsre. In Shakespeare erkennen wir unsern Bruder, in Rembrandt — uns selbst, unsre Art, künstlerisch die Welt anzuschauen. Was seine Kunst im tiefsten erschaut hat und uns zu schauen gibt, und wie sie es tut, erkennen wir als voll und allein dem entsprechend, was unsere Religion und unsere Philosophie, keine andre, uns erkennen gelehrt hat.

Nur das Außerlichste, woran sich das fassen läßt, ist das Gegenständliche. Doch verrät sich schon darin Rembrandts Sonderstellung. Es ist — gar nichts Besonderes; das Alltäglichste genügt ihm, es durch seine Kunst zu verklären. Was etwa aus der Bibel oder aus der Mythologie stammt, ist nicht mehr als das damals jedem Geläufige, nichts fern Herbeigeholtes, besonders Ausgesuchtes, Überwältigendes, Monumentales. Auch das Wenige, was er in öffentlichem Auftrag gemalt hat, gibt nur schlichtes Bürgerleben der niederländischen Stadt, wie jeder es kannte. Sonst zeigt er jeden und jedes, wie man es tagtäglich beobachten konnte, im häuslichen, im beruflichen Leben, etwa auch in festlichem Treiben. Armut und Gebrechen, jeder Grad natürlichen oder gesellschaftlichen Elends, alles scheint gleich begnadet, erlöst, geheiligt durch die Erhöhung zur Kunst. Darin berührt er uns unmittelbar religiös, ohne Kirche, Priester- oder Mönchtum, Gebetshaltung oder Ekstase oder irgendein unterscheidendes Gehaben sonst; außer sofern auch das zu dem damals jedem Natürlichen, Selbstverständlichen mitgehört; nicht abgehoben vom Profanen, vielmehr ganz herausgelöst aus allem Gegensatz des Heiligen und Nichtheiligen. Heilig ist alles, das heißt, im ausschließenden Sinne nichts. So wie der „Menschensohn" als Knäblein in der Krippe gebettet wird, als Zimmermannsbub am gemeinen Tagwerk teilnimmt, als Mann geringe Leute als Zuhörer und Jünger um sich sammelt, mit Sündern zu Tisch sitzt, mit Landfremden, mit Ausgestoßenen auf gleich und gleich verkehrt, keinem menschlichen Elend oder Verderb, auch keiner schuldlosen Freude sich verschließt, mit gleicher erbarmender Liebe alles umfaßt, zuletzt am Marterholz schuldlos den Tod des gemeinen Verbrechers erduldet, so ist die Kunst Rembrandts, eine Nachfolgerin Christi, wie keine andre. Mutterschaft, Kindschaft, Tages Arbeit und Leid, aber auch Freude und Genuß, Sünde und Verbrechen, jede Tiefe wie jede Höhe des Menschenlebens, alles findet vor ihr Gnade und Erbarmen; läßt doch Gott seine Sonne leuchten über Gute und Böse, und läßt regnen über Gerechte und Ungerechte. Nur Einer ist, der darin Rembrandt sich vergleichen läßt: Pestalozzi, an dem, wie an Luther, Fichte nichts so zu rühmen findet wie den „unversiegbaren und allmächtigen und deutschen Trieb, die Liebe zu dem armen verwahrlosten Volke"; die „Leben geworden ist in seinem Leben, sein ihm selbst unbekannter, fester, unwandelbarer Leitfaden". Ganz dasselbe könnte von Rembrandt gesagt sein; dürften wir also nicht deutsche Art in ihm erkennen? Wo ist das sonst? Ich finde es nicht.

Aber nicht das Gegenständliche allein entscheidet hier, sondern Art und Sinn des Erfassens und Darstellens. Mit der gleichen Liebe umfaßt ja diese Kunst auch das Tier, auch alles sogenannte Leblose, es sei Gewand, Gerät, Bauwerk des Menschen, oder Land und Wasser, Gewölk und Himmel, Licht und Dunkel, die noch nie zuvor so erschlossenen Wunder der Farbe, der werdenden, aus dem gestaltlos Unendlichen erst ihre Begrenzung suchenden Gestalt: alles durchseelt sie, schafft sie neu aus demselben unergründlichen, unendlich strömenden Quell, heiße es Liebe, Erbarmen, Begnadung, oder welches unzulängliche Sprachwort sonst man wählen mag, um zu nennen, was unmittelbar verständlich, allein verständlich in seiner eignen wortlosen Sprache sich ausspricht. Nur was es unerfaßlich macht für irgendwelche Begriffssprache, läßt sich deutlich sagen: es ist die aller Abscheidung und Abschränkung, darum aller Generalisierung wie bloßen Spezifikation sich entziehende, absolute Individuität und darin Unendlichkeit des Geschauten, die es für begriffliche Abgrenzung und deutliche Rede unzugänglich macht, während sie das Zugänglichste ist dem seelischen Erleben selbst. Nur Leben vernimmt Leben, indem es es selbst mitlebt und wiederum von ihm sich mitumfangen weiß, denn es webt ja in ewigem Geheimnis „unsichtbar sichtbar neben dir". Das ist doch so auch nicht in Shakespeare. Seine Menschen verharren stets in ihrer Sonderheit, auch wo in den höchsten Momenten Unendliches in ihr sonst gar sehr irdisches Leben hineinragt. Der Dichter selbst hat es vielleicht so nicht empfunden, wie wir es in ihm empfinden, wie etwa Hamlet oder Macbeth oder Lear oder seine melancholischen Narren das Abzeichen überendlichen Ursprungs tragen. Der Unterschied liegt auch nicht bloß in der Eigenheit des Dramas gegenüber dem ruhenden Bilde; obgleich er allerdings zusammenhängt mit dem, was zur dramatischen Gestaltung ja drängen mußte, dem Übergewicht des Willens. Eben daran läßt der Unterschied sich zur Klarheit bringen: Rembrandts Kunst greift hinaus über beides, die vordringende Aktion und die ruhende Kontemplation, zu jenem letzten „Seelengrund", in den Eckehart und Luther uns zurückgeführt haben, aus dem beides erst fließt, in dem unmittelbar „Gott" zu dem Menschen spricht. So viel von beidem, Aktion wie Kontemplation, in Rembrandts Kunst sein mag, beides ist nicht als solches ihr Inhalt oder Gegenstand, sie ist in diesem Sinne gegenstandslos, übergegenständlich, fraglos unmittelbar, indem sie zurückgeht zu dem Punkte, von dem alle, theoretische wie praktische Gegenstandssetzung erst ausgeht. Darin berührt sie sich mit Religion, und mit keiner so bis zur Deckung wie mit der, die dem Deutschen von Eckehart und Luther her lebendig ist.

Eben dadurch steht Rembrandts Kunst zugleich in tiefer Harmonie mit der Grundrichtung der deutschen idealistischen Philosophie. Sehr bewußt muß Rembrandt sich der Methode seiner Kunstgestaltung gewesen sein, da er sie in unermüdlichem Versuchen, so wie außer ihm vielleicht nur noch Lionardo da Vinci, sich erarbeitet hat. Diese Arbeit aber ist ganz von der Art der Wissenschaft, und in dieser Bewußtheit, wie in ihrer ganzen Grundrichtung, von der Art der Philosophie, und zwar der deutschen. Davon ist an früherer Stelle genug gesagt worden. Strenge Sachlichkeit, unerbittliche Selbstkritik, Selbstrechenschaft — wer wollte die Rembrandt absprechen? Wer aber auch, der von seiner Arbeitsweise einen Begriff hat, erkennt darin bloß treue Innehaltung eines einmal fest erworbenen Stils, und nicht vielmehr den Trieb der Entdeckung und Erprobung immer neuer Ziele, neuer Wege, in stetiger Abwandlung des Verfahrens? Gilt doch ihm nirgends das als fertig hinzunehmende Sosein und Gewordensein, sondern in allem das neuer, reicherer Gestaltung sich stets offen erhaltende Werden; die Dynamik des ewig lebendigen Akts, das Tun und nicht das Getane, das Actum. Das ist auch nicht ein Fortschreiten zu bloß größerer Deutlichkeit des Vortrags, sondern vielmehr Rückgang zu tiefer gelegenen, verborgeneren, aber dafür desto reicher und stärker fließenden Quellen, woraus für den an der Oberfläche Haftenden eher eine Verundeutlichung folgt, aber alle Ausdrucksmöglichkeiten in nur immer wachsender Bestimmtheit sich erschließen. Darum ist Rembrandts Darstellungsweise gerade in ihrer Irrationalität aufschließend und nicht, wie alle rationale, in fertiger Gestalt ab- und damit zuschließend. Sie arbeitet nicht mit der Psychologie der Assoziationen oder irgendwelcher bloß von Endlichem zu Endlichem hinüberwirkenden Beziehungen, sondern mit der nur innerlicheren Logik der Kontinuität alles Psychischen, durch die gerade das Unausrechenbare zum unmißverständlich eindeutig Bezeichnenden wird. Unausrechenbar ist es nicht als Außerlogisches, sondern gerade als unendlich Logisches; gerade damit wird es so individual bestimmt, wie das endlich Berechenbare es niemals sein kann. Eben damit fällt aller Gegensatz und Streit um subjektive oder objektive Gestaltungsweise dahin. Nicht ein draußen schon einmal gegebenes Objekt wird wiedergegeben, sondern das Gebild wird ursprünglich erzeugt aus dem innersten Quell der eignen Bildungsgesetze des gestaltenden Subjekts. So ist es ganz ihm eigen, und doch Objekt, vielmehr ewig sich objektivierend; ganz durchseelt, gerade indem in es die Seele, der und aus der es sich erzeugt, sich ganz hineinsenkt. So steht nichts mehr

als ein bloß Äußeres dem blickenden, er-blickenden, im Blicken gestaltenden
Ich gegenüber, es verschwindet ganz das voraussetzliche Gegenverhältnis
zum „Vorwurf", das ganze „Problem" des Dings oder Geschehens
draußen in der sogenannten Wirklichkeit. Dafür aber erschließen sich
um so tiefer die unendlichen Pfade jenes Logos der Psyche, der, nach
Heraklit, ewig sich selber steigert. So steht bei diesem Künstler, wie vielleicht bei keinem andern, hinter jedem Werk der Genius der Kunst selbst,
und nicht mehr der zufällige Einzelne, der auch ganz Andres, oder an
dessen Statt irgendein Andrer seine Werke, oder dieses oder jenes davon,
hätte schaffen können; vielmehr alle, bis zur unscheinbarsten Skizze,
zeugen von derselben, unersetzlichen Urkraft der schöpferischen Methode.
Sie allein bestimmt den Blickpunkt, unter dem alles in ungebrochener
Einheit sich zusammenschließt: Licht und Dunkel, Schattierung und Farbe,
Bewegung und Ruhe; dem Gegenstand nach: zeit-räumlich Gegenwärti-
ges wie Fernes, Normales wie Außernormales, sogenannt Schönes wie
Häßliches, Erhebendes wie Gemeines, Gutes wie Schlechtes; der allge-
meinen Beziehung nach: Äußeres wie Inneres, Natürliches — Geistiges,
Menschliches — Über- oder Untermenschliches, subjektiv — objektiv
Gerichtetes. Am Äußeren gerade erkennt sich das Innere, aus dem Innern
das Äußere; am gegenwärtig Nahen das Ferne, aus dem supponierten
Fernen das Nahe; und so durchweg. Allgemein erkennt sich am empirisch
Einzelnen das gesetzlich Allgemeine, zuletzt das transzendentale Gesetz der
Gesetzlichkeit selbst, und aus diesem wiederum jenes; am Wirklichen das
Überwirkliche und aus diesem jenes; das Reale idealisiert, das Ideale
realisiert sich; das Individuale erschließt das Universale und wird durch
es erschlossen. So heben — diese allgemeine Einsicht danken wir Georg
Simmels „Rembrandt" — alle die harten Scheidungen sich auf, die sonst
die geistigen Welten auseinanderrissen; nichts Sinnliches bleibt ungeistig,
nichts noch so hoch Geistiges entzieht sich der sinnlichen Gestaltung; der
Tod selbst wird zu einem bloßen Moment des Lebens, eins mit ihm unter
einem höheren Begriff des Lebens; man dürfte auch sagen in einem
tieferen Tod, jenem „Frieden Gottes", der „mehr als Vernunft beseliget —
wir lesen's"; so Gut und Böse unter einem höheren Begriff des Guten,
welches zugleich, nicht ein Ungutes, aber Übergutes ist; und so durchweg.

Wodurch aber werden alle diese Wunder vollbracht? Durch den Rückgang in jenen letzten Seins- und Lebensgrund, in die Unmittelbarkeit des
Aktes, der Energie (des „Im-Wirken-Seins"), der vom Mittelpunkt nach

dem unendlichen Umkreis seine Strahlen wirft, um sie von da zurückzu-
empfangen; ist er doch Mittelpunkt nur in Beziehung auf den Umkreis,
wie dieser Umkreis nur in der Zurückbeziehung auf den Mittelpunkt. Der
Quell kann nur gedacht werden, indem er fließt, wie der Fluß nur, indem
er unablässig aus ihm entströmt. Der Augenblick gerade umfaßt das Ganze
des Umkreises, und dieses wiederum ist ein Ganzes nur, indem es aus
einem Augpunkt zur Einheit, zur Ganzheit gebracht wird.

Kein deutlicheres Symbol dafür gibt es wohl als die Leibnizsche
Monade. Jedem Einheitspunkt, als Blickpunkt, stellt dasselbe eine unendliche Universum, doch immer anders und anders, sich dar; jedem für
sich, wie wenn es allein wäre mit seinem All, denn die Monade hat ja
keine Fenster, durch die sie hinauslugen, oder ein ihr absolut Äußeres in
sie hineinscheinen könnte. Dennoch, und eben so, stimmen alle sich so er-
gebenden Bilder des einen Universums notwendig zusammen, so daß
ein Sichverstehen hin- und herüber, und zwar allgemein, möglich ist.
Simmel deutet irgendwo an, daß das Du eine so ursprüngliche Kategorie
sein müsse wie das Ich; das ist damit gegeben, daß das geistige Auge
wie das leibliche nicht sich selber sieht, sondern stets ein Andres. Zuletzt
gibt es, eben für ein Ich, kein bloß sächliches Andres, sondern nur den
Andern; kein Nicht-Ich, sondern nur ein Gegen-Ich; deren Gegensatz
sogleich wieder sich ausgleichen muß zum Über-Ich: der „Einheit der
Einheiten", Gott, die eben damit, nicht sowohl dem Begriff, als dem Erleben nach, gegeben ist, nicht als ein wiederum besonderes Ich (Person),
sondern als Allheit aller Sondereinheiten, die gerade als solche nicht
selbst wieder Sondereinheit sein darf. Eine Religion, die Religion bliebe,
„auch wenn kein Gott wäre". Aber vielmehr das besagt es, daß Gott ist.
Nur das trennende Gegenüber von Gott und Seele fällt weg — wie in der
sogenannten Mystik Eckeharts. Eben damit fällt auch die Erlösungsbedürf-
tigkeit; die Seele wird so erlösungs- wie seinssicher. Nichts andres aber
ist, auf seinem Gipfel, auch Luthers „Glaube", von dem gilt: „Glaubst du,
so hast du, glaubst du nicht, so hast du nicht." Glaube ist Sicht des Unsichtbaren. So aber lebt Rembrandts Kunst ganz in einem Glauben, der keinen
Gegensatz zum Schauen mehr bedeutet. Will man von Symbolisierung
bei ihr nicht reden, so ist es doch „Individualisiertheit in ihrer allgemeinsten
Form", ist es das „Funktionelle" des Seelischen, das in ihr (in Lichtbehand-
lung und allem andern) sich darstellt; das aber ist eben die Symbolisierung, daß das Allgemeine, Funktionelle am Einzelnen sich darstellt,

notwendig darunter mitverstanden wird. Nur braucht Kunst als Kunst
danach nicht zu fragen, was in ihr bloß im Symbol, mittelbar, was unmittelbar geschaut sei; denn als Kunst ist es allerdings nicht Glaube,
sondern Schau; wie überhaupt alles Philosophische, was Philosophie in
ihr wiederfindet, nicht der Kunst als Kunst zugehört, sondern allein die
ihr allerdings wesentliche Beziehung zu den andern Bewußtseinsrich-
tungen angeht. Der Kunstschaffende dagegen, wie der Kunstgenießende,
darf sich gesagt sein lassen:

> „Doch ihr, die echten Göttersöhne,
> Erfreut euch der lebendig reichen Schöne!" —

Unmittelbarer muß wohl religiöse wie philosophische Weltanschauung
in der Dichtung sich aussprechen. Fragt man aber, welcher Name
die deutsche Dichtkunst am vollsten und reinsten vertritt, so ist es wohl nicht
möglich einen andern zu nennen als Goethe. Weltmächtig ist die deutsche
Dichtung allein durch ihn geworden. Kein andrer umfaßt wie er allen
Gehalt, den je Dichtung in sich aufgenommen hat, oder hat wie er vermocht ihn in Formen von kaum erschöpfbarem Reichtum zu gießen.
Zugleich fällt im Vergleich gerade mit den Größten neben ihm sofort in
die Augen, daß seine Dichtung, so sehr sie mit Philosophie und Religion
getränkt ist, doch nie in Gefahr kommt, ins Philosophieren oder ins Perorieren zu verfallen, sondern der Eigenart des Künstlerischen immer treu
bleibt. Er, der einzige, lebt ganz in Anschauung, die, auch wenn „Weltanschauung", doch stets lebendige Bildkraft bleibt, nicht in bildlose Abstraktion sich verliert oder in bloßen Gefühlsrausch zergeht. Er hat Philosophie
und Religion, sofern sie zum Menschentum gehören; das Ganze des
Menschentums aber drückt sich ihm aus als Kunst, und zwar Wortkunst.
War es ihm, dem Augenmenschen, versagt, es in der bildenden Kunst zu
mehr als einem edleren Dilettantismus zu bringen, so war er dafür bildender Künstler im höheren Sinn: Lebensbildner, sich selbst und Andern,
unserem ganzen Volke. Als solchen fühlt und weiß er sich selbst im Alter,
und als solchem sind wir alle ihm verpflichtet, mehr als uns meist bewußt
ist; als solchen erkennt ihn, erstaunlich klar für einen Ausländer, Thomas
Carlyle. Nie mehr hätte von da an das Wort „Bildung" in einem ober-
flächlicheren Sinne verstanden werden dürfen; besagt es doch ihm und
wer seinem Sinne treu geblieben, nichts geringeres als Gestaltung des
ganzen Lebens zum lebendigen Kunstwerk. Prometheus, der seine

Menschenbilder nicht nur formt, sondern, von Minerva selbst zum Lebensborn geleitet, sie zum Leben erweckt, ist das sprechende Symbol dessen,
was Goethe als Sinn der Dichtung vor Augen steht. Dichtung, Kunst
sind nur viel zu schwache Ausdrücke dafür. „Dichtung" besagt nur das freie
Erdenken, „Kunst" allenfalls die Potenz der Verlebendigung, „Bildung"
den Akt; und den muß man wieder prägnant verstehen, als Akt der Lebensgestaltung: echtes Leben ist nicht, was nicht gestaltet, Gestalt nicht, was
nicht lebendig ist und fort und fort Leben gestaltend weiter wirkt.

Solch Prometheischer Bildner mochte auch wohl Prometheustrotz in
sich verspüren: „Hier sitz ich, forme Menschen nach meinem Bilde, ein
Geschlecht, das mir gleich sei..." Da scheint es oft, als solle nichts,
weder Menschliches noch Unter- und Übermenschliches anders gelten, als
sofern es in und aus ihm sich gestaltet, einzig zu seiner Selbstvollendung.
Doch ist der Quell seines Prometheischen Bildens der urewige Platonische
Eros: „Sprich, rede, liebe Lippe, mir! O könnt ich euch das fühlen geben,
was ihr seid!" Das gehört vor allem zu seiner Selbstbildung, daß sie sich
ergießen will in alles, in alle, daß sie sich mitteilen muß. Immerhin,
auch so bleibt, wie seine ganze sittliche, religiöse, selbst wissenschaftliche,
philosophische Art, so die Auffassung seines Künstlerberufs durchaus persönlich gerichtet. Damit kann er scheinen aus der Linie ganz herauszu-
treten, die bis dahin unsere Betrachtung innehielt, und die als Kernlinie
durch die Geschichte des deutschen Geistes uns bis hierher sicher geleitet
hat. Dieser Zug scheint Goethe bestimmt zu scheiden von Eckehart, Luther,
Rembrandt wie von Kant, Schiller, Beethoven, Pestalozzi und allen,
die diesen gleichen, ihn eher in eine Reihe zu stellen mit den Gewaltigen
der Renaissance, einem Lionardo oder Michelangelo, selbst mit Ludwig XIV. oder Napoleon, oder den willensmächtigen Gestalten Shakespeares, oder, wenn man sich lieber an die nähere deutsche Vergangenheit
hält, mit Nietzsche. Und doch braucht man bloß diese Namen zu nennen, um
sich sofort bewußt zu werden, daß hier doch ein sehr wesentlicher Unterschied ist. So wenig nahe sonst Goethe der Begriff „Pflicht" zu liegen
scheint, hier gerade, in seinem Persönlichsten, in der Auffassung seiner
„Sendung", bekennt er sich unumwunden zur „Pflicht des Mannes"
und weist jeden Verdacht des Übermenschentums weit von sich:

„Für Andre wächst in mir das edle Gut,
Ich kann und will das Pfund nicht mehr vergraben!
Warum sucht ich den Weg so sehnsuchtsvoll,
Wenn ich ihn nicht den Brüdern zeigen soll!"

146

Das „Erkenne dich!" versteht er ganz im Sinne der Griechen: Werde deiner Grenzen dir bewußt, seien sie auch nicht engere als — die „Grenzen der Menschheit".

Übrigens hat es tiefen sachlichen Grund, daß dem zum Menschenbildner durch die Dichtkunst Geborenen der Persönlichkeitssinn der Menschenpflicht so bestimmt bewußt ist und bis zuletzt bewußt bleibt: Dichtung als Wortkunst hat ihr Zentrum in der unmittelbaren Wechselbeziehung von Person zu Person. Das zentrale Gebiet der redenden Kunst ist daher unweigerlich das Sittliche, im umfassendsten Sinn. Nur wo das Sittliche sich noch nicht voll aus dem Natürlichen herausgearbeitet hat (wie bei Homer), oder wo es noch ganz mit dem Religiösen zusammenfließt (wie im meisten Orientalischen), kann Dichtung unpersönlich sein. Von beidem ist genug auch in Goethe zu finden. Vielleicht das dem Gehalt nach Höchste seiner Dichtung liegt hoch über der Linie der bloßen Selbstaussprache, der nur persönlichen „Beichte". Vielmehr, nur persönlich ist nichts, was bei ihm zum Dichtwerk vollendet, nicht im Entwurf stecken geblieben ist; nicht das Höchste im Faust, besonders Gretchen, nicht Mignon und der Harfner, Orest, Iphigenie, Ottilie, oder was man nennen mag. Das alles ist weder bloß persönlich erfahren, noch wirkt es bloß naturhaft oder religiös, sondern im gründlichsten Sinne sittlich. Damit aber fügt es sich ganz in jene Kernlinie deutscher Seelenbildung ein. Welchen Begriff des Sittlichen erfüllt denn Iphigeniens und Orests oder Tassos innere Befreiung, Ottiliens Selbstopferung, wenn nicht den, den aus der Tiefe religiöser Anschauung Eckehart und Luther uns errungen haben, und mit dem Kants und Schillers Pflichtbegriff, wie man nicht verkennen sollte, zuletzt im tiefsten Einklang steht? Denn nicht „das, was uns alle bändigt, das Gemeine" will die Tauglichkeit der Maxime zum allgemeinen Gesetz besagen, sondern das Menschliche, wie es auch Goethe nie anders verstanden hat. Damit aber streitet es gar nicht, wenn Goethe stets von seinem Mittelpunkt, seinem Hier und Jetzt aus auch die sittliche Welt sieht: „Hier meine Welt, mein All! Hier fühl ich mich, hier alle meine Wünsche in körperlichen Gestalten; meinen Geist so tausendfach geteilt und ganz — in meinen teuren Kindern!" Damit aber gilt ihm nicht bloß: „So bin ich ewig, denn ich bin", sondern: „Wir alle sind ewig." Und so denkt sein Prometheus auch die Götter: „Sie sähen das Vergangene, das Zukünftige im Gegenwärtigen, Und ihre Leitung, ihr Gebot sei uranfängliche, uneigennützige Weisheit." Ihre Leitung, ihr Gebot:

die Leitung, das Gebot des Sittlichen; uranfängliche Weisheit: aus
Ewigkeitsgrund geschöpfte; eben darum uneigennützig, dir geltend wie
mir, mir wie dir, denn „wir alle sind ewig“. So spricht Goethe, mitten
aus dem titanischen Überschwang der Jugend, der kaum in einer seiner
Dichtungen so losgelassen persönlich sich zu äußern wagt wie in diesem
seinem gotttrotzenden Prometheus.

Jeder letzte Zweifel aber muß fallen für den „aufmerksamen geraden
Deutschen“, der nur ein einziges Mal sich klar gemacht hat, wie dieser Mann,
nach seinem bekannten Geständnis, „sich’s hat sauer werden lassen“.
War sein ganzes Dichten und Trachten Selbstbildung und Menschenbildung, so wurde eben dies ihm ernsteste Arbeit, „Methode“ ganz in dem umfassenden Sinn, den für uns dies Wort einschließt: unermüdetes Weitergehen, rastloses Verfolgen des klar vorgeschauten Weges, in fortwäh-
render gewissenhafter Richtungnahme, selbstprüfender Rück- wie Voraus-
schau. Rechenschaft fordert er von sich selbst, Rechenschaft gibt er, weil er
ja nicht bloß für sich gearbeitet haben will, auch den Andern, schon von
früh an, vollends im Alter der Ernte. Auch in seiner Kunst hat er, der
vielleicht mehr als irgendeiner auf die Offenbarungen des Genius sich zu
verlassen versucht sein konnte, allzeit gearbeitet, in der späteren Zeit fast
zu sehr: weil er nicht bloß Wortkünstler, sondern Menschenbildner sein
wollte. Und darum nun fühlte er das Bedürfnis, die sittliche, die Menschenwelt, deren Gestaltung den Kern seiner wie aller echten Bildung ausmacht,
zu unterbauen durch ein sehr ernstes Naturstudium und zu überbauen
durch ein nicht minder ernstes Studium der Seelen- und Gotteskunde,
durch welche beide er sich die ihm erreichbare Wahrheit, eben damit sie
ihm ganz Wahrheit, seine persönliche Wahrheit sei (andre gibt es für ihn
nicht), nicht irgendwoher von außen aneignen, sondern nur selber erarbeiten,
das heißt, wiederum seiner eigensten Natur gemäß, nicht anders als künstlerisch erbilden konnte.

„Hier meine Welt, mein All“ — wenige haben es so klar gewußt, daß
und warum dem Menschen diese Welt, dies All ganz seines ist: „Der
Mensch kennt nur sich selbst, insofern er die Welt kennt, die er nur in sich
und sich nur in ihr gewahr wird. Jeder neue Gegenstand, wohl beschaut,
schließt ein neues Organ auf“ — was ebenso auch in der Umkehrung gilt.
Kant brachte ihm darüber die volle theoretische Klarheit und strenge wissenschaftliche Rechenschaft; ihm selbst war das wie angeboren. Natur und
Kunst hatten es für ihn nicht nötig erst eins zu werden, sie waren es von

je. Nun aber fand er bei Kant „das innere Leben der Kunst so wie der Natur, ihr beiderseitiges Wirken von innen heraus ... deutlich ausgesprochen. Die Erzeugnisse dieser zwei unendlichen Welten sollten um ihrer selbst willen da sein, und was neben einander stand, wohl für einander, aber nicht absichtlich wegen einander". Und wenn er, gegen Kants Warnung, das „Abenteuer" der „intellektuellen Anschauung" „mutig zu bestehen" gesonnen blieb, befolgt er doch wirklich das von Kant vorgezeichnete Verfahren „reflektierender Urteilskraft", wenn er „rastlos dringt" auf ein „Urbildliches, Typisches", als den „prägnanten Punkt, von dem sich vieles ableiten läßt, oder vielmehr, der vieles freiwillig aus sich hervorbringt ..." Das heißt ihm denkende Anschauung, anschauendes Denken: „Da im Wissen" — von außen her — „sowohl als in der Reflexion" — von innen nach außen — „kein Ganzes zusammengebracht werden kann, weil jenem das Innere, dieser das Äußere fehlt, so müssen wir uns die Wissenschaft notwendig als Kunst denken, wenn wir von ihr irgendeine Art von Ganzheit erwarten. Zwar haben wir dieses nicht im Allgemeinen ... zu suchen, sondern, wie die Kunst sich immer ganz in jedem einzelnen Kunstwerk darstellt ...", so müßte „die Wissenschaft sich als jedesmal ganz in jedem einzeln Behandelten erweisen" und, gleich der Kunst, ihr Objekt erstehen lassen im „lebhaften fruchtbaren Ergreifen des Augenblicks": schlechthin konkret, im individuellen Fall. Daß dies allerdings nicht anders möglich ist als durch Symbolik, die allein „das Widerstrebende vermittelt, ohne eins im andern zu vernichten oder alles in charakterlose Allgemeinheit zu verflößen", diese ganz Kantische Antwort mochte er sich von Ernst Meyer gern gefallen lassen. Ihm selbst war es schon von Haus aus nichts Fremdes, daß zuletzt alles Vergängliche nur ein Gleichnis des Unvergänglichen, in allem Sichtbaren ein letztes Unsichtbares, nur dem Denken Erfaßliches eingeschlossen sei. Immerhin verkennt er, daß für Naturwissenschaft im strengen Sinn „gegenständliches" Denken nur gegenstellendes, Subjektives erst auf den gesuchten Gegenstand zurückbeziehendes und nur so vielmehr objektivierendes als objektives ist und sein kann. Daher begegnet ihm besonders in seinem trotz alles Mißerfolgs hartnäckig fortgesetzten Studium der Farbenlehre, subjektiv richtig Gesehenes ebendamit für Objektives im Sinne der Physik zu halten und die Physiker hart anzulassen, die ihm das nicht gelten lassen konnten. Er hatte recht in dem unwiderleglichen Gefühl, daß sein Subjektives nicht nur auch ein unangreifbar Naturwahres, sondern sogar das einzig

voll Naturwahre sei, gerade indem ihm mit keiner Objektivität mathe-
matischer oder physikalischer, unterbauender Methodik beizukommen ist.
Nur verkannte er damit den Sinn und das unantastbare Recht dieser
Methodik.

So aber führte nun eben diese Naturanschauung ihn notwendig zurück
auf eine erst recht ihm unmittelbare, nicht theoretisch erklügelte, durch und
durch monadistische Seelenvorstellung, wie sie vor allem seiner Faust-
dichtung (2. Teil) durchweg zugrunde liegt. Er hat sie in Spinoza mehr
hinein- als aus ihm herausgelesen, obgleich er nicht ganz Unrecht hatte,
sie wenigstens keimweise auch in ihm zu finden. In dem naiven: „So bin
ich ewig, denn ich bin“ ist eigentlich das innerste Motiv dieser Seelenlehre
schon ausgesprochen. Individuität kann nicht bewiesen werden, sie beweist sich selbst, indem sie sich erlebt; sie durch irgend etwas Andres erst
beweisen zu wollen ist widersinnig, weil alles, woraus man sie herleiten
möchte, in ihr selbst allein liegt. Ebendamit folgt aber schon ohne weiteres:
„Wir alle sind ewig.“

Diesen, hier nur in den allerersten Grundzügen gekennzeichneten Unter-
und Überbau seiner Dichtung muß man kennen und stets gegenwärtig
haben, man muß in Goethes Welt leben, wenn man die Herrlichkeiten
seiner Dichtwerke wie die gemalten Fensterscheiben „farbig helle“ von
innen, und nicht, wie „der Herr Philister“, verdrießlich von außen, „vom
Markt in die Kirche hinein“ sehen will. So erst werden sie als ganze voll
lebendig und beleben uns mit. Carlyle hat davon etwas begriffen, obwohl
zu einseitig nach der religiösen, nicht ebenso bestimmt nach der Natur-
seite. Er erkennt darin den auszeichnenden Charakter der Dichtkunst
Goethes, daß sie nicht bloß Dichtkunst, sondern Weltgestaltung, Lebensgestaltung ist. Besonders aber dafür rufen wir gern sein Zeugnis gerade
als das eines Nichtdeutschen an, nicht daß er wegen dieses Vorzugs
Goethe überhaupt eine überragende Stellung einzig neben Homer und
Shakespeare anweist, sondern daß er das Unterscheidende des deutschen
Charakters darin erkennt. Warum, fragt er, ist die Geschichte seines Geistes
zugleich die der deutschen Bildung in seinen Tagen? Warum blickt jeder
Deutsche, vom Bauern bis zum König, vom grünen Dilettanten und Ver-
liebten bis zum Transzendentalphilosophen, auf ihn nicht bloß mit Bewun-
derung, sondern mit einem milderen, dankbareren Gefühl fast wie eines
Sohnes oder Enkels zu seinem Ahn; warum nimmt keiner seit den Tagen
Luthers nicht mit seinen Werken allein, sondern mit seinem ganzen Leben

einen so breiten Raum in der Geschichte seines Volkes ein? Weil er im strengen Sinne war, was die Philosophie einen Menschen nennen kann; weil er im Unterschied fast von allen zumal modernen Dichtern volles harmonisches Menschentum (manhood) in sich darstellte, es in sich gepflegt (cultivated) hatte mit einer Treue, einem unermüdeten Ernst wie kein Anderer in seiner Zeit. Darum spricht seine Weisheit zur ganzen Seele und enthüllen sich in ihm Spuren der ungesehenen, doch nicht unwirklichen Welt. Er hatte den Todeskampf der Zeit in sich durchgekämpft und war seiner Herr geworden, nicht indem er den Unglauben des Zeitalters verleugnete, sondern indem er ihn bis zu Ende verfolgte. Er hatte nicht mit dem Kopf allein, sondern mit dem Herzen gelernt. Er war nicht ein deutscher Voltaire, d. h. ein Zerstörer, sondern ein Aufbauer. Dafür mußte das deutsche Volk volles Verständnis haben, weil es von dem Zeiteinfluß des zersetzenden Unglaubens zwar nicht unberührt, aber im innersten Kern doch freier geblieben war als die andern Völker Europas. Ganz ergriffen ist Carlyle von dem Siege des „ewigen Ja" in Goethe: Schlag deinen Byron zu und schlag Goethe auf! lautet sein allgemeines Rezept gegen den seelischen Verderb des Zeitalters. Was war es, das Goethe zu solchem Sieg befähigte? „Dieser Mann herrscht und wird nicht beherrscht. Die ernsten und feurigen Kräfte einer höchst leidenschaftlichen Seele liegen schweigend im Mittelpunkt seines Wesens ... Nichts draußen, nichts drinnen rührt ihn auf oder hat über ihn zu sagen. Die heiterste, launigste Phantasie, der durchdringendste Forscherverstand, die kühnste, tiefste Einbildungskraft, die erhabensten Schauer der Freude, die bittersten Qualen des Schmerzes, alles ist in seiner Gewalt, nicht er in ihrer ... Er ist König über sich selbst und über seine Welt, und er herrscht über sie nicht wie ein gemeiner „großer Mann", ein Napoleon oder Karl XII., durch die bloße rohe, auf kein oder ein falsches Prinzip gestützte Willensgewalt, sondern unter den milden Fittichen der Vernunft, so wie die unbändigen Urelemente der Natur gesänftigt wurden durch das Erscheinen des Lichts und unter seiner sanften Hülle zusammengeknüpft zu einer herrlichen, wohltätigen Schöpfung ... Goethes inneres Heim ist auferbaut durch langsame, mühvolle Anstrengungen, aber es steht darum auch auf keinem hohlen oder trügenden Grund, sein Friede ruht nicht auf Blindheit, sondern auf klarem Sehen, nicht auf ungewisser Hoffnung einer Änderung, sondern auf sicherer Einsicht in das, was keiner Änderung unterliegt ... Er hat furchtlos unter-

sucht, furchtlos das Falsche ausgeforscht und verneint, aber er hat auch
nicht vergessen, was ebenso wesentlich und unendlich schwerer ist: das
Wahre zu erforschen und anzuerkennen."

Solche Tapferkeit des geistigen Ringens, der Bewältigung all der Unholde drinnen in der Seele selbst darf wohl als deutsche Tugend in ihm
gewertet werden. An seinem Pindar war es dem jungen Stürmer aufgegangen, was das heißt, einer Sache Meister sein. Da las er (wir erkennen
das uralt arische Gleichnis): „Wenn du kühn im Wagen stehst, und vier
neue Pferde wild unordentlich sich an deinen Zügeln bäumen, du ihre
Kraft lenkst, den austretenden herbei-, den aufbäumenden hinabpeitschest
und jagst und lenkst und wendest, peitschest, hältst und wieder ausjagst,
bis alle sechzehn Füße in einem Takt ans Ziel tragen: das ist Meisterschaft,
ἐπικρατεῖν[1], Virtuosität." „Dreingreifen, packen ist das Wesen jeder
Meisterschaft. Ich finde, daß jeder Künstler, solang seine Hände nicht
plastisch arbeiten, nichts ist ... Was Tätiges an mir ist, lebt auf, da
ich Adel fühle und Zweck kenne." So der junge Titan. So läßt er, bewußt
und gewollt, allen Überschwang der Schmerzen und Wonnen, in sein
Herz ein, um aus dem Mittelpunkt seines Wesens beider gleich Herr zu
werden. Darum aber vermag er nun auch mit dem schlichtesten Lied uns
an die Seele zu greifen wie keiner zuvor und keiner wieder.

> „O laß doch immer hier und dort   Mich ewig Liebe fühlen,
> Und möcht der Schmerz auch also fort   Durch Nerv und Adern wühlen!"

so betet dieser junge Titan; und:

> „Der du von dem Himmel bist,
> Alles Leid und Schmerzen stillest,
> Den, der doppelt elend ist,
> Doppelt mit Erquickung füllest,
> Ach, ich bin des Treibens müde!
> Was soll all der Schmerz und Lust?
> Süßer Friede,
> Komm, ach komm in meine Brust!"

Solche Sehnsucht begleitet ihn bis zuletzt. Aber es wird „Selige Sehnsucht":
„Das Lebendge will ich preisen, das nach Flammentod sich sehnet." —
Und das ist nicht Verzicht des Altgewordenen, dasselbe bekennt schon sein
trotzigstes Jugendwerk:

> (Prometheus:) Wenn aus dem innerst tiefen Grunde
>   Du ganz erschüttert alles fühlst,
>   Was Freud und Schmerzen jemals dir ergossen,

---

[1] Darüber Gewalt haben, „obwalten".

Im Sturm dein Herz erschwillt,
In Tränen sich erleichtern will
Und seine Glut vermehrt,
Und alles klingt an dir und bebt und zittert,
Und all die Sinne dir vergehn,
Und du dir zu vergehen scheinst
Und sinkst,
Und alles um dich her versinkt in Nacht,
Und du in inner-eigenstem Gefühl
Umfassest eine Welt —
Dann stirbt der Mensch.

(Pandora, ihn umhalsend:) O Vater, laß uns sterben!

(Prometheus:) Noch nicht.

(Pandora:) Und nach dem Tod?

(Prometheus:) Wenn alles, Begier und Freud und Schmerz
In stürmendem Genuß sich aufgelöst,
Dann sich erquickt, in Wonne schläft,
Dann lebst du auf, aufs jüngste wieder auf,
Von neuem zu fürchten, zu hoffen, zu begehren!

So weisen noch die späten Gluten seines Altersempfindens zurück auf die lodernbsten Flammen seiner Jugend.

Dazwischen liegt freilich eine Periode, da fast zu sehr alle Stürme beschwichtigt scheinen. Nicht mehr kämpfen da die zwei Seelen in seiner Brust. Italien, die Anschauung der südlichen Natur und naturhaften Menschheit, die Versenkung in die antike und Renaissance-Kunst hat Geist und Sinne in ihm zum Frieden gebracht, manchmal will es scheinen, nur allzu sehr zugunsten der Sinne. Die „Freiheit" ist gebändigt zur „Form", bis zum Verzicht auf jeden kühneren Flug ins Reich des noch ungeformten Unendlichen. Bis zum Befremden verliert sich damit die kühne Jugendlichkeit des unmittelbaren Schöpfens aus dem Quell des eignen, persönlichsten Erlebens, nicht selten bis zu einer Erstarrung in Abstraktionen, einer Kühle der Gegenständlichkeit, einer Fertigkeit, Unnahbarkeit, Zugeschlossenheit, die grell absticht gegen die ungestüme, doch immer liebewarme, glühende Subjektivität des Prometheischen Schaffensdranges, durch die der junge Goethe entzückte und in all seiner Unfertigkeit doch sein Größtes vollbringen konnte. Dafür entschädigt nicht die reine Vollendung, in der die Schöpfungen seiner „klassischen" Zeit die Vis superba formae, die „stolze Gewalt der Form", sieghaft beweisen und die Kunstwerke seiner Dichtung wirklich, so wie er es in der plastischen Kunst der Alten empfand, als höchste Naturwerke des Menschen erscheinen, in denen „alles Willkürliche, Eingebildete zusammenfällt". Es tat wohl dem Deutschen not, das einmal zu erringen, es war für ihn das Schwerste von allem; wie sollte er dem nicht dankbar sein, der, mit härtestem Siege über die eigene grunddeutsche Natur, das für ihn errang? Und wenn dabei unleugbar die Kraft ursprünglicher Schöpfung fast zerbrochen ist und nie ganz wieder die volle Frische der Jugend erreicht, so war wohl jene Weite und Größe ganzer Menschenbildung, durch die Goethe nicht bloß in seiner Zeit und seinem Volke, sondern in der ganzen Weltgeschichte der Kunst einzig dasteht, bedingt durch den Rückgang auf den Einheitsgrund von Wissenschaft und Kunst, der nur auf dem Wege jener strengen und harten Selbstbezwingung, nicht bloß ihm, nicht bloß dem Deutschen, sondern dem modernen Menschen erreichbar war. Nach dieser Seite bedeutet Goethe in der Tat den Gipfel der Moderne, als deren Grundwesen sich uns ergab die geistige Weltherrschaft des Menschen eben durch jene „stolze Gewalt der Form". Diese hat keiner so begriffen, so bewußt sich erstritten und in seinen höchsten Schöpfungen mit dem einzig bündigen Beweise, dem der Tat, wahrgemacht wie er. Aber, bliebe das nun das Einzige und das Ganze, so wäre damit für ihn, für uns und für die Menschheit alle Aussicht dahin, über die Grenze der Moderne hinaus den weiteren, letzten und größten Schritt zu tun, den der Rückführung der nur endlich verstandenen Formung zum überendlichen Grund. Dieser Schritt aber ist angezeigt durch die ganze Geistesentwicklung der abendländischen Menschheit, weit am deutlichsten durch die Geschichte der deutschen Seele in Religion und Philosophie, in der bildenden Kunst Rembrandts, der musikalischen Beethovens.

Ganz abgesehen aber von aller geschichtlichen, weltgeschichtlichen Beurteilung, muß gesagt werden, daß die Resignation der mittleren Periode in Goethes Entwicklung, diese Flucht vor dem Unendlichen und einseitige Betonung der vollendeten Gestalt, aus einem tiefen Irrtum floß, aus dem falschen Glauben, daß zwar nicht die Idee selbst die Erscheinung, die Erscheinung selbst die Idee, aber doch ein unmittelbares Einswerden beider bis zur völligen Deckung möglich sei; wie es in zahlreichen Äußerungen gerade seiner mittleren Periode ihm offenbar vor Augen schwebt. Auch Kant hat ihn, trotz der philosophischen Schule, in die Schiller ihn nahm, über diesen Irrtum nicht völlig aufgeklärt; eher scheint Schiller selbst in einigen Wendungen ihm über die zarte Grenze des Richtigen hinaus nachzugeben. Es kann hier nicht ausgeführt werden, es ist namentlich durch Ernst Cassirer überzeugend gezeigt worden, daß mindestens in Goethes

Kunsttheorie, in gewissem Umfang aber auch in seinem Kunstschaffen selbst
seit der italienischen Reise, die gleiche Erstarrung der Idee zur unbeweg-
lichen Form sich beobachten läßt, die, bei der tiefsten Intuition, die ihn
besonders in seinen biologischen Forschungen immer zum Richtigen zurückkommen ließ, ihn doch unfähig machen mußte, über Sinn und Recht der
grundlegenden Methodik der Naturwissenschaft zur Klarheit zu kommen.
Gerade wenn er den so glücklich getroffenen Gedanken des beweglichen
Gesetzes streng festhielt, hätte Goethe, auch ohne in die exakte Forschung
selbst, die ihm nach seiner ganzen Geistesart unzugänglich bleiben mußte,
sich einzulassen, doch wenigstens im allgemeinen begreifen müssen, daß
der beweglichen Gesetzlichkeit der Natur nicht anders als mit der strengsten Strenge mathematischer Bestimmung wirklich näherzukommen sei.
Aber weil er, was „in schwankender Erscheinung schwebt", befestigt sehen
will mit „dauernden Gedanken", so sucht er diese Befestigung, nachdem er
den allein wissenschaftlichen Weg dahin sich selbst verschlossen hat, in der unmittelbar in der Erscheinung vermeintlich angeschauten Idee, die er das
„Urphänomen" nennt. Kant hätte ihn lehren können, daß eben der Individuität und Kontinuität des letzten Konkreten, in der er mit größtem
Recht das schließliche Problem nicht der Biologie allein, sondern der Natur
überhaupt sah, einzig näherzukommen ist in folgerechter Erweiterung
der Methodik der exakten Wissenschaft vom „Gesetze" des „Verstandes"
zur „Idee" der „Vernunft", von der Starrheit der Kausalgleichung zur
flüssigeren Methodik der regulativen Teleologie.

Damit ist nun aber auch die Grenze dessen bezeichnet, was in Goethes
Naturforschung grundsätzlich verfehlt war. Ist dies Eine berichtigt, so ist
es von da ab überall möglich, Goethe durch Goethe selbst zu korrigieren.
Wird ihm doch, besonders schön in der „Metamorphose" der Pflanzen
wie der Tiere, die starre „Gestalt" ganz zur lebendig fließenden Gestaltung,
Um- und Neugestaltung, zu dem Paradoxon der „geprägten Form, die
lebend sich entwickelt". Mehr: er begreift, daß überhaupt im Menschlichen (und was gehörte ihm nicht dazu?) gerade das Höchste, das Vor-
züglichste gestaltlos sein muß; gestaltlos, weil übergestaltig, nämlich
ewig fort in Gestaltung begriffen, zur Gestalt erst zu bringen, auf dem
Wege zu ihr, darum Sache der Tat, der lebendigen Schöpfung: „Das
Ewge regt sich fort in allen"; und: „Uns zu verewigen sind wir ja da!"
Er erkennt den Grundfehler der bisherigen Biologie darin, daß in ihr
„alles Wandelbare stationär, das Fließende starr, und dagegen das gesetz-

lich Raschfortschreitende sprunghaft angesehen, das aus sich selbst heraus-
gestaltete Leben als etwas Zusammengesetztes betrachtet“ wurde. Als
ein Tun, das sich von innen her selber begrenzt, begreift er die Metamorphose der Pflanzen und Tiere. In dem Streit zwischen „Macht und
Schranken, Willkür und Gesetz, Freiheit und Maß, beweglicher Ordnung“
siegt die Freiheit. Unter diesem Gesichtspunkt muß man das Naturstudium
Goethes würdigen, so wird man ihm erst ganz gerecht. Es ist das volle
Gegenteil einer Naturalisierung des Geistes, vielmehr vollste Durchgei-
stigung, Durchseelung der Natur. Gerade das liegt ganz auf dem Wege
Kants. Seit ihm durfte „Natur“ nur gedacht werden als Gestaltung der
Erscheinung nach dem eigenen Gesetze des Geistes, welches Gesetz, als das
nicht des „Verstandes“ allein, und nicht bloß auch, sondern zuletzt der
„Vernunft“, die erst dem Verstande, und freilich nur durch diesen der
Natur, das Gesetz gibt, schlechterdings dem Geiste selbst eigen, ganz
sein Werk ist. Die Kluft zwischen Anschauung und Denken wird damit
nicht weggeleugnet, aber in methodischem Fortschritt bis zu unbegrenzter
Näherung bewältigt.

Das ist es, was Goethe auf seinem instinktiven Wege getroffen hat.
Gerade wo er sich am freisten seiner künstlerischen Auffassung der Natur
überläßt, versteht er sich selbst darin besser, als wo er sich quält, sie theoretisch zu formulieren und zu rechtfertigen. Das schlechthin Individuelle ist
ihm erst das Wahre, weil das Konkrete; alles nicht Individuelle ist Abstraktion. Daher hat jeder seine eigene Wahrheit, und doch ist es immer
dieselbe; gerade „wenn man mit sich selbst einig ist, ist man es auch mit Andern“; wie es jeder in sich klare Individualismus, wie es besonders Leibnizens
Monadismus auch meint. Daraus folgt nicht ein bloßer Apriorismus der
Form, zumal eines starren Systems bloßer Formen, sondern die radi-
kalere, ebenso naiv von Pestalozzi erreichte Ansicht, daß überhaupt alles,
was das Subjekt vom Objekt wirklich erkennt, „Werk seiner selbst“ aus
den ursprünglichen Quellen des Geistes, und in nichts von außen herüber-
gewandert sein müsse. Darum kann Goethe, in eher noch umfassenderem
Sinne als Eckehart, sagen: „Suchet in euch, so werdet ihr alles finden,
und erfreuet euch, wenn da draußen, wie ihr es immer heißen möget,
eine Natur liegt, die Ja und Amen zu allem sagt, was ihr in euch selbst
gefunden habt.“ So behauptet er mit vollem inneren Recht die unantastbare Realität des Gesehenen, überhaupt des Sinnlichen; und so versteht
sich auch, wieso ihm das Faktische selbst Theorie, die Phänomene selbst

die Lehre, nichts dahinter zu suchen ist. In der Erscheinung ist ihm, ganz
wie Platon, die Idee präsent, das Schöne volle Wahrheit, nicht „Schein",
im Sinne der Täuschung, sondern volles Hineinscheinen des Lichtes der
Idee auch ins Sinnlichste des Sinnlichen; eben damit freilich die „Wahrheit" des Sinnlichen etwas ganz andres als die „Wirklichkeit" des bloß
Sinnlichen; vielmehr es gibt gar kein bloß Sinnliches, die ganze Scheidung
der unteren und oberen Seelenkräfte ist überwunden, das Sinnliche ganz
zum Geistigen emporgehoben. Damit wird zugleich die Gefahr beschwo-
ren, daß der Unterschied zwischen Natur und Kunst sich verwischt: die
Kunst wetteifert nicht mit der Natur, sie hat ihre eigene Tiefe, ihre eigene
Gewalt; sie erkennt in den „höchsten Momenten" der Erscheinung das
Gesetzliche; das Künstlerische hat seine Vollendung rein in sich selbst:
höchste Wahrheit, aber keine Spur von Wirklichkeit. So heißt es auch,
in wiederum ganz Platonischer Wendung: kein Naturwirkliches, auch
nicht das Organische, entspreche ganz der ihm zugrunde liegenden Idee,
sie trete immer als fremder Gast in die Erscheinung; wer sie nicht in
sich hätte, würde sie in ihr nirgends gewahr werden; ja es bleibe zwischen
beiden immer eine Kluft, nur unser ewiges Bestreben müsse sein, diesen
„Hiatus" zu überwinden. Der Eintritt der Idee in die Erscheinung errege
sogar „eine Art von Scheu, bis zur Angst", ein Gefühl, als ob das aus
einer andern Welt komme.

Diese Gedankenrichtung gehört auch nicht etwa nur Goethes späterer
Zeit an. Der „Grenzen der Menschheit" war er sich doch schon längst
bestimmt bewußt: Mit Göttern soll sich nicht messen irgendein Mensch;
ein kleiner Ring begrenzt unser Leben, nach ewigen ehrnen, großen Gesetzen müssen wir alle unseres Daseins Kreise vollenden. Und, vermag der
Mensch — er allein — das „Unmögliche": zu unterscheiden, wählen und
richten, dem Augenblick Dauer zu verleihen, so ist zwar dies ein Göttliches
in ihm, aber er strebt darin nur der Gottheit zu gleichen; wollte er sich
aufwärts heben, mit dem Scheitel die Sterne berühren — „nirgends
haften dann die unsichern Sohlen, und mit ihm spielen Wolken und Winde."
Gerade das bedeutet ihm das Feststehen auf der wohlgegründeten
dauernden Erde: sich nicht vermessen, die Grenzen der Menschheit zu
übersteigen, das, was jenseits ihrer liegt, nur schweigend zu verehren.
Der Mensch ist in einen „Mittelzustand" gesetzt, und es ist ihm nur erlaubt, das Mittlere zu erkennen und zu ergreifen. Hier finden wir Goethe
ganz auf kritischem Boden. Vollends: „Wenn man mich fragt, wie ist

Idee und Erfahrung am besten zu verbinden? so antworte ich: praktisch." Diese Antwort darf wohl (trotz Simmel) ganz Kantisch genannt werden. Es ist kein Waffenstrecken vor den letzten Forderungen des Geistes, sondern ihre klare Erkenntnis eben als Forderungen, deren restlose Erfüllung zwar dem Menschen versagt ist, die aber gerade so ihn in Tätigkeit erhalten und, indem sie dieser Tätigkeit die Richtung weisen, ihre wahre bewegende Kraft auf ihn ausüben. Das ist das „Unmögliche", das dennoch der Mensch „vermag": unterscheiden, wählen, richten. Die Idee ist ewiges Richtmaß, aber nicht zu erreichendes Ziel: darin löst sich die Antinomie des Vermögens des Unmöglichen. Das bedeutet aber nicht eine mindere Realität der Idee, denn zuletzt ist das allein Lebendige der Akt, das Streben, das ewige Sichfortregen und nicht das Ruhen im erreichten Ziel: die Kernidee des „Faust". Die so stark betonte Weisheit, daß die Tätigkeit sich besondern muß, daß sie ihre Individuität nur durch Selbstbegrenzung bewahrt, streitet damit gar nicht: auch in der entschiedensten Beschränkung auf das Nächstgelegene, im Feststehn hier auf der Erde, im nützlichen Verbinden des Irrenden, Schweifenden, im unermüdeten Schaffen des Rechten steht sie doch immer unter der Leitung der Idee, die in die Ewigkeiten hinausweist.

Und das ist in der Tat nicht das Einzige und Letzte, sondern schließlich — nur ein Gleichnis, ein Symbol des Ewigen. Er habe, sagt Goethe einmal ganz geradezu, all sein Wirken und Leisten nur symbolisch angesehen. Auch das „Urphänomen" soll schließlich nur symbolisch gemeint gewesen sein. So fest er im Diesseits stand, hat er sich doch nie den jenseitigen Ausblick vermauert; nur verbietet ihm gerade die Ehrfurcht vor dem Göttlichen, viel davon zu reden. Die Fortdauer seiner „Entelechie" ist ihm nicht eine bloße Hoffnung, sondern, auf Grund der ihr wesentlichen Tätigkeit, ihres ursprünglichen, unverlierbaren Aktsinns, die unmittelbarste Gewißheit; eine Wendung des Kantschen Postulatgedankens, die dessen Widersprüche vermeidet. Daher bedeutet ihm Altern: stufenweis zurücktreten aus der Erscheinung, als Vorschritt der Erhebung zu „höhern Sphären". Er bleibt darin im Grunde nur seinem Gedanken der Metamorphose treu: „Alles Vollkommene in seiner Art muß über seine Art hinausgehen, es muß etwas Anderes, Unvergleichliches werden. In manchen Tönen ist die Nachtigall noch Vogel; dann steigt sie über ihre Klasse hinaus und scheint jedem Gefiederten andeuten zu wollen, was eigentlich Singen heiße. Wer weiß, ob nicht der ganze Mensch wieder nur

ein Wurf nach einem höheren Ziele ist?" Und: „Der Mensch wäre nicht
das Vornehmste auf Erden, wenn er nicht zu vornehm für sie wäre."
Und während er sonst von einer „rotierenden Bewegung der Monas um
sich selbst" spricht, „welche weder Rast noch Ruhe kennt", deren letzte
Eigentümlichkeit aber ein „Geheimnis" bleibe; ein „innerlich Grenzen-
loses, äußerlich Begrenztes", so wandelt sich in der wundersamen symbolischen Ausführung dieses Gedankens in der Makarie der „Wanderjahre" der Kreis zur Spirale: „Wenn man annehmen darf, daß die
Wesen, insofern sie körperlich sind, nach dem Zentrum, insofern sie geistig
sind, nach der Peripherie streben, so gehört unsere Freundin zu den geistigsten; sie scheint nur geboren, um sich von dem Irdischen zu entbinden,
um die nächsten und fernsten Räume des Daseins zu durchdringen ...
Sie erinnert sich von klein auf ihr inneres Selbst als von leuchtendem
Wesen durchdrungen, von einem Licht erhellt, welchem sogar das hellste
Sonnenlicht nichts anhaben konnte ..." Doch wandelt sie hilfreich „wie
ein Engel Gottes auf Erden, indem ihr geistiges Ganze sich zwar um die
Weltsonne, aber nach dem Überweltlichen in stetig zunehmenden Kreisen
bewegte ..." Gewiß will diese ganze, in jedem Zuge Platonische Phantasie
„nur ein Gleichnis" sein. Ist es nur Phantasie? Oder ist dieser ganze
jenseitige Ausblick nichts als ein Wunschtraum des aus den Erscheinungen
stufenweis zurücktretenden Alters, wohl gar ein Symptom greisenhafter
Schwäche, die sich selbst als Stärke mißversteht? (Simmel scheint es so
anzusehen.) Eine mir vorliegende, bisher ungedruckte, sorgsame Untersuchung der Seelenlehre Goethes gibt volles Licht darüber, daß Goethe,
gewiß nicht im Einzelnen dieser Ausführungen, aber jedenfalls im Kerngedanken ganz ernst genommen sein will. Auch hing er solchen Gedanken
nicht erst im Gefühl des nahenden Endes nach, sondern sie ergeben sich
ihm ganz folgerecht aus der durch und durch monadistischen Überzeugung,
die ihn schon von früh an bestimmte, die er aus Spinoza nicht erst herausgelesen, sondern zu seinem Studium schon mitgebracht und nur darum
(wie` schon gesagt, mit nur bedingtem Recht) in ihm wiedergefunden
hatte.

Die „Entelechie" bedeutet ihm, daß jedes Lebendige eine kleine Welt
ist, die um ihrer selbst willen und durch sich selbst da ist. „Hätte ich nicht
die Welt durch Antizipation bereits in mir getragen, ich wäre mit sehenden
Augen blind geblieben, und alle Erforschung und Erfahrung wäre nichts
gewesen als ein ganz totes, vergebliches Bemühen. Das Licht ist da, und

die Farben umgeben uns, allein trügen wir kein Licht und keine Farben im eigenen Auge, so würden wir auch außer uns dergleichen nicht wahrnehmen." Der „Homunkulus" im „Faust" bedeutet, nach Riemers Zeugnis, die reine Entelechie, den Geist, wie er vor aller Erfahrung ins Leben tritt; dem die Welt schon aufgegangen ist vor aller Erfahrung. Selbstheit, Individualität ist Erhaltung des Selbst, auch Selbstüberwindung in Wahrheit Selbstbehauptung, Selbstverwirklichung, Sieg der Entelechie; vielmehr nicht bloße Erhaltung, sondern ständige Erweiterung, damit Freiheit; so die scheinbare Selbstbeschränkung in der Liebe wirklich Überwindung der Schranke, das wahrste Mysterium des Verzichts auf Freiheit aus Freiheit; Verzicht auf Herrschaft höchster Beweis der Herrschkraft. Somit ist die bestimmende „Form" nichts Starres, Unveränderliches. Sie kann, sie muß sogar sich auflösen, aber nur um in eine andere, höhere überzugehen. Nur nach außen erscheint solcher Übergang als Auflösung; das allein besagt das stufenweis Zurücktreten aus der Erscheinung. Jedes individuelle Lebendige verharrt in seinem Charakter bis zum Gipfel seines Daseins, ohne an Rückkehr zu denken. Hat aber die Form einmal sich ausgewirkt, so tritt es zunächst in einen scheinbaren Ruhezustand. Das allmähliche Absterben im Alter ist wie die Verstäubung der Pflanze, die letzte Verstäubung nur Befreiung vom lästigen Stoff, damit die Fülle des eigentlichst Inneren endlich aus lebendiger Grundkraft zu einer unendlichen Fortpflanzung sich hervortue. Hellstes Licht fällt von da auf die weniger verstandene als berühmte „selige Sehnsucht" des „Stirb und Werde", wie auf das frühe Zeugnis seiner Auffassung von Tod und Fortleben im „Prometheus". Die mystischen Anklänge in diesen Äußerungen sind nicht zufällig; Goethe hat sie hauptsächlich aus Plotin geschöpft, bei dem er ja auch das Platonische Wort vom sonnenhaften Auge fand. Wie im Faust (2. Teil) diese Ansichten dichterisch geformt werden, mag der hoffentlich baldigen Veröffentlichung der gedachten Untersuchung vorbehalten bleiben.

Unter diesen letzten Ausblicken aber erhellt sich uns Goethes ganze Laufbahn und erweist sich erst recht ihre typische Allgemeingültigkeit. In aller Klarheit treten die drei großen Stufen auseinander: erst ein titanisch Berg auf Berg türmendes Hinanstürmen zur Höhe des Menschseins, dann die fast olympische Vollendung auf dem erreichten Gipfel, zuletzt eine Bewegung, nicht wieder abwärts, sondern vom Menschen weg, über ihn hinaus zu „höhern Sphären". Diesem Stufengang ent-

spricht: das immer tiefere Sich-einwurzeln in den Naturgrund des
Menschenlebens; seine vollendete Darstellung in reiner Kunst, und das
Übergipfeln auch dieses Gipfels in den jenseitigen Ausblicken der Religion.
Wir sprachen von einem Unter- und Überbau der Goetheschen Dichtung;
kein andrer Unter- und Überbau als dieser war der Sache nach möglich.
Und so beschreibt Goethes Entwicklung in der Tat den ganzen Kreis der
Menschenbildung; und darf es von ihm heißen wie von seinem Faust:

> „Doch dieser hat gelernt,
> Er wird uns lehren.“ —

In der bildenden Kunst Rembrandts zeigte sich aufs schönste das Her-
vorwachsen alles Menschlichen aus dem Natürlichen, aus der Schöpferkraft des Lichts; in der Dichtkunst Goethes, die nur auf anderem Boden
ganz aus der gleichen Prometheischen Kraft des plastischen Bildens erwuchs, stellt sich so allseitig wie nirgends sonst die ganze Höhe des Menschentums dar, zuletzt mit deutlichem Hinweis auf den „Wurf nach einem
höheren Ziel“. Gibt es, auf dem Boden der Kunst selbst, noch ein Drittes?
Nicht in der Bild- und Wortkunst, also wohl, wenn überhaupt in einer,
dann in der Tonkunst. Zwar arbeitet auch sie, gleich der Bildkunst, in
naturgegebenem Material; nichts, was nicht selbst mathematischer Bestimmung zugänglich wäre; ihr letzter Kern, der Rhythmus, hat zweifellos biologischen Grund. Auch gibt es kaum eine Tiefe, eine Höhe des
Menschentums, die nicht auch in ihr sich auszusprechen suchte. Aber erst,
wo sie von aller Außenbeziehung sich löst, ganz ins Innerste jener rhyth-
mischen Schwingungen zurückgeht, als welche auch Goethe das letzte
Seelische sich nur verständlich zu machen wußte, wird sie fähig, noch über
die Grenzen des bloß Menschlichen hinaus zu den wahrhaft „höhern
Sphären“ die Seele emporzureißen.

> „Die Sonne tönt nach alter Weise
> In Brudersphären Wettgesang,
> Und ihre vorgeschriebne Reise
> Vollendet sie mit Donnergang...“

Und:

> „Es trommetet, es posaunet,
> Auge blinzt und Ohr erstaunet,
> Unerhörtes hört sich nicht!“

Deutscher Kunst war es vorbehalten, auch diese dritte, letzte künstlerische
Erhöhung des Menschentums zu vollbringen, das Unerhörte doch zu

Gehör zu bringen: in Beethoven. Daß die beiden Größten der an Großen so reichen Zeit bei ihrer einzigen Begegnung im Leben sich nicht zusammenzufinden vermochten, beweist nichts gegen ihre tiefe Einheit im Letzten, in der Verunendlichung, der nicht bloß psychischen, sondern im geistigsten Sinne kosmischen, ja überkosmischen und gerade damit und auf diesem Grunde religiösen Vertiefung der Kunst.

Wie gewaltig, in ihrer Art unüberbietbar, schon in Händel und Bach die Urkräfte der musikalischen Gestaltung eines tief innerlichen, ganz Gott zugekehrten Lebens der Seele sich entfalteten, Eins fehlt ihnen noch, das volle Eingehen ins Weltleben und Durchdringen desselben bis zu dem Punkte, wo es, ganz aus dem kühnsten Wagnis des Selbstseins, dennoch zu seinem Urquell sich emporhebt. Jene Glücklichen waren, ganz im Religiösen lebend, noch von diesem Urquell niemals abgezogen, sie sahen das Weltliche fast nur in seinem Negativ; auch so noch stark, groß und tief, aber nie in seiner Eigenheit der Sonderung, der trotzigen Verselbstung, des Losrisses vom Ewigkeitsgrund, Losrisses doch nur, um in kühneren Schwingungen zu ihm zurückzuschwingen. Selbst im erhabenen Stil Glucks schimmert davon erst wenig durch. Und wenn von Haydn ab die deutsche Musik harmlos vertrauend, in immer kindlich frommer Grundgesinnung, sich ins Weltliche hineinbegibt, wenn in Mozarts steigendem Ernst schon hin und wieder grelle Blitze der Tragik aufleuchten, mußte doch erst Beethoven durch eignes schwerstes Lebensgeschick an die Grenzen geführt werden, von wo die Rhythmen des Seelenlebens sich wie in den Spiralen der Entelechie Makariens zum Unendlichen emporwirbeln.

> „Horchet! Horcht! Dem Sturm der Horen
> Tönend wird für Geisterohren
> Schon der neue Tag geboren.
> Felsentore knarren rasselnd,
> Phöbus Räder rollen prasselnd —
> Welch Getöse bringt das Licht!"

So ist die Symphonik Beethovens, so seine ganze Musik, überall, wo wir sie als recht unterscheidend Beethovensch empfinden.

Zwar ist noch vieles mehr in ihm. Auffallend ist, wenn man sein ganzes Schaffen mit dem Goethes vergleicht, bei beiden die gleiche Weite der Umspannung aller Höhen und Tiefen des Menschlichen. Trotzige Kampfstellung, stürmender Titanismus, rückhaltlos liebende und liebesehnende Hingabe, durch die beide im schlicht Lyrischen die Seele ergreifen wie sonst keiner, und wieder ein spielfreudiges, fast schlenderndes Sich-ergehen

in harmlosen Niederungen des Lebens, bald ins derb Volkstümliche, oft
in die Rokokoluft der vornehmen Welt nicht ohne Ironie hineintauchend,
die der formverachtende Rheinländer mit all seinen republikanischen Frei-
heitsallüren in den duldsamen Adelskreisen der Kaiserstadt ebenso einsog
wie der Frankfurter Patriziersohn, der Schwarmgenoß Karl Augusts,
im thüringischen Hofleben. Ein starker eingeborner Formtrieb, wie ihn
in Goethe die Italienreise zum Durchbruch brachte, führte den Musiker,
dank der schon sehr gefestigten Formüberlieferung seiner Kunst, ohne
solchen äußeren Antrieb früh zu einer Stufe der Vollendung, die dem
Unbedeutendsten wie dem Höchsten, das er schuf, den gleichen Stempel der
Klassizität aufdrückte. Die Sicherheit der Formung erreicht bei ihm den
Grad der Selbstverständlichkeit, daß darunter der Reichtum und die Stärke
der schöpferischen Phantasie keinen Augenblick leidet, vielmehr nur sieg-
reicher sich entfaltet. In fast unbegreiflicher Umfassung stehen alle Register ihm zu Gebote: heroische Kraft und Größe wie innigste, doch nie
ins Weichliche abirrende Gemütszartheit; ein ganz eigner, mit nichts vergleichbarer Humor und ein bis zum Überirdischen hinaufreichender, dann
wieder in finsterste Abgründe hinabsteigender tragischer Ernst; sturm-
wütende, doch immer hoch geistige, vom Gemeinen ganz unberührte
Leidenschaftlichkeit und wieder eine gehaltene, versunkene Befriedung
der Seele, die, fast hinaus über alles, was von religiöser Stimmung bis
dahin in der Menschheit erlebt worden war, eine ganz neue Art innerer
Erlöstheit zu offenbaren scheint; in dem allen aber eine Ursprünglichkeit,
eine unverwüstliche Kindlichkeit, der weder die anfängliche Teilnahme am
weltlichen Treiben der leichtlebigen Stadt noch die spätere furchtbare
Vereinsamung seiner Taubheit etwas anhaben konnte. Und doch scheint
das alles zum bloßen Durchgang herabgesetzt zu werden durch die letzte
tragische Wendung, in der das immer ausschließlicher nach innen gekehrte
Ohr des sinnlich wie geistig tief Vereinsamten Klänge aus den letzten
Seelentiefen vernehmen sollte, in die keinem zuvor und keinem wieder zu
dringen beschieden war. Fremde, immer fremdere Welten taten sich da
auf, von der nur immer mehr sich entfernende Rückblicke noch die Brücke
zum Diesseits hinüberschlagen. Die Wundersprache seiner Musik bleibt
dennoch dem ihr einmal erschlossenen Ohr immer verständlich, als hätte
man von klein auf keine andre vernommen; und auch wo sie, zumal in
der unerhörten Knappheit seiner letzten Zeit, erst befremden kann,
erschließt sie sich kraft ihrer unerbittlichen inneren Logik sehr bald dem,

der die Zusammenhänge sich klar macht. Denn es ist ein schlimmer, für die Weiterentwicklung der Musik geradezu verhängnisvoll gewordener Irrtum, daß die späte Beethovensche Musik die Formen aufgelöst oder auch nur gelockert hätte; das Gegenteil ist die Wahrheit, sie ballen sich nur in eine immer straffere Einheit zusammen, die jedem Teil nur strengeren Halt am Ganzen aus einer gebieterischen inneren Notwendigkeit der Grundkonzeption mitteilt. Dies Höchste von restloser Durchformung, bei gleichzeitig höchster Steigerung des Gehalts, an Macht und Größe, an Innerlichkeit zugleich und Ursprünglichkeit, ist ein in der Kunst aller Zeiten einzig dastehendes Wunder.

Davon, zumal ohne technische Analysen, auch nur verständlich zu reden, geschweige Beweis zu geben ist freilich kaum tunlich. Doch mag ich nicht unterlassen, wenigstens an zwei der größten Beispiele zu zeigen, wie in so neuer Sprache „Weltanschauung" sich aussprechen konnte. Ich wähle dazu die zwei mächtigsten Symphonien, die Heldensymphonie und die Neunte; jene als das wohl stärkste Werk Beethovens auf der Höhe der eignen sich emporreckenden Heldenkraft, diese als den unübersteiglichen Gipfel der tragischen Inspiration des „späten Beethoven".

Wer ist der Held der „heldischen" Symphonie? Ihre Widmung war Bonaparte zugedacht, dem Konsul der Republik, der, nach Beethovens Vorstellung, berufen war, die völkerbeglückenden Ideen der Revolution von 1789 in der Welt zum Siege zu führen. Sobald er erfuhr, daß Napoleon sich zum Kaiser erklärt habe, zerriß er die der Partitur schon aufgeschriebene Widmung. „Ist der auch nichts anders als ein gewöhnlicher Mensch?! Nun wird er auch alle Menschenrechte mit Füßen treten, nur seinem Ehrgeiz frönen, sich nur höher wie alle andern stellen, ein Tyrann werden..." Napoleon ist von da ab für ihn tot. — Doch hatte er bei der Symphonie an den bestimmten Helden gedacht. In welchem Sinne? Musik vermag als solche nichts von gegenständlicher Vorstellung zu geben, weder singulare noch gattungsmäßige; auch nicht unmittelbar bestimmte innere Erlebnisse, Gemütsstimmungen oder -erregungen zu übertragen; sie stellt nicht solche dar oder drückt sie aus, erweckt mit eindeutiger Bestimmtheit ihr Gegenbild im Hörer; weder die des Tonsetzers, noch allgemein menschliche, im ganzen gleichartig in jedem wiederkehrende. Sie bestimmt unmittelbar nichts als Bewegungen der Tonphantasie. Aber solchen entspricht in gewisser Gesetzmäßigkeit der typische Ablauf bestimmter Gemütserregungen, ähnlich wie das Mienenspiel bei gegebener Lage die inneren Erregungen der Person erraten und bis zu gewissem Grade miterleben läßt, wofür die Bedingungen ebensosehr im Aufnehmenden wie im ausdrückenden Vorgang (hier dem Ertönen der Musik) liegen. Doch ist auf diese Weise ein eng anschmiegendes Verständnis der in der Musik sich aussprechenden inneren Gemütszustände möglich. Nur läßt darum nichts Einzelnes sich auf bestimmte Vorgänge, wie Schlachten, Siege oder sonstige Taten oder Erlebnisse des bestimmten Helden, oder etwa auf den typischen Verlauf eines Heldenlebens deuten. Beethoven müßte die Grenzen der Ausdrucksfähigkeit der Musik schwer verkannt haben, wenn er dergleichen beabsichtigt hätte. Daher ist jede solche Deutung unannehmbar, welche in den vier Sätzen der Symphonie etwa, wie in einem Tetraptychon, mit einer inneren Steigerung, die nicht gerade der Zeitfolge zu entsprechen braucht, das Leben des Helden unter ebenso vielen Gesichtspunkten dargestellt sein läßt: 1. in Kampf und Sieg, 2. im Tode, 3. im harmlosen Privatleben, 4. in der ihn überdauernden Leistung. Das sind lebensfremde Abstraktionen, mit denen Musik nichts zu schaffen hat. Eine Symphonie ist kein Schulaufsatz, keine rückgewandte Betrachtung, keine Leichenrede über ein Leben (wie z. B. Berlioz es sich dachte), sondern sie will selbst Leben sein; Beethovens Musik besonders, wie in andrer Weise die Mozarts, ist voll tiefster Dramatik. Eher also möchte sie das Drama eines Napoleonischen Lebens vor uns sich abspielen lassen; nicht in seiner Breite, sondern in seiner idealen Spitze; vielleicht (nach A. B. Marx) Satz 1 die Schlacht; nicht eine, sondern die ideale: „Napoleon war die Schlacht", und diese ist die Spitze des Heldenlebens; Satz 2 den Tod des Helden; nicht Napoleons (der war ja nicht gefallen), sondern als das ideelle Gegenglied zu Kampf und Sieg: Held ist, wer den Tod wagt, er erst hebt die Idee des Helden zu ihrem Gipfel. Aber Sieg und Tod ist nicht das Letzte; größer ist das, was erstritten, und dessen über den Tod erhabener Wert durch das Sterben des Helden besiegelt wird. So erst ergibt sich die Möglichkeit einer Deutung der beiden auf die erschütternde Totenklage folgenden weiteren Sätze. Sie haben es unmittelbar mit der Person des Helden nicht mehr zu tun. Aber zum Kriegshelden gehört keineswegs nebensächlich, sondern schlechthin wesentlich das Heer, und wenn er als Vorkämpfer des Volkes, ja der Menschheit gedacht ist (so aber dachte Beethoven seinen Helden), eben diese. Daher muß man wenigstens als möglich zugeben, im 3. Satz sich etwas wie eine Lagerszene zu denken, wozu die lustigen Weisen, Reigen-

und Heimatklänge, Erinnerungen an ländliche und Jagdfreuden, wozu
der ganz Beethovensche Humor des Satzes — doppelt wirksam als Ent-
spannung von dem tragischen Ernst der Trauermusik — jedenfalls vortrefflich stimmt. Beethoven brachte die Naivität dazu sehr wohl auf;
wie man auch sonst sich bei ihm nicht wundert, mitten zwischen Sätzen
ernstester Stimmung Anklänge an irgendein Schelmenlied zu finden.
Muß noch an unsre „Helden" an der Front erinnert werden? Der fröhliche
Sturm aber, mit dem dann der Schlußsatz anhebt, läßt sich verstehen
als jubelnder Aufbruch heimwärts nach beendetem Krieg; denn der ganze
damit eingeleitete Satz ist ohne Zweifel der Hochgesang des Friedens,
mit seinem frohen, freien Schaffen, auch freien Genießen; nicht ohne
eigne auch ernste Kämpfe, nicht ohne herbe Rückerinnerung an den Opfer-
tod derer, die den Frieden erstritten; gipfelnd in einem erhabenen Dankgebet, abschließend mit dem erneuten, noch gesteigerten Jubel des Ein-
gangs. Wie für den raschen und reichen Wechsel der Bilder die sonst für ein
symphonisches Finale nicht naheliegende Form der (frei gehandhabten)
Variation vorzüglich geeignet war, leuchtet ein. — Sicher annehmbarer
ist eine solche Deutung als Richard Wagners ganz allgemeine Beziehung
der Symphonie auf das Heldentum des Menschen; Mensch sein heiße
ja Kämpfer sein, ein volles Menschenleben müsse ein Heldenleben sein,
ein Leben des Kampfes, des Sieges, des Opfertodes, aber auch der Leidenschaften, der Schmerzen und Freuden, der Liebeswonnen und -leiden.
Das ist nicht als Abstraktion gemeint. Aber es gibt dem Werk einen subjektiven Sinn, der mir von Beethoven weit abzuliegen scheint. So vollends,
wenn, nach einer andern Auslegung, der Held — Beethoven selbst sein
soll. Beethoven war gewiß auch starker subjektiver Erregungen fähig.
Aber wenn ihm der Genius gebietet, zwingt er seine Subjektivität, objek-
tiviert, was in ihm wogt und wallt. „Ich will dem Schicksal in den Rachen
greifen, ganz niederbeugen soll es mich gewiß nicht": das ist Beethoven-
sches Heldentum. Aber das mag man anderswo, etwa in der fünften
Symphonie suchen, die dritte trägt schlechthin objektiven Charakter, sie ist
die Symphonie „des" Helden, nicht als subjektiver, sondern objektiver
Genetiv. Zudem ist die Konzentration in der Person durch den Titel
unausweichlich gegeben: sie will ausdrücklich dem „Andenken eines großen
Mannes" geweiht sein. Aber ein großer Mann ist es, nach Beethovens
Auffassung, nicht für sich, sondern für die Allheit des Volkes, nein der
Menschheit; in ihm kämpft, siegt, fällt, schafft und wirkt sie. So hatte er

166

Napoleon sich gedacht; das war die große Enttäuschung, daß er dieser
Held nicht war, Menschenrechte mit Füßen trat, sich höher als alle Andern
stellen wollte. So fügt sich die von uns angenommene, zur Erklärung der
zwei letzten Sätze unerläßliche Erweiterung des Themas ganz harmonisch
in den eigenen Gedankengang Beethovens. Sie hält sich gleichweit entfernt von falscher Subjektivierung wie von kahler Abstraktion: das
Volk, selbst die Menschheit ist ein Konkretes, ein nur einmal gegebenes
Individuum, ein nur viel größeres als der einzelne noch so „große“ Mann.
Doch geht damit der Zusammenhang mit der heldenhaften Person nicht
verloren; nur tritt das, wofür sie kämpft und fällt, als das Größere voran.
Das Wirken und Schaffen des Friedens ist mehr als das Erstreiten des
Bodens dafür. Die Ehre dieses Wirkens und Schaffens gebührt darum
doch dem, der den Boden dafür erstritt.

Immerhin würde ich, daß dies der Sinn des letzten Satzes sein müsse,
nicht zu behaupten wagen, wäre nicht (durch Paul Bekkers „Beethoven“)
ein neuer, schöner Beweis dafür beigebracht worden. Das Thema des
Satzes stammt aus einem älteren, weit geringeren Werke Beethovens,
dem Ballett „Prometheus“. Und es wird in einer ganz außergewöhnlichen
Weise eingeführt. Zuerst tritt, ganz nackt und allein, der Baß des Themas
auf; er wird dann umspielt von kurzen melodischen Motiven vielmehr als
ausgeführten Stimmen; dann erst gesellt sich das eigentlich gemeinte
Thema ihm zu, die weiche und schöne Melodie aus jenem Ballett. Was
will das bedeuten? Eine kecke Laune, einen musikalischen Witz? Wie wäre
der hier am Platze? Die Prometheussage gibt den Aufschluß. Wir wissen:
Prometheus, der „Voraussinner“, hat den Menschen, Mann und Weib,
erstens geschaffen, zweitens die Künste, alles, was den Menschen unterscheidet, alle menschliche Kultur ihm mitgeteilt. Diese Idee der Urschöp-
fung des Menschen, der Schöpfung, man möchte sagen, des Schaffens
selbst, des menschlichen Schaffens, das den Menschen erst zum Menschen
macht, hat Beethoven ergriffen, und er gestaltet sie musikalisch in dieser
gewagt geistreichen Art, die nur das volle Gelingen rechtfertigt: Er läßt
zuerst den Grundbaß ertönen, gleichsam den Urschöpfer aller menschlichen
Schöpfung. Es ist gleichsam der Ruf „Es werde!“ Was soll werden?
Nichts als das Werden selbst, noch gar nichts Bestimmtes. Man sehe sich
diesen merkwürdigen Baß einmal an: Erst Grundton, dann, als der erste
mögliche Gegenton, die Quint. Das ist wirklich der erste Schritt, gleichsam das Apriori der Möglichkeit einer Musik überhaupt. Als Antwort aber

folgt der ebenso schlichte Rückgang: Quint—Grundton. Und so geht es weiter, in gestrafften Rhythmen, in zwingender Logik der Fortschreitung, nach und nach alle sieben Töne herbeiziehend, die ja „umfassen alle Lieder", in denen (nach Gottfried Keller), wenn der Eichwald sein Lied anstimmt, Pan der alte laut und leise auf der Geige streicht, unterrichtend seine Wälder in der alten Weltenweise. Wer sich einmal an dem ganzen Beethoven, schlage man ihn auf wo man will, deutlich gemacht hat, welche Welten alle seine ungeheure Tonphantasie aus dem schlichten Material dieser sieben Töne herauszuzaubern weiß; wer sich dann erinnert, wie in demselben merkwürdigen Zeitalter Kant den Ursprung aller menschlichen Erkenntnis aus schlichtesten Urelementen des Erkennens überhaupt philosophisch ergründet, wie wieder in gleicher Richtung Pestalozzi den Ursprung aller Menschenbildung aus den einfachsten Elementen: Zahl und Form, pädagogisch fruchtbar macht, der kann wohl nicht umhin zu erstaunen, wie diese drei Deutschen, ohne einer vom andern zu wissen, in diesem selben Zeitalter auf so verschiedenen Gebieten den gleichen Rückgang auf die elementarsten Anfänge vollzogen. Sind wir am Ende wirklich — oder vorsichtiger zu sprechen: waren wir damals — jenes Urvolk, das, allein von allen, noch aus den Urquellen des Menschentums zu schöpfen verstand, wie am Ende dieser Epoche Fichte es als These aufzustellen gewagt hat? Die Tatsachen sprechen merkwürdig dafür.

Das Schöpfungswunder aber, das sich nun begibt, ist, wie aus diesem Schöpferbaß und dem Thema, dem er zum Grundgerüst dient, unerschöpflich neue Gebilde in einer natürlichen „Metamorphose", ganz wie sie Goethe beschrieben, pflanzengleich hervorsprießen. Die alte Form der Variation ist weit überboten, Sinn und Ton entfernen sich in weiten Kreisen vom Urthema, um doch stets wieder zu ihm zurückzulenken. Abwandlungen wandeln sich nochmals ab; die weiche, warme Melodie aus dem Prometheus — bei Wagner das weibliche Element vertretend — dient nicht nur äußerlich den Zusammenhalt des Ganzen zu wahren, sondern in der Tat aus ihm erzeugt der männlich über es gebietende Baß immer neue, freie Bildungen. Fugenartig arbeiten beide bald wechselnd, bald mit- und gegeneinander; ein Spiel so lebendig geistreich wie gehaltschöpferisch und in allen überraschenden Umschlägen innerlich folgerecht. Das Hinreißendste, wie zuletzt, wieder durch einfachste melodische, harmonische, rhythmische Abwandlung, das heiße Dankgebet entströmt. Da mögen wohl Tränen rinnen, nicht in unmännlicher Rührung, sondern in

jener Überwältigung durch das Erhabene, durch die Berührung mit
Ewigem, die keiner so zu treffen gewußt hat wie dieser Einzige; aus der
man gereinigt, über sich selbst erhoben hervorgeht, man fragt nicht: Was
ist das nun, das mich da berührt? Ist etwas damit gesagt, wenn man es
das Göttliche nennt? Ja: wenigstens dies, daß wir uns auf jenes Urerlebnis der Menschheit, „aller Herzen unter dem himmlischen Tag“
zurückgewiesen finden, das, seit Menschen menschlich empfinden, in dem
Namen „Gott“ sich, wie auch immer stammelnd, hat aussprechen wollen.

So versteht sich, warum, wenn wir heute diese Symphonie hören,
wir empfinden: der Held, der da kämpft, siegt, dem Tode ruhig ins Auge
sieht, doch innerlich befreit zum Leben sich zurückwenden wird, zum vollen
Leben frohen, freien Schaffens, ernster, größer, sieghafter als je — dieser
Held ist heute unser ganzes deutsches Volk, nicht mehr ein Einzelner,
der gar sich über alle stellen und, statt um Menschenrecht, um das herrliche Recht des Schaffens am Menschenheil, um seinen Glanz und Ruhm
kämpfen wollte. War das so nicht Beethovens Meinung, so entspricht
es doch seinem innersten Sinn, wenn wir heute, aus der Stimmung
unsrer Zeit sein Werk so uns zugänglich machen. Er wollte ja nicht bloß
sich aussprechen, sondern in den Brüdern sich fühlen, wie sie in ihm.
„Alle Menschen werden Brüder!“ Und nicht allein die liebe Sonne
droben läuft ihre Bahn, freudig wie ein Held zum Siegen: ihr, Brüder,
laufet eure Bahn, freudig wie sie, selber Helden, zu eurem Sieg! So,
dünkt mich, gewinnt dies Heldenlied erst die ganze, aus der Tiefe dieser
deutschen Seele begriffene innere Einheit von der ersten bis zur letzten
Note.

Damit aber sind wir schon dicht hinangeführt an die Symphonie aller
Symphonien, die Neunte. Sie sollte keines Kommentars bedürfen; doch
muß etwas davon gesagt werden, da der erste Satz, damit aber der ganze
innere Aufbau des Riesenwerks, bisher, wie es scheint, auch von den beru-
feneren Auslegern nicht richtig verstanden worden ist. So gewiß ohne
die ernsten Lebenserfahrungen des Menschen Beethoven dieses wie alle
seine Werke nicht hätten entstehen können, so gewiß hat man doch auch in
ihm nicht ein bloß persönliches Bekenntnis, eine „Generalbeichte“ (Bekker)
und gar aus der Perspektive des philosophischen Betrachters zu suchen;
sondern nach dem „das Menschengeschick Bezwingenden“ ist die Frage.
Wie die Schicksalsgewalt besonders im ersten Satze sich drohend aufrichtet,
das greift hoch hinaus über alles, was bloß den Einzelnen anginge, wollte

er sich auch, was Beethoven nie gewollt hat, hoch über alle Andern stellen. War vielleicht etwas von solchem Titanismus in dem jüngeren Beethoven, hier liegt das weit hinter ihm; daher führt jede Vergleichung mit Faust, sofern sie auf solcher Voraussetzung beruht, ganz vom Wege ab. War schon der Held der Eroika sicher nicht Beethoven selbst, so ist vollends das Schicksal, das hier in seiner furchtbarsten Größe sich auftürmt, nicht das des Einzelnen, fast möchte man sagen, auch nicht das der Menschheit, sondern seine Tragik erhebt sich zu schlechthin allgemeiner, kosmischer Bedeutung. Vor allem aber, von bloßer kampfloser, widerstandsloser Darstellung der restlos triumphierenden Schicksalsgewalt kann nicht die Rede sein; das ist der ernsteste Fehler der Auffassung von der bloß reflektierenden, rückschauenden, nicht erlebenden Haltung der Symphonie. Für Beethoven gibt es kein Schicksal, als um ihm „in den Rachen zu greifen", keinen Fall, als um stärker und kühner wiederaufzustehen. Wer das nicht aus dem Satze herausspürt, der empfindet ihn vielleicht irgend sonstwie, aber nicht Beethovensch. Sollte man ihm ein Motto geben, so wüßte ich nur das Wort Pascals: Der Mensch ist unendlich erhaben über den Menschen; möchte das Weltall ihn verschlingen, er ist größer als was ihn vernichtet, denn er weiß sein Vergehen, es aber mag Gewalt über ihn haben wie es will, es weiß davon nichts. Nur ist es nicht das bloße Wissen, die bloße „Idee", die den Menschen über sich selbst hinaushebt, es ist die ewige Macht des Gottes in ihm, die jedem Schicksal gewachsen ist, nie ganz niedergebeugt werden kann, zuletzt ihm obsiegen muß. Darum zuletzt nichts mehr von stöhnender Klage, nichts von bangem Zweifel, sondern kindlich selige Gewißheit: Brüder, überm Sternenzelt muß ein lieber Vater wohnen! Darum Freude! Freude über Freude! Freude, schöner Götterfunken, Tochter aus Elysium, wir betreten feuertrunken, himmlische, dein Heiligtum! Wir sind zugelassen, wir haben die volle Erfahrung davon, nicht bloß die „Idee"! Nur so sind Anfang und Ende des Werks in klarem Einklang miteinander. — Ein kurzer Überblick über die vier Sätze der Symphonie soll es bestätigen.

Wie aus lichtlosem Abgrund taucht aus der zitternden Ruhe eines 16taktigen Tremolo auf leerer Quint, erst vereinzelt aufzuckend, dann rasch und rascher ansteigend, endlich in ganzer, erschreckender Größe, eine Gestalt auf, in gewaltsamem Rhythmus, ohne Melos, nur akkordisch durch zwei Oktaven aus der Höhe niederschießend, zermalmend; in jähem Aufschrei stürzt der Getroffene, sinkt ermattet, und wie Fußtritt hält es ihn nieder. Nochmals das drohende Zittern, nochmals, nur triumphierender (in Dur), die Schreckensgestalt, da hilft kein Aufbäumen: Nein! Nein! Nein! tönt es dreimal entgegen. Doch er ringt und ringt, erhebt sich, atmet auf, kämpft weiter, behauptet sich trotzig: „Komme, was komm, Ich stehe fest" möchte man dem wiederholten Gegenrhythmus $\left(\sqrt{}\, \flat\,_7\right)$ als Text unterlegen. Wo wäre da von widerstandslosem Erliegen die Rede? Der ganze große B-dur-Abschnitt ist nur immer mächtigerer, zäh durchhaltender Kampf, bis zum heiß erstrittenen, freilich bloß vorläufigen Siege; wie will man z. B. die heftigen Synkopen und Dezimensprünge der Bässe und Fagotte gegen die wilden 32telläufe der Geigen und Bratschen (Takt 132 ff.) und alles Weitere bis zu dem siegreichen Unisono im aufsteigenden B-dur-Akkord anders deuten? Dieser antwortet, wohl bewußt, auf den absteigenden D-moll-Akkordgang des Themas: den Schicksalsfluch.

Freilich, der Sieg ist nicht errungen. Nochmals werden wir hinabgeführt zum lichtlosen Abgrund. Nicht auf einmal, wie im Anfang, entsteigt ihm diesmal die Schreckensgestalt, vorerst nur wie von fernher drohend kündigt sie sich an; es heißt gerüstet sein. So greift auch die Gegenwehr nun weit zurück. Alle vorigen Motive treten der Reihe nach wieder auf, werden erst einzeln herausgehoben, jedes für sich, wie zur Erprobung seiner Widerstandskraft, entwickelt, in immer erneuter, langatmiger, doch mit eiserner Konsequenz weiterführender Analyse, wie um jeder letzten Kraft zum Widerstand sich fest zu versichern (daher wohl der Schein des bloßen Reflektierens: hier wird in der Tat nicht gekämpft) — bis (T. 310) die Grauengestalt wieder dasteht, noch in unerhörter Steigerung (in wütenden Oktavsprüngen auf und nieder fahrende Bässe — auf Fis — zur Quint D-A im ganzen übrigen Orchester), um in einem entsetzlichen Ringen den so lange aufgesammelten Widerstand zu überwältigen. Durch 38 bange Takte währt das Ringen, erst zuletzt langsam nachgebend[1]: sie hat es nicht vermocht, ungebeugt steht noch immer der Held! Es wiederholt sich, bald durch die Mollwendung stark verdüstert, der ganze Kampf des ersten Teils; nicht wieder zu scheinbarem Obsiegen, aber doch in sicherem Behaupten des unerschütterlichen Willenseinsatzes. Nichts — auch nicht das Todesgrauen (die Coda auf dem „sturmflutartig sich aufwühlenden chromatischen Orgelpunkt", nach Bekker; genauer: Basso ostinato) beugt die in sich gefaßte Seele. Si fractus illabatur orbis, impavidum ferient

---

[1] Von T. 323 an nur Steigerung von T. 21—26!

ruinae: „Und ob der Weltbau stürzt in Trümmer, Keinen Gebeugten er-
schlägt der Einsturz." Der letzte, besiegelnde Schluß des Satzes ist nicht
„Fatumstriumph", sondern das volle Gegenteil: unerschütterte Selbstgewißheit der allem zum Trotz sich bejahenden, ungebrochenen Seelenkraft.

Ganz undenkbar wäre sonst nach diesem ersten Satz der zweite; Scherzo
nennt man ihn (nicht Beethoven); ein wenig passendes Wort für einen
Satz von solchen inneren und äußeren Maßen. Das ist nicht mehr bloß ein
Kämpfen, sondern ein fast wildes Draufgehen, bis zur „burlesken Dämonie"
(Bekker), das gar keinen Begriff von Gefahr mehr kennt: je toller der
Sturm und je toller hinein, um so besser; eine „unbedachte" Tapferkeit
aus tiefster Arglosigkeit, aus lachender Freiheit eines ursprünglichen
Gemüts, wie wir sie bei den alten Germanen uns denken — und bei
unsern Jungen draußen erfuhren. Es gibt dafür wieder in aller Welt
keinen entferntesten Vergleich, kein Wort unsrer oder irgendeiner Sprache,
das es ganz auszudrücken vermöchte. Es ist, als sei zum erstenmal die
Gewalt des Rhythmus entdeckt, obgleich gewiß, von Beethoven und Andern,
das ♪. ♪ ♪ (auch mit Sforzato auf der ersten Note) oft genug schon ver-
wendet worden war. Das Ergreifendste aber, zugleich die schlagendste
Bestätigung für diese einzig mögliche (dennoch bisher, soviel ich sehe, ver-
fehlte) Auffassung des ganzen Satzes ist das nach dem gewaltsamen Abbruch des wütenden Kampfes urplötzlich visionhaft (woher doch?) da-
stehende Gegenbild: eine trauliche Hirtenweise, aus einem ganz schlicht
auf den ersten fünf Tönen der Tonleiter hin und her wiegenden Träller-
liedchen in einfachster Versetzung, Fortführung, Umrankung sich ent-
wickelnd, von einer unberührten Reinheit, einer paradiesischen Seligkeit
ohnegleichen. Wie wenn zwischen drohenden Alpenschroffen, um die
eben noch der wütendste Sturm tollte, auf einmal im geschützten Berg-
winkel eine friedliche Matte sich auftut, unterm schirmenden Dach der
Hirtenbub seine friedsame Weise auf dem Rohr bläst, während ein letzter
sich durchstehlender Sonnenstrahl die Szene wundersam durchleuchtet …
Pestalozzi spricht einmal von der „nach Harmlosigkeit schmachtenden
Natur" des Menschen, aus der die Bilder der Paradieseswonnen geflossen seien. Beethoven brauchte nach Harmlosigkeit nicht zu schmachten, sie
war in seinem goldnen Herzen und blieb ihm immer, sie drängt sich ihm
ganz natürlich herauf, gerade wenn draußen alles sich verschwört, sie zu
ertöten. — Doch die Vision verschwindet, so plötzlich, wie sie gekommen;
noch einmal der ganze toll wirbelnde Kampf. Zum Schluß noch ein

kurzes, traumhaftes Rückerinnern an das holde Gesicht — ein schroffer, über alles Gewohnte kurzer Schluß — zerstoben das Ganze! — So befreit sich die Seele des Deutschen. Wir kennen's: „Wie ein Vogel des Stricks kommt ab, ist unsre Seel entgangen: Strick ist entzwei, und wir sind frei!"

Nun erst, alle gewaltsamen Spannungen endgültig lösend, der Himmelsfang des dritten Satzes, in seiner tiefernsten Gehaltenheit von allen seligen Verklärungen, mit denen der Tiefgequälte uns beschenkt hat, die lauterste. Da schweigt alle selbstische Bedürftigkeit. Auch der weichere (D-dur-) Zwischensatz spricht, wenn ich ihn recht verstehe, nicht von Jenseitssehnen, noch fleht er erst um Trost und Linderung, sondern, wenn es denn Sehnsucht ist, dann nur aus schon überirdischer Beseligung zu noch tieferen, immer tieferen Seligkeiten, deren Verheißung sie in sich schließt. Da gilt kein Fragen mehr, kein Zweifeln; zweimal (erst T. 121. 122), besonders das zweitemal (T. 131—136) mit stärkstem Nachdruck sich wiederholend, ertönt es wie festeste Versicherung des nun gewonnenen Heils: Gott selbst, der Gott in der Brust macht die Seele fest und gewiß. Der Vorklang des „Ihr stürzt nieder" ist nicht zu verkennen.

·Doch noch hält die Erde uns fest. Eine grelle Dissonanz reißt uns wieder zurück in allen Drang hienieden. Aber ein wortloses Rezitativ (man kennt solche aus einigen Klaviersonaten) ruft zweimal dem wieder losbrechenden Sturm ein Halt! zu. Was soll's? Die Anfangstakte der Symphonie werden angestimmt — alsbald erneuter Einspruch des Rezitativs: Nein, das nicht! Nun, wie fragend, ein ebenfalls kurzes Zitat aus dem zweiten Satz — Nein doch! Auch das nicht! — Selbst der feierliche Trostgesang wird wie mit traurig verneinendem Kopfschütteln abgelehnt: etwas Andres muß es sein! Da eine neue Weise; ein letztes Rezitativ bekräftigt: Ja! So ist es das Rechte! So nehmen denn zunächst summende Bässe das einfache, volksliedmäßige Thema auf, es folgen ebenso einfache Abwandlungen, der Beginn einer Weiterführung — ein regelrechter Symphoniesatz scheint sich aufbauen zu sollen; der Satz kehrt nochmals zum Eingang zurück, aber wieder gebietet ein Rezitativ Schweigen — diesmal mit Menschenstimme: „O Freunde, nicht diese Töne! Sondern laßt uns angenehmere anstimmen und freudenvollere!" Und nun antwortet der Aufforderung der Chor: Freude! Freude! Freude, schöner Götterfunken... — Über die Meinung der stummen Rezitative kann kein Zweifel sein; nicht allein die Worte des letzten Rezitativs geben die sichere

Deutung, sondern in erhaltenen Skizzen sind Texte beigeschrieben; da heißt es zuletzt, nachdem das Thema „Freude" in den Bässen angestimmt worden: „Ha, dieses ist es, es ist nun gefunden — Freude!" Sie zu verkünden genügt nicht mehr die wortlose Sprache der Töne, Menschenstimme muß herbei; der dithyrambische Jubelhymnus des jungen Schiller, längst Beethovens Leibstück, bietet fast selbstverständlich den Text. Doch reicht er mit wenigen Strophen aus; es ist lehrreich zu sehen, was er heraushebt: Die Gleichheit von Mensch und Mensch (Deine Zauber binden wieder, was die Mode streng geteilt), damit Brüderlichkeit (Alle Menschen werden Brüder); Gnade auch dem Fehlenden (Alle Guten, alle Bösen . . .); harmlose Erdenwonne (Küsse gab sie uns und Reben); dann aber die mehr als bloß erdenhaft: Seligkeit des kosmischen Seins: Freude trinken alle Wesen — vom Wurm bis zum Cherub; der aber steht — vor Gott. Vor Gott! Vor Gott!! wiederholt der Chor mit steigender Betonung. Und, nach einer erwartungsvollen Pause, ertönt, erst wie ganz von fern in bloß vereinzelt herüberklingenden Tönen, dann in vollerem, doch immer geheimnisvoll leisem Zusammenklang, bald vom Tenorsolo wie kommentiert: „Froh, froh wie seine Sonnen fliegen . . ." — in ganz eignen neuen Rhythmen wie von Punkt zu Punkt den Umschwung des Weltrads forttreibend — Sphärensang. Verständnisvoll wiederholt der Chor die Worte, dann müssen auf lange hin (91 Takte) die Menschenlaute schweigen: Horcht! Horcht auf die Himmelsmusik, wie sie immer reicher sich entwickelt, ein rastloses, keineswegs streitloses Leben in jenseitigen Regionen, fast zur starken Regsamkeit des Scherzo zurückgreifend, fugierend und stark modulierend. Endlich beruhigt sich der Tanz, entschwebt auch diese Vision. Und nun darf der Chor sein Freudelied wieder anstimmen; um es alsbald zum Gipfel zu führen: „Seid umschlungen, Millionen! Diesen Kuß der ganzen Welt! Brüder, überm Sternenzelt, über Sternen muß er wohnen!" so tönt der erhabene Sang. Und nun verweben sich, in nicht enden wollendem Jubel, das „Freude, schöner Götterfunken" und „Seid umschlungen", und, nie genug sich wiederholend: „Alle Menschen, alle Menschen! Alle Menschen werden Brüder", und „Diesen Kuß der ganzen Welt!" — in trunkenem Jubel zum echt Beethovenschen, energischen Schluß.

Erkennen wir die Seele des Deutschen in dieser Musik? Wo gäbe es Ähnliches in der Welt? Dantes, Miltons Himmel, alles verbleibt im Banne uns nur noch halb lebendiger Überlieferungen, es ist mit Dogmatik viel zu beschwert, um mit der Glut und Unmittelbarkeit, mit der Ursprünglichkeit und Kindlichkeit Beethovenschen Empfindens irgend den Vergleich zu bestehen. Auch der Faust-Epilog liegt in einer ganz andern Dimension, er konnte nicht so aus dem Urquell schlichtesten Menschengefühls schöpfen, wie Schiller-Beethovens Freudensang. Da hat alle Sonderheit des Einzelnen zurückzustehen gegen das Größere: das Heil, das alle Menschen, nein „alle Wesen", vom Wurm bis zum Cherub, gleich begnaden will, nicht fragt, auf welcher Staffel der Leiter es steht, ob gut, ob böse, hoch geistig oder schlicht sinnlich. Alle sollen selig sein, alle ja stehn vor Gott, vor Gott! Möchten sie es nur erkennen und sich freuen, freuen! Und so: „Froh wie seine Sonnen fliegen durch des Himmels prächtgen Plan, laufet, Brüder, eure Bahn, freudig wie ein Held zum Siegen!" Das ist deutsches Empfinden. Möge nie in der Seele des Deutschen der Götterfunken dieser Freude verlöschen, so wird er seine Bahn laufen, auch im Allerschwersten, freudig wie ein Held — zu seinem Sieg! Solcher Zuversicht ein Bürge ist uns die Musik dieses Deutschen.

7. Deutsche Staatsauffassung und deutscher Weltberuf

Was hat die Seele mit dem Staat, was hat der Staat mit der Seele zu tun? — Es war die Rede vom deutschen Glauben, vom deutschen Gedanken, von deutscher Kunst. Der Glaube will nicht hinausführen aus der Welt, er möchte mit seinem Licht in ihr Dunkel hell hineinscheinen. Doch weist er uns ganz nach innen: Warum sucht ihr draußen, was ihr allein bei euch selber finden könnt? Was hilft es, die ganze Welt zu gewinnen, wenn ihr Schaden nehmt an der Seele? — Der Gedanke umfaßt alles, Äußeres wie Inneres. Aber gerade der deutsche, philosophische Gedanke führt nicht minder entschieden alles Äußere zurück in den inneren Grund des Bewußtseins, zuletzt in die Seele des Individuums, in das schlechthin individuelle Erleben. Auch er gründet sein Reich weit oberhalb der Breiten, in denen der Staat seine Gewalt aufrichtet. — Die Kunst führt beide zusammen, sie führt damit erst voll hinein ins Leben der Welt, samt Über- und Unterwelt. Ganze Menschenbildung ist ihr Absehen; darin ist wesentlich mitbegriffen die Bildung des Leibes, als des anschmiegenden Kleides der Seele. Dieser Leib ist für die Menschengemeinschaft der Staat. Aber welcher Staat? Ein ganz andrer, als der da draußen in der Welt uns entgegentritt; ein nicht minder überweltlicher, wie das Gottesreich, wie das Reich der Ideen. „Willst du in meinem Himmel mit mir leben, So oft du kommst, er soll dir offen sein." Kunst, Philosophie, Religion, sie alle leben — im Himmel.

Dennoch: hier auf Erden möchten sie ihren Himmel errichten. So aber haben sie es freilich mit dem Erdenstaat zu tun: ihn von Grund aus zu wandeln, ihn auf Ewigkeitsgrund zu stellen. Weltüberwindung, nicht Weltflucht ist die Losung des Christentums. Also geht den echten „Christenmenschen" der zusammengefaßte Ausdruck der Weltgewalt, der Staat, wahrlich wohl etwas an. Göttlicher als frommes Betrachten, andächtige Versenkung galt schon dem Meister Eckehart pflichttreues Weltwirken. Vollends Luther fordert vom Christen ernsteste Teilnahme am Leben des Staats. So wuchs aus der deutschen idealistischen Philosophie eine neue Staatslehre hervor, die, je tiefer sie sich selbst philosophisch begründete, um so eingreifendere Forderungen zur Umwandlung, ja Neugründung des Staats aufstellen mußte. Und so erwies sich uns als höchste, alles in sich zusammenbegreifende Aufgabe der Kunst das lebendige Kunstwerk des Staats. Und weil sie aus diesen drei Quellen sich nährte, hat sich die deutsche Wissenschaft und Bildung mit den Fragen des Staats und der Geschichte aufs tiefste befaßt. Sie hat sich selbst willig in den Dienst des Staates gestellt. Aber nicht dessen, der ist, sondern der werden soll.

Allein damit sieht sie sich nun erst vor die schwerste Aufgabe gestellt. Denn himmelweit entfernt von dem Staat, der werden soll, ist der, der ist. Er aber hat das Feld inne; wie es ihm abkämpfen? Wie dem Staate, der werden soll, zum Dasein helfen? Das aber wäre nicht bloß die letzte Krönung des Baues, die allenfalls ferner Zukunft vorbehalten bleiben dürfte; sondern das Universum des Menschentums, das die deutsche Bildung im Sinn hat, bleibt verstümmelt ohne diese Krone, es bleibt fort und fort in Frage gestellt, nicht bloß hinsichtlich seiner letzten Vollendung, sondern seines Bestandes überhaupt. Solange nicht die Seele nach ihrem Bedürfnis ihren Leib sich zu gestalten die Kraft beweist, wird sie durch ihn verunstaltet und, wenn sie denn nicht zu töten ist, doch grausam verstümmelt.

Auch hat sie sich schon viel zu tief in die „Welt" eingelassen, um jetzt furchtsam und feig wieder vor ihr zurückzufliehen. Das Wort will endlich Fleisch werden, das Reich Gottes hier auf Erden sich fest gründen. Darum aber ist zu kämpfen. Denn drohend wie nie hat jetzt die seelenlose, seelenverwüstende Gewalt des Widergeistes, der den Geist spielt, sich aufgereckt. Das Mittel, das den Zweck verschlingt, bedroht alles Eigenleben der Seele, von innen wie von außen. Die innere Bedrohung ist die ungleich stärkere, bei uns wie bei den Andern. Für uns aber kann nur die Frage sein: Wird unsres Volkes Seele die göttliche Energie beweisen, gegen die Gewalt des Seelenlosen sich nicht nur zu halten, sondern sie in ihren Dienst zu zwingen?

Keine Berufung auf unsere große Vergangenheit gibt darauf die hinreichende Antwort. So wie die Mystiker sagen: Uns ist nicht damit geholfen, daß Christus einmal erschienen ist, wir müssen alle Christi werden, so hilft es uns nichts, daß ein Eckehart, ein Luther gelebt hat, und ein Kant und Fichte, ein Rembrandt, Goethe, Beethoven. Alles geschichtliche Erinnern ist solange eitel Ballast, als nicht, in einem wahren Erinnern, der volle seelische Innengehalt des geschichtlich Erlebten in uns selbst eingeht, in unsern Seelen voll wiedersteht und noch fort und fort sich vertieft. Nicht hinter uns liegt das Heil, noch in weiten Fernen vor uns. Als ewiges Ziel liegt es überhaupt in keiner Zeit, es besteht nur an sich; das aber bedeutet für die erlebende Seele: im ewigen Nu des Erlebens. Da heißt es kämpfen und das Reich der Seele nicht bloß behaupten, sondern ewig neu errichten.

Das besage uns die Losung: Kultur, nicht Zivilisation. Herrschaft des Zwecks über das Mittel, nicht des Mittels über den Zweck; der Seele über den Leib, nicht des Leibes über die Seele. „Laßt uns Menschen werden, damit wir wieder Bürger, damit wir wieder Staaten werden können“: so mahnte vor hundert Jahren, im Rückblick auf die Wirren der Napoleonischen Zeit, Johann Heinrich Pestalozzi. Das wollte nicht besagen, daß das Bürgertum, der Staat, der Zweck, das Menschentum bloß das Mittel dazu sei; sondern: allein damit wird der Mensch auch Bürger des Staats, daß er sein Menschtum zur vollen Entfaltung bringt. Denn des Menschen Seele lebt nicht ohne diesen Leib, und sie kann dauernd nicht leben in einem Leibe, den nicht sie selbst sich, ihrem Zwecke angemessen, gebaut hat. In Wahrheit hat sie ihn sich selber gefügt. Der Staat, wie er nun ist, im Guten wie im Schlimmen, ist ihr Leib, ihr eigen Werk, sie hat ihn zu verantworten, für ihn einzustehen. Ist er verkehrt, so ist es ihre Verkehrtheit, und er wird nicht eher heil werden, als sie selbst heil geworden ist und damit auch die Kraft beweist, ihn zu heilen.

Ganz dies ist Pestalozzis Meinung. Ihm war die Gefahr greifbar entgegengetreten in der Erscheinung Napoleons. Er war ihm der „unvergleichliche Dienstmann“, der nicht seinen Herrn fand und darum selber den Herrn zu spielen gezwungen war. „Er sagte zum Menschengeschlecht wie zu einem einzigen Mann: Geh hin! und es ging hin; Komm her! und es kam her.“ Mit dieser seltenen Kraft aber hat er der Menschheit „ein Licht angezündet über die Natur der Souveränität, über den Sinn des gesellschaftlichen Regierens und Gehorchens, Freiseins und Freiseinwollens, wie, solange unser Weltteil bevölkert ist, noch keines auf demselben brannte“. Seine Erscheinung war also notwendig. Das Ungeheure, das er vollbrachte, war, daß er rücksichtslos den Menschen dem Staat opferte, ihn ganz, das Kind im Mutterleib, als Staatsgut ansprach. „Er sagte damit nichts weniger als: Der Mensch gehört der Welt, er gehört nicht mehr Gott und nicht mehr sich selbst.“ Heute ist es nicht mehr eine einzelne Person, die solch grauenhafte Gewalt sich anmaßen kann, sondern es ist die finstere, unpersönliche Macht des profitgierigen Kapitals, das den Staat und durch ihn den Menschen in seiner Fron hält. Tief eingedrungen ist schon die traurige Vorstellung, daß seiner Allgewalt, weil seiner eignen Selbstsucht, der Mensch rettungslos verfallen sei. Denn der Mensch sei

das Geschöpf der Umstände, Leben, auch bis zum Höchsten hinauf, nur
Kampf ums Dasein und um den Futterplatz. Auch darauf hat Pestalozzi
die rechte Antwort gefunden: Ja, es ist wahr, die Umstände machen den
Menschen. Aber es ist ebenso wahr: der Mensch macht die Umstände, durch
das, was er tut und was er geschehen läßt. Also, wenn die Umstände ihn
verderben, so ist es seine Sache, sie so zu wandeln, daß sie ihn nicht mehr
verderben, sondern fördern müssen. Das Ergebnis ist: der Erziehungsstaat. — Pestalozzi zieht, als Schüler Rousseaus, auch die Möglichkeit
eines gesellschaftlosen Zustands in Betracht. Klarer als Rousseau, sieht
er ihn in zweifacher Gestalt, am Anfang und am Ende der Menschheitsentwicklung; so aber wie so nur als ideale Grenze. Der eine liegt in ewigen
Fernen hinter, der andre in ewigen Fernen vor uns. Der letztere wäre
kein andrer, als den die Bergpredigt als ideales Ziel aufstellt: der Zustand
eines durchaus gewaltlosen, sorglosen, schuldlosen, damit staat- und eigen-
tumslosen Daseins, ebenso weit jenseits von Recht und Unrecht, wie
Rousseaus Naturstand diesseits beider gedacht war. Der wirkliche Zustand
des Menschen aber liegt, als „Mittelstand“, allzeit zwischen diesen idealen
Grenzen, die gar nichts bezeichnen, was je existieren könnte, sondern nur
dienen, die Richtung, woher und wohin, auszudrücken. Der Mensch der
Wirklichkeit kann ohne gesellschaftliche Ordnung nicht bestehen, aber ihm
ist die Aufgabe gestellt, diese zum Mittel einer Erziehung zu gestalten, die
den Menschen, ganz aus dem Sinnlichsten seines natürlichen Daseins
heraus, durch ganz sinnliche Veranstaltungen, dem unerfüllbaren Ideal
eines schuldlosen Daseins schrittweis näher bringt, die Spuren seiner ursprünglichen Tierheit aber, der unbezwungenen Naturgewalt in ihm
nach und nach austilgt. Denn das ist das Unterscheidende des Menschseins,
daß das Wollen dem Können gebiete, daß die Seele Herr sei über die rohe
Kraft und, statt ihr untertan zu sein, sie sich untertan mache.

Das aber würde bedeuten, daß die bloße Gesellschaft sich vertieft zur
Gemeinschaft. Was besagt dies? In der Gemeinschaft steht einer für
alle, alle für einen. In bloßer Gesellschaft steht im Grunde, wie im Tier-
zustand, jeder gegen jeden. Unter abstrakt gleichen, d. h. künstlich gleich-
gestellten, wirklich sehr ungleichen, innerlich unverbundenen Ansprüchen
Einzelner, die mit einander ausschließenden Anteilen an denselben, ihnen
allen gleich äußerlichen Gütern oder Werten beteiligt sein wollen, stellt
in mechanischem Ausgleich nur ein von Augenblick zu Augenblick schwan-
kendes, schwebendes, daher stets bedrohtes Gleichgewicht sich her. In

solcher Scheingleichheit dünkt ein jeder sich frei, in Wahrheit ist jeder der
Knecht aller, nie wirklich willenseins mit ihm, sondern nur äußerlich an-
gebunden, immer mit geheimem Vorbehalt, sich, wo es nur geht, von
der Kette loszumachen, den Andern aber gebunden zu halten. In wahrer
Gemeinschaft dagegen sind und bleiben die Einzelnen, als von Haus aus
zueinander gehörige, weil aus einer Wurzel nach einem Bildungsgesetz
hervorgewachsene, daher artgleiche und durch solche wahre Gleichheit innerlich geeinte Glieder, fest miteinander verbunden zu gemeinsamem Wirken
an einem Werk, das jeder Einzelne wie die Allheit ganz als ihr eigen
empfindet und weiß. So stehen beide, Individuum und Gemeinschaft,
nicht länger einander beschränkend gegenüber, sondern bedingen sich
gegenseitig. Jeder Mangel an Individuität ist zugleich Mangel an Gemeinschaft, jeder Reichtum des einen auch Reichtum des andern, und
umgekehrt. Keiner wird geopfert; wo auch nur einer geopfert wird, wird
er es nicht für die Gesamtheit (die ja ihn selbst einschließt), sondern für die
übrigen (ihn ausgeschlossen); gälte das nun für alle, dann bliebe nichts
übrig, wofür sie geopfert würden. Wo also je die Gefahr einer Opferung
vorliegt, ist es schon ein sicherer Beweis, daß nicht wahre Gemeinschaft
besteht; die will und kann keinen Einzelnen entbehren.

So gemeinschaftlich aber ist an sich für den Menschen nichts Geringeres
als sein ganzes Menschtum. Also ist nur durch volle Teilnahme aller am
ganzen Menschentum wahre Menschengemeinschaft möglich. Solcher Art
ist die Gemeinschaft der Wissenschaft, überhaupt der Erkenntnis; die Gemeinschaft der Sprachüberlieferung mit dem ganzen Schatz von geistigem
Inhalt, den sie von Geschlecht zu Geschlecht der die gleiche Sprache Redenden beständig mehrend übermacht; so die Gemeinschaft der Sitte, der natürlichen Bande des Hauses, der Gemeinde, des wahren Staats, zuletzt
die ideale Gemeinschaft der Menschenfamilie, des Menschenstaats, unter
Gott dem Vater und Herrn; so die Gemeinschaft der Kunst, da, wo eine
solche noch unverkümmert besteht, das Ganze des menschlichen Zusammenlebens durchdringt und zum idealen Kunstwerk gestaltet. So wird es ganz
durchsichtig, daß gerade die tiefste Gemeinschaft, nur sie, befreit, und nur
ihr Mangel knechtet; daß gerade die innerste Freiheit der Gemeinschaft
zu- und nicht von ihr wegstrebt; denn sie weiß, daß sie nur an ihr ihren
Halt und Grund findet. Vielmehr Sonderung, Abscheidung engt ein; nur
innere Enge sondert sich ab. Allheit, Unendlichkeit hat Raum für jede
gesunde Eigenart, ohne Ausschluß und Abbruch. So wird Wissenschaft,

Kunst, Religion gerade im innigsten Zusammenschluß niemals ausschließend. Damit erhält erst die Freiheit den vollen Sinn der Autonomie. Jeder weiß sich selbst voll als Mitschöpfer, Mitgesetzgeber der Gemeinschaft und darf nicht nur, sondern soll dem gemeinsamen Gesetz (es ist weit genug dazu) die bestimmteste, eigenste Anwendung auf sich selbst, auf seine eigne, freie Selbstbildung geben, seine besondere Lebensaufgabe und Lebensgestaltung in ihm gründen, nicht sie von fremder Gewalt sich bestimmen lassen.

Und noch das Merkmal der echten Gemeinschaft darf hier nicht ausgelassen werden: sie ist, eben zufolge ihrer Unendlichkeit, nichts Starres, Gegebenes, jemals Abgeschlossenes und Abschließendes; sie lebt, unerschöpflich lebendig, nur im Werden, im Akt. Sie wendet sich daher mit unbefangener Kritik gegen die jeweils vorliegende endliche, seiende Gestalt des menschlichen Zusammenlebens, ohne je besorgen zu müssen, es könnte die Gemeinschaft dadurch gesprengt werden. Vielmehr gerade so bleibt sie stets erhalten, indem sie sich zugleich fort und fort vertieft. Erstarrung wäre ihr Tod. Gemeinschaft ist also kein statisches, sondern ein dynamisches, kein mechanisches, sondern ein organisches Verhältnis, nicht unter einem toten „Begriff", sondern unter einer lebendigen „Idee" zu fassen; ewige Aufgabe, gerade damit so wirklich wie nichts andres; volle Aktlebendigkeit, nicht ein bloßes Fernziel. Was sie werden will, ist schon in ihr als lebendiger Antrieb, als Liebe, als Eros, der das lebendigste, innerste Leben, wahrste Wirklichkeit ist.

Aber wieso ist das Staat? Heißt nicht Status „Stand"? — Gewiß. Aber das gilt nur von dem Staat, welcher „ist", im gemeinen Sinne zeit-räumlichen Daseins. Dieser Staat soll erst Gemeinschaft werden; sofern in ihm überhaupt Leben ist, will er es werden, und ist es im Werden, in der Liebe. Was er zur Zeit ist, will nur angesehen sein als jeweils erreichte Station im Prozeß seines Werdens. Wie ein „Satz" der Wissenschaft als solcher zwar seinen abgegrenzten Inhalt hat, aber ein Satz der Wissenschaft nur damit ist, daß er im ewigen Gang des Wissenschaffens lebendig wirksam bleibt, fortzeugend weiter lebt. Daraus versteht sich der wesentliche Zusammenhang der Begriffe Staat und Geschichte. Der Staat existiert nur in seiner Geschichte, Geschichte nur im Werden und Entwerden des Staats, in seiner ständigen Selbstbildung zur beseelten Gemeinschaft; deren ideale Vollendung allerdings jeden bloß „seienden" Staat aufheben würden. Das ist erst der volle Sinn des Kulturstaats, als des echten Menschenstaats.

Daß nun dies die deutsche Auffassung des Staats ist, das zu begründen darf ein kurzer geschichtlicher Rückblick nicht gespart werden.

Die Urform des sozialen Zusammenlebens ist überall die Gemeinschaft. Aber erst mit der Spaltung, mit dem bloß gesellschaftlichen, vertragsmäßigen Verhältnis der Einzelnen und der Völker untereinander beginnt der große Prozeß der Geschichte. An ihr zerbricht Griechenland. Rom beweist nachhaltigere Kraft staatlicher Selbstbehauptung eben damit, daß es sich auf die Phase der „Gesellschaft" besser einzurichten weiß. Aber mitten in diese Phase hinein wirft das Christentum die ungeheure Forderung, nicht des Rückgangs zur Urgemeinschaft, sondern der Erkämpfung einer neuen, wahreren, geistigeren Gemeinschaft, mitten hindurch durch die Entzweiung. Der römische Staatsbegriff beugt sich der neuen Forderung, aber gibt sich damit nicht auf; es wird daraus ein neuer, der Augustinische Begriff des Gottesstaats — und seiner irdischen Vertretung: der Kirche Roms. Zugleich treten die Nordvölker in die Geschichte ein, unter ihnen, als das stärkste, das Volk der Germanen. Es nimmt, wie kein andres, die Losung des Christentums auf. Es begreift ganz: Erst muß das Innere rein sein! Aber es nimmt dies „erst" zu buchstäblich: im Streben, von innen nach außen das Gottesreich zu gründen, hat es lange den äußeren Aufbau seines nationalen Lebens nicht etwa fahrlässig versäumt, sondern bewußt geopfert. Denn von Haus aus ist es und bleibt allzeit auf tatfesten Stand im Wirklichen gerichtet, es muß, gerade aus innerstem seelischem Trieb, arbeiten, schaffen, kämpfen. Aber weil kein äußeres, abgrenzbares, endliches Ziel ihm genügen will, ist es für die, die daran genug haben, stets ein leichtes, den Vorsprung vor ihm zu gewinnen. So wird der Deutsche im Mittelalter der echte „Christophorus"; er trägt das Christkindlein auf seiner Schulter, beugt sich willig unter die schwere, immer schwerere Last, droht unter ihr zusammenzubrechen. Gerade je mehr die Formen seines sozialen Lebens seiner seelischen Eigenart angepaßt sind, um so weniger sind sie ein taugliches Rüstzeug gegen die äußeren Gewalten, gegen die er sich zu behaupten hat. Besonders gegen die Macht, die unter dem gleißenden Scheine des rein geistigen Imperiums in Wahrheit universale Weltgewalt anstrebt: die Kirche Roms, nicht sofern sie christlich ist, sondern sofern in ihr heimlich das alte Rom fortlebt, erweist sich die einzig auf persönliches Treuverhältnis gegründete Kaisergewalt, die der große Franke dem Deutschen als gefährliches Erbe hinterlassen hat, zuletzt deshalb wehrlos, weil sie an das, was sie äußer-

lich bekämpfen muß, innerlich selbst gebunden ist. Diese Gewissensbindung
mußte zuerst, von innen her, überwunden werden. Sie wird überwunden
mit dem Zusammenbruch der mittelalterlichen Weltanschauung, der das
Ergebnis der Kreuzzüge war. Aber zugleich damit stürzt der deutsche
Staatsaufbau in seiner mittelalterlichen Form in sich zusammen. Das
„Reich" wird zu Spott und Hohn.

Doch ungebrochen zeigt sich die innere Stärke des Deutschen. In lebendig kräftigen Einzelbildungen großenteils neuer Art bewährt er gerade
nun eine sozial gestaltende Kraft, wie nicht leicht unter ähnlichen äußern
und innern Schwierigkeiten ein andres Volk sie bewiesen hat. Noch
immer aber bleibt auf die Treue von Person zu Person fast alles gestellt.
Zwar an Gewaltübung fehlt es nicht, weil auch die neuen sozialen Ordnungen eben in ihrer Unmittelbarkeit vorerst nur im nächsten Bereich
Frieden zu schaffen vermögen. Aber der so in engern Kreisen erwachsende
Ordnungsgeist wird mehr und mehr doch der Gewalt Herr; ein allgemein
friedsamer Zustand bahnt sich zusehends deutlicher an.

Noch Luther, der das bürgerliche Leben fast einzig unter dem Gesichtspunkt der Beziehung zwischen Obrigkeit und Untertan ins Auge faßt, lebt
dennoch ganz in der Grundvorstellung einer unmittelbaren, persönlichen
gegenseitigen Treupflicht; einer natürlichen Verbundenheit viel mehr
durch Liebe als durch Gesetz. Liebe, und freilich Vernunft, sollten das Gesetz so gut wie entbehrlich machen, sie bedürfen an sich seiner nicht. Die
Treupflicht aber gilt fast mehr noch der Obrigkeit als dem Untergebenen,
der ungerechtem Befehl zu gehorchen keineswegs verpflichtet ist, denn
„wider Recht gebührt niemand zu tun". Der Fürst und Herr aber soll
wissen, daß er „nicht eine Person ist für sich selbst, sondern für Andere". Er
soll nicht also denken: Land und Leute sind mein, ich will's machen, wie
mir's gefällt, sondern also: Ich bin des Landes und der Leute, ich soll's
machen, wie es ihnen nütz und gut ist. Nicht soll ich suchen, wie ich hoch
fahre und herrsche, sondern wie sie mit gutem Frieden beschützt und verteidigt werden. Ein Fürst soll an seinen Untertanen nicht das Seine
suchen, sondern das Ihre, ihnen dienen mit seinem Amt und allein dahin
regieren, daß sie Gut und Nutzen davon haben und nicht er. Er soll darum
auch nicht aus Mutwillen Krieg anfangen; dann wird er erfahren, daß
„Andere auch Fäuste haben und jenseits der Berge auch Leute wohnen".
Denn „es ist jetzt nicht mehr eine Welt wie vorzeiten, da ihr die Leute wie
das Wild jagtet und triebet. Darum laßt eure Frevel und Gewalt und

denkt, daß ihr mit Recht handelt". Kriegslust ist des Teufels. Ein andres
ist Notkrieg; der ist „ein menschlicher Unfall; dem helfe Gott". Im Innern
aber soll der Fürst selbst nach dem Rechten sehn, nicht seine Räte, die
„großen Hansen", nach Willkür schalten und walten lassen. „Wie ein Fuhr-
mann seinen Rossen und Wagen vertraut, die er treibt, aber er läßt sie
nicht von ihnen selber fahren, sondern hält Zaum und Geißel in der Hand
und schläft nicht", so soll der Fürst seines Amtes warten, „wie ein jeglicher
seines Berufs und alle Kreatur ihres Werks." — Über alles aber geht ihm
doch das Heil der Seele. Er erkämpft es dem ganzen Volke, es fühlt darin
zum erstenmal, für einen wundervollen, nur zu rasch enteilten Augenblick,
sich ganz, im Innersten eins. Luther selbst empfindet es, wird davon mit-
gerissen — der entscheidende Augenblick der nationalen Einigung scheint
gekommen. Allein er wird versäumt. Warum? Weil noch lange nicht ernst
genug die Seele des Deutschen sich durchdrungen hat mit der Notwendigkeit, Rüstung und Schwert bereit zu halten zum nun einmal nötigen
äußeren Kampf und Sieg: so konnte es geschehen, daß die gefestigtere
Staatsgewalt des Westens, daß das spanische Kaisertum, verbündet mit
der noch einmal sich aufrichtenden Gewalt der Kirche, der scheinbar so
jugendkräftigen Bewegung Herr wurde. Abermals sieht sich Deutschland
zu Boden geworfen, es mochte scheinen, zum Niewiederaufstehn.

Doch erhebt es sich wieder — unerschütterlich seinem Wesen treu: aus
innerer, seelischer Kraft. In Religion, Kunst, Philosophie baut der Deutsche Welten des Geistes in noch nicht dagewesener Fülle, Innerlichkeit,
Eigenheit, und erringt darin, nun endlich, das ihm so Schwere: die Kraft
der Formung; überwindet die verhängnisvolle Vereinzelung der sozialen
wie individualen Lebensgestaltung; arbeitet sich hinauf zu einem hochgeistigen Humanismus, innerhalb dessen doch Raum bleibt, vielmehr nun
erst Raum wird für ein nicht minder hochgeistig nationales Bewußtsein,
aus dem ein deutsches Staatsbewußtsein endlich erwachsen konnte und
erwachsen ist.

Aber inzwischen ist die große Wandlung der politischen Begriffe eingetreten. Fürstengewalt, verbündet dem römischen, ganz auf Macht-
behauptung gerichteten Recht, führt das Regiment; die naturrechtliche
Lehre vom Recht als „Vertrag" ist allgemein durchgedrungen. Viel zu
arglos hatte Luther darauf vertraut, daß auch fortan, da doch alle, Regie-
rende wie Regierte, unter Christi Gebot, unter dem Gebot der Liebe
ständen, auch im äußerlichen Recht Liebe, Treue und Menschenvernunft

walten, nicht die Gewalt triumphieren werde. Ganz zwar hat er sich damit nicht verrechnet. Ein Friedrich II. folgert gerade aus der rückhaltlos anerkannten Voraussetzung des gesellschaftlichen Vertrags die gegenseitige Treupflicht zwischen Herrscher und Untergebenen. Die höhere Rangstellung begründet nur strengere Verpflichtung; der Monarch, „weit entfernt, der unbeschränkte Herr seines Volkes zu sein, ist selbst nichts als sein erster Diener". Noch er denkt das Verhältnis zwischen Fürst und Volk durchaus persönlich, sittlich, als Sache des Gewissens, zuletzt — der Liebe. „Diese armen Leute opfern sich für mich, und ich sollte mich nicht für sie opfern?" Ganz wie Sokrates in Platons Kriton, läßt er das Vaterland selbst in Person auftreten und fragen: „Wenn das Vaterland alles für euch tut, werdet ihr nichts für das Vaterland tun?" Die Antwort lautet, ganz wie dort: „Ja, ich bekenne, daß ich dir alles verdanke, ich bin innig und unauflöslich an dich gekettet, meine Liebe und Dankbarkeit wird nur mit meinem Leben aufhören. Dieses Leben ist selbst dein Geschenk; wenn du es von mir zurückverlangst, werde ich es dir mit Freuden opfern." So tief wurzelt die Gesinnung der Gemeinschaft im Deutschen. Dieser Geist, darf man sagen, waltete damals und waltet noch in allen Stufen unsres Beamtentums, unsrer Verwaltung, unsrer Rechtspflege, im Verkehrs- und Finanzwesen, in der ganzen wirtschaftlichen Fürsorge des Staats, im Heereswesen, in der öffentlichen Erziehung, in der damals erst zur Wahrheit gewordenen freien Wissenschaftspflege der Universitäten unter dem Schirme des Staats, mit einem Wort in allem.

Indessen die Tage des patriarchalischen Regiments waren gezählt. Die Vertragstheorie zieht in der französischen Revolution ihre härtesten Konsequenzen, ihre Ideen scheinen die Welt erobern, alles umstürzen zu sollen. Auch Deutschland verschließt sich ihnen nicht, aber nimmt sie auf seine Art auf, und sie erfahren dadurch eine tiefgreifende Umgestaltung. Die lange schon wirksame konzentrative Tendenz kommt zum Siege; nur dadurch war Deutschland imstande, den Sturm von Westen, auch so nur unter schwersten Erschütterungen, zu überstehen. Aber ihr wird ein Gegengewicht geschaffen in einer starken Beteiligung des Volkes, wenigstens in seiner Oberschicht, an der Verwaltung seiner Angelegenheiten von unten auf in Gemeinde, Kreis, Provinz, durch alle diese Zwischenglieder mittelbar, dann nach und nach auch unmittelbar durch selbstgewählte Vertretungen, im Gesamtstaat. Die Einheit des Staatswillens, Rousseaus „Gemeinwille", ja „Gemein-Ich", soll, gerade im Unterschied von der abstrakten

Gleichheit der Einzelpersonen in undifferenzierter Masse — die doch nur das Gegenbild der unterschiedslosen Gleichheit der Regierten unter dem das „Ich" des Staats darstellenden Herrscherwillen des Einzelnen ist — sich vielmehr aufrichten als natürlich gegliederte, organische Vereinigung der sozialen Faktoren, die so erst ein Volk ausmachen. Sie fordert darum die monarchische Spitze: sie konstituiert sich als Einheit von Volkswillen und Königswillen. Denn, als lebendige Einheit, hat sie ihren Sitz nicht in der Peripherie, noch im Zentrum, sondern in der Wechselbeziehung beider.

Das ist die Gesinnung, die in den Steinschen Reformen maßgeblich wird. Es sollte „der Bürger durch Teilnahme an der Gesetzgebung, Beaufsichtigung und Verwaltung mehr Bürgersinn und Bürgergeschick erhalten", dadurch zugleich „für sich selbst sittlicher werden und seinem Gewerbe und individuellen Leben, indem er beide an das Wohl der Mitbürger knüpft, eine höhere Geltung" geben. Es war die Absicht der großen Reformen: „die Disharmonie, die im Volke stattfindet, aufzuheben, den Kampf der Stände unter sich, der uns unglücklich machte, zu vernichten, gesetzlich die Möglichkeit aufzustellen, daß jeder im Volke seine Kräfte frei in moralischer Richtung entwickeln könne". Der Unterricht der Jugend, ein Unterricht, der nach Pestalozzis Prinzipien „jede Geisteskraft von innen heraus entwickelt", sollte dazu das Seine beitragen, zugleich die eigne Beteiligung der Bürger am Staate selbst ihnen zur wirksamsten Erziehung werden. Die Idee des Erziehungs- und Gemeinschaftsstaats wird gleichzeitig von philosophischer Seite, besonders durch Fichte klar aufgestellt, durch seine „Reden an die deutsche Nation" wenigstens ihren Hochgebildeten tief eingeprägt.

Der siegreiche Freiheitskampf war die Frucht der so endlich erwachten Staatsgesinnung des deutschen Bürgertums. Das Volk der Träumer war aufgestanden zur Tat. Die innere Befreiung durch unsere klassische Dichtung und Philosophie hat nicht nur geistige Kräfte in reicher Fülle in unserem Volke entbunden, sondern sie hat das Feld ihrer kraftvollsten Betätigung gefunden im Staat; nicht mehr bloß der „Idee des Staates im Himmel", als dem Haupte einer „unsichtbaren Kirche" (nach Schön), sondern im gegebenen, preußisch-deutschen Staat. Überaus stark war der Anteil der Philosophie an dieser tiefen Wandlung. War Friedrich ein Philosoph auf dem Königsthron gewesen, so waren jetzt die führenden Staatsmänner alle, die Stein und Schön, Boyen, Clausewitz, Nicolovius, Süvern, Niebuhr, Humboldt, mit einem Wort alle, durch die Schule der

Philosophie gegangen. Aber eben nach der Weisung dieser durchaus aktivistischen Philosophie war die Nation der romantischen Literaturschwärmerei endlich entwachsen und zum handelnden Leben im Staate gereift. Ein Niebuhr beobachtet den Rückgang des nur geistigen Lebens, und „Glaube nur nicht", schreibt er 1814, „daß ich das für einen großen Verlust halte". Aber er erkennt gleichzeitig: Preußen, „das gemeinsame Vaterland eines jeden Deutschen, der sich in Wissenschaften, in den Waffen, in der Verwaltung auszeichnet", konnte nur „auf einer geistigen und moralischen Basis bestehen". Groß aber waren die Ergebnisse: die Erstarkung des ganzen wirtschaftlichen und politischen Lebens, die Verallgemeinerung und mächtige Vertiefung der Volksbildung bis zum letzten Armenkinde herab. Die stetige Hebung der Tüchtigkeit, der pflichttreuen Arbeit jedes Berufs befähigte die Nation, in die große neue Entwicklung der Industrie und des Welthandels als eine der stärksten, bald die stärkste Kraft einzutreten.

Aber damit bereitet sich nun eine neue, verhängnisvolle Wendung vor, die gerade für diese deutsche Staatsauffassung die gefährlichste Krise bedeutet. Dringend bedurfte die Nation der Entbindung ihrer wirtschaftlichen Kraft. Ohne sie hätte ihrer politischen Organisation wie ihrer intensiven Bildungsarbeit der gesunde Erdgrund gemangelt, aus dem allein sich beide dauernd nähren und kräftig erhalten können. Das Bestreben, Einheit und Macht der Nation durch die Befreiung und rechte Lenkung der nationalen Produktivkraft zu sichern, trug seine unantastbare Berechtigung in sich. So spricht besonders Friedrich List es aus: der Mangel solcher Macht hätte alles, was wir besitzen, nicht nur den Reichtum, sondern auch die produktiven Kräfte, unsere Kultur, unsere Freiheit, ja unsere Nationalselbständigkeit den an wirtschaftlicher und politischer Macht bis dahin uns weit überlegenen Völkern des Westens völlig in die Hand geliefert. Aber, anfangs kaum merklich, dann immer sichtbarer, unverhüllter kehrt das Verhältnis von Mittel und Zweck sich um. „Aller Aufwand auf den Unterricht der Jugend, auf die Pflegung des Rechts, auf die Verteidigung der Nation", liest man bei demselben Schriftsteller, „ist eine Zerstörung von Werten zugunsten der produktiven Kraft. Die Nation muß materielle Güter aufopfern und entbehren, um geistige oder gesellschaftliche Kräfte zu erwerben: sie muß gegenwärtige Vorteile aufopfern, um sich zukünftige zu sichern". Denn gerade durch ihre geistige Natur hat die Nation sich wiedergeboren: „Anstatt daß anderswo die höhere Geistesbildung mehr aus der Entwicklung der materiellen Produktivkräfte erfolgte, ist in Deutschland die Entwicklung der materiellen Produktivkräfte hauptsächlich aus der ihr vorangegangenen Geistesbildung erwachsen." Das ist als tatsächliche Feststellung unanfechtbar richtig. Aber doch legt schon hier die Gefahr sich nahe, daß die materielle Macht und Kraft als der wesentliche Zweck, die staatliche Ordnung wie die geistig-sittliche Bildung als bloße Mittel zur Erhaltung und Steigerung — ungemessenen Steigerung der wirtschaftlichen Kraft und der nur in dieser gegründeten, d. i. materiellen, politischen Macht angesehen wird.

Und allzu Vieles traf zusammen, diese gefährliche Wendung nur immer zu bestärken und ihrer selbst sicher zu machen. Die Philosophie des deutschen Idealismus schien sich erschöpft zu haben; sie ist seit dem Tode Hegels erloschen. Der gleichzeitige siegreiche Aufschwung der Naturwissenschaft mit ihrem durch die Entdeckung des Energiegesetzes wie noch nie gesicherten Determinismus; Darwins Ersetzung der alten, teleologisch gerichteten Biologie durch die mechanistische Lehre vom Überleben des Lebensfähigsten im unerbittlichen Kampf ums Dasein; mehr noch die für jedes Auge sichtbaren, überwältigenden Fortschritte der Technik, die der Herrschaft des Menschen über die Natur unerhörten Zuwachs bringt, aber gleichzeitig ihn selbst, all seinen Arbeitseinsatz nur als ein Rädchen mehr an dem ungeheuren Arbeitsmechanismus der Natur erscheinen läßt; weit am wirksamsten aber die Verführung des Erfolgs: das fast schwindelnde Emporschnellen der allenthalben, im kleinsten wie im größten greifbar sich bekundenden Macht der Bewältigung nicht bloß der Dinge und Verhältnisse draußen, nicht bloß der physischen Kräfte des Menschen, sondern selbst seiner geistigen und sittlichen Betätigung, die wie magisch gezogen immer ausschließlicher sich selbst in den Dienst der bloßen Machtsteigerung zu stellen scheint, denn das sei der „Fortschritt": das alles drängt unwiderstehlich in die gleiche Richtung der rückhaltlosen Machtanbetung; der willigen Aufopferung jedes auch geistigsten Wertes, der nicht, unmittelbar oder mittelbar, dem alleinigen Zwecke der unbegrenzten Machtsteigerung dienen will. Es sind nicht mehr einfach die alten drei Teufel: Habsucht, Ehrsucht, Herrschsucht, die wie von jeher dem Menschen auflauern; ihrer wäre der doch nie erstorbene ethische Idealismus des Deutschen wohl Herr geworden; sondern es ist etwas diesen allen Überlegenes, das mit dem größten Scheine eines nicht zu überbietenden, letztgültig Objektiven imponiert. Man weiht sich dem Dienste der Macht, nicht um des Habens und Genießens, nicht um des Prahlens und Protzens

willen vor Andern und vor sich selbst, nicht aus dem bloßen Reize des Be-
fehlens und Herrseins, sondern rein ihrer selbst wegen. Das nackte Können empfindet man als etwas, gegen und über das nichts andres — kann.
Was hätte denn Macht über die Macht? Und so glaubt man, indem man
diesem Letzten und Höchsten sich verschreibt, sich selbst auf die höchste Höhe
zu schwingen, die der Mensch, selbst das Geschöpf, nicht der Schöpfer der
Macht, erschwingen mag. Daß dabei mit Material und Kräften entsetz-
licher Raubbau getrieben, die Fundamente der Macht des Menschen geradezu untergraben werden, wird ebenso übersehen, wie, daß durch die
neue „Weltanschauung" die köstlichsten Besitztümer ihm rettungslos verloren gehen. Still und unvermerkt verläßt — Gott seinen Thron im menschlichen Herzen; ein finstres Fatum nimmt ihn, wie selbstverständlich, in
Besitz. Das Kunstwerk „Leben", an dem die vormalige Menschheit an-
dächtig glaubend geschafft hatte, wandelt sich in ein tief häßliches System
erkünstelter Verkleidungen des grausen Götzen, den in seiner nackten Gestalt freilich, wie das Bild von Sais, kein sterbliches Auge zu sehen er-
tragen könnte. Wissenschaft selbst sieht sich, auf der Höhe ihres Schein-
triumphs, in Wahrheit kläglich verarmt, da sie Menschen und Menschen-
wert überhaupt nicht mehr kennen darf. Alle Schöpferfreiheit und -freude,
alle innere Höhe und Reinheit, aller echte Sieg des Geistes und Willens,
alle Gotteskraft der Seele wird verleugnet, muß verleugnet werden. Der
Zusammenbruch konnte nicht ausbleiben, er ist nun da; er steht endlich
jedem, der nicht an der Seele ganz erblindet ist oder wie absichtlich sich
selber blendet, in furchtbarer Größe vor Augen.

Die traurige Lage der untersten, der arbeitenden Schicht ließ zuerst die
Denkenden auf die drohende Gefahr aufmerksam werden. Auf britischem
Boden trat sie zuerst ans Licht. Ein Carlyle denkt noch sie zu beschwören
— durch deutsche Philosophie; denn noch war bei uns die Gefahr kaum
sichtbar geworden. Eine lange Reihe ernster Mahnungen zieht sich von da
durch die soziale Literatur des letzten Jahrhunderts. Die bald kräftig einsetzende sozialistische Bewegung, obgleich selbst von der unfrohen Botschaft
der Fatumsgewalt noch viel zu sehr beherrscht, verdankt doch das Beste
ihrer werbenden Kraft nicht der Marxistischen Doktrin, am wenigsten
ihrem materialistischen Unterbau, sondern dem ethischen, idealistischen Einschlag, den sie trotz allem nicht verleugnen kann. Bei uns war es der edle
Friedrich Albert Lange, der sie uns in diesem Sinne verstehen lehrte.
Aber gegen Gott Fatum erwies sie sich machtlos; sie wird es bleiben,

solange sie sich nicht klar und entschlossen auf ihren deutsch-idealistischen Kern wieder besinnt und dem Fatalismus ein für allemal den Abschied gibt.

Es ist nicht wahr: es ist schon längst nicht mehr eine Klasse, die gegen eine Klasse im Kampfe liegt, so wenig wie eine Nation oder eine Gruppe von Nationen, ein Vaterland oder eine Gruppe von solchen gegen andre; sondern es ist das Ungeheuer Macht, das, gleichgültig gegen alle Sonderansprüche der Klassen, Nationen, Vaterländer, in allen gegen alle wütet, sie alle gegeneinander hetzt und sich durcheinander selbst zerstören läßt. Alle haben an ihm teil, nicht tätig oder leidend, sondern tätig und leidend zugleich. Jeder zehrt von ihm und wird verzehrt, raubt und wird ausgeraubt, zerreißt und wird zerrissen; zuletzt aber bleibt alles, Raub und Fraß, einzig dem einen, unfaßbaren, weil überpersönlichen, überklassigen, überstaatlichen, übervaterländischen, allem überlegenen Ungeheuer Macht. Das ist es, was bisher die wenigsten zu sehen scheinen. Und doch liegt es überall greifbar vor Augen. Wer kann denn taub bleiben gegen die dröhnende Wucht, mit der es uns in diesem Kriege überfallen hat, wer blind gegen die grellen Lichter, die seine Blitze in unsre Finsternis warfen, wer fühllos gegen den eisernen Griff seiner atemraubenden Umklammerung?

Wer soll ihm wehren? Der Staat. Wie stellt sich der zu ihm? — Drei Stellungen erscheinen, von ihm aus, möglich; alle drei finden wir heute. Entweder er fügt sich dem Ungeheuer, vielmehr es selbst nimmt, ohne langes Fragen, seine Maschinerie als ein überaus zweckdienliches, leicht zu handhabendes, als Tarnkappe den wahrhaft Waffeführenden unsichtbar machendes Rüstzeug in Gebrauch, legt so, selber unentdeckt, den arglos dem Staat hingegebenen Völkern seine Fessel an und hält sie um so sicherer in seiner Fron. Diesem Schicksal scheinen heute die kaum verhüllten Plutokratien der britischen Völker aller Zonen verfallen; und der ganze Troß der andern, die sie in ihre Gefolgschaft zu locken verstanden, folgt blindlings zum Abgrund. — Oder der Staat spürt die Gefahr, lehnt sich auf, wirft sich ohne Besinnen ihr entgegen, glaubt in einem einzigen begeisterungstrunkenen Ansturm sie zu besiegen, aber ermißt nicht ihre Größe, verwechselt den wirklich nicht gesehenen Feind mit Teilgewalten, denen den Todesstoß zu geben ihm mit leichter Mühe gelang, nachdem sie, längst innerlich morsch, dem ersten äußeren Anprall erlegen waren, die Todeswunde schon in sich trugen. So steht heute Rußland vor uns, noch arglos lachend des Feindes, der schon ihr im Nacken sitzt. — Die dritte ist die Haltung des Staats, der, in kaum minder arglosem Selbstvertrauen, außer und über den Streitenden zu stehen glaubt, beiden im guten zuredet, sich doch zu vertragen, Staatswillen, Gesetz und Recht, Vaterlandstreue über alles zu stellen, Sonderwünsche wenigstens für jetzt, für den Augenblick der ernstesten äußeren Bedrohung (die er allein sieht) zurückzustellen. Das ist, bis jetzt, die Haltung des deutschen Staats. Keiner von allen erkennt bisher, wie schwer, aus welcher letzten Tiefe sie alle gleich bedroht sind; und was geschehen müßte, um dem drohenden Unheil nicht bloß für den Augenblick standzuhalten, sondern es auf immer abzuwehren. Alle sehen nur, und kaum, was vor Augen liegt, sie spüren nur erst die äußersten Griffe, mit denen das tausendarmige Ungeheuer sie von vorn und von der Seite bedroht, während es selbst in seiner ganzen Größe ungesehen hinter ihrem Rücken steht, um sie mit seinen stärksten Fängen im Genick zu packen und zu Boden zu werfen.

Also müßte man alle Hoffnung fahren lassen? Da sei Gott vor. Da ist Gott vor. „Das Wort sie sollen lassen stahn“, das Wort — Gottes, das Wort jenes „ewigen Ja“, nach Carlyle, dem das „ewige Nein“ zuletzt unterliegen muß: weil zuletzt Sein über Nichtsein, Wahrheit über Lug und Trug den Sieg behalten muß. Denn Lug und Trug ist, was uns alle narrt, ein Gespenst, dem man, wie andern Gespenstern, nur herzhaft zu Leibe gehen muß, um es zu bannen; eine Vorspiegelung, wie eine Art Sinnestäuschung, schrecklich den Betörten, beinah belachenswert dem, der außer dem Wahn steht. Der Fürst dieser Welt, wie saur er sich stellt, tut er uns doch nicht, das macht, er ist gericht, ein Wörtlein kann ihn fällen.

Welches ist denn die geheimnisvolle Gewalt? Das „Kapital“ nennt sie sich. Was ist denn das? Ein überweltliches Verhängnis, eine tote und tötende Naturgewalt? Etwa gar das grause Unbekannte, das „Ding an sich“? Ja, das alles ist es — dem, der es dafür ansieht. Wer ihm aber mit der Leuchte schlichten Wahrheits- und Wirklichkeitssinns ins Gesicht leuchtet, erkennt bald, daß es nichts von dem allen, sondern eine ganz schlicht menschliche Schöpfung ist, deren der Mensch doch auch sollte Herr werden können. Freilich eine menschliche Schöpfung ist auch jene blinde Fatumsgewalt: das Geschöpf menschlicher Einbildung. Aber dieser Einbildung kann doch der Mensch sich entreißen, so wie er der Wahngeschöpfe viele schon hinter sich geworfen hat. Wie vielen Götzen hat er geopfert! Keinem sind Opfer gefallen wie diesem. Und sozusagen im hellen Tageslicht hat der Mensch sich von diesem Trugbild narren lassen; be-

schämend genug für seine sich so brüstende „Vernunft" — und doch wieder
tröstlich; denn einmal hinter den Betrug gekommen, muß es ihm möglich
sein, ihn vollends zu entlarven und unschädlich zu machen.

Was ist Kapital? In sich etwas ganz Schlichtes, dem schlichtesten Verstand Faßliches: Abzug vom augenblicklichen Verbrauch, um vorzusorgen
für künftigen Verbrauch. Vonseiten der Güterproduktion: Aufsparung
von Produktionskräften, um sie bereit zu haben für späteren Krafteinsatz.
Einsatz wozu? Zu immer neuer Kraftaufsparung? Gewiß, auch dazu;
aber doch nicht ewig nur und immer wieder dazu. Mittel sind nicht bloß
Mittel zu Mitteln, und so ins Unendliche weiter, sondern schließlich zu
Zwecken, Lebenszwecken. Nur sofern der Zweck besser mittelbar, unter
Umständen erst durch viele Mittelglieder zu erreichen ist, verdient die Aufsparung von Mitteln und Mitteln zu Mitteln usf. den Vorzug vor dem
unmittelbaren Aufwand der gerade verfügbaren Mittel. In ihrem ganzen
Umfang aber muß die Sorge um die Mittel dem Zweck durchaus untergeordnet bleiben. Auch sind die Zwecke in dem Gebiete, auf das die ganze
Frage allein Bezug hat, im Gebiete der Wirtschaft, durchaus endliche,
keineswegs überendliche. Im Grunde ist das der Betrug: Weil der Mensch
rechnen gelernt hat; weil er durch die Not des unabsehbar wachsenden Be-
darfs gezwungen ist, zu rechnen; weil er diese seine Rechnung von den
nächsten auf fernere und fernere Bedarfszwecke einzustellen hat, zieht er
vor, sie sogleich einzustellen auf einen idealen unendlich fernen Punkt;
gleich als ob er nicht für den Bedarf von Menschen auf Erden, sondern
der Ewigen droben zu sorgen hätte. So verliert sich ihm der Zweck ins
Unsichtbare und Ungreifbare; und da man nun doch nicht umhin kann,
sich einen Zweck zu setzen, so maßt die unendliche Reihe der Mittel, Mittel
zu Mitteln usf. sich an, selber der Zweck zu sein. So wird der „gewaltige
Dienstmann" zum Herrn, weil er nicht mehr den findet, der seiner Herr
wäre: den Menschenzweck und für Menschenzweck sich einsetzenden gesunden Menschenverstand und Menschenwillen.

Die Täuschung wäre, in ihrer schließlichen Plumpheit, gar nicht zu verstehen ohne noch einen gewichtigen psychologischen Faktor: den unheim-
lichen Reiz des Könnens, der bloßen, objektiven, abstrakten Macht; einen
Reiz, dem der bloße Techniker, weitesten Sinnes, d. h. wer seine Arbeit
nun einmal ganz der Bereitstellung bloßer Mittel widmet, ohne, für sich,
nach dem Zweck zu fragen, nur zu leicht unterliegt. Ihm will es nicht zu
Sinn, daß der Mensch nicht, was er kann, auch soll, möchte die Welt darob

zugrunde gehn. Sein kategorischer Imperativ lautet nicht: Du kannst, denn du sollst, sondern: Du sollst, denn du kannst. Ihn narrt das Gespenst des An-sich: die Reihe der Mittelkausalität geht an sich ins Unendliche, also muß sie verfolgt werden ohne Ende, ohne Ziel. Ihm gilt einzig die Losung der Bacon und Hobbes: Wissen um der Macht, um des Könnens, um der bloßen Bemeisterung willen; mag sie den Machthaber, den Könner, den Meister selbst übermögen, überkönnen, übermeistern; welcher Götzendiener hätte je gezögert, wenn sein Götze es forderte, sich selbst in seinen feurigen Rachen zu werfen? Stürzt doch ein Empedokles sich in den rauchenden Schlund des Ätna, um sein Geheimnis zu ergründen!

Ist aber das Gespenst einmal entlarvt, dann sollte es doch eine lösbare Aufgabe sein, das Mittel dem Zweck unterzuordnen, einzig auf ihn zu richten. Der Zweck selbst ist kein starrer, sondern beweglich, wechselnd, nicht voraus absolut begrenzbar. Keine Sorge also, daß es der Mittelbeschaffung an Aufgaben, und zwar stets wachsenden, je fehlen werde. Aber die Aufgabe bleibt doch immer auf festem Erdgrund. Hier auf diesem genau begrenzten Arbeitsfeld, mit diesen und diesen verfügbaren, gewiß noch sehr zu steigernden Arbeitsmitteln und -kräften ist für bestimmte menschliche Zwecke zu arbeiten, für heut und morgen, auch für kommende Geschlechter, weit und weiter hinaus; nur nicht ins überhaupt nicht mehr Angebbare, endlicher Berechnung grundsätzlich Entzogene, sondern streng in den Grenzen möglicher, und das heißt hier absehbarer, irdisch-menschlicher Erfahrung. Und zwar — darauf kommt es im gegenwärtigen Zusammenhang vorzüglich an — in bestimmt gegebener, heutiger und morgiger, auch künftiger, auch weit hinaus in die Zukunft vorausprojizierter, aber immer doch irdisch begrenzter, konkreter, nicht erträumter, nicht bloß in der Idee existierender Menschengemeinschaft. In ihr findet der „gewaltige Dienstmann" den Herrn, der seiner und dessen er wert ist. Diese „Herrschaft des Menschen" — nicht wiederherzustellen, denn sie hat noch niemals in Reinheit bestanden, sondern durch Menschenvernunft und Menschenwillen erstmals herbeizuführen, ist die Aufgabe. Sie ist nicht leicht, aber sie muß lösbar sein.

Den Weg ihrer Lösung getraue ich mich nicht zu zeichnen; das bedarf der gründlichsten theoretischen Arbeit und des praktischen Versuchs der Politik und Wirtschaft. Nur was vor Augen liegt, sei in Kürze angedeutet

In weitem Umfang ist es doch schon jetzt so, daß gerade die, die mit dem höchsten Einsatz von Intelligenz und Willenskraft für die Mehrung und richtige Verwaltung des Kapitals tätig sind, am wenigsten ihren persönlichen Gewinn, weit mehr die Sache im Auge haben; nicht anders als der Staatsdiener, der Offizier, der gelehrte Forscher, der Lehrer, jeder überhaupt, der mit Lust und Liebe in seinem Beruf arbeitet. Es liegt einmal im Wesen jeder stetig und darum mit Erfolg betriebenen Tätigkeit, daß sie selbst, ihr guter Fortgang ein Lohn ist, dem kein tatloser Genuß die Wage hält. Insbesondere jede gemeinschaftliche Organisation fördert diese Sachlichkeit des Arbeitsbetriebs. Längst nun ist eine starke Bewegung im Gange, die Kapitalbildung selbst immer mehr technisch und gemeinschaftlich zu organisieren. Nicht minder fordert die Regelung des Verbrauchs immer dringlicher eine solche technische und gemeinschaftliche Organisation der Verbrauchenden. Auch sie strebt zwingend, durch ihr eigenes Gesetz, dahin, den Verbrauch so zu regeln, daß der Anspruch des Einzelnen die genaue Grenze innehält, in der er mit den gerechten Ansprüchen der Andern zusammenbestehen kann, so zwar, daß zugleich Verbrauch und Hervorbringung in gesundem Verhältnis zueinander bleiben. Die Organisationen beider Art sehen sich zugleich streng und immer strenger angewiesen auf genaue gegenseitige Rücksichtnahme. Es sind ja nicht an sich verschiedene Personen oder Klassen, die an der Produktion und die am Verbrauch interessiert sind. Die Organisation der Verbraucher hat es selbst in der Hand, an der Güterproduktion in wachsendem Umfange sich zu beteiligen; damit nimmt sie selbst teil an dem Interesse der Kapitalaufhäufung, und wird umgekehrt die Organisation des Kapitals um so mehr genötigt, auf den Verbrauch und seine Regelung alle Rücksicht zu nehmen, selbst dazu mitzuwirken. Ist doch die Produktion selbst zugleich der stärkste Verbraucher. Soweit aber nicht schon gleichsam automatisch, durch beiderseits wachsende Organisation, Hervorbringung und Verbrauch sich miteinander in Einvernehmen setzen, ist es Sache des Staats, auf beide eine regulierende Wirkung zur Herstellung solches Einvernehmens zu üben. Dazu aber ist er nicht bloß, als Träger der gemeinsamen Interessen aller, befugt und verpflichtet, sondern er wird, selbst Kapitalist und in großem und immer wachsendem Maße Verbraucher, auch die Macht dazu gewinnen können. Ohne seine starke Mitwirkung würden beide Organisationen, die des Kapitals und des Verbrauchs, je für sich und in ihrem Wechselverhältnis, die von ihnen angestrebte, notwendig anzustrebende gesunde Regelung eines sich selbst erhaltenden Betriebs auf die Dauer nicht erreichen; sie sind daher auf den Staat nicht weniger angewiesen als der Staat auf sie. Vorbedingend freilich ist zu dem allen eine in alle Volksklassen verbreitete, gründliche wirtschaftliche und politische Bildung. Diese würde von selbst die hohe technische Intelligenz und uneigennützige Sachlichkeit hervorbringen, die für die Leitung der erforderlichen, höchst umfassenden Organisationen die Voraussetzung bildet. Hält man sich aber vor Augen, wie hohe Kräfte schon jetzt die wachsenden Aufgaben der immer umfassender und einheitlicher sich gestaltenden Wirtschaft entwickelt haben, so wird man nicht zweifeln, daß es an diesen Vorbedingungen gerade dann am wenigsten mangeln wird, wenn die jetzige Anarchie der Wirtschaft einer durchgreifenden Regelung mehr und mehr Platz gemacht haben wird. Es wird dann ja das dringendste Anliegen ebensowohl der freien wirtschaftlichen Organisationen selbst wie des Staates sein, dahin zu wirken, daß ein jeder seine Kraft genau da einsetzt, wo sie das beste zu leisten imstande ist, gleich sehr zum Gedeihen des Ganzen wie zur eignen Lebensbefriedigung eines jeden. Damit aber würde der Staat aus einer bloßen Zwangsorganisation eines nur gerade erträglichen Zusammenlebens zu einer wahren Politie, einer Res publica, einem „Gemeinwesen", oder, um dem lateinischen Ausdruck noch näher zu bleiben, zur Volkssache, zur gemeinsamen Sache des ganzen Volkes, „Sache" im Sinne von Aufgabe, von Beruf, dem ein jeder, als seinem eignen, sich freudig und überzeugt widmet.

Wirtschaftsstaat, Rechtsstaat, Erziehungsstaat: das sind nicht drei neben- und gegeneinanderstehende Zweckbestimmungen; sondern erst alle drei Gesichtspunkte miteinander definieren den einigen, einzig möglichen Zweck des Staates, als des Staates der menschlichen Kultur, des echten Menschenstaats. An allen drei Funktionen: am Arbeitsleben der Gemeinschaft und seiner gesunden Regelung, um seinetwillen an geregeltem Willenseinsatz und an oberster Vernunftleitung, haben an sich alle gleich starkes und unmittelbares Interesse. Was sie jedem für sich und was sie der Allheit, der Gemeinschaft bedeuten, wie sie durch diese bedingt und für sie wiederum bedingend sind, das geht an sich jeden gleichviel an. Je höher und reicher aber und damit verwickelter und schwieriger die Aufgaben in allen drei Richtungen werden, um so nötiger wird es, daß auch jeder an seinem Teile bewußt und mit stärkstem Willenseinsatz dazu mitwirkt, sie alle drei in ihrem wechselseitigen Verhältnis gesund und gemeinförderlich zu gestalten. Der letzte und höchste Gesichtspunkt aber muß immer der der Erziehung bleiben. Denn zuletzt arbeitet und verzehrt der Mensch nicht, um zu arbeiten und zu verzehren, regiert nicht und läßt sich regieren, um zu regieren und regiert zu sein, oder eines von diesen zweien um des andern, sondern um des Lebens, um des echten, inneren Lebens des Geistes und Herzens, um des Menschtums willen, auf dessen Erhaltung und Erhöhung unmittelbar die Erziehung, nur mittelbar, als allerdings wesentliche Vorbedingungen, das geregelte Arbeitsleben der Wirtschaft und die straffe Willenslenkung des Rechts abzielen.

Fragt man nun aber, wo für eine solche Gestaltung der Gemeinschaft am ehesten Einsicht, Kraft und Willen vorhanden oder doch zu wecken sein möchten, so wird man, allem zum Trotz, was etwa Zweifel wecken könnte, sagen dürfen, daß, nach seiner ganzen Geschichte, nach seiner klar erkennbaren innerseelischen Verfassung wie nach der äußeren Bedingtheit seiner Weltlage, kein Land dafür gleich günstige Aussichten bietet wie unser Vaterland. Der Haß der Völker romanischer wie britischer Zivilisation gegen die deutsche Kultur beruht, eingestanden oder nicht, auf dem Zug zum Sozialismus, den sie in allen unseren entscheidenden Institutionen zu verspüren doch nicht umhin können. Dagegen ist das offene Geheimnis all ihrer Demokratien und Parlamentarismen — die Plutokratie. Darum setzen sie sich, begreiflich, mit ihrer letzten Kraft gegen uns zur Wehr. Es wird zuletzt vergebens sein. Der Fortgang der weltwirtschaftlichen Entwicklung wird doch nach und nach alle an ihr teilnehmenden Völker, je kräftiger sie teilnehmen, um so sicherer, dem Sozialismus zutreiben. Die Wendung dahin ist in den Ländern westlicher Zivilisation dadurch bisher aufgehalten worden, daß ihrer kapitalistischen Ausbeutung die zurückgebliebenen Völker besonders der alten Kontinente fast schutzlos preisgegeben waren. So war es für jene bisher ein leichtes, Reichtümer über Reichtümer aufzuhäufen, von denen bei ihnen jeder, bis zum letzten Arbeiter, stets wachsenden Vorteil zog. Erst der unerwartet starke Mitbewerb des Deutschen mußte ihnen zum Bewußtsein bringen, daß diese goldene Freiheit der Bereicherung auf fremde Kosten denn doch ihre Grenzen hat. Die nächste Folge war, daß sie des lästigen Mitbewerbers sich mit vereinten Kräften zu entledigen suchten. Aber, gelänge es ihnen auch damit, sie würden damit doch die alte Monopolstellung nicht wiedergewinnen. Die Welt ist eng geworden, wird enger mit jedem Tag. Die bisher nur ausgebeuteten Völker wollen und werden an der weltwirtschaftlichen Entwicklung mehr und mehr selber teilnehmen, ihre Bodenschätze und arbeitenden Kräfte zu eigenem, nicht fremdem Vorteil nutzen.

Damit werden die bisherigen Ausbeutervölker sich mehr und mehr auf ihre eigenen Hilfsquellen zurückgewiesen sehen und sich so schließlich im gleichen Fall befinden, in dem Deutschland, infolge seiner eingeteilten geographischen Lage, sich vordem befunden hat und nach diesem Kriege erst recht befinden wird. Sie werden sich dadurch ebenso wie wir darauf hingewiesen sehen, sich auf die volle Entwicklung ihrer einheimischen, wirtschaftlichen, geistigen und sittlichen Kräfte zu besinnen, einen fest gesicherten inneren Frieden der wirtschaftlichen Klassen und eine ehrliche Verständigung mit den andern Völkern auf dem Fuße der Gleichheit und Gemeinschaft anzustreben. Kein Zweifel also, daß die für alle Erdvölker wesentlich gleiche und gemeinsame Entwicklung sie alle dem gleichen gemeinsamen Ziele schließlich entgegenführen wird. Aber innerlich, seelisch eingestellt auf die damit geforderte allgemeine Wendung ist, infolge seiner ganzen bisherigen, äußeren wie inneren Entwicklung, kein Volk in gleichem Maße wie das unsre. Es braucht in allem, was die neue Lage erfordert, ja nur die volle und reine Konsequenz eben der Grundsätze zu ziehen, die bisher schon sein ganzes berufliches, rechtliches und Bildungsleben, seine ganze Staatsauffassung bestimmt haben.

Und alles läßt absehen, daß schon alsbald nach diesem Kriege die Wendung zum Sozialismus sich aus bringender Not bei uns wird vollziehen müssen, bei Strafe des Untergangs. Die Erhaltung unsrer wirtschaftlichen Kraft wird ohne die straffste Organisation der Produktion wie des Verzehrs, die in unsrer täglich schwerer bedrohten Lage doppelt notwendige strenge staatliche Zusammenfassung unsrer Kräfte ohne einen starken Anteil des Staates an beiden und ihrer inneren Einstellung aufeinander gar nicht möglich sein; und eine sehr umfassende und tiefgegründete, nicht bloß wirtschaftliche und politische, sondern geistige, sittliche, künstlerische, religiöse Erziehung der ganzen Nation wird die zu dem allen nötigen inneren Kräfte in einer bisher nicht gekannten Allgemeinheit der Grundrichtung wie Individualität der Differenzierung ebenso notwendig entwickeln müssen, wie wir, als Deutsche, aus eigenem innersten Trieb alle nach ihr verlangen. Wille und Fähigkeit zu dem allen sind im Deutschen heute wie nur je vorhanden; und auch, wo sie noch schlummern, wird die Not unsrer Lage sie wecken. Die einzige ernste Sorge wäre, daß unser Volk, bis zum Tode erschöpft durch das ungeheure Kraftaufgebot, das der jetzige Krieg von ihm fordert, die alte seelische Energie der Selbstbehauptung nicht mehr aufbrächte. Das aber zu besorgen, liegt doch kein Grund vor. Stets hat es gerade aus tiefstem Sturz sich nur um so stolzer aufgerichtet. Es hat doch in diesem Kriege nicht nur eine physische Stärke, die es sich vordem selbst kaum zugetraut hätte, sondern auch jene seelische Energie voll wieder bewiesen, durch die es sich nun Jahrtausende hindurch, auch unter den schwersten Umständen, nicht bloß notdürftig behauptet, sondern nur immer entschiedener seiner Eigenart gemäß gebildet hat. Ein Volk wie dieses ist nicht umzubringen.

Aber ist nicht, mag mancher fragen, das endlich aufgewachte, aus der Umklammerung des Zarismus gelöste Rußland dem Sozialismus ein gutes Stück näher als wir? — Nein. Rußland ist in die neue Entwicklung in Wahrheit noch gar nicht eingetreten, es erkennt noch gar nicht, ahnt noch kaum die gewaltige neue Aufgabe, die durch sie gestellt ist. Der urwüchsige Kommunismus, dem es sich jetzt in die Arme zu werfen scheint, ist mit modernem Wirtschaftsleben überhaupt unverträglich, er würde, wenn er dauernden Bestand haben könnte, Rußland auf die Stufe eines Urvolks zurückwerfen. Wohl mögen aus seinem jetzt chaotischen Zustand noch gewaltige Kräfte mit der Zeit sich emporringen. Vieles weist darauf hin, daß solche in ihm verborgen liegen und vielleicht schon zum Leben drängen. Die russische Literatur des letzten Jahrhunderts — ich stehe nicht an, sie die bedeutendste dieses Zeitraums zu nennen — läßt da innere Reichtümer erahnen, deren volle Erschließung dem geistigen Schatze der Menschheit noch einige der köstlichsten Juwelen hinzuzufügen verspricht. Aber gerade die Selbstzeichnung der russischen Volksseele, wie sie in vielleicht nie zuvor erreichter Tiefe und Schärfe besonders in den Romanen des Dostojewskij vollbracht ist, bestätigt nur ihre typisch orientalische Grundverfassung. Das russische Volk in seiner Gesamtheit fühlt sich als „Gottesträger“, als Träger der Welterlösung; gewiß nicht in einem bloß passiven, quietistischen Sinne, sondern in dem eines zu jeder kühnen Umwälzung entschlossenen, jedes Opfers fähigen Willenseinsatzes — der sich nur leider bisher nie in aufbauendem Schaffen, sondern allein im Zerreißen der Ketten bewiesen hat und auch heute beweist. Schöpferische Gemeinkraft mag da vielleicht noch einmal hervorbrechen; bisher läßt sich noch kaum ein Ansatz dazu erkennen.

Der Russe rühmt sich und darf sich seines Allgefühls rühmen. Der Dichter zeigt uns in seinen Russen ein allgemeines, tiefes Miterleben mit dem All, das bis in jedes einzelne Erlebnis dringt, es reinigt und ein reines Verhältnis der Freude von Mensch zu Mensch stiftet. Der Mensch muß sich nur von sich selbst frei machen, gerade so wird er sich selbst und die Freiheit gewinnen. Er muß nur seinen Willen an die Menschheit abgeben, ganz in ihr aufgehen, dann gerade wird er sich in sich selber finden. Eine „Allweltenliebe" folgt daraus; alles ist wie ein Ozean, wo alles fließt, alles sich berührt. „Alle sind schön, alle sind gut" ruft die Gruschenka (bei Dostojewskij) in prophetischer Entzückung. Jeder kann, sobald er nur will, bewirken, daß das Paradies sogleich in diesem Augenblick hier auf Erden anbricht! Aber damit gerät das Allheitsgefühl bedenklich ins Schwärmerische. Es wird ganz verkannt, daß das reine Menschentum „Idee", d. i. ewige Aufgabe, als solche gewiß für den, der von ihr erfüllt ist, das Realste ist, was es nur gibt, aber doch aufs schärfste geschieden vom jetzt und hier von mir, dem Einzelnen, Erfahrenen und Erfahrbaren. Nicht alle, wie sie da sind, sind schön, sind gut, sondern: in allen wie in uns selber haben wir den unzerstörbaren Keim, also gewiß die Möglichkeit vorauszusetzen, es zu werden, und haben zu arbeiten, daß wir es werden. Nicht: ein jeder hat, sobald er will, die Macht, zu bewirken, daß das Paradies jetzt und hier anbreche, sondern jeder, der geringste wie der größte, hat unermüdet, unbeirrt durch die Kaummerklichkeit des Erfolgs, es „sich sauer werden zu lassen", daß es, in wie ferner Zukunft auch, der Menschheit wiedergewonnen werde. Nicht: alle werden mit einem Schlage begreifen, wie unnatürlich ihre Absperrung gegeneinander ist, und werden sich in die Arme sinken; sondern in langmütiger Selbsterziehung wie gegenseitiger Erziehung sind sie dahin zu bringen, daß sie Menschlichkeit gegeneinander, Achtung vor der Menschheit auch im Verachtetsten lernen. So wird zum „Bau der Ewigkeiten" zwar „Sandkorn nur um Sandkorn" gereicht, aber von der Schuld der Zeiten Minuten, Tage, Jahre gestrichen. Solche Geduld des Bauens der Ewigkeiten ist es, die wir bei dem russischen Menschen, gerade wie Dostojewskij ihn zeichnet, bisher nicht zu erkennen vermögen. Diese Menschen haben alle durchaus nichts zu tun, wenn man unter Tun Schaffen, Bauen versteht. Keiner kennt eine ernsthafte Verantwortung für irgend etwas, wozu ein geduldiges, besonnen am rechten Punkt angreifendes, unermüdet bei der Sache bleibendes Arbeiten gehört. Sie kommen dazu gar nicht. Warum? Sie fühlen. Sie begehen zwischendurch allerlei, was wahrlich nicht schön, nicht gut, von Paradiesesunschuld sehr weit entfernt ist. Gleichviel, sie sind alle schön, alle gut — warum? Sie fühlen, fühlen Überschwängliches, reden erhaben in „entzückter Prophetie", werfen sich zur Erde, sie, die ganze Erde, zu

küssen, bitten Vögelchen um Verzeihung … Gewiß, das kennen auch wir,
der junge Goethe, der Doktor Faust sogar in jener „hohen Intuition" —
über die ihm sein „Schandgesell" dann eine Predigt in einem nicht
gerade erbaulichen Tone hält. Immerhin, es ist menschlich, ist — jugend-
lich: Jugend, wissen wir wohl, ist Trunkenheit. Sei man denn trunken.
Aber ist das die Erlösung, das Paradies, ist das — die Liebe? Liebe
ist doch wohl nicht ein bloßes Gefühl, sondern eine Idee. Sie stellt schwere,
unerbittliche Forderungen an den Willen, verlangt unermüdetes Ringen
und Arbeiten. Das ist, was wir vermissen. Dostojewskij deutet wohl hin
auf ein Leben der Tat, aber man bekommt davon auch bei ihm nichts zu
sehen, und die russischen Menschen, die er uns zeichnet, sehen nicht recht
danach aus, daß sie die Mahnung befolgen würden. Das alles erklärt
nur zu wohl, weshalb es der Russe bisher zu einem sicheren Rechts- und
Staatsbewußtsein nicht gebracht hat. Nicht zufällig ist der Ideal-
anarchismus und die Lehre vom Nichtwiderstehen gerade auf russischem
Boden erwachsen, von Tolstoj, wahrlich einem nicht weniger tiefen Kenner der russischen Seele, entwickelt worden. Ohne einen starken Einschlag
von orientalischem Quietismus wäre ein Zustand wie der des heutigen
Rußland gar nicht zu verstehen. Zwar nicht mehr, wie es ehedem hieß,
Herrentum und Sklaventum allein, aber absolute Willkürherrschaft auf
der einen, absolute Herrenlosigkeit auf der andern Seite, ist bis heute die
Signatur des russischen Staats.

Aber am Ende ist den Völkern des Westens das Allheitsgefühl so abhanden gekommen, daß sie deshalb beim Osten wieder in die Schule
gehen müssen? Dieser Auffassung begegnet man heute vielfach. Allein für
Deutschland, behaupte ich, trifft sie nicht zu. Schon wurde das schwere
Mißverständnis zurückgewiesen, als ob Luthers Berufung auf das eigne
Gewissen eines jeden den Losriß von der Allheit bedeute. Vielmehr gerade
in seinem heroischen Freiheitskampf wider die Vormundschaft der sichtbaren Kirche stellt sich Luther klar und eindeutig auf den Grund der unsichtbaren, durch den heiligen Geist gegründeten, rein geistigen Gemeinschaft, die „alle Herzen in einem Glauben (im Geist) versammelt", ob
sie schon „leiblich voneinander tausend Meilen geteilt sind". Darum singen
wir ja vom heiligen Geist: „Der du hast allerlei Sprachen in der Einigkeit
des Glaubens versammelt." Diese Einigkeit (sagt er) ist allein genug eine
Christenheit zu machen, ohne welche keine Einigkeit, es sei der Stätte, der
Zeit, Person, Werk oder was es sein mag, eine Christenheit macht. Denn

es heißt: Mein Reich ist nicht von dieser Welt; und: Das Reich Gottes
kommt nicht in einer äußerlichen Weise, es ist inwendig in euch! „In
euch“, das kann in diesem Zusammenhang nur besagen: in aller Gläubigen Herzen, also doch in der Allheit; wie auch Paulus sage: eine Taufe,
ein Glaube, ein Herr. Nicht minder hat die deutsche Aufklärung, Leibniz
besonders, im scharfen Unterschied von der französischen und englischen,
stets an einer Auffassung von Gott und Seele festgehalten, ja sie erst im
tiefsten begründet, die weder an universaler Weite des Humanismus, noch
an individualer Vertiefung und Innerlichkeit irgend etwas vermissen läßt.
Ganz irrtümlich auch hat man Kants Vernunftethik als individualistisch
im Sinne der empirischen Sonderheit der Einzelperson, als Verkennung
des vollen Sinns der sittlichen Gemeinschaft gedeutet. Ist doch die sittliche
„Person“, von der bei ihm die Rede ist, vielmehr die schlechthin übersinnliche, die, in der Person eines jeden, eben die Menschheit, also die Allheit vertritt. Mit Grund vermissen kann man die konkrete Durchführung
nach der Seite der Gemeinschaft wie der vollen Individuität des unmittelbaren Erlebens. Aber was daran bei ihm fehlt, ist von seinen Fortsetzern,
Fichte und Schleiermacher, alsbald ergänzt worden. Und wenn Goethe
den Doktor Faust, nachdem er in Prometheischem Trotz von seinem „Urquell“ sich losgerissen, erst jenseits seiner Erdenbahn sich zu ihm zurückfinden läßt; wenn der Dichter selbst in seiner mittleren Zeit fast einem
ausschließlich diesseitigen, gott-losen, ja selbstischen Humanismus ergeben
scheinen mag, so hat sich uns dies als ein recht oberflächlicher Schein erwiesen. Vielmehr stellt Goethe, wie wir uns überzeugen konnten, in
geradezu typischer Weise die drei Grundphasen des Menschentums in sich
dar: in der Jugend die glühende, unmittelbare, fast trunkene Hingabe an
die „Gottnatur“; in den Mannesjahren die nur durch strenge, bewußte
Bescheidung an den „Grenzen der Menschheit“ zu erringende Meisterung
der „Form“; im Alter nicht bloße Rückkehr zum All-Einen, kindliches Versinken in Gottes Arm, sondern eine nur in innerster seelischer Überwindung
des Niedrig-Menschlichen erreichbare Erhöhung zum rein Göttlichen.
Und hat man noch nötig, einen Schiller und Beethoven vor dem Vorwurf
des Versinkens in individualistische Enge zu schützen? Genügt nicht das
eine: „Ihr stürzt nieder, Millionen — Diesen Kuß der ganzen Welt?“
— Oder wäre seitdem dem Deutschen der alte universalistische wie individualistische Geist abhanden gekommen? Wenn sonst nichts, so bewiese
gerade die jüngste Literatur, Kunst, Philosophie und auch Religion

unseres Volkes das klare Gegenteil. Was irgend Rußland oder ein andres Land Vergleichbares aufweist, erkennt man sofort als deutsche Entlehnung.

Gewiß lebt ein Gott in allen, gewiß hat jedes große Volk zuletzt seinen gottgewollten Beruf vor Augen. Gewiß wird zuletzt Gottes Saat aufgehen unter jedem Himmelsstrich, in jedem tragfähigen Boden. Aber es gilt eben, ihn zu bauen: das heißt uns „Kultur“. Dazu aber hat der Deutsche die wirksamen Methoden zwar nicht zuerst gefunden, doch ausgebaut und in strenger Arbeit so, wie nur er sie brauchen kann, entwickelt. Darum trauen wir für das Heil der kommenden Menschheit zuerst und am meisten auf ihn.

Würde freilich der Deutsche diesem seinem eigensten Beruf untreu, dann wäre es Zeit, daß sein Name von der Erde vertilgt würde. Nicht von außen droht die größte Gefahr, da möchte er siegen über tausend Feinde. In der eignen Brust, da sitzt der Feind. Die heiße Liebe zu unserm Volke darf uns gegen die innere Gefahr nicht blind machen, sie sollte im Gegenteil uns den Blick für sie nur schärfen. Unser Volk ist heute mitergriffen von dem fressenden Verderben der Gewalt- und Genußgier und wiederum des matten und feigen Zurücksinkens in eitle Selbstgenugsamkeit. Sollte das, mit allem, was daraus gefolgt ist, bei uns wie scheinbar in aller Welt den Sieg behalten — dann Fluch dem edlen Aufschwung von 1914, Fluch dem heiligen Opfermut unsrer Jugend, unsrer reifen Mannschaft; denn all die furchtbaren Opfer wären dann gefallen nicht für unser Volk und Vaterland; was damit erstritten wäre, wäre nicht unser Deutschland, das uns, wie wir doch immer singen und sagen, „über alles“ gilt, sondern es wäre — sein Leichnam, dem die Seele entflohen ist. Daß es nicht so geschehe, dazu bedarf es, über die Tapferkeit, die unsre Brüder, unsre Söhne im Felde bewiesen haben, noch der anderen, jener Tapferkeit des unvergleichlichen Lutherpsalms: die Leib, Gut, Ehr, Kind und Weib dahinzugeben bereit ist um kein andres „Reich“ als das der Seele. Die deutsche Seele — ist sie tot? Nein, sie hat nur geschlafen, aber sie ist, dünkt mich, jetzt wieder im Erwachen. Nur noch reibt sie sich erst den Schlaf aus den Augen. Wie Prinz Hamlet — „achtlos, edel, frei von allem Arg“ — „ein Viertel Weisheit und drei Viertel Feigheit“ — findet sie, scheint's, vor lauter Innerlichkeit und zarter Selbstsorge noch nicht im rechten Augenblick den Entschluß zur notwendigen harten Tat; den Entschluß, einem scheußlichen Claudius, der dem edlen königlichen Bruder das Gift ins Ohr geträufelt und seine Königin in sein eheschänderisches Bett gelockt hat, an die Gurgel zu greifen und das betrogne Land von seinem Fluch zu befreien. Findet Prinz Hamlet den Entschluß nicht, oder findet er ihn zu spät, so daß er im Stoße selber zu Fall kommt, woher soll dann der rettende Fortinbras ihm kommen? „Fortinbras“ — ich weiß nicht, wo Shakespeare den Namen herhat; sein Sinn aber ist: „Stark im Arm“. Ohne die Stärke des Arms wird auch die edelste Absicht, auch die höchste Weisheit des Gedankens die aus den Fugen gegangene Zeit nicht wieder einrenken. Das, junges Deutschland, laß dir gesagt sein. Dazu kämpfe dich frei, wie ja deine Besten offenbar entschlossen sind. Dann kann auch der größte, der innere Sieg dir nicht fehlen. Bismarck hat gesagt: Man setze das deutsche Volk nur in den Sattel, so wird es reiten können. Wir erkennen das uralt arische Gleichnis der Bändigung des Rosses. Wenden wir es innerlich, so besagt es: Lerne dein Roß, lerne die machtvollen, individualen und sozialen Triebkräfte in dir selbst zügeln und lenken, Deutscher, zwinge sie mit sicherem Blick und fester Hand in den Gang, den du, als Deutscher dem Geiste nach, allein willst und wollen kannst: so reite getrost, wie Dürers Ritter, durch die Nacht jedes bitteren Straußes, der dir noch auferlegt werden mag; dann werden die Unholde, die vom Rücken her lauern, wo sie dich packen könnten, dir nichts anhaben. Und fielest du auch, die Walküren würden dich hinauftragen nach Walhall, du bliebest doch geborgen in Allvaters Arm, auf dessen Geheiß du gestritten. Sei auch dann getrost, er wird schon noch für dich zu tun und zu streiten finden, genug für tausend Weltalter.

Das heiße uns deutsche Seele, das deutsche Tapferkeit, deutscher Sieg, das — deutscher Weltberuf.

Literaturnachweise

S. 8. Jakob Burckhardt, Kultur der Renaissance in Italien. 10. Aufl. Her. v. Geiger. Leipzig, Seemann.

S. 15, Z. 11 v. u. Ernst Cassirer, Freiheit und Form. Studien zur deutschen Geistesgeschichte. Berlin, Bruno Cassirer. 1916.

S. 22. Wilh. Windelband, Geschichte der Philosophie. Tübingen, J. C. B. Mohr.

S. 28f. Erich Marcks, Die Machtpolitik Englands, in: Deutschland und der Weltkrieg. Her. v. O. Hintze, F. Meinecke, H. Oncken und H. Schumacher. Leipzig u. Berlin, B. G. Teubner.

S. 32. Thomas Carlyle, Helden, Heldenverehrung und das Heldentümliche in der Geschichte, deutsch v. J. Neuberg. Berlin, v. Decker.

S. 59. Richard M. Meyer, Altgermanische Religionsgeschichte. Leipzig, Quelle & Meyer.

S. 60. Gustav Freytag, Bilder aus der deutschen Vergangenheit. Leipzig, S. Hirzel.

S. 62. Friedrich Vogt, Geschichte der deutschen Literatur. Leipzig u. Wien, Bibliograph. Institut.

S. 70ff. Meister Eckeharts Schriften und Predigten, übs. u. her. v. Herman Büttner. (2 Bde.) Jena, E. Diederichs. Unsere Wiedergabe schließt sich enger an die Urtexte an (Meister Eckhart, her. v. Franz Pfeiffer. Göttingen, Vandenhoeck & Ruprecht).

S. 76. Hermann Schwarz, Der Gottesgedanke in der Geschichte der Philosophie. 1. Teil. Heidelberg, Carl Winter. 1913.

S. 85 u. 97ff. Wilhelm Dilthey, Gesammelte Schriften, Bd. 2: Weltanschauung und Analyse des Menschen seit Renaissance und Reformation. Leipzig u. Berlin, B. G. Teubner.

S. 91. Ernst Cassirer, s. o. zu S. 15.

S. 91f. Heinrich von Eicken, Geschichte und System der mittelalterlichen Weltanschauung. Stuttgart, Cotta.

S. 94. Ernst Heidrich, Die altdeutsche Malerei. 200 Nachbildungen mit geschichtlicher Einführung und Erläuterungen. Jena, E. Diederichs.

S. 97ff. Luthers Werke für das christliche Haus. Braunschweig, C. A. Schwetschke u. Sohn. Vgl. „Sinn und Geist der Tat Luthers", Christliche Welt, 1917, Nr. 24, (wo genauere Nachweisungen); und „Zum 31. Okt. 1917", Kunstwart XXXI, 2. November-Heft.

S. 111. Franz Nikolaus Finck, Der deutsche Sprachbau als Ausdruck deutscher Weltanschauung. Marburg, Elwert.

S. 120ff. über Kant und die kritische Philosophie vgl. m. Schrift: Philosophie, ihr Problem und ihre Probleme. 2. Aufl. Göttingen, Vandenhoeck & Ruprecht. (Eine eigene Kantdarstellung in Vorbereitung.)

S. 122. Das Lutherwort aus: Grund und Ursach aller Artikel, so durch die römische Bulle unrechtlich verdammt worden. 1520. (Text nach der Ausg. der Werke von Enders, Frankfurt a. M., Evang. Verein.)

S. 138. Lothar von Kunowski, Durch Kunst zum Leben. Bd. 1. Ein Volk von Genies. Jena, E. Diederichs.

S. 143. Georg Simmel, Rembrandt. Ein kunstphilosophischer Versuch. Leipzig, Kurt Wolff. 1916.

S. 145. Thomas Carlyle, Goethe, und Vorw. zu W. Meisters Lehrjahren, in: Critical and Miscellaneous Essays, Vol. I. London, Chapman and Hall.

S. 154. Ernst Cassirer, Freiheit und Form (s. o. S. 15), dessen ausgezeichnetes Kapitel über Goethe auch weiterhin berücksichtigt ist.

S. 158f. Georg Simmel, Goethe. 2. Aufl. Leipzig, Klinkhardt & Biermann. Ferner: Friedrich Gundolf, Goethe. 3. Aufl. Berlin, Georg Bondi. 1917.

S. 159. Siegfried Lipiner, Homunculus. Eine Studie über Faust und die Philosophie Goethes (bisher ungedruckt, soll im Verlag W. Spemann, Stuttgart, erscheinen).

S. 165. A. B. Marx, L. van Beethoven. Leben und Schaffen. Berlin, Otto Janke.

S. 167. Paul Bekker, Beethoven. Berlin u. Leipzig, Schuster & Löffler.

S. 171f. Der Horazvers (Carm. III, 3) in eigener Übertragung.

S. 178. Heinrich Pestalozzi, An die Unschuld, den Ernst und den Edelmut meines Zeitalters und meines Vaterlandes. 1815. (Werke her. v. L. W. Seyffarth. Liegnitz, Carl Seyffarth. Bd. 11.) Vgl. m. Biogr. in Greßlers Klassikern der Pädagogik, Bd. 23 (Langensalza, Schulbuchhdl. F. G. L. Greßler).

S. 182ff. Die historische Darstellung fußt besonders auf Friedrich Meinecke, Weltbürgertum und Nationalstaat, 3. Aufl. (München u. Leipzig, R. Oldenbourg) und Ernst Krieck, Die deutsche Staatsidee, ihre Geburt aus dem Erziehungs- und Entwicklungsgedanken. Jena, E. Diederichs, 1917. In meiner sachlichen Stellung berühre ich mich mit Rudolf Goldscheid, Staatssozialismus oder Staatskapitalismus (Wien u. Leipzig, Anzengruber-Verlag), Walther Rathenau, Von kommenden Dingen (Berlin, S. Fischer, 1917) und: Die neue Wirtschaft (ebenda 1918) und Franz Staudinger, Kulturgrundlagen der Politik, 1. u. 2. Teil (Jena, E. Diederichs, 1914); deren entscheidende Aufstellungen sich, wie ich meine, so vereinigen ließen, daß zu dem Ziele, wie es Goldscheid und Rathenau vor Augen haben, Staudinger den gangbaren Weg zeigt. Vgl. ferner: Reinhold Pland, Vom Privatrecht zum Gemeinrecht (Jena, E. Diederichs, 1917). Georg Simmel, Der Krieg und die geistigen Entscheidungen (bes. 3. Die Krisis der Kultur. München u. Leipzig, Duncker & Humblot. 1917).

S. 198ff. Karl Nötzel, Die Grundlagen des geistigen Rußlands (Jena, E. Diederichs, 1917). Pawel Kopal, Das Slawentum und der deutsche Geist (soll nach dem Kriege ebendort erscheinen).

Namen= und Sachregister*

Abendländische Kultur (begründet durch Rom) 5 f. (Mittelalter u. Neuzeit) 38 ff.
Abgeschiedenheit (Eckehart) 80.
Absolutes 22. 49.
Abstrakt (A.-heit des franz. Geistes) 17. 22 f. 42 f. (Gegensatz des brit.) 25. 30. (Abstraktionskraft Eckeharts) 73. (Musik kennt keine Abstraktion) 166 f.
Aischylos 24. 33.
Aktstandpunkt (Leibniz) 118 ff. (Rembrandt) 142 ff. (Goethe) 158.
Aktion u. Kontemplation (Eckehart) 81 f. (Rembrandt) 141.
Aktuelles u. Historisches 56.
Alberti, Leonbatt. 12.
Albert d. Gr. 68. 111.
Alexander d. Gr. 63.
Allheit. (A.sbewußtsein des Orientalen) 38. 49. (des Russen u. Deutschen) 198 ff. (A.sforderung der franz. Revolution) 43. (A.sstandpunkt des Katholizismus) 107. (A. nicht einengend) 180 f. (A. des Volkes) 131.
„Als ob" 26. 46.
Altertum (bleibende Bedeutung) 39 f. 90. (Wiederaufleben) 7 f. 12. 88 ff.
Altruismus (g. Egoismus) 26 ff.
Analyse u. Synthese 52.
Anarchismus, idealer 200.
Andacht (Eckehart) 80 f.
Anschauung (Goethe) 145. 149. 156.
Antike s. Altertum.
Arbeit (Sachlichkeit deutscher A.) 130.
Arbeitende Klassen in England 29. 189.
Ariertum 152. 203.
Aristokratismus d. ital. Renaissance 11. 41 f.
Aristoteles (Staats- u. Gottesbegriff) 7. 63. (Einheit von Intellekt u. Intelligibelem) 112.
Aristotelismus (Renaissance) 10. (Sturz des A. durch Galilei) 12.
Athen u. Frankreich 25.
Aufklärung (deutsche, gegen franz. u. engl.) 105. 201, vgl. 151. (Humanismus, Vorstufe der A.) 88.
Augustin (Gottesstaat) 7. 63. 182. (Glaubenssystem) 97. (Verh. z. Mystik) 72. (Vgl. Malebranche) 22.
Autonomie (des Sittlichen nach Kant) 107 f. vgl. 180 f. 98. 10.

Bach 13. 24. 106. 122. 162.
Bacon 1. 26. 27. 44. 97. 103. 193.
Baukunst (deutsche) 69 f. 90. (französische) 24.
Bayle 10.
Beethoven 13. 24. 106. 122. 146. 154. 162 ff. 177. 201.
Bekker, Paul 167, 169. 171 f.
Bergson 23.
Berlioz 165.
Beschauliches u. tätiges Leben 81 f. 141.
Bewußtsein u. Erleben nach Leibniz 116 f.
Bildende Kunst der Deutschen 139.
Bildung 132. 137 f. 146 f. 176 f. vgl. 34.
Biologie 188. (Goethe) 155 f.
Bismarck 203.
Boyen 186.
Bradley 32.
Brahms 106.
Brant, Seb. 92.
Britentum 190 (vgl. England).
Brüderlichkeit 43. 174.
Bruno, Giord. 10 f.
Buckle 23.
Buddhismus 75 f.
Burckhardt 8.
Byron 151.

Calvinismus 11.
Campanella 14.
Cardano 9 f.
Carlyle 31. 35. 189. 191. (über Shakespeare) 32 f. (über Goethe) 145. 150 ff.
Cassirer, Ernst 91. 154.
Christenheit (ideale Einheit n. Luther) 101 f. 200 f.

* Hauptstellen fett gedruckt. Vgl. durchweg das Register des 1. Bandes.

Christentum 40f. 49. (Germanen) 61ff.
(griechische, römische, deutsche Auffassung) 63. (Christl. u. deutsche Weltanschauung) 68. 70. 95f. (Renaissance) 8.
(Weltüberwindung, nicht Weltflucht)
176f. (Forderung an den Staat) 182.
Christus 52. 62. (Germanische Auffassung)
62f. 182. (Eckehart) 74f. vgl. 177. (Luther) 98.
Cicero 8.
Clausewitz 186.
Comte 22.

Dante 7. 8. 13. 24. 32. 33. 50. 83. 174.
Darwin 188.
Demokratie (franz. Auffassung) 17. 20.
(brit.) 29f. (D. als Plutokratie) 195.
(deutsche Auffassung) 131.
Descartes 15. 21f.
Determinismus 21f. 188.
Deutsch (Sprache) 111. (Deutsche Urvolk
n. Fichte) 168. („Deutsches Wesen") 55f.
Dichtung (deutsche) 145ff.
Dickens 24. 31.
Dilthey 85. 97ff. 100f.
Dostojewskij 38. 198ff.
Dreißigjähriger Krieg 85. 184.
Dürer 60. 89. 134. 203.

Eckehart, Meister 49f. 69. 70ff. 84. 91.
95f. 98f. 100. 103. 108. 111. 122. 123.
127. 133. 141. 144. 146. 147. 156. 176f.
Egoismus — Altruismus 26ff.
Eicken, v. 91f.
Elemente (Kant, Pestalozzi), 168, vgl.132.
Elisabeth v. England 11.
Empedokles 193.
Endliches (s. Unendliches, Finitismus).
Energie 143f. (vgl. Akt).
England 14. 19. 25ff. 43f. 190.
Entelechie 132. 158ff.
Erasmus 88. 90.
Erfahrung 12. 34. 48. 57. 115. 117. 128.
Erfolg 27f. 30f. 188.
Erleben 83. 116ff. 144.
Eros 146. 181.
Erscheinung u. Idee (Leibniz) 116f.
(Goethe, Kant) 154f. 156ff.
Erziehungsstaat 179. 186. 195ff.

Euklid 21.
Europa u. England 28.
Ewigkeit 49. 76f. 103. 112. 127f. 144.
150ff.

Faktisches (n. Leibniz) 115.
Faraday 33.
Feudalismus 85.
Fichte 76. 106. 108. 122. 128. 140. 168.
177. 186.
Ficino 8.
Finck 111.
Finitismus 23, vgl. 12.
Form, Formung 90. 91. 137. 152ff. 155.
160. 184, vgl. 163f. (F. der Erkenntnis)
121. 123. 125.
Fortschritt 188.
Frankfurter (Theologia deutsch) 96.
Frankreich 14ff. 42f. (Vgl. Rom:) 17. 19.
25. (F. u. Deutschland) 24. (F. u. England) 25.
Freiheit (franz. Auffassung) 20. 42f.
(deutsche) 133. (F. u. Form) 91. 153.
(Luther) 98ff. 136. (F. u. Deutschheit)
105. 110. (Kant) 122. (F. der Forschung)
130. (F. Selbstbindung; F. u. Gemeinschaft) 132. 178. 180f.
Freytag, Gust. 60. 93.
Frieden 20.
Friedrich Barbarossa 67.
Friedrich II., Kaiser 67.
Friedrich II. v. Preußen 185f.
Fünklein (Eckehart) 73.
Fürstengewalt 85f. 183. 184.

Galilei 12. 114.
Gedanke, deutscher 110ff. Vgl. 50. 137.
176.
Geist (Welteroberung durch den G.) 45f.
(Einheit des Geistigen u. Sinnlichen in
der Kunst) 143. (Heiliger G. nach Eckehart) 74. (nach Luther) 101. 200.
Gemeinschaft (Dienst der G. nach Luther)
102. (Nationale G.) 105. (G.sgeist des
Deutschen) 185. (G. — Gesellschaft) 179ff.
Gemeinwesen 195.
Gemeinwille 16. 185.
Genie, Genius 24. 95. 138. 143. 148.
Geschichte 56. 177. 181f. (G.slosigkeit des

Individuität 51 f. 95. 100. 109. 141. 150.
155. 160. 180.
Individuum u. Gemeinschaft 180.
Intellekt (J. u. Ratio) 126. (J. u. Willen)
97 ff. 123.
Intuition 126.
Irland 29.
Irrationales 52. 115 f. 127. 142.
Italien 7 ff. 12 f. 41.

Ja u. Nein 49. 151. 191.
Jenseits u. Diesseits 40. 49 f.
Jesuitismus 14.
Jesus 62. 179. 140.
Johannes Ev. (Logos) 123.

Kaisertum 13 f. 64 ff. 86. 182.
Kant (Idealismus) 76. 111. 120; vgl. 71.
122. (Elemente) 168. (Stellung zu Leibniz) 120. (Renouvier) 23. (Umwendung)
52. (Vier Hauptpunkte seiner Lehre)
121 f. (Kritizismus) 123 f. (Idee als unendliche Aufgabe) 124 f. vgl. 52. (Durchgängige Wechselbezüglichkeit) 126 ff. (Att-
ansicht des Geistigen) 128. vgl. 123. (Er-
fahrungsstandpunkt) 34. 48. (Synthetisches Urteil) 115. (Mathematisierung des
Sinnlichen) 113. (Anschauen u. Denken)
114. (K. u. Goethe. Selbsterkenntnis)
148. (Kunst u. Natur) 149. (Refl. Urteilskraft, anschauendes Denken) 149.
(Idee u. Erscheinung, Individuität u.
Gesetz) 155. (Vermittlung durchs Praktische) 158. (Autonomie des Sittlichen)
107. (Gesinnungsgrund des sittl. Handelns) 80. (Pflicht) 146 f. (Menschheit in
der Person eines jeden) 54, vgl. 201.
(Kategorischer Imperativ) 193. (Kriti-
sche Stellung zur Religion) 108. (Gottes-
idee) 106. 128.
Kapitalismus 29. 85. 178. 191 ff. 194 f.
Karl d. Gr. 60. 64. 182.
Karl V., Kaiser 14, vgl. 184.
Karl XII. v. Schweden 151.
Karl August v. Weimar 163.
Katholizismus 15. 32 f. 69. 84. 106 ff.
Keller, Gottfr. 168.
Keppler 21. 89. 111. 113 f. 126.
Kirche (römische) 7 f. 10 f. 63 f. 68. 74. 83.

85. 86. 92. 104. 182. (K. nach Luther)
102, vgl. 107.
Klosterwesen 7. 8. 92.
Kolonisation (deutsche im MA.) 87.
Kontinuität (Leibniz) 116. (Kant) 125 f.
(K. in Rembrandts Kunst) 142.
Konvention 26, vgl. 18. 24. 30.
Konzilien 87 f.
Kopernikus 89.
Kosmopolitismus (brit.) 28.
Kosmos 39.
Kreuzzüge 7. 66 f. 92. 183.
Kritizismus 23. 34. 108. 123 f.
Kultur (g. Zivilisation) 55 f. 132. 178. 202.
Kulturstaat 181. 195.
v. Kunowski 138.
Kunst 137 f. vgl. 146. (Verh. zu Philoso-
phie u. Religion) 137 ff. 142. 145, vgl.
176. (Gemeinschaft der K.) 180. (K.,
Staat, Volk) 138. (Bild-, Wort-, Ton-
kunst) 138 f. 145. 161. (Moderne K.) 12 f.
(franz.) 24. (brit.) 34. (deutsche K. des
MA.) 69 f. 90. 94. (deutsche K.-Auffas-
sung) 132.
Kunstwissenschaft (franz.) 24.

Lachen (deutsches) 59 f.
Landschaftsmalerei (franz.) 24.
Lange, Fr. Alb. 135. 189.
Lassen (Eckehart) 73. 78. 99.
Lateinische Sprache (Herrschaft im MA.) 8.
Leben 49. 71. 74. 99. 101. 141. 146. (L.
u. Licht) 123. 137 f.
Lebensstil (franz., brit., deutscher) 24. 31.
34.
Leibniz 21. 23. 111. 114 ff. 125. 126. 127.
132. 144. 156. 201.
Lessing 106.
Liebe 76. 79. 81 f. 200.
Lied (deutsches) 24. 105.
Lionardo da Vinci 12. 13. 24. 142. 146.
Lipiner 159.
List, Fr. 187 f.
Literatur (deutsche im MA.) 67 f. 86 f.
Logik 47 f. 112. 114.
Logos 23. 48. 112. (Joh. 1.) 77. 79. 123.
128. 135.
Loki 60.
Lorenzo de Medici 8.

Ludwig XIV. 15. 16. 146.

Luther 87 ff. 177. (L. u. das Mittelalter) 84 f. (Verh. zu Eckehart) 98 f. (zu Kopernikus) 89. (Volkstümlichkeit) 95 ff. 140. 150. (Deutschheit) 105. („Ein feste Burg“) 50. 134 f. 191. 202. („Wär Gott nicht bei uns“) 136, vgl. 173. (Glauben) 11. 50. 97 ff. 123. 133. 144. (Seelengrund) 99. 141. (Freiheit) 91. 98. 101. 107. 146. 63. (Sein u. Werden) 122. (Glaubenseinheit) 101 f. 200 f. (Allg. Priestertum) 102. (Gegen Verweltlichung der Kirche) 92. (Hält an der evang. Geschichte) 95. (Ewigkeitsgrund des Lebens) 103. (Weltbejahung) 78. (Liebe) 76. (Sittlichkeit) 147. (Gegen Werkgerechtigkeit) 79. (Lebensordnungen u. Berufe) 83. 93. (Staat) 176. 183 f. (Nationale Bedeutung) 103 f. (Allg. deutsche Erneuerung) 104. (Volksunterricht) 16.

Machiavelli 10.

Macht 134 f. 188 ff.

Malebranche 22. 128.

Marcks, Erich 28 f.

Marx, A. B. 165.

Marx, K. (Marxismus) 189.

Mathematik 113 ff.

Mehrheit u. Minderheit 20.

Melanchthon 89.

Mensch (M. u. Übermensch) 4. (M. der Idee) 38. 151. (Wissenschaft vom M., Petrarca) 8. (Würde des M., Pico) 8 f. (Cardano) 9. (Montaigne) 18. (Königreich des M., Bacon) 27. 44. 97. 103. 193. (Menschenrechte) 16. 43. (M. u. Staat n. Pestalozzi) 178. 180 f. 193. 195. (Bildung zum M. n. Goethe) 146 ff. („Mittelstand“) 157. 179. (M. „vermag das Unmögliche“) 157 f. (M. nach Beethoven) 167. („Alle Menschen werden Brüder“) 169 f. 174. (M. erhaben über den M. nach Pascal) 170. (M. u. Schicksal) 176.

Menschentum (Idee) 199. 201, vgl. 38. 151. (Vollendung des M.s in der Kunst) 138.

Menschheit (= Menschentum) 3. 8. 18. 38. 151. 180. (Menschliche Natur n. Ecke-

hart) 77. („Alle Menschen ein Mensch“) 100. (Grenzen der M.) 147. 157. 201. (Neue M.) 5 f. (franz. Auffassung) 13. (brit.) 28. (deutsche) 30 f. (M. u. Volk) 37. 55. (M.sreligion n. Comte) 22. (Tod der M.?) 57.

Metamorphose (Goethe) 155 f. 158.

Metaphysik 20.

Methode 12. 15. 17 f. 24. 39. 90 f. 142. 148. (Philosophische M.) 121. 124.

Meyer, Ernst 149.

Michelangelo 8. 12. 13. 50. 146.

Mill, J. Stuart 26.

Milton 174.

Mittelalter (M. u. Neuzeit) 1. (Vertiefung des Innenlebens) 8. 40. (Deutsches Früh-M.) 64 ff. (Weltanschauung) 68. 91 f. (Späteres M.) 84 ff. (Kunst) 68 ff. 90. 95. (Staat u. Kunst) 138, vgl. 183. (Falsche Flucht ins M.) 108.

Mittleramt der Kirche 74 f.

Moderne s. Neuzeit. (Deutschtum u. M.) 102.

Monadismus 116 (vgl. 127 f.) 144. 150. 158 f.

Monarchie (deutsche Auffassung) 185 f.

Monotheismus (Germanischer?) 61.

Montaigne 18.

Moral (als Wissenschaft vom Menschen) 8.

Mozart 24. 162. 165.

Musik 34. 90. 119. 139. 161. 164 f.

Mystik 22. 23. 47. 49. 52. 90. 111. 117. 127 f. 177.

Napoleon 20. 146. 151. 164 ff. 178.

Nationen, nationale Charaktere 5. 11. 14 ff. 28. 41 ff. 186 ff. (Nationale Erziehung) 16. (Nationale Bedeutung Luthers) 95. 103 ff.

Natur. (N. u. Kunst n. Goethe) 148 ff. (Deutsche N.-Auffassung) 139.

Naturrecht 184.

Naturwissenschaft 12. 23. 27. 33 f. 155 ff. 188.

Newton 33.

Nibelungenlied 68 f.

Nicht, Das (Eckehart) 78.

Nicolovius 186.

Niebuhr 186 f.

Nietzsche 122. 146.
Nikolaus von Cues 21. 111 ff.
Nirwāna 38.
Nu-Erleben (Nik. v. Cues) 112.
Nüance 42.
Nürnberger Kunst 89. 93 f.

Objektivität u. Subjektivität in der Kunst
142 f., vgl. 149 f.
Offenbarung (Eckehart) 71.
Optimismus (Leibniz) 118 f.
Orient 5. 38. 200.
Originalität 31. 34.
Osiander 89.

Pädagogik, soziale 131. (Vgl. Erziehungs-
staat.)
Papsttum 14. 65 f. (Vgl. Kirche.)
Parlamentarismus 196.
Partei 30.
Partikularismus s. Universalismus.
Pascal 170.
Paulus, Ap. 81. 201.
Pazifismus 20. (P. des Gedankens) 121.
Perfektion (Axiom der P.) 118.
Persönlichkeit (P. u. Sachlichkeit d. Kunst
des MA.) 94. (P. modernes Ideal) 97 ff.
(Goethe) 146 f.
Pestalozzi 94. 106. 131. 140. 146. 156.
168. 172. 178 f. 186.
Petrarca 7 f.
Peurbach 89.
Pflicht 146.
Philipp II. von Spanien 14.
Philosophie (ital.) 8, vgl. 10. (franz.) 21 ff.
(engl.) 26. 31 f. (deutsche) 5. 50. 90. 110 ff.
(Ph. u. Leben) 123. (Ph., Religion, Kunst)
136. 137 ff. 145. 176. (Ph. u. Staat) 186.
Pico v. Mirandola 8 f.
Pietismus 152.
Plato 21. 24. 52. (Idee) 48. 125. 157 ff.
vgl. 160. (Logos) 112. (Rechenschaft,
Unendlichkeit) 124. (Eros) 146, vgl. 9.
181. (Arithmetik d. Himmels) 114. (Ideal-
staat) 14. 137 f. (Vaterland) 185.
Platonismus der Renaissance 8.
Plotin 160.
Plutokratie 190. 196.
Pomponazzi 10.

Portugal 13.
Positivismus 16. 22 f. 25. 34. 46 ff.
Pragmatismus 47 f.
Preußen u. Deutschland 187.
Priestertum, allgemeines 102.
Prometheus 3. 10. 39. 145 ff. 167 f.
Propheten 33. 54 f.
Protestantismus 11. 105 ff.
Psalmen 24. 33.
Psychologismus 23. 27.
Puritanismus 29.

Quietismus 49. 200, vgl. 23.

Ratio u. Intellectus 126.
Rationales u. Irrationales, Überrationa-
les 21. 46. 52. 115 f. 127.
Rationalismus 21 ff. 88. 114. 119.
Raum u. Zeit (Eckehart) 76. (Leibniz) 115.
Realismus 17 f. 27. 48. 87. 91 f.
Realität u. Idealität d. Kunst 143. 156 ff.
Rechenschaft 124. 147. Vgl. 108.
Rechtsstaat 195.
Reformation 14. 88 f.
Regiomontan 89.
Reinmar von Zweter 92.
Religion (R. des Geistes) 46. (Religiöses
Erleben) 73. (R.sersatz?) 96. (Bedeutung
für d. Deutschen) 106 ff. (Verh. zu Philo-
sophie, Kunst, Staat) 109. 110. 137 ff.
176. (Rationalistische Auffassung Leib-
nizens) 119. (R. ohne Gott?) 144.
Rembrandt 13. 24. 50. 90. 122. 139 ff.
146. 154. 161. 177.
Renaissance 8. 11. 91. (Deutsche) 90.
Renouvier 22 f.
Revolution, franz. 16. 20. 42 f. 185.
Rhythmus 161, vgl. 39.
Richelieu 15 f. 20.
Riemer 160.
Rittertum 66. 86.
Rom 7 f. 11. 17. 19. 25. 39 f. (Mittelalter)
65 ff. 182. (Römisches Reich deutscher
Nation) 84 f. (R. u. Luther) 104.
Roman (franz.) 24.
Romanische Völker 5. 25. (R. Baukunst)
69. 90.
Romantik 187.
Roseburg 28.

Rousseau 16. 179. 185.
Russischer Mystizismus 23. 198ff. Sozialismus 190. 198.

Sarazenen 66.
Schicksal (Beethoven) 170f.
Schiller (Tag des Deutschen) 37. 121. (Idealismus) 70f. 122. 125. 176. (Pflicht) 146f. („Bau der Ewigkeiten") 199. (Sch. u. Goethe) 154. (An die Freude) 169ff. 173f. 201.
Schleiermacher 82. 108. 128.
Schön, von 186.
Schöpfungsidee (Beethoven) 167.
Scholastik 7f. 68ff. 90.
Schottland 32.
Schule (Karl d. Gr.) 64. (Humanismus, Melanchthon) 89.
Schwarz, Herm. 76. 78.
Seele (Orient) 38. (Eckehart) 70. 72ff. (Seelengrund) 73f. 77. (Luther) 99f., vgl. 141. (Nik. v. Cues) 112f. (Kant) 127. Vgl. Leibniz, Monadismus, Goethe.
Selbstheit 160.
Selbstsorge 94. 102.
Selbsttäter (Luther) 122f. Vgl. Spontaneität.
Seuse (Suso) 96.
Shaftesbury 34.
Shakespeare 13. 24. 25. 50. 139. (Willensmacht) 123. 146. (Idealismus?) 32f. 141. (Lachen) 60. (Hamlet) 202f.
Simmel (üb. Rembrandt) 143ff. (üb. Goethe) 158ff.
Sinnlichkeit (Nik. v. Cues, Keppler) 113. (S., Verstand, Vernunft) 126f. (Sinnliches u. Geistiges in der Kunst) 143. 155f.
Sitte 180.
Sittlichkeit (Eckehart) 78ff. 82. (Luther) 102ff. (Goethe) 147.
Skeptizismus 10. 48.
Sokrates 53. 112. 185.
Sonderheit f. Universalismus.
Sophistik 9. 10.
Sozialer Gedanke, Sozialismus (franz.) 17. (engl.) 29f. 189. (deutscher) 30f. 130f. 189f. 196. (russ.) 190. 198.
Sozialwissenschaften 24. 26f.

Spanien 13f. 42.
Spinoza 28. 120. 150. 159.
Spontaneität 118. 120. 122f.
Sprache 180. (deutsche) 111. (engl.) 34. (Rationalistische Auffassung Leibnizens) 119.
Staat 176ff. (Status) 181. (Res publica) 195. (Röm. Staatsauffassung) 39. (mittelalterliche) 138. (moderne) 7. 10. 11. 14f. (franz.) 15ff. (brit.) 19. 29f. (deutsche) 30. 55. 131. (St. als Kunstwerk) 137f. 176f.
Städte (Städtische Kultur) 7. 86. 93.
Stein, Frh. vom 186.
Stil 24. 31. 142.
Stoizismus 8. 98. 119.
Subjektivität u. Objektivität in der Kunst 142f., vgl. 149f.
Substanz u. Phänomene nach Leibniz 116f.
Success f. Erfolg.
Sünde 49f. 53f. 82.
Süvern 186.
Symbol 107. 144f. 149. 158.
Symphonie 165.
Synthesis — Analysis 52.
Synthetisches Urteil 115.
System u. Methode 22. 121. 123f.

Tagore 27. 38.
Tauler 96.
Technik 27. 39. 93. 188.
Teleologie 155. 188.
Teufel 40. 60.
Theodizee 118.
Thomas von Aquino 7. 68.
Thor (Gott) 60.
Titanismus 1f. 4. 152.
Tod und Leben 61. 63. 152f. 158ff.
Tolstoj 200.
Tonkunst f. Musik.
Tragik 24. 60.
Transzendenz u. Transzendentales 128.
Treue 54. 60f. 93.

Übermensch 2. 4. 146.
Unbedingtheit des Deutschen 50f.
Unendliches u. Endliches 12. 21. 24f. 30f. 46. 48ff. 91. 95. 110. 112. 115ff. 124f. 127. 141.

Univerſalismus g. Partikularismus 25 ff.
  28. 30. 46. 52. 55. 99. 106 f. 201.
Univerſitäten 8. 87 f. 185.
Urphänomen 155 ff. 158.
Utilismus 26. 29. 30.

Vaterland 54 f. 185. 189 f. 202.
Veden 38. 59.
Verbrauchsorganiſation 194.
Vernunft — Verſtand 126. 156.
Vertragstheorie 184. 185.
Vervollkommnung (Leibniz) 118.
Virtus 8.
Vives 90.
Volk 37. (V. u. Menſchheit) 37. 105. (V.
  u. Vaterland) 54. 202. (V. u. Staat) 195.
  (Renaiſſance) 10. (Frankr.) 15 f. (Engl.)
  29. (deutſche Auffaſſung) 131. (Luther)
  103. (Völkerkrieg) 134. (Leben u. Tod
  der Völker) 56 f.
Volkslied (deutſches) 50.

Wagner, Rich. 166. 168.
Wahrheit 47. 191. (W. u. Wirklichkeit) 157.
Walther von der Vogelweide 67.
Welt (W. ſchöpfungs- u. W. verbrennungs-
  mythen der Germanen) 60. (W. verneinung u. W. bejahung) 63 ff. 74. 77.
  91 f. 102. (Geiſtige W. eroberung) 39.
  45. 50. 53. 133 f.

Weltanſchauung 68. 70. 91 f. 94. 164.
Weltvölker 37. 56 f. 105.
Werkgerechtigkeit 79.
Weſſobrunner Gebet 62.
Weſtvölker 5. 13. 49.
Wiederbringung aller Dinge in Gott
  (Eckehart) 78.
Wiedergeburt 52.
Willen (W. u. Intellekt) 97 ff. 123. (W. u.
  Macht) 135, vgl. 192 f.
Windelband 22.
Wirklichkeit (echter Sinn) 57. (W. gegen
  Wahrheit) 157.
Wirtſchaft (Sozialiſierung, Organiſation)
  130 f. 197. (W. u. Staat) 187 ff. 193 ff.
  (W. im ausgehenden MA.) 93.
Wiſſenſchaft (Griechen) 39. (Ariſtoteles)
  12. (moderne) 23 f. 113 f. (deutſche) 90.
  (Humaniſten) 88 f. (äſthetiſche Auffaſ-
  ſung) 119. (W. u. Philoſophie) 123 f. 129.
  (W. u. Kunſt) 149. 153 ff.
Wolfram von Eſchenbach 68.
Wotan 60 f. 63.

Zeit 75 ff. 115.
Zentralismus 16, vgl. 185.
Ziviliſation ſ. Kultur.
Zünfte 86. 93.
Zukunft, ewige 22. 56 ff.
Zweck (Z. u. Mittel) 178. 188. 192 ff.
Zweckdienlichkeit 26. 30. 46 f. 53.

Einmalige Ausgabe in 1500 Exemplaren

Die Legenda aurea des Jacobus de Voragine. Deutsch von Richard Benz. Monumental-Ausgabe mit handgemalten Initialen. I./II. Band. Kart. je M 25.— (Der II. Band und Einbanddecken nach dem Kriege)

Vossische Zeitung: Die Goldene Legende ist ein Werk, dessen weltgeschichtliche und beinahe auch poetische Bedeutung an die der Göttlichen Komödie heranreicht. Sie ist weit mehr als ein gelehrtes Sammelwerk, sie ist ein vom Heiligen Geiste in der Phantasie empfangenes blühendes Leben, das auch heute noch nicht verdorrt ist und das nur gleichsam des Wiederbelebungshauches gewartet hat, um voll die Augen aufzuschlagen und verwundert in unsere so ganz anders gewordene Welt zu blicken. Dieser Hauch hat die Legende jetzt getroffen, denn sie ist unmittelbar aus dem Original in ein wahrhaft lebenswertes Deutsch gebracht worden, das beinahe wie lutherisches sich liest und hierdurch eine seltsame Erdkraft ausströmt, von der alle die mannigfaltigen Legenden, die erzählt werden, belebenden Saft und naturfrische Farbe empfangen.

Meister Eckeharts Schriften und Predigten. Herausgegeben von Herman Büttner. 2 Bde. 3. Auflage. br. M 12.—, geb. M 15.—

Die Zeit: Ein tiefer und fruchtbarer Instinkt zieht uns heute wieder zu den Initiatoren unserer geistigen Kultur hin; wie wir seit etwa hundert Jahren in Dante die reinste Erfüllung künstlerischer Gestaltungskraft erkennen, so wird Eckehart mählich zum Leitstern für die ersehnte religiöse Regeneration und Vertiefung, die ihren Samen in den geistigen Nährboden der Jahrhunderte einzusenken bedacht ist, damit echte Frucht aufsprieße.

Karl König, Vom Geiste Luthers des Deutschen. kart. M 4.—

Inhalt: Das Grunderlebnis / Der Quellort / Zweierlei Religion / Die Umwandlung / Urerlebnis und Nacherlebnis / Die Auswirkung / Aus Glaube allein / Das Gewissen / Das Mittlertum und seine Überwindung / Die Kirche und ihre Verwandlung / Staat und Kirche / Das Wort Gottes / Natur und Natürlichkeit / Die Ehe / Die Religion der Außerordentlichkeiten / Frei zum Werk / Vom Sinn und Wert der Arbeit / Das neue Kulturprinzip.

Bremer Tageblatt: Es wird kaum eine andere Veröffentlichung über Luther geben, die den ganzen Menschen in allen seinen Ausstrahlungen auf alle Lebensgebiete in einer so vollkommenen klaren Plastik herausstellt. Nichts ist rein sachlich oder rein historisch gefaßt, alles, wie es in Erscheinung tritt, lebt und wirkt unmittelbar. Die Sprache ist von einer schlichten Kraft und Eindringlichkeit wie das gesprochene Wort von Mund zu Mund. Das Buch ist ein Buch des Protestantismus, des Optimismus und der Freiheit. Luthers Geist von einem analogen Geiste für unsere gegenwärtigste Gegenwart wiedergeboren.

Karl Christian Planck, Testament eines Deutschen. Philosophie der Natur und der Menschheit. Herausgegeben von Karl Köstlin. Neue Ausgabe. br. M 10.—, geb. M 12.50

Inhalt: I. Teil. Evangelium der wirklichen Natur. II. Teil: Die Menschheit, Gesetz und Gang ihrer Entwicklung. III. Teil. Evangelium der Menschheit. Das Ziel und die Vollendung.

Die Christliche Welt: Die Bedeutung, die das Buch beansprucht, beruht auf der Art und Weise, wie hier das Geheimnis der Religion mit dem Geheimnis der deutschen Volksseele verknüpft erscheint. Es gilt das, was der deutsche Geist in einseitig zentraler idealistischer Innerlichkeit bisher in sich hegte und verschloß und worüber er als Volk äußerlich fast zugrunde ging, in männlicher Tatkraft und harter Arbeit nunmehr nach außen im eigenen Volksleben wie in den Beziehungen zur Völkerwelt durchzusetzen. Alle die drei Fragen, die sich hieraus ergeben: die religiöse, die soziale, endlich die internationale, erhalten von hier aus die Richtung für ihre Beantwortung und Lösung.

Die Kunst in Bildern

Jeder Band 80 Seiten Text. 200 Vollbilder. In Pappe geb. M 6.—, in Leinwand geb. M 7.—

Bd. I. Die altdeutsche Malerei. Mit geschichtlicher Einführung und Erläuterungen von Professor Dr. Ernst Heidrich. 30. Tausend

Bd. II. Die Frührenaissance der italienischen Malerei. Mit geschichtlicher Einführung und Erläuterungen von Dr. Richard Hamann. 30. Tausend

Bd. III. Altniederländische Malerei. Mit geschichtlicher Einführung und Erläuterungen von Professor Dr. Ernst Heidrich. 15. Tausend

Bd. IV. Das weibliche Schönheitsideal in der Malerei. Herausgegeben von Dr. Hanns Schulze. 15. Tausend

Bd. V. Die vlaemische Malerei. Hrsgeg. von Prof. Dr. Ernst Heidrich-Basel

Monographien zur deutschen Kulturgeschichte

br. je M 4.—, geb. je M 5.50

1. Georg Liebe, Der Soldat in der deutschen Vergangenheit. Mit 185 Abb. Dasselbe, Volksausgabe. br. M 3.—
2. Georg Steinhausen, Der Kaufmann. Mit 150 Abb.
3. Hermann Peters, Der Arzt und die Heilkunst. Mit 153 Abb.
4. Franz Heinemann, Der Richter und die Rechtspflege. Mit 159 Abb.
5. Hans Boesch, Das Kinderleben. Mit 149 Abb.
6. Adolf Bartels, Der Bauer. Mit 168 Abb.
7. Emil Reicke, Der Gelehrte. Mit 130 Abb.
8. Ernst Mummenhoff, Der Handwerker. Mit 151 Abb.
9. Emil Reicke, Lehrer und Unterrichtswesen. Mit 130 Abb.
10. Theodor Hampe, Die fahrenden Leute. Mit 122 Abb.
11. Georg Liebe, Das Judentum. Mit 106 Abb.
12. Paul Drews, Der evangelische Geistliche. Mit 110 Abb.

Erzieher zu deutscher Bildung

Auswahlbände aus den Schriften der deutschen Denker des 18. Jahrhunderts und der Zeit der Romantik.

1. J. G. Herder, Ideen. Hrsg. von Dr. F. von der Leyen. br. M 2.—
2. Fr. Schlegel, Fragmente. Hrsg. von Dr. Fr. von der Leyen. br. M 2.—
3. J. G. Fichte, Ein Evangelium der Freiheit. Hrsg. von Dr. M. Rieß. 4. und 5. Tausend. br. M 3.—
4. Fr. Schiller, Ästhetische Erziehung. Hrsg. von A. von Gleichen-Rußwurm. br. M 2.—
5. Joh. G. Hamann, Sibyllinische Blätter des Magus. Hrsg. von Dr. R. Unger. br. M 2.—
6. Fr. Schleiermacher, Harmonie. Hrsg. von H. Mulert. br. M 2.—
7. Winckelmann und Lessing, Klassische Schönheit. Hrsg. von A. von Gleichen-Rußwurm. br. M 2.—
8. Wilh. von Humboldt, Universalität. Hrsg. von Dr. Joh. Schubert. br. M 2.—
9. F. W. Schelling, Schöpferisches Handeln. Hrsg. von Lic. E. Fuchs. br. M 3.—

Gebunden jeder Band 1 Mark mehr.

Eugen Diederichs Verlag in Jena

Paul Lagarde, Deutscher Glaube / Deutsches Vaterland / Deutsche Bildung. Das Wesentliche aus seinen Schriften ausgewählt und eingeleitet von Friedrich Daab. Mit 16 altdeutschen Porträts. 15. Tausend. br. M 2.— Pappbd. M 2.50

Karl Hillebrandt: Wenige haben klarer gesehen, was Deutschland fehlt, keiner hat's rücksichtsloser und beredter ausgesprochen; seine Schriften sind apostolische Sendschreiben, die umgehen sollten von Hand zu Hand in deutschen Landen. Zur Einkehr zwingend, das Innerste herauswendend, hier die Nesseln ausreißend mit festem Griff, dort ein Samenkorn werfend, das herrlich aufgehen könnte, wenn's aufs richtige Erdreich fiele, schreitet der Mann einher wie ein Prophet in Israel.

Thomas Carlyle, Helden und Heldenverehrung. Übersetzt und eingeleitet von Ernst Wicklein. Mit 8 Porträts und 2 Landschaften. 5. Tausend. br. M 2.—, Pappbd. M 2.50

Zeitfragen: Ich wünschte, diese zwei Bücher (Lagarde und Carlyle) würden in weit, weit mehr Exemplaren unter unser Volk gebracht; in unseren öffentlichen Büchereien sollten sie dutzendweise zu haben sein; sie sind bei Gott notwendiger als alle Romane von heute sie zeigen uns, was not tut und welche Aufgaben wir zu erfüllen haben. Denn die Hauptsache bleibt wie immer, so auch hier: Deutsches Leben leben!

Ernst Krieck, Die deutsche Staatsidee. Ihre Geburt aus dem Erziehungs- und Entwicklungsgedanken. 3. Tausend. Pappbd. M 5.—

Ein Buch, das endlich einmal geschrieben werden mußte. Die deutsche Staatsidee umschließt politische Erkenntnis und politisches Wollen zugleich. So ist das Werk in erster Linie eine Ideengeschichte der letzten 100 Jahre deutscher Entwicklung auf den Grenzgebieten der Geschichte, Politik und Pädagogik, aber es wächst aus dieser am Schluß in klarem, instinktmäßig schöpferischem Schauen des Verfassers die Richtung unseres Zukunftswollens heraus. Dieses Buch zieht die Entwicklungslinie der deutschen Staatsidee von Moeser über Fichte und Stein zu Schelling, Hegel und den Radikalen und Konservativen der Revolutionszeit 1848 bis zur Gegenwart.

Franz Staudinger, Kulturgrundlagen der Politik. 2 Bde. Pappbd. M 8.—, geb. M 10.—

Vertrustung und Renteninbustrie sind die Gefahr unserer Kultur, darum muß sich die Allgemeinheit im Genossenschaftswesen zu Käufergemeinschaften zusammenschließen. Archiv für Sozialwissenschaft: Noch nie hat St. in so zusammenhängender und dabei so anschaulicher Form seiner ganzen philosophischen, ethischen, politischen Weltanschauung Ausdruck gegeben wie in diesem seinem neuesten und reifsten Buch. Das aber ist gewiß, daß unsere innere Politik nach dem Kriege sich im wesentlichen auf die von Staudinger umrissenen Grundlagen wird stellen müssen. Karl Vorländer

Karl Nötzel, Die Grundlagen des geistigen Rußlands. Pappbd. M 5.—

Das erste Buch von deutscher Seite, das russische Geistesart aus eigener Anschauung (der Verfasser lebte 20 Jahre in Rußland) uns nahebringen will. Es geht von den Hauptkulturschicksalen Rußlands aus und entwickelt aus den geistigen Einflüssen eines jeden immer eine der Eigenseiten des russischen Geistes. Die grundsätzliche Stellung Rußlands zu Westeuropa, das Christentum als Wurzel des russischen Gedankens, der asiatische Einfluß auf die russischen Denkgewohnheiten werden klar herausgearbeitet. Der russische Despotismus, die Innenpolitik, das Beamtentum, der Panslawismus werden auf ihre Verwurzelung in der slawischen Volksseele zurückgeführt, die sozialen Bewegungen, die literarische und künstlerische Entwicklung in ihren Zeitpunkten klargelegt. Auch nach dem Kriege müssen wir uns mit der russischen Kultur erst recht auseinandersetzen, dieses Buch ist ein Führer zu ihrem Verständnis.